仏性思想の展開

吉蔵を中心とした『法華論』受容史

奥野光賢

序

本書は、世親（四〇〇―四八〇頃）造とされる『妙法蓮華経憂波提舎』（または『妙法蓮華経論優波提舎』、ここでは『法華論』と略す）の中国、日本における受容とその展開を、嘉祥大師吉蔵（五四九―六二三）を中心としてまとめたものである。吉蔵を中心にまとめることにしたのは、中国におけるこの論の本格的依用が吉蔵をもって嚆矢とすると考えられるからである。

周知のように、吉蔵は三論学派を大成した人として著名であるが、またその生涯を通じて法華経研究に心血を注いだ仏教者としても知られている。吉蔵の法華経解釈の主眼は、大方の吉蔵研究者が共通して指摘しているように、前代の法華学の権威光宅寺法雲（四六七―五二九）の法華経解釈を批判し、超克することであった。

では、法雲と吉蔵において、いかなる点がその解釈上の争点になったのかといえば、それは「仏身の常住」と「仏性」の問題であったのである。すなわち、吉蔵は法雲が『法華経』にはいまだ「仏身の常住」と「仏性」が説かれていないから『涅槃経』に比して価値的に劣るとした点に強い不満を示し、『法華経』にも『涅槃経』同様「仏身の常住」と「仏性」が説かれていることを積極的に論証しようと努めたのである。その際、吉蔵が重要な論拠の一つとして依拠したのが本書が主題とする『法華論』なのである。

『法華論』は、インド成立とされる現存唯一の『法華経』に対する注釈書といわれ、その本文中に「衆生皆有仏性」あるいは「謂如来蔵性浄涅槃常恒清涼不変等義」等という言葉があるところから、一般には「如来蔵・仏性思想」を高揚した書と見なされている。しかし、現代においても、その思想的立場の帰趨をめぐっては、研究者によって意見に異なりが見られ、必ずしも一致した結論があるわけではない。こうした事実からも知られるように、歴史的にも『法華論』はいわゆる三一権実論争の際、一乗の側からも三乗の側からも、その有力な根拠として用いられたのである。我が国における伝教大師最澄（七六七―八二二）と徳一（生没年不詳）の論争は、そうした例の典型と見なすことができよう。

従来の研究史において吉蔵は、『法華論』によって『法華経』に「仏身の常住」と「仏性」を読み込もうとしたことからも明らかなように、その思想的立場はいわゆる「如来蔵・仏性思想」に立脚して「一切皆成」を主張した「一乗家」とされるのが一般的であった。

ところで、近時、「如来蔵思想は仏教にあらず」との立場から、「如来蔵・仏性思想」に批判的見解を提示して仏教思想研究に一石を投じ、学界に大きな衝撃を与えた松本史朗博士は「一切衆生悉有仏性」とは必ずしも「一切皆成」を保証したものではなく、むしろ三乗各別説（五姓各別説）と何ら矛盾しない論理を用意するものであるとして、その典型的な例を『法華論』に求めておられる（松本史朗『縁起と空――如来蔵思想批判――』大蔵出版、一九八九年、参照）。また、詳しくは本書中で仔細に論述するように、近年、吉蔵の思想に対して多くの論考を発表されている末光愛正氏は、吉蔵は従来いわれてきたような「一切皆成」を主張したいわゆるの「一乗家」ではなく、むしろ後の慈恩大師基（六三二―六八二）の先蹤となる「一分不成仏説」（五姓各別説）を説いた仏教者であったことを主張されている（末光愛正「吉蔵の成仏不成仏観」『駒澤大学仏教学部研究紀要』第四五号、一九八七年三月、参照）。かかる末光氏の主張の背景にも『法華論』が大きく関わっている。末光氏の研究は、松本博士の説とはまったく別個になされたものであるが、松本博士は末光氏の主張を高く評価され、「一切衆生悉有仏性」と「五姓各別説」とが何ら矛盾するものではない具体的事例が吉蔵に見られるとして、自説の正当性を強調すべく、吉蔵の思想を厳しく批判しているのである（松本史朗「三論教学の批判的考察――dhātu-vāda としての吉蔵の思想――」、松本『禅思想の批判的研究』大蔵出版、一九九四年、参照）。本書『仏性思想の展開――吉蔵を中心とした『法華論』受容史――』は、上述のような松本博士、末光氏の研究を受けて、吉蔵を研究するものの一人として私なりの考察をなしたものともいえる。

さて、吉蔵によって大成された三論学派の歴史と思想を初めて網羅的に解明したのは、平井俊榮博士の『中国般若思想史研究――吉蔵と三論学派――』（春秋社、一九七六年）であった。平井博士のこの書によって、「三論教学」「三論学」という一つの研究領域が確立され、この分野に対する研究が本格的に開始されるようになったのである。続いて丸山孝雄博士は『法華教学研究序説――吉蔵における受容と展開――』（平楽寺書店、一九七八年）を著され、吉蔵の法華疏を中心とした研究を遂行された。さらに菅野博史博士は『中国法華思想の研究』（春秋社、一九九四年）を著し、吉蔵の思想を中国法華思想全体の中に位置付けられようと試み、詳細な吉蔵研究を提示された。これら丸山、菅野博士の研究書を初めとし、平井博士の『法華文句の成立に関する研究』（春秋社、一九八五年）、『法華玄論の註釈的研究』（春秋社、一九八七年）、『続法華玄論の註釈的研究』（春秋社、一九九六年）、菅野博士の『法華とは何か――法華遊意を読む――』（春秋社、一九九二年）、『法華統略（上）』・『同（下）』（法華経注釈書集成6、7、大蔵出版）等の基礎的研究により、法華疏を中心とした吉蔵に対する研究は近年飛躍的な進展を見せている。また、平井博士の監修になる『三論教学の研究』（春秋社、一九九〇年）、平井俊榮博士古稀記念論集『三論教学と仏教諸思想』（春秋社、二〇〇〇年）という二つの論文集に示されるように、吉蔵の思想およびその周辺の諸思想との関係の解明もまた着実に進んでいる現況である。本書は、これら諸先学の研究成果に多くを負っており、その学恩に深謝したい。

ところで、近年の吉蔵の思想研究において特筆されねばならないことは、伊藤隆寿博士が『中国仏教の批判的研究』（大蔵出版、一九九二年）を著され、松本博士によって提起された「如来蔵思想批判」を踏まえ、中国仏教を「道・理の哲学」による格義仏教と規定し、その立場から三論学派および吉蔵の思想について論究されたことである。伊藤博士のご著書によって、吉蔵や中国仏教に対する研究はある意味では、一つの大きな転回点を迎えたといえるのかもしれない。本来ならば、本書は正面に伊藤博士の成果を見据え、これを論じなければならないのであるが、それをなし得ていないのは、ひとえに私の怠慢以外のなにものでもない。ただ、私見によれば、伊藤博士も他の吉蔵研究者も前記、松本博士、末光氏の研究を受けて、吉蔵が「一切皆成」を立場とする仏教者であったのか、あるいは「一分不成仏説」に立脚した仏教者であったのかということについては、いまだ明確な言明をなされていないように思われる。仏教は「仏の説いた教え」であるとともに、「仏になるための教え」でもあるといわれるように、成仏に関する問題は仏教思想史上の最も重要なテーマであると思うゆえ、この一点から吉蔵の思想に対して論述を試みたのが本書であるとご理解いただければ幸いである。

本書は大きく二つの柱からなっている。すなわち、一つは吉蔵を中心に中国、日本における『法華論』の依用の状を述べた部分であり、いま一つは関連する吉蔵の思想を述べた部分である。すなわち、第一篇「吉蔵およびそれ以降の『法華論』依用と仏性思想」のうち第一章「『法華論』について」では、本書における考察の中心となる『法華論』に対する従来の研究史を振り返り、解題的な論述をなしながら、本書における私の問題意識を表明してある。第二章「吉蔵教学と『法華論』」では、『法華論』を中国において最も早く披見したと思われる吉蔵が、なにゆえその法華解釈に「仏性義」を取り入れ、『法華論』のどの部分に着目して「仏性義」を読み込んでいったのかについて論述し、特に『法華経』「方便品」の「仏知見」という言葉に的を絞り、吉蔵の法華解釈の特徴を論じている。第三章「吉蔵の声聞成仏思想」は、吉蔵の思想に「五姓各別思想」が見られるとする末光愛正氏の説に疑義を唱えたもので、続く第四章「吉蔵と仏性思想」とともに事実上本書の中心をなす部分となっている。第三章では、末光氏の提起された問題を私なりに検証するかたちで論を進め、吉蔵には複雑な要素はあるものの、最終的には従来いわれてきたところの「一切皆成」に立脚した仏教者として捉えてよいのではないかという私見を提示している。第四章では、吉蔵の「仏性思想」が特徴的に説かれていると判断される『勝鬘宝窟』「来意門」の記述を中心に考察をなし、吉蔵の仏性理解が真如随縁的なものであったことを論述し、この点が法相宗とは大きく異なる特徴となっていることを主張している。続く第五章「天台教学と『法華論』」では、吉蔵と同時代に活躍した天台智顗（五三七―五九七）における『法華論』依用の実態を概観し、智顗以降、我が国の源信（九四二―一〇一七）に至るまで、天台宗において『法華論』がどのような思想的関心の下で依用されてきたのかについて論じている。また、この章には吉蔵との比較研究という意味が込められていることを特に強調しておきたい。なお、第一篇には「付録」として、「『涅槃経』をめぐる最近の研究について――一闡提論を中心として――」および「最澄撰とされる『三平等義』について」という関連する二点の拙論も収録した。

第二篇「吉蔵の思想形成についての考察」は、第一篇の論述を受けて、『法華論』を依用してその法華解釈に「仏性義」を読み込んだ吉蔵の思想というものがどのように展開されているのかを個別の問題を通じて論究したいわば各論にあたるものである。さらにいえば、第二篇の各論によって、第一篇で展開した自説を別な角度から補強しようと意図したものである。そのテーマとなっているのは「決定業転」の問題や「空観」、「草木成仏説」等の問題である。それぞれ短編の独立した章立てにはなっているが、その底流には筆者の一貫した問題意識があることをご理解いただき、各章の要約は省略したい。以上が本書の概要である。

なお、本書は平成十四年度の駒澤大学特別研究出版助成金の交付を受けて公刊されるものであり、ここに記して感謝の意を表するものである。

二〇〇二年九月十三日

著　者

仏性思想の展開――目　次

凡例

1　本文の表記は、固有名詞を除いて、原則として常用漢字・現代かなづかいを用いた。但し、一部この原則に従わなかったものもある。例えば「辨」など。
2　書名・経典名等には『　』を付し、章編名や学術雑誌所収論文名等は「　」を付した。
3　引用文献の略称は、次のようにした。
大正蔵　大正新脩大蔵経
卍続蔵　大日本続蔵経（影印本）
仏全　大日本仏教全書（鈴木学術財団編）
日蔵　増補新訂・日本大蔵経（講談社）
伝全　伝教大師全集（世界聖典刊行協会）
智全　智証大師全集（園城寺編、同朋舎）
恵全　恵心僧都全集（比叡山専修院、叡山学院編、思文閣）
4　引用箇所を示す場合は、前項の略称を用い、次のような表記とした。
〔例〕
大正蔵一二・三四五下（大正新脩大蔵経、第一二巻、三四五頁、下段を示す）
卍続蔵一二三・四五左下（大日本続蔵経（影印本）、第一二三冊、四五丁、左下を示す）

第一篇　吉蔵およびそれ以降の『法華論』依用と仏性思想

第一章『法華論』について

はじめに

本篇では、吉蔵（五四九—六二三）の『法華論』依用の状を中心として、中国、日本仏教における『法華論』の受容史を論述する。そこで本章では、『法華論』に対する従来の研究を踏まえながら『法華論』の概略について述べ、あわせてこれまでの研究史を概観して、以て本書における筆者の問題意識を鮮明にしておきたい。

一『法華論』とは

『法華論』（『法華経論』）は、世親[1]（Vasubandhu、四〇〇—四八〇頃）が著したと伝えられるインド撰述、現存唯一の『法華経』に対する注釈書とされ、また譬喩が巧みなことで知られる『法華経』の譬喩を七つに、すなわち法華七喩としてまとめた書としても知られている[2]。

インドにおける『法華経』の講讃について[3]、唐の僧詳（生卒年不詳）が撰述した『法華伝記』巻第一「論釈不同」第五には、真諦三蔵（四九九—五六九）の言葉として、次のようにいっている。

真諦三蔵云、西方相伝、説法華大教、流演五天竺、造優婆提舎、釈其文義五十餘家。仏涅槃後五百年終、龍樹菩薩造法華論。六百年初、堅意菩薩造釈論。並未来此土。不測旨帰。九百年中、北天竺丈夫国国師大婆羅門憍尸迦子婆藪槃豆、此云天親。亦製法華論、以六十四節法門釈其大義。（大正蔵五一・五二下—五三上）

これによれば、インドでは『法華経』の論を造り、その文義を釈する者に五十余家があったといわれ、その中には龍樹(Nāgārjuna、一五〇―二五〇頃)の「法華論」や堅意(Sāramati、三五〇―四〇〇頃)の「釈論」も含まれていたが、これらは中国には伝わらず、唯一現存しているのは世親(天親)の『法華論』だけだというのである。もっとも、世親の『法華論』も次の二種の漢訳が知られるのみで、サンスクリット原典もチベット語訳も現存していない。

①妙法蓮華経憂波提舎　二巻　大乗論師婆藪盤豆釈　後魏北天竺三蔵菩提留支共沙門曇林等訳(大正蔵二六、No.一五一九)

②妙法蓮華経論優波提舎　一巻或二巻　婆藪盤豆菩薩造　元魏中天竺三蔵勒那摩提共僧朗等訳(同、No.一五二〇)

上述のように『法華論』のサンスクリット語原典は現存していないが、こうした中、我が国の最澄(七六七―八二二)が『法華秀句』巻中末において、

法華論云、声聞有四種。一謂決定、二謂増上慢、三者応化、四者退菩提心。二種声聞、仏与授記。謂応化人及退心者。餘之二種根未熟、故仏不与記者。今勘梵本、無如此文。不労会釈。(伝全三・一八六)

と証言し、梵本の存在を思わせる記述をなしているのが注目される。[4] しかし、やはりその梵本の存在は不明としなければならないのである。また、その著者性に関しても、果たして本書を世親の著作に帰することができるのかどうか疑問視する向きもあるほどである。[5]

ところで、論名にいう「憂(優)波提舎」とは、"upadeśa"の音写で、「論議」を意味するが、[6] 高崎直道博士は、この語について、次のように述べておられる。

論名のうちの「憂波提舎」(upadeśa)というのは、論の一種の形式で、漢訳経論中では、他に同じ世親の『無量寿経憂波提舎』(『浄土論』)などもあり、また、チベット訳の所伝で言えば、弥勒の『現観荘厳論』も、『大般若経ウパデーシャ』と呼ばれている。それらの論書から判断されるところでは、'upadeśa'とは、経の綱要程度の簡単な

註釈をいうもののごとくである。チベット訳の'man ṅag'という語の意味するところも同じである。この『法華経論』の場合もまた、ほとんど科文というに等しい大綱論である。[7]

つまり、「妙法蓮華経憂波提舎（優波提舎）」とは、「法華経に対する綱要書」というほどの意と考えて大過ないといえよう。事実、本書は後にみるように、『法華経』本文に対していわゆる随文解釈をなしたものではなく、「序品」における七成就、「方便品」における五示現、「譬喩品」における七喩などのように、著者の見解に従って経の大綱を簡略に示したものとなっている。

二　『法華論』の翻訳と流伝・研究講説

さて、本論の漢訳はすでに示したように、六世紀初めに来支した菩提留支[8]（Bodhiruci、道希、?—五二七）と勒那摩提[9]（Ratnamati、宝意、生没年不詳）の二人のインド人訳経僧によって別々になされたことが知られている。周知のように菩提留支（流支）と勒那摩提は『十地経論』の訳出をめぐって意見が対立し、後にその対立が地論宗北道派と南道派に分かれる素因となったことはよく知られたところである。[10]こうした事情を反映して、『法華論』も二訳存することになったことは容易に推測されることである。

二訳を比較してみると多くの先学が共通して指摘しているように、菩提留支（流支）訳に「帰敬頌」が見られるほかは両本は訳語まで含めて大きな相違はなく、[11]こうした両本の関係を日下大癡博士は「現存支那訳の両本は、ただ僅に比較的不要な文字が相互に出没して居る程度の小差で、九分九厘までも同文同致である」と評している。[12]

かかる『法華論』の翻訳については、各種経録等に関連する記事が見られるが、[13]現存する資料では隋の費長房（生没年不詳）の撰になる『歴代三宝紀』（五九七年）がその基底とすべき資料となっている。[14]それゆえ、ここでは同書によって、『法華論』の翻訳の経緯を瞥見しておきたい。

『歴代三宝紀』巻第九には、菩提留支（流支）の訳出経論が列挙された後、『法華論』については「妙法蓮華経論二巻〈曇林筆受并製序〉」（大正蔵四九・八六上、カッコ内は割注、以下同）と記された後、さらに次のように記されている。

右三十八部合一百二十七巻。梁武帝世、北天竺国三蔵法師菩提流支、魏云道希、従魏永平二年至天平年、其間凡歴二十餘載。在洛及鄴訳。（同前・八六中）

また、勒那摩提訳『法華論』に関しても他の訳出経論とともに「法華経論一巻〈侍中崔光筆受〉」（同前・八六中）と記された後、

右六部合二十四巻。梁武帝世、中天竺国三蔵法師勒那摩提、或云婆提、魏言宝意、正始五年来在洛陽殿内訳。初菩提流支助伝、後以相争因各別訳。沙門僧朗覚意侍中崔光等筆受。（同前・八六中—下）

と述べられている。したがって、これらから菩提留支（流支）訳の『法華論』は他の留支訳出経論とともに永平二年（五〇九）から天平年間（五三四—五三七）にかけての二十余年間に洛陽および鄴で訳出され、さらに勒那摩提訳の『法華論』も同訳出六部二十四巻の中の一つとして、正始五年（五〇八）以来洛陽の殿内で訳出され、当初、勒那摩提は菩提留支の助力もなしていたが、後に相い争ったためそれぞれ別々に訳出されるようになったことが理解されるのである。(15)

ところで、『開元釈教録』や『貞元新定釈教目録』によれば、『法華論』には上記、菩提留支（流支）訳、勒那摩提訳の現存二本以外にも五巻からなる『法華論』があったことが伝えられている。すなわち、次のようである。

①『開元釈教録』巻第九「法華論五巻〈莫知造者単重未悉景雲二年訳〉」（大正蔵五五・五六八中）

②『開元釈教録』巻第十四「法華論五巻〈莫知造者単重未悉〉大唐三蔵義浄訳〈新編入録訪本未獲〉」（同前・六三七上）

③『貞元新定釈教目録』巻第二十四「法華論五巻〈莫知造者単重未悉〉」（同前・九七一下）

しかし、これら①～③の『法華論』は、現在いずれも欠本となっているため、現存の二本と同本であったのか否かは不明とするしかないことは残念なことである。(16) ともかく、以上から推知されることは『法華論』訳出をめぐる経緯

にはかなり複雑な事情があったということである。(17)

かかる翻訳事情を反映してか、中国では『法華論』はその翻訳当初からあまり流布しなかったようである。この間の事情を、吉蔵は『法華論疏』冒頭において、次のように証言している。

斯論訳之甚久、而不盛伝於世者良有二焉。一文旨簡略前後似乱。鹿尋之不見首尾故也。二昔北土江南多以五時四宗以通斯教。竝与論違。講匠守於旧執背聖信凡。故不伝於世也。(大正蔵四〇・七八五上—中)

すなわち、吉蔵は『法華論』が中国において流布しなかった理由の一つとして、その文旨が簡略に過ぎ、また内容に前後が錯雑していると思われる部分があるので、簡単に目を通しただけではその首尾が見えないことを指摘しているのである。こうした吉蔵の証言を裏付けるかのように、我が国の智証大師円珍(八一四—八九一)は、その著『授決集』巻下において、

大師教小師云、今捜求聖教之次、或聖教中云、論梵本甚浩博也。而将来唐土擬委悉訳之間、遭世衰乱不遑染筆、仍抄出其大略一両之要。今見此事甚有道理。世人云、経者八巻也。釈其義論何故只一巻。此事理也。今案此文、彼疑颯然解耳。(智全、上・三七九上)

といい、さらに、

蜀地智論疏云、留支将訳法華論遭難不遂、故抄出要文云云。此詞有憑。可謂論抄。不是正文。具如彼疏。(同前・三七二下)(18)

と述べて、『法華論』に抄訳説があったことを指摘している。ここで文中にある「蜀地智論疏」とは、慧影(?—六〇〇)の『大智度論疏』のことで、事実同書の巻第二十四には、

法華論、留支三蔵、以景明二年欲翻、為有小小国不寧事故不得訳、但出要意一巻。(卍続蔵八七・二六三左上)

という記述を認めることができる。したがって、その真偽のほどはともかくとしても、『法華論』についてはその訳出

当初から抄訳説もあったことが推知されるのである。

さて、それはともかく、中国において『法華論』の引用が見られるようになり、その流伝が確認されるようになるのは隋代に入ってからである。梁の三大法師の一人とされ、法華学の権威としてその名声をほしいままにした光宅寺法雲（四六七—五二九）の講経の筆録である『法華義記』八巻には『法華論』の引用は見られず、また陳の南岳慧思（五一五—五七七）の『法華経安楽行義』および『南嶽思大禅師立誓願文』にも『法華論』に対する言及はない。

これが隋代に入ると浄影寺慧遠（五二三—五九二）の『大乗義章』にその引用が確認されるほか[19]、智顗（五三八—五九七）の法華疏や吉蔵の著作中に多くの引用・関説が見られるようになるのである。もっとも、最近の研究によれば、智顗の前期時代の著作には『法華論』の引用は見られず、その引用が見られるようになるのは後期時代の著作とされる『法華玄義』や灌頂（五六一—六三二）が吉蔵の法華疏を参照しながら修治を施したといわれる『法華文句』[20]においてであり、智顗の『法華論』依用は智顗の与り知らぬところで灌頂によって取りこまれた可能性もあることが指摘されている[21]。したがって、かかる指摘を考慮するとき、中国における『法華論』の本格的依用は吉蔵をもって嚆矢とするということができよう。

吉蔵は、『法華玄論』『法華義疏』『法華遊意』『法華統略』といった大小にわたる法華注疏を著し、その生涯を通じて法華研究に心血を注いだ仏教者として知られている。吉蔵は、これらの法華注疏において『法華論』を引用・関説するばかりでなく、本論に対する注釈書である『法華論疏』三巻を著している[22]。『法華論疏』は、基本的には菩提留支（流支）訳『法華論』を注釈したものであるが[23]、引用されている本文を精査してみると、勒那摩提訳に近いものもあり、また菩提留支訳・勒那摩提訳いずれにも合致しないものがあることが報告されている[24]。

それはともかく、後に本篇第二章および第五章で詳しく論じるように、吉蔵や智顗（灌頂）が『法華論』を依用した目的は、前代の法華学の権威、光宅寺法雲が五時教判に基づき『涅槃経』は「仏身の常住」と「仏性」を明かしているが『法華経』はいまだそれらを明かしていないので価値的に劣るとした点に強い不満を示し、『法華経』も『涅槃経』同様「仏身の常住」と「仏性」を明かしていることの論拠にした点に求められる。つまり、中国における『法華論』依用の始まりは「仏性」をめぐる問題に関してであったということになる。本書が吉蔵を中心としつつ中国、日本仏教における『法華論』受容史を「仏性思想」の面から考察する所以でもある。

吉蔵以後、『法華論』は唐の慈恩大師基（六三二―六八二）の『法華玄賛』において盛んに引用・援用されたほか、[25]天台では智顗（灌頂）以後、特に日本天台宗において研究講説がなされた。最澄は『法華論』に関係する多くの著作をなしたほか、科文である『法華論科文』を著し、日本における『法華論』研究の先鞭をつけた。[26]続いて智証大師円珍は、大部の『法華論記』十巻を著している。[27]しかし、全体として見れば、その研究講説は低調だったようで、現存する注釈書としては前述の、

①吉蔵『法華論疏』三巻
②円珍『法華論記』十巻

が知られるのみである。[28]

さて、近代に入ってからは、塩田義遜、日下大癡の両博士が本論に対する全般的な研究をなしたほか、[29]早くに清水梁山師がその国訳を発表している。[30]しかし、『法華論』そのものに対する研究は長い間等閑に付され、昨年になってようやく藤井教公氏等によって厳密な訳注と現代語訳が発表されたばかりである。[31]また、『法華論』依用に対する研究も他の法華関係の研究に比べれば、必ずしも十全であったとはいえないというのが現状のようである。

ここでやや煩瑣にわたるが、筆者が承知している範囲で『法華論』に関連する従来の研究成果を列記しておこう。

［論文］
①佐々木憲徳「天台の天親法華論採用依準を論ず」（『六條学報』第一二五号、一九一二年一月）

②佐々木憲徳「天台の天親法華論採用依準を論ず（続）」（『六條学報』第一九八号、一九一八年四月）
③清水梁山「天親の法華経観」（『大崎学報』第三八号、一九一四年十二月）
④清水梁山「天親の法華経観・承前」（『大崎学報』第三九号、一九一五年二月）
⑤日下大癡「法華論に就て」（『龍谷大学論叢』第二六九号、一九二六年八月、後に日下『台学指針――法華玄義提綱――』一九三六年、一九七六年、百華苑複刊に再録）
⑥木村光孝「法華経論に於ける二三の問題」（『宗教研究』第二輯、一九四〇年六月）
⑦塩田義遜「法華論の研究」（『棲神』第二八号、一九四三年六月、後に塩田『法華教学史の研究』一九六〇年、地方書院、一九七八年、日本図書センター複刊に再録）
⑧塩入良道「法華論の説相における授記について」（『印度学仏教学研究』第三巻第二号、一九五五年三月）
⑨宇井伯寿『印度哲学史』第九章「世親の学説」（岩波書店、一九六五年）
⑩横超慧日「世親の法華経論」（横超編『法華思想』第一部第二章、平楽寺書店、一九六九年）
⑪勝呂信静「インドにおける法華経の注釈的解釈」（金倉円照編『法華経の成立と展開』平楽寺書店、一九七〇年）
⑫清田寂雲「法華論と法華論科文について」（天台学会編『伝教大師研究』早稲田大学出版部、一九七三年）
⑬高崎直道『如来蔵思想の形成』第一章第二節「法華経」（春秋社、一九七四年）
⑭山口寿謙「天親の『法華論』と法華経引用文例」（『現代宗教研究』第一一号、一九七七年三月）
⑮池田魯参「円珍『法華論記』における天台研究の特質」（『駒澤大学仏教学部論集』第九号、一九七八年十一月）
⑯池田魯参「円珍の『法華論記』について」（『印度学仏教学研究』第二七巻第一号、一九七八年十二月）
⑰丸山孝雄「法華七喩解釈の展開」（中村瑞隆編『法華経の思想と基盤』平楽寺書店、一九八〇年）
⑱丸山孝雄「法華経論の立場」（講座・大乗仏教第四巻『法華思想』春秋社、一九八三年）

⑲末光愛正「吉蔵の法華論引用に於ける問題」(『曹洞宗研究員研究生研究紀要』第一六号、一九八三年八月)
⑳奥野光賢「吉蔵の『法華論』の依用について――七処に仏性有りの文をめぐって――」(『仏教学』第二一号、一九八七年三月)
㉑奥野光賢「吉蔵の『法華論』の依用をめぐって――特に四種声聞授記を中心に――」(『駒澤大学仏教学部論集』第一八号、一九八七年十月)
㉒河村孝照「『法華論記』に関する一考察」(『法華文化研究』第一五号、一九八九年三月)
㉓河村孝照「智証大師法華論記にみえる仏身観」(『智証大師研究』同朋舎出版、一九八九年)
㉔奥野光賢「吉蔵教学と『法華論』」(平井俊榮監修『三論教学の研究』春秋社、一九九〇年)
㉕奥野光賢「円珍の『法華論』解釈をめぐって」(『印度学仏教学研究』第四一巻第一号、一九九二年十二月)
㉖奥野光賢「一乗要決における『法華論』解釈について――特に声聞授記を中心として――」(『駒澤大学高等学校研究紀要』第一六号、一九九三年三月)
㉗河村孝照「吉蔵の『法華論疏』について」(『印度学仏教学研究』第四五巻第一号、一九九七年三月)
㉘桑谷祐顕「最澄の『法華論』研鑽について」(『天台学報』第四〇号、一九九八年十一月)
㉙藤井教公「世親『法華論』訳注(1)」(『北海道大学文学研究科紀要』第一〇五号、二〇〇一年十一月)

[解題]

①清水梁山「国訳法華論解題」(『国訳大蔵経』論部第二〇巻、一九二一年、国民文庫刊行会)
②高崎直道「法華論科文解題」(『増補改訂・日本大蔵経』第九七巻「解題」No. 176)
③高崎直道「法華論記解題」(『増補改訂・日本大蔵経』第九七巻「解題」No. 177)
④三崎良周「法華論四種声聞日記解題」(『増補改訂・日本大蔵経』第九九巻「解題」No. 469)

⑤河村孝照「『法華論』解題」(『法華文化研究』第二五号、一九九九年三月)

[欧文によるもの]

①Terry Rae Abbott: Vasubandhu's Commentary to the "Saddharmapundarika-sutra" A Study of its history and significance (Dissertation, University of California, Berkley, 1985)

②Shiro Matsumoto "Buddha-nature as the Principle of Discrimination" (『駒澤大学仏教学部論集』第二七号、一九九六年十月)

三　『法華論』の構成

さて、次に『法華論』の構成について簡単に触れておきたい。吉蔵が彼以前、『法華論』が中国においてあまり流布していなかった理由として、

斯論訳之甚久、而不盛伝於世者良有二焉。一文旨簡略前後似乱。麁尋之不見首尾故也。二昔北土江南多以五時四宗以通斯教。竝与論違。講匠守於旧執背聖信凡。故不伝於世也。(『法華論疏』巻上、大正蔵四〇・七八五上—中)

と述べていることはすでに見た。実際、『法華論』を紐解いてみると、理解しづらい構成・内容となっていることは否めない事実である。このような事情を反映してか、吉蔵以来、『法華論』の内容を見易くするために科段の作成が試みられたのである。すなわち、吉蔵は『法華論疏』において、

天親釈此経凡有二意。一者預開起尽。如初品七分。二至後方陳。如論末云方便品凡有五門。蓋是聖人適時而用也。天親大開此経、凡有三十二章。所言三十二者、即序品七分、方便品五門、謂十二也。従譬喩品竟宝塔品。破十種病利益十人即十段也。従薬草竟一経明十無上。又有十章。故合成三十二也。(同前・七八六中)

と述べ、『法華論』は『法華経』全体を三十二の科段に分けて論じたものといっている。ここで「十種の病」について

吉蔵は「譬喩品より宝塔品を竟わるまで」としているが、すでに指摘されているように、[32]『法華論疏』巻下には「火宅譬より経を竟わるまで」（同前・八一五上）とあり、整合性の点から見て『法華論疏』巻下の記述の方が妥当である。

ところで、吉蔵が上述のように『法華論』を三十二分に分科したのは、おそらく『法華論』の以下のような記述に基づいてのことであったと思われる。すなわち、『法華論』には次のようにある。

①第一序品示現七種功徳成就。第二方便品有五分示現破二明一。餘品如向処分。易解。（大正蔵二六・一〇中）

②自此以下、次為七種具足煩悩染性衆生、説七種喩、対治七種増上慢心。此義応知。又復次為三種染慢無煩悩人三昧解脱身等染慢、対治此故説三種平等。此義応知。（同前・八上）

③無上義者、自餘経文明無上義。無上義者、略有十種。此義応知。（同前・九上）

最澄の『法華論科文』に付される「法華論科文図」は、この三十二段の上にさらに従来の経論解釈の例にならって序説分・正説分・流通分の三分法による分科を行ない、最初の七成就を序説分とし、次の五示現、七喩、三平等および十無上の中の第九無上までを正説分となし、第十勝妙力無上を正説分および流通分としている。[33]

円珍の科文は、『法華論記』巻一本に、

第一正釈本文者、大分為二。第一正釈経文、第二料簡総結両段。第一正釈経文者、一部始終都有五章。所謂七成五分七喩三平十無上。総成三十二義門。以七成就分別序品、以五示現釈方便品、以後三章判釈余品。今准本経文分為三段。初七成就為序説分、五現七喩三平九無上為正説分、第十勝妙義通正説及以流通。本迹三段如常応知。

（智全、上・一下）

とあるように基本的には「法華論科文図」のそれを踏襲したものとなっている。

以上より知られる吉蔵、「法華論科文図」、円珍の『法華論』に対する科段を示せば、次のようになる。[34]

	『法華論』	吉蔵	法華論科文図	円珍
(一)	七種功徳成就	七分	(初)七成就	七成
(二)	五分示現	五門	(二)五示現	五分
(三)	七種譬喩	〔破二十種病一利二益 十人一即十段也〕	(三)七喩	七喩
(四)	三種平等		三平	三平
(五)	無上義十種	十無上	十上	十無上

以上、吉蔵、「法華論科文図」、円珍のいう『法華論』の構成について略述したが、最近では河村孝照博士が詳しい「法華論解題」[35]を示されており、後学の者を裨益している。上記の研究成果を参考にしながら、以下に『法華論』の構成を示しておきたい。なお、語句は菩提留支（流支）訳により、留支（流支）訳と対応する勒那摩提訳の該当頁数を記し、あわせて参考までに吉蔵の『法華論疏』、円珍の『法華論記』における注釈箇所を指示しておく。[36]

『法華論』の構成

一　七種功徳成就（序品）

①序分成就（菩＝一中、勒＝一〇下）（疏＝七八七上、記＝二下）

②衆成就（菩＝一中、勒＝一一上）（疏＝七八七下、記＝五上）

③如来欲説法時至成就（菩＝二下、勒＝一二中）（疏＝七九二下、記＝五四上）

④依所説法威儀随順住成就（菩＝三上、勒＝一二下）（疏＝七九四中、記＝七五上）

⑤依止説因成就（菩＝三中、勒＝一二下）（疏＝七九五中、記＝八七上）

⑥大衆欲聞法現前〔法〕成就（大衆現前欲聞法成就）（菩＝三中、勒＝一三上）（疏＝七九六上、記＝九二上）

⑦文殊師利菩薩答成就（菩＝三下、勒＝一三上）（疏＝七九六上―中、記＝九四下）

二　五分示現（方便品）

方便品釈（一）（菩＝四中、勒＝一四上）（疏＝七九九下、記＝一一五下）

①説妙法功徳具足（菩＝五上―中、勒＝一四中）（疏＝七九九下、記＝一二二下）

（一）証甚深

（1）義甚深

（2）実体甚深

（3）内証甚深

（4）依止甚深

（5）無上甚深

（二）阿含甚深

（1）受持読誦甚深

（2）修行甚深

（3）果行甚深

（4）増長功徳甚深

（5）快妙事心甚深

（6）無上甚深

（7）入甚深

（8）不共声聞辟支仏所作住持甚深

②説如来法師功徳成就（菩＝五中、勒＝一五上）（疏＝八〇三上、記＝一三〇下）

（一）住成就

（二）教化成就

（三）功徳畢竟成就

（四）説成就

③依示現三種義説（菩＝六中、勒＝一六上）（疏＝八〇八中、記＝一四八上）

（一）決定義

（二）疑義

（三）依何事疑義

④依示現四種事説（菩＝六下、勒＝一六上）（疏＝八〇八下、記＝一五二上）

（一）決定心

（二）因授記

（三）取授記

（四）与授記

⑤断四種疑心（菩＝七下、勒＝一七上）（疏＝八一三上―中、記＝一八〇下）

（一）疑何時説

（二）疑云何知是増上慢人

（三）疑云何堪説

（四）疑云何如来不成妄語

三　七種譬喩

「譬喩品」（菩＝八上、勒＝一七中）（疏＝八一四上、記＝一九一上）

①火宅譬喩（譬喩品）（菩＝八中、勒＝一七下）（疏＝八一五中、記＝一九五下）

②窮子譬喩（信解品）（菩＝八中、勒＝一七下）（疏＝八一五下、記＝一九六上）

③雲雨譬喩（薬草喩品）（菩＝八中、勒＝一七下）（疏＝八一五下、記＝一九六下）

④化城譬喩（化城喩品）（菩＝八中、勒＝一七下）（疏＝八一六上、記＝一九六下）

⑤繋宝珠譬喩（五百弟子受記品）（菩＝八中、勒＝一七下）（疏＝八一六上、記＝一九七上）

⑥輪王解自髻中明珠与之譬喩（安楽行品）（菩＝八中、勒＝一七下）（疏＝八一六中、記＝一九七下）

⑦医師譬喩（如来寿量品）（菩＝八中、勒＝一七下）（疏＝八一六中、記＝一九七下）

四　三種平等（菩＝八下、勒＝一八上）（疏＝八一六下、記＝二一七下）

①乗平等（菩＝八下、勒＝一八上）（疏＝八一七中、記＝二一八下）

②世間・涅槃平等（菩＝八下、勒＝一八上）（疏＝八一七中、記＝二一八下）

③身平等（菩＝八下―九上、勒＝一八上）（疏＝八一七下、記＝二一九上）

五　無上義

①種子無上―雨譬喩（薬草喩品）（菩＝九中、勒＝一八中）（疏＝八一九中、記＝二三八下―二三九上）

②行無上―大通智勝如来本事等（化城喩品）（菩＝九中、勒＝一八中）（疏＝八一九下、記＝二四〇下）
③増長力無上―商主譬喩（化城喩品）（菩＝九中、勒＝一八中）（疏＝八一九下、記＝二四〇下）
④令解無上―繫宝珠譬喩（五百弟子品）（菩＝九中、勒＝一八中）（疏＝八一九下、記＝二四一上）
⑤清浄国土無上―多宝如来塔（宝塔品）（菩＝九中、勒＝一八中）（疏＝八二〇上、記＝二四一下）
⑥説無上―解髻中明珠譬喩（安楽行品）（菩＝九中、勒＝一八下）（疏＝八二〇上、記＝二四二上）
⑦教化衆生無上―地中踊出無量菩薩摩訶薩等（踊出品）（菩＝九中、勒＝一八下）（疏＝八二〇中、記＝二四二下）
⑧成大菩提無上―三種仏菩提（応仏菩提・報仏菩提・法仏菩提）（寿量品）（菩＝九中、勒＝一八下）（疏＝八二〇中、記＝二四四上）
⑨涅槃無上―医師譬喩（寿量品）（菩＝九下、勒＝一九上）（疏＝八二二上、記＝二七七上）
⑩勝妙力無上―（自余経文）（菩＝九下、勒＝一九上）（疏＝八二二上、記＝二八四下）

（一）法力

（1）証門（菩＝九下、勒＝一九上）（疏＝八二三上、記＝二九〇下―二九一上）
（2）信門（菩＝一〇上、勒＝一九中）（疏＝八二四中、記＝二九七上）
（3）供養門（菩＝一〇上、勒＝一九中）（疏＝八二四中、記＝二九七上）
（4）聞法門（菩＝一〇上、勒＝一九中）（疏＝八二四中、記＝二九九上）
（5）読誦持説門（菩＝一〇上、勒＝一九中）（疏＝八二四下、記＝三〇〇上）

（二）修行力

（1）説力（菩＝一〇上、勒＝一九中）（疏＝八二五中、記＝三〇八下）
（2）行苦行力（菩＝一〇上、勒＝一九中）（疏＝八二五中、記＝三一三下―三一六下）

（3）護衆生諸難力（菩＝一〇中、勒＝一九下）（疏＝八二五中、記＝三一七上）
（4）功徳勝力（菩＝一〇中、勒＝一九下）（疏＝八二五下、記＝三二〇下）
（5）護法力（菩＝一〇中、勒＝一九下）（疏＝八二五下、記＝三二二下）

四　『法華論』をめぐる問題点――現在の筆者の問題意識――

『法華論』は、吉蔵や智顗（灌頂）が五時教判に拠って『法華経』にはいまだ「仏身の常住」や「仏性」が説かれていないから『涅槃経』に比して価値的に劣るとした前代の法華学の権威、光宅寺法雲を批判する際に依拠したことからも明らかなように、従来の研究史においては「如来蔵・仏性思想」を高揚した論書と見なされてきた。(37) 事実、『法華論』には、『涅槃経』の「一切衆生悉有仏性」を思わせる

①菩薩記者、如下不軽菩薩品中示現。応知。礼拝讃歎作如是言、我不軽汝、汝等皆当、得作仏者、示現衆生皆有仏性故。（大正蔵二六・九上）

という記述があるほか、次のように「如来蔵」「仏性」という言葉を検出することができる。(38)

②五者無量種成就説不可尽。如経舎利弗唯仏与仏説法諸仏如来能知彼法究竟実相故。言実相者、謂如来蔵法身之体不変義故。（同前・六上）

③二者同義謂諸声聞辟支仏仏法身平等。如経欲示衆生仏知見故出現於世故。法身平等者、仏性法身無差別故。（同前・七上）

④三者身平等。多宝如来已入涅槃、復示現身。自身他身法身平等無差別故。如是三種無煩悩人染慢之心見彼此身所作差別。不知彼此仏性法身悉平等故。（同前・八下）

⑤三者示現法仏菩提。謂如来蔵性浄涅槃常恒清涼不変等義。如経如来如実知見三界之相次第乃至不如三界見於三界故。（同前・九中）

⑥三界相者、謂衆生界即涅槃界。不離衆生界有如来蔵故。（同前・九中）

⑦無有生死若退若出者、謂常恒清涼不変義故。亦無在世及滅度者、謂如来蔵真如之体、不即衆生界、不離衆生界故。（同前・九中）

⑧法力如経応知。其心決定知水必近者、受持此経、得仏性水成阿耨多羅三藐三菩提故。（同前・一〇上）

ところで、『法華論』は上記のように「皆有仏性」「如来蔵」を主張しつつ、一方には、

声聞有四種。一者決定声聞、二増上慢声聞、三者退菩提心声聞、四者応化声聞。二種声聞如来授記。謂応化者、退已還発菩提心者。若決定者増上慢者二種声聞、根未熟故不与授記。菩薩与授記者、方便令発菩提心故。（大正蔵二六・九上）

という有名な「四種声聞授記」に関する記事があり、この記事をめぐって後世さまざまな議論がなされるようになるのである。[39] この「四種声聞授記」の問題に関して、高崎直道博士は、

ここで明らかに、世親が『法華経』の授記説のうちに〈如来蔵〉思想を読みとっていたことを知るのである。ただし、それに続けて、声聞を四種に分類して、(1)決定声聞、(2)増上慢声聞、(3)退菩提心声聞、(4)応化声聞を挙げ、前二者は根未熟で授記せられないとするのは、なお、三乗各別の説にひかれているもののごとく見える。[40]（傍線＝奥野）

と述べられた。かかる高崎博士のご見解を踏まえつつ、「唯識派の一乗思想」や「如来蔵思想」に対して鋭い考察を加えられた松本史朗博士は、[41]「一切衆生悉有仏性」をいういわゆる「如来蔵・仏性思想」とは、必ずしも「一切皆成」を保証したものではなく、むしろ「三乗各別説」（＝一分不成仏説）と何ら矛盾するものではないと主張されたのである。[42]

すなわち、松本博士は前の高崎博士のご見解を受けて、「悉有仏性説」が「三乗各別説」と矛盾しない具体的例証が『法華論』に見られるとされ、[43] さらに末光愛正氏の説を受けて、「悉有仏性説」が「一分不成仏説」に矛盾しないより具体的例証が『法華論』に依拠してその法華解釈に如来蔵仏性義を持ち込んだ吉蔵の思想に顕著に見られるとして、吉蔵の思想を厳しく批判しているのである。[44] かかる松本博士のご主張は、従来の仏教学の枠組みや吉蔵の思想的評価に対して再考を迫るものといえよう。[45]

さて、松本博士が評価される末光愛正氏の研究とは、「吉蔵の成仏不成仏観」に対する一連の研究である。[46] 筆者の見るところによれば、末光氏がこの研究をなされた当初の目的は、慈恩大師基の『法華玄賛』の撰述が天台の法華注疏に対する対抗意識からなされたとする従来の説に異議を唱え、『法華玄賛』と吉蔵の法華注疏の引用関係から見て、[47]『法華玄賛』に見られる基の学説は吉蔵の思想を発展継承したものであるということを主張しようとした点にあったものと思われる。すなわち、末光氏は論文「吉蔵の成仏不成仏観」において、『国訳一切経』の『法華玄賛』の解題者布施浩岳博士の説[48]を批判して、次のように主張している。

Ⓐ別に三論至上を主張する訳ではないが、三論と法相の思想的影響関係は存在するのであろうか。少なくとも「『法華玄賛』と『法華義疏』」の論文の内容により、引用関係は論証出来、影響関係を論じる前提条件は揃えた。そこで両者の間に、思想的な共通点はあるかどうかが、次の議論の内容となって来る。『玄賛』の解題者は、法相の「五姓各別」思想も、天台家に対する対抗意識の強烈な一例としている。法相の「五姓各別」の様な完成されたものではないとしても、吉蔵の思想の中にも基本的な骨子としての五姓各別思想的なものを見い出すことが出来る。[49]

（傍線＝奥野）

Ⓑ（前略）この為、灌頂示寂の年に慈恩が生れたからと云って、慈恩が成立年時不明な天台疏を見たと云う根拠にはならない。解題説が成立するには、少なくとも玄賛が天台疏を参照したと云う明確なる証拠が必要である。それ

から初めて、慈恩は天台家に対抗意識を働かしたか、或は吉蔵の思想を継承したかが論議されるのであって、現時点においては、三論の影響を受け継いでいると考えた方が、より理に適っている。この様な根拠不明な天台至上主義とも受けとれる従来の固執観念は、この際見直すべきである事を、『法華文句の成立に関する研究』は提示している。

従来は、「無二亦無三」の解釈が、法相と吉蔵では同一である事のみが指摘されていた。しかし今回、法相の「五姓各別」という重要な内容も、吉蔵の思想中に基本的にあることが論証できた。(50)（傍線＝奥野）

そして、末光氏がかかる主張を支える大きな論拠としているのが、『法華玄論』巻第七に見られる『法華論』の「四種声聞授記」に関する、次のような記述なのである。(51)

次明五種声聞得記不得記義。一者退大学小声聞。如身子之流。二者発軫学小声聞。三者以仏道声令一切聞。四内祕菩薩行、外現為声聞。五増上慢声聞。増上慢声聞中復有二種。一者得四禅時謂得四果。如釈論出之。得初禅時謂得初果、乃至得四禅時謂得第四果。二者不必得禅、但偏修厭観、三毒不起謂得羅漢也。次明得記不得記者、若退大為小声聞約位判者、是六心以下人。但是未発心授記也。但此二人優劣不同。初人已曾発心、但発心未成就故名未発心。第二人都未発心也。若発軫学小声聞亦是未発心授記也。若第三以仏道声令一切聞、此位既通従初発心至仏皆是声聞也。若取中根人領解自称以仏道声令一切聞者、此正就位不退義判。属発心授記也。内秘菩薩行、此位亦通従位不退已上皆能有此事。而取登地。去此人有是現前得記也。増上慢声聞有三種人。一者亦得聞経亦得授記。如常不軽菩薩為増上慢声聞説法華経及為授記。此是未発心授記也。二者不得聞経、不得授記。如釈論所出得四禅者、此人命終堕無間獄也。三者得髣髴聞而不得授記。則五千之徒得聞略説而不得記也。（大正蔵三四・四二一下―四二二上）

では、末光氏が主張された説が妥当であるとすると、『法華論』に説かれる仏性説を大幅に取り込んで自らの法華解釈をなした吉蔵の思想はどのように評価すべきなのであろうか。松本博士のいわれるような批判的評価に落ち着くことになるのであろうか。このことを考えることは、松本博士が主張された「如来蔵・仏性思想」に対する批判的研究を検証する上でも意味あることであると筆者には思われるのである。

本篇では、上述のような筆者の問題意識にしたがって、吉蔵を中心としつつ中国、日本仏教における『法華論』受容史の一端を明らかにしてみたいと思うのである。

注

(1) 世親の伝記は、真諦訳『婆藪槃豆法師伝』(大正蔵五〇、No.二〇四九) 参照。吉蔵は『法華論疏』巻上の冒頭で「其人本是天帝釈之弟。釈遣其下閻浮提伏修羅故云天親」(大正蔵四〇・七八五上) と述べて、天親の名を用いている。なお、『法華論疏』と同様の記事は『百論序疏』(大正蔵四二・二三四中) にも見られる。

(2) 法華七喩に関しては、菅野博史『法華経の七つの譬喩』(第三文明社、レグルス文庫、一九九三年) および丸山孝雄「法華七喩解釈の展開」(中村瑞隆編『法華経の思想と基盤』平楽寺書店、一九八〇年) を参照。

(3) インドにおける『法華経』の講讃については、塩田義遜『法華教学史の研究』第一編「印度源流史」(一九六〇年、地方書院、一九七八年、日本図書センター複刊に再録) および塩入良道「印度における法華経解釈の一端」(『印度学仏教学研究』第四巻第二号、一九五六年三月)、同「インド・中国の法華経解釈をめぐって」(『大正新脩大蔵経通信』第四八号、一九六六年)、勝呂信静「インドにおける法華経の注釈的解釈」(金倉円照編『法華経の成立と展開』平楽寺書店、一九七〇年) 等を参照。

(4) 最澄『法華秀句』巻中末 (伝全三・二二八) にも本文で指摘したのと同様の記述がある。

(5) 横超慧日博士は、『法華論』の内容について、「如来蔵・仏性の思想が漸く表面に出て、初地・十地などの十地思想も散見する。しかし世親の作と称せられていながら唯識思想を明白に示すような要素はないように思う」と述べられ、続けて「これが確かに世親の作といえるかどうかは私の判断の及ぶ限りでなく、或いは世親の名に託した他者の作かも知れぬ」(「世親の法華経論」『法華思想』平楽寺書店、一九六九年、二二三頁) といっている。これに対して、松本史朗博士は、『法華論』は疑いなく世親の著作であるとしている。これについては、Shiro Matsumoto "Buddha-nature as the Principle of Discrimination" (『駒澤大学仏教学部論集』第二七号、一九九六年十月) を参照されたい。

(6) 『大智度論』巻第三十三に「如是等問答。広解其義。是名優波提舎」（大正蔵二五・三〇八上）とあり、また同巻に「仏所説論議経。乃摩訶迦栴延所解修多羅。乃至像法凡夫人如法説者。亦名優波提舎」（同前・三〇八中）とあるを参照。

(7) 高崎直道『如来蔵思想の形成――インド大乗仏教思想研究――』（春秋社、一九七四年、四一六頁）参照。

(8) 菩提留支（流支）の伝記は、『続高僧伝』巻第一（大正蔵五〇・四二八上以下）参照。なお、菩提留支（流支）の訳業に関しては、桜部建「世親の釈経論と菩提流支の訳業についての一考察」（横超慧日編『北魏仏教の研究』平楽寺書店、一九七〇年）を参照。

(9) 勒那摩提の訳経等に関する事績については、『開元釈教録』巻第六（大正蔵五五・五四〇中）に関説される。

(10) 菩提留支（流支）と勒那摩提の両者に筆受として仕えた侍中崔光の「十地経論序」（大正蔵二六・一二三上―下）には菩提留支、勒那摩提の不仲説は伝えられておらず、両者の不仲説が登場するのは現存の資料では、隋の費長房撰『歴代三宝紀』（大正蔵四九・八六上―中）になってからのようである。

(11) 智昇撰『開元釈教録』巻第六に「妙法蓮華経論一巻〔婆藪盤豆菩薩造亦云法華経論侍中崔光僧朗等筆受見長房録初出与菩提留支訳者大同小異題云妙法蓮華経優波提舎〕」（大正蔵五五・五四〇中）とあるを参照。

(12) 日下大癡「『法華論』に就いて」（『台学指針――法華玄義提綱――』一九三六年、一九七六年、百華苑複刊、二二三頁）参照。また、最近、両訳を対照しながら『法華論』の国訳をなされた藤井教公氏は、両本の関係について「両テキストの間に内容的な相違は見られず、字句の相違や、語句の省略などの差に止まっている。両本を比べると、概して勒那摩提訳の方が語句の上ですっきりと整理されている印象を与えている」と指摘している（藤井教公「世親『法華論』訳注（1）」『北海道大学文学研究科紀要』第一〇五号、二〇〇一年十一月、二一一―二二二頁参照）。

(13) 隋、法経等撰の『衆経目録』巻第五は「法華経論一巻〔後魏世菩提留支訳〕」（大正蔵五五・一四一上）と記すのみで、勒那摩提訳の『法華論』に関する記載はみられない。

(14) 参考までに以下に『法華論』訳出に関する『歴代三宝紀』以降の資料を掲げておく。

ⓐ道宣撰『大唐内典録』巻第四は、『法華論』を含めた菩提留支（流支）の訳出経論を列挙した後、次のように述べる。

妙法蓮華経論二巻〔曇林筆受并制序〕（中略）

右三十九部。合一百二十七巻。梁武帝世。北天竺国三蔵法師菩提流支。魏言道希。従魏永平二年至天平年。其間凡歴二十餘載。在洛及鄴訳。李廓録称。三蔵法師房内。婆羅門経論本可有万夾。所翻経論筆受草本。満一間屋。然其慧解与勅那相亜。而神悟聡敏洞善方言兼工雑術。嘗坐井口澡瓶内空。弟子未来無人汲水。三蔵乃操柳枝聊撝井口。密心誦呪纔始数遍。泉遂湧上平至井脣。三蔵即鉢盌酌用。傍僧見之並歎称聖。法師曰。斯是術法耳外国共行。此方不習乃言是聖。懼惑於世。遂秘雑法云（中略）。

法華経論〔侍中崔光筆受〕(中略)
右六部。合二十四巻。梁武帝世。中天竺国三蔵法師勒那摩提。或云婆提。魏言宝意。正始五年来在洛陽殿内訳。初菩提流支助伝。後相争別訳。沙門僧朗覚意侍中崔光等筆受金剛上味陀羅尼経（大正蔵五五・二六九上―下）。

ⓑ道宣撰『続高僧伝』巻第一

先時流支奉勅。創翻十地。宣武皇帝命章一日親対筆受。然後方付沙門僧辯等。訖尽論文。仏法隆盛英俊蔚然。相従伝授孜孜如也。帝又勅清信士李廓。撰衆経録。廓学通玄素條貫経論。雅有標擬。故其録云。三蔵流支自洛及鄴。爰至天平二十餘年。凡所出経。三十九部。一百二十七巻。即仏名楞伽法集深密等経。勝思惟大宝積法華涅槃等論是也。並沙門僧朗道湛。及侍中崔光等筆受。**具列唐貞観内典録**。廓又云。三蔵法師流支房内経論梵本。可有万甲。所翻新文筆受藁本。満一間屋。然其慧解与勒那相亜。而神悟聡敏。洞善方言兼工呪術則無抗衡矣。嘗坐井口。澡罐内空。弟子未来無人汲水。流支乃操柳枝聊揺井中。密加誦呪纔始数遍。泉水上涌平及井欄。即以鉢酌用之盥洗。傍僧具見莫測其神。咸共嘉歎大聖人也。流支曰。勿妄褒賞。斯乃術法。外国共行此方不習。謂為聖耳。懼惑世網遂秘不宣。于時又有中天竺僧勒那摩提。魏云宝意。博贍之富理事兼通。誦一億偈。偈有三十二字。尤明禅法意存遊化。以正始五年初届洛邑。訳十地宝積論等大部二十四巻。又有北天竺僧仏陀扇多。魏言覚定。従正光元年。至元象二年。於洛陽白馬寺及鄴都金華寺。訳出金剛上味等経十部。当翻経日。於洛陽内殿。流支伝本。餘僧参助。其後三徳乃徇流言。各伝師習不相詢訪。帝以弘法之盛。略叙曲煩。勅三処各翻訖乃参校。其間隠没互有不同致有文旨。時兼異綴。後人合之共成通部。見宝唱等録（大正蔵五〇・四二八下―四二九上）。

ⓒ明佺等撰『大周刊定衆経目録』巻第六

法華経論一巻
右梁武帝代中天竺国三蔵勒那摩提。或云婆提。正始五年於洛陽訳。初出菩提留支助伝。後各別訳。**出長房録**
妙法蓮華経論一部二巻〔二十九紙〕
右後魏菩提留支於鄴下訳。**出靖邁経図**（大正蔵五五・四〇七上―中）。

ⓓ恵祥撰『弘賛法華伝』

妙法蓮花経論二巻。
右。西域沙門菩提流支。魏云道希。北天竺人也。遍通三蔵。妙入総持。志在弘法。広流視聴。遂狭道宵征。遠莅葱左。以魏永平之初。来遊東夏。宣武皇帝。下勅引労。供擬殷贍。処之永寧大寺。四事供給。七百梵僧。勅以流支。為訳経之元匠也。訳出前論。沙門曇林筆受。其流支房内。経論梵本。可有万甲。所翻新文。筆受藁本。満一間屋。然其慧解。与勒那相亜。而神悟聡敏。洞善方言。兼工呪術。即無抗衡矣。嘗坐井口。澡灌内空弟子未来。無人汲水。流支乃操柳枝。聊撝井中。密密加誦呪。纔始数遍。泉水上涌。及乎井欄。即以鉢酌。用之盥洗。傍僧具見。莫測其神。流支曰。斯乃術法。外国共行。此方不習。謂為聖也。

妙法蓮花経論一巻

右。中天竺僧勒那摩提。魏云宝意。博贍之富。理事兼通。誦一億偈。偈有三十二字。尤明禅法。意存遊化。以正始五年。初届洛邑。与菩提流支。同於洛陽内殿翻訳。其後二徳各伝師習。不相詢訪。帝以弘法之盛。略叙曲煩。勅令別処各翻。翻訖。乃参校。其間隠没。互有不同。勒那所翻。侍中崔光筆受。勒那後為天帝請講花厳。於法座奄然而卒。都講僧等。亦同時殞。魏境聞見。無不嗟美。（大正蔵五一・一七中―下）

ⓔ智昇撰『開元釈教録』

①妙法蓮華経論一巻〔婆藪盤豆菩薩造亦云法華経論侍中崔光僧朗等筆受見長房録初出与菩提留支訳者大同小異題云妙法蓮華経優波提舎〕（大正蔵五五・五四〇中）

②法華経論二巻〔題云妙法蓮華経優波提舎或一巻曇林筆受並製序第二出与前宝意出者同本初有帰敬頌者是**見続高僧伝**〕（五四一上）

③妙法蓮華経論一巻〔婆藪槃豆菩薩造〕元魏中天竺三蔵勒那摩提共僧朗等訳〔第一訳〕上五論十一巻同帙

法華経論二巻〔初有帰敬頌者或一巻〕元魏北天竺三蔵菩提留支共曇林等訳〔拾遺編入第二訳〕（六〇七中―下）

④右二論同本異訳〔其三蔵義浄新訳法華論五巻尋本未獲〕（六〇七下）

⑤妙法蓮華経論一巻〔題云妙法蓮華経優波提舎二十五紙〕上五論十一巻同帙

法華経論二巻〔初有帰敬頌者是或一巻題亦云妙法蓮華経優波提舎〕三十紙（六八九下）

ⓕ僧詳撰『法華伝記』巻第一

論釈不同第五

真諦三蔵云。西方相伝。説法華大教。流演五天竺。造優婆提舎。釈其文義五十餘家。仏涅槃後五百年終。龍樹菩薩造法華論。六百年初。堅意菩薩造釈論。並未来此土。不測旨帰。九百年中。北天竺丈夫国国師大婆羅門憍尸迦子婆藪槃豆。此云天親。亦製法華論。以六十四節法門。釈其大義。中印度沙門勒那摩提。魏云宝意。学識優贍理事。兼通三蔵。凡誦一億偈。偈有三十二字。意存遊化。以宣武帝正始五年戊子。初届洛邑。訳法華論為一巻。侍中崔光沙門僧朗等筆受。当翻経日。於洛陽内殿。菩提流支伝本。勒那扇多参明其後。三徳乃徇流言。各伝師習。不相詢訪。帝以弘法之盛。略叙曲煩勅三処。各翻訖乃参挍其間隠没。互有不同致者。文旨時兼異綴。後人合之。共成通部。又北印度沙門菩提流支。此云道希。新云覚愛。遍通三蔵。妙入総持。志在弘法。広流視聴。遂挟道霄征。遠莅葱左。以魏永平之歳。至止東華。宣武下勅。慇懃敬労。後処之永寧大寺。供待甚豊。七百梵僧。並皆周給。勅以流支。為訳経之元匠也。重訳成二巻。曇林受并製序。題云妙法蓮華経優婆提舎。初有帰敬頌者是也。与宝意訳大同少異。彼題同云妙法蓮華経優婆提舎。而無帰命頌也。此土亦有作論者。如胡吉蔵玄論等。不可具述矣（大正蔵五一・五二下―五三上）。

(15) ところで、『歴代三宝紀』巻第九は勒那摩提訳の『宝積経論』四巻を記載した後、割注して「已上二論菩提流支並訳。且二徳争名不相詢訪其間隠没互有不同致。綴文言亦有異処。後人始合。見宝唱録載」（大正蔵四九・八六中）といっている。この記述を信用すれば、菩提留支（流支）、勒那摩提不仲説の淵源は現在散佚して伝わらない『宝唱録』ということになろう。

(16) この点については、前注(12)所掲の日下書、一六五―一六七頁、および清水梁山「国訳法華論解題」（『国訳大蔵経』論部第二十巻、一九二一年、国民文庫刊行会、六頁）を参照。

(17) 現存する勒那摩提訳も原本である高麗本と対校本である宋・元・明・宮内庁本の間にはかなりの文字の出入りがあることが報告されている。末光愛正「吉蔵の法華論引用に於ける問題」（『曹洞宗研究員研究生研究紀要』第一六号、一九八三年八月）参照。

(18) 大正蔵経所収の『授決集』（大正蔵七四、№二三六七）の対校本である長久三年（一〇四二）の観智院蔵写本には、この部分の記述は存在しない。なお、大正蔵経の原本は、慶安五年（一六五二）の大正大学蔵刊本である。

(19) 浄影寺慧遠『大乗義章』巻第十七（大正蔵四四・七八八下―七八九上）参照。なお、この『大乗義章』の記述については、後注(39)を参照。

(20) 現行の『法華文句』の文献学上の問題については、平井俊榮『法華文句の成立に関する研究』（春秋社、一九八五年）参照。

(21) 藤井教公「天台智顗の『法華経』解釈――如来蔵仏性思想の視点から――」（勝呂信静編『法華経の思想と展開』平楽寺書店、二〇〇一年）参照。

(22) 平井俊榮博士は、「三論宗と成実宗」と題する研究の手引きの中で次のように述べて、吉蔵の法華思想研究上における『法華論』の重要性を示唆しておられる。「次に『法華論疏』であるが、これは菩提留支訳『妙法蓮華経憂波提舎』を注釈したもので、『法華経』研究の延長線上に製作された作品である。『唐高僧伝』の著者道宣は、吉蔵の研究講説した経論に関し、「三論を講ずること一百余遍、法華は三百余遍、大品・智論・華厳・維摩等各々数十遍」と述べ、『法華経』講説が圧倒的に多かったことを伝えている。しかも現存する十九部の経疏のうち『法華玄論』十巻（大正蔵三四、続蔵一・四二・三）、『法華義疏』十二巻（大正蔵三四、続蔵一・四二・四―五）、『法華遊意』一巻（大正蔵三四、続蔵一・四二・四）、『法華統略』六巻（続蔵一・四三・一）と『法華経』関係のものが四部もあり、この点、吉蔵は三論の学匠としてばかりでなく、『法華経』について多くのすぐれた成果をあげ、当時第一人者としての声価を有していた。そのことは天台の『法華玄義』や『法華文句』、元暁の『法華宗要』、慈恩大師基の『法華玄賛』などに少なからず影響を及ぼしていたことからも知られるであろう。こうした吉蔵の『法華経』研究の独自性は、実に一つは『法華論』の重視という点に求められるのであり、『法華論疏』の製作ということそのものに、すでに吉蔵の大きな特質がうかがえるのである」（平川彰編『仏教研究入門』大蔵出版、一九八四年、二〇二―二〇三頁。傍線＝奥野）。

(23) 『法華論疏』巻上には「但此論有二本。一無前序。直云経云帰命一切諸仏菩薩。此是集経人請護之辞也。二有帰敬。此是天親自作」（大正蔵四〇・七八五中）とあり、帰敬偈のある菩提留支（流支）訳を意識した注釈となっているので、吉蔵の拠った『法華論』は基本的には留支（流支）訳であったと考えられる。

(24) 前注(17)所掲の末光論文参照。

(25) 慈恩大師基の『法華論』引用に関しては、次の論文を参照されたい。

①山崎慶輝「法相唯識における法華経観」（『仏教学研究』第二五・二六号、一九六八年五月）

②横超慧日「世親の法華経論」（横超編『法華思想』第一部第二章、平楽寺書店、一九六九年）

③勝呂信静「窺基の法華玄賛における法華経解釈」（坂本幸男編『法華経の中国的展開』、法華経研究Ⅳ、平楽寺書店、一九七二年）

④寺井良宣「中国仏教における法華経解釈の研究――「法華玄賛」を中心として――」（『龍谷大学大学院紀要』（文学研究科）第七集、一九八六年三月）

⑤寺井良宣「「法華玄賛」における一乗解釈――「理一乗」論を中心として――」（『天台学報』第二八号、一九八六年十月）

⑥清水博昌「『妙法蓮華経玄賛』の一考察――声聞成仏と一乗について――」（『印度学仏教学研究』第三七巻第一号、一九八八年十二月）

(26) 最澄の『法華論』研究については、桑谷祐顕「最澄の『法華論』研鑽について」（『天台学報』第四〇号、一九九八年十一月）参照。

(27) 円珍の『法華論記』に対しては、次のような研究成果がある。

①池田魯参「円珍『法華論記』における天台研究の特質」（『駒澤大学仏教学部論集』第九号、一九七八年十一月）

②池田魯参「円珍の『法華論記』について」（『印度学仏教学研究』第二七巻第一号、一九七八年十二月）

③河村孝照「『法華論記』に関する一考察」（『法華文化研究』第一五号、一九八九年三月）

④河村孝照「智証大師法華論記にみえる仏身観」（『智証大師研究』、同朋舎出版、一九八九年）

⑤奥野光賢「円珍の『法華論』解釈をめぐって」（『印度学仏教学研究』第四一巻第一号、一九九二年十二月）

(28) 現存しない『法華論』に対する注釈書については、前注(12)所掲の日下論文参照。

(29) 前注(12)所掲の日下論文、塩田義遜「法華論の研究」（『棲神』第二八号、一九四三年六月、後に塩田『法華教学史の研究』一九六〇年、地方書院、一九七八年、日本図書センター複刊に再録）参照。

(30) 清水梁山「国訳法華論」（『国訳大蔵経』論部第二十巻、一九二一年、国民文庫刊行会）参照。但し、藤井教公氏は前注(12)所掲論

文の中で、清水師の国訳の不備な点として、「底本として菩提留支訳テキストに拠りながら、同テキストの難読部分については何の断りもなくその部分だけ勒那摩提訳を採用している点である。このような恣意的なテキストの用い方がされているので注意が必要である」（同論文、二二一―二二三頁）と指摘している。なお、清水師以後の訳注研究としては、Terry Rae Abbott: "Vasubandhu's Commentary to the Saddharmapundarika-sutra" A Study of its history and significance (Dissertation, University of California, Berkley, 1985) がある。

（31）前注（12）所掲の藤井論文参照。

（32）丸山孝雄「法華経論の立場」（講座・大乗仏教第四巻『法華思想』春秋社、一九八三年、二〇一頁）参照。

（33）「法華論科文図」（伝全三・七四一―七四二）参照。但し、この「科文図」は『法華論科文』と別に成立したものであることが、高崎直道博士によって示唆されている（高崎直道「法華論科文解題」（日蔵九七・三四三―三四四頁）参照。

（34）前注（32）所掲の丸山論文、二〇一―二〇二頁にも同様の図示がなされている。

（35）河村孝照「『法華論』解題」（『法華文化研究』第二五号、一九九九年三月）参照。

（36）前注（35）所掲の河村博士の「解題」中には、以下のような吉蔵の『法華論疏』（大正蔵四〇巻）と円珍『法華論記』（智証大師全集上巻）の対照がなされており、はなはだ便利であるのでここに転載させていただきたい。

法華論	論疏	論記
序品		
序分成就者（一中）	七八七上、	二下。
衆成就（一中）	七八七下、	五上。
数成就（一中）	七八八上、	五下。
皆是阿羅漢等（一中）	七八八上、	九下。
声聞功徳成就（一中）	七八八中、	一〇下。
上上起門者（一中）	七八八中、	一一上。
総別相門者（一下）	七八九上、	一八上。
菩薩功徳成就（二上）	七九〇上、	二四下。
摂取事門者（二中）	七九〇下、	三五下。
如来欲説法時（二下）	七九二中、	五四上。

依所説法威儀（三上）　七九四中、七五上。
依止説因成就者（三中）　七九五中、八七上。
自此以下示現大衆（三下）　七九六上、九二上。
自此以下次明聖者（三中）　七九七中、九六下。
何等名為八種大義（四上）　七九八上、九八下。
現見能進入因成就（四中）　七九九中、一一二上。
方便品第二（四中）　七九九下、一一五下。
諸仏智慧甚深無量（五上）　八〇一中、一二二下。
何者甚深謂大菩提（五上）　八〇二上、一二六下。
次説如来法師功徳成就（五中）　八〇三上、一三〇上。
又復有義種種方便（五下）　八〇四上、一三二下。
又無数方便者（五下）　八〇四中、一三三上。
諸著処者彼処処者（五下）　八〇四下、一三三下。
有復種種知見者（五下）　八〇四下、一三七上。
第四成就復有七種（六上）　八〇五中、一三九上。
又依証法復有五種（六上）　八〇七上、一四五上。
（五如是）
次依示現三種義説（六中）　八〇八中、一四八上。
次依四種事説（六下）　八〇八下、一五二上。
与授記者六種（七上）　八一〇中、一五九上。
依何等義（七上）　八一〇中、一六一下。
依法者（七中）　八一一下、一七三下。
為断四種疑心（七下）　八一三中、一八〇下。
譬喩品第三（八上）　八一四上、一九一上。
自此以下次七種具足（八上）　八一五上、一九四上。

火宅譬喩（八中）	八一五下、	一九五下。
窮子譬喩（八中）	八一五下、	一九六上。
雲雨譬喩（八中）	八一五下—六上、	一九六下。
化城譬喩（八中）	八一六上、	一九六下。
繋宝珠譬喩（八中）	八一六中、	一九七下。
髻中明珠（八中）	八一六中、	一九七下。
医師譬喩（八中）	八一六中、	一九七下。
何者名為三種平等（八下）	八一七中、	二一八上。
言授記者六処示現（九上）	八一八中、	二二三上。
又依何義仏説三乗（九上）	八一九上、	二三六上。
自餘経文明無上義（九上）	八一九上、	二三八下。
一者示現種子無上（九中）	八一九中、	二三九上。
二者示現行無上（九中）	八一九下、	二四〇下。
三者示現増上力無上（九中）	八一九下、	二四〇下。
四者示現令解無上（九中）	八一九下、	二四一上。
五者示現清浄国土無上（九中）	八二〇上、	二四一下。
六者示現説無上（九中）	八二〇上、	二四二上。
七者示現教化衆生無上（九中）	八二〇中、	二四二下。
八者示現成大菩提無上（九中）	八二〇中、	二四四上。
一者示現応仏菩提（九中）	八二〇下、	二六〇下。
二者示現報仏菩提（九中）	八二〇下、	二六二上。
三者示現法仏菩提（九中）	八二〇下、	二六三下。
九者示現涅槃無上（九下）	八二二上、	二七七上。
十者示現勝妙力無上（九下）	八二二中、	二八四下。
法力者五門示現（九下）	八二三中—下、	二九〇下。

一是証門（九下）　八二三下、二九一上。
二是信門（一〇上）　八二四中、二九七上。
三供養門（一〇上）　八二四中、二九七上。
四聞法門（一〇上）　八二四中、二九九上。
常精進菩薩中（一〇上）　八二四下、三〇〇上。
持力者（一〇上）　八二五上、三〇六下。
修行力者（一〇上）　八二五中、三〇八下。
説力者（一〇上―中）　八二五中、三〇八下。
行苦行力者（一〇中）　八二五中、三一三下。
護衆生諸難力者（一〇中）　八二五中、三一七上。
功徳勝力者（一〇中）　八二五下、三二〇下。
護法力者（一〇中）　八二五中、三二二上。

(37)　例えば、如来蔵・仏性思想研究の第一人者である高崎直道博士は、最澄の『法華論科文』に対する「解題」の中で「『法華論』には唯識説は全く述べられず、一乗・如来蔵仏性思想を高揚するもの」（「法華論科文解題」日蔵九七・三四四）と述べられる。また、前注(5)の横超博士の記述も参照のこと。

(38)　この点については、前注(21)所掲の藤井論文もあわせて参照されたい。

(39)　本篇第三章「吉蔵の声聞成仏思想」で詳しく考察する予定である吉蔵を除く、主な仏教者の『法華論』の四種声聞に関する言及を指摘すれば、次の通りである。

①浄影寺慧遠『大乗義章』巻第十七本

次対大分別。**如法華論宣説**。声聞有其四種。一種性声聞。是人本来常習小法小性成就。於最後身値仏出世楽欲小法。仏依為説証得小果。従本立称名種性声聞。二退菩提心声聞。是人過去曾習大法。流転生死忘失本念。於最後身値仏出世楽欲小法。仏依現欲為説小法証得小果。本学大乗今退住小名退菩提心声聞。三増上慢声聞。於小法中未得謂得未証謂証。此実凡夫。四応化声聞。謂諸菩薩随化示小。四中前二是実声聞。後二非実。於前二中種性声聞於仏一化決定住小不能入大。是故此人望後亦名決定声聞。未来無餘涅槃之後心想生時方能向大。退心声聞初雖住小以本習故終能入大。故法華云。除先修習学小乗者。我今亦令入是法法中。対大如是。（大正蔵四四・七八八下―七八九上）

②智顗（灌頂）『法華文句』巻第四上

法華論有四種声聞。一決定。二上慢。三退大。四応化。前二未熟不与授記。後二与記。若依今経応有五一久習小今世道熟。聞小教証果。如論是決定声聞。二本是菩薩積劫修道。中間疲厭生死退大取小。大品称為別異善根。仏且成其小道為説小教。斉教断結取果。是退大未久習小来近理応易悟。如論是退菩提声聞。三以此二故。諸仏菩薩内秘外現。成就引接令入大道。如論是応化声聞。四若見権実両種能出生死。欣楽涅槃修戒定慧。微有観慧未入似位薄有所得。謂是証果。此名未得謂得未証謂証。如論即是増上慢声聞。五者大乗声聞。以仏道声令一切聞。若従決定退菩提両種。即有声聞。若従大乗理無灰断永住化城。終帰宝所。実者既爾則無有権故無声聞。若増上慢者。既未入位則非実。又非応化則非権。若得此意有無冷然何須苦諍。復次秖就大乗声聞。復論有無。若権作応化。外現小迹内隠大徳。則謂無大乗声聞。若従自行発迹顕本。則言有大乗声聞。今開三顕一正意。為決定退大声聞令成大乗声聞。自行既立即能化応声聞。若得此意則達有無也。（大正蔵三四・四六上—中）

③基『法華玄賛』巻第一

法華論云。此中唯為二声聞記。謂退心。応化。其趣寂者及増上慢。仏不与記根未熟故。菩薩与記。雖復総言汝行菩薩道当得作仏。論言与記令発心故。退菩提心正当根熟。為説一乗正破其執。応化非真無執可破。示相可爾。其増上慢既是異生根現未熟。故仏不与記。菩薩与記者。即常不軽為具因記令信有仏姓。復漸発心脩大行故。其趣寂者。既無大乗姓。何得論其熟与不熟。応言趣寂由無大姓。根不熟故仏不与記。菩薩与記具理姓因。漸令信大不愚法故。非根未熟後可当熟。故非菩薩与記令発趣大乗心。（同前・六五二下—六五三上）

④法蔵『大乗起信論義記』巻上

問。為一切定性二乗入寂悉皆迴心、為有不迴者。

答。一切皆迴。何以得知。**法華論云**。授声聞記有其二種。一者如来。二者不軽菩薩。所授声聞有四種。一決定声聞。二増上慢声聞。三退菩提心声聞。四応化声聞。後二声聞以根熟故。仏為授記。謂応化声聞。退已還発菩提心也。決定声聞。増上慢人以根未熟。菩薩与記。方便令発菩提心也。解云。決定声聞既在所記之中。故知定有発菩提心。又既但云根未熟。不言総不熟。故知定有性。又彼論云。我不殊汝。汝等皆当作仏者。示諸衆生皆有仏性也。解云。此是菩薩与記。明知定性声聞有仏性也。（大正蔵四四・二四四下）

筆者よりすれば、③の基を除いていわゆる「一切皆成」の立場からの『法華論』理解と思われる。近代においても我が国では、例えば宇井伯寿博士が、「論中数回法身と仏性とを平等となして居る。故に決定と増上慢と退菩提と応化との四種の声聞の中如来の授記するは応化と退菩提との二種となすも他の増上慢と決定とは菩薩が授記すとなして一切衆生の悉有仏性を認めて居る。（中略）法身常住の思想は理仏としての本地を究むるものであり、一切衆生悉有仏性は仏性平等の義に及ぶべきものである。闡提成仏に其深奥の義を示さば決定と増上慢との声聞が成仏の外に置かるる如きことは考へられない」（「世親の学説」『印度哲学史』岩波書店、一九六五年、三九三―三九四頁）と述べるように、『法華論』にいう「四種声聞」はそのすべてが授記されるとする立場が主流となっているようである。これに対して、後注(42)～(44)に見るように松本史朗博士は「決定声聞」と「増上慢声聞」は授記されないとする明確な三乗各別説に立つ。なお、Terry Rae Abbott 博士も三乗各別説に立っている。前注(30) Abbott 論文、pp. 66-69 参照。

(40) 前注(7)所掲の高崎書、四一九頁参照。

(41) 松本史朗「唯識派の一乗思想について――一乗思想の研究(II)――」（『駒澤大学仏教学部論集』第一三号、一九八二年十月、三〇五―二九四頁（横））および松本史朗「如来蔵思想は仏教にあらず」（『印度学仏教学研究』第三五巻第一号、一九八六年十二月、後に松本『縁起と空――如来蔵思想批判――』大蔵出版、一九八九年に再録）参照。

(42) 松本博士は前注(41)所掲論文（前者）の注(40)において、「〈一切衆生悉有仏性〉とか〈一切衆生如来蔵〉というテーゼがあったとしても、筆者は単にそれだけでは、それを一乗真実説とは呼ばない。何故なら、この二つのテーゼと〈一切衆生は成仏し得る〉というテーゼは、必しも同一ではないからである。先の二つのテーゼは、例えば、『法華経論』や MSA IX, k. 37 にも見い出されるが、この二つの唯識派の著作が三乗真実説を説くことは、本稿によっても解明されたであろう」と述べている。

(43) 前注(41)所掲の松本論文（後者）には、「世親の『法華経論』も、「一切衆生悉有仏性」を言いつつ、三乗各別説に立って「一切皆成」を否定していることは、すでに高崎博士の御研究によって明らかである」（松本『縁起と空』四頁）とある。ここで「高崎博士の御研究」とあるのは、すでに本文中で見た高崎博士の『如来蔵思想の形成』中の記述を指す（前注(40)参照）。しかし、筆者よりすれば、高崎博士に松本博士のいわれるような積極的理解があるとは思われない。これについては、次の高崎博士の記述を参照していただきたい。

Ⓐ「そもそも如来蔵思想というものは、すべての衆生に対して、一種、授記したものとも言えるもので、このことは『法華経論』が経中の授記の場面六種を取出した末尾に、会う人ごとに、あなたは必ず仏になれると言って、かえって人に侮辱された常不軽菩薩の行為を、万人に対する授記と解し、その理由としていみじくも「示現衆生皆有仏性故」と説明しているところに示されている」（高崎直道「大乗の諸仏と如来蔵思想」『如来蔵思想』I、法蔵館、一九八八年、八三頁、傍線＝奥野）。

Ⓑ「ところで、常不軽菩薩があなた方は誰でも必ず仏になることができるのだと説いて回ったことについて、『法華経』に対する世親の注釈『法華経論』を見ますと、万人すべてのものに対して成仏の授記（保証）を与えた例としてこれがあげられているのです。なぜそのようにすべてのものに対して授記を与えたかというと、これはすべての衆生に仏性があることを考えたからだと、そう解釈してあります。『法華経』には、すべての衆生に仏性があるとはどこにも書いてないのです。しかし、理屈を考えていけば当然そういうことになるのです。悟りをひらくということは仏性があるからだという解釈は後になってから発達するのですが、世親の頃にはこうい

う解釈がもう確立していたわけでありまして、すべてのものに対して等しく仏になる可能性があるものと考えていたということです」（『愛と憎しみの彼岸』すずき出版社、一九八九年、一三九頁、傍線＝奥野）。

なお、松本博士のご見解は、博士の英文論文、Shiro Matsumoto "Buddha-nature as the Principle of Discrimination"（『駒澤大学仏教学部論集』第二七号、一九九六年十月）に次のように手際よく要約されている。

© Thus, I think, we can reach the following conclusion :

The thesis that "all sentient beings possess Buddha-nature" or that "all sentient beings are tathāgatagarbhas" is not contradictory to the notion that "there are some people who can never attain Buddhahood."

If this notion is common to the texts advocating Tathāgatagarbha thought, we cannot but consider the thought to be inevitably discriminatory.

In order to validate the arguments above, we will investigate the Tathāgatagarbha thought in the commentary on the *Saddharmapuṇḍarīkasūtra* by Vasubandhu, i. e the *Saddharmapuṇḍarīkopadeśa* (Taisho No. 1519, No. 1520), extant only in Chinese translation.

First of all, it should be noted that the text admits the thesis that "all sentient beings possess Buddha-nature" (Taisho, 26, 9a). However, this commentary also states the Yogācāra theory of "the four kinds of śrāvakas" (Taisho, 26, 9a15-19). According to the theory, the śrāvakas are divided into two groups, i. e. those who have been predicted by the Buddha to attain Buddhahood and those who have not been predicted by the Buddha to attain Buddhahood. Thus, it follows that this text, while asserting the thesis that "all sentient beings possess Buddha-nature," admits, at the same time, the thesis that "there are some people who can never attain Buddhahood" (p. 317)

（44）　松本博士による吉蔵の思想に対する批判については、松本史朗「法華経と日本文化に関する私見」（『駒澤大学仏教学部論集』第二一号、一九九〇年十月）、および「三論教学の批判的考察――dhātu-vāda としての吉蔵の思想――」（平井俊榮監修『三論教学の研究』春秋社、一九九〇年、後に松本『禅思想の批判的研究』大蔵出版、一九九四年に再録）を参照。また、松本博士は、「チベット仏教哲学の意義」の中で、次のように述べられる。「ナーガールジュナの『根本中頌』は、確かに青目（Piṅgala）の註釈を伴った形で、羅什によって、五世紀初頭に、『中論』として漢訳され、この『中論』と『百論』『十二門論』の思想を研究する人々が三論宗という有力な学派を形成し、彼等がいわば、中国における中観思想、「空の思想」の継承者となったのである。しかるに、彼等三論宗の人々の「空」の理解は、根本的な誤解を含んでおり、そのために、インド中観派の「空の思想」は、中国には正確に伝わらなかったのである。ではその誤解とは何か。これについては、二点を指摘できる。第一は、彼等の「空」理解が、根本的に老荘思想の影響を受けていたという点であり、第二は、彼等が如来蔵思想という「有」の思想にもとづいて、「空」を解釈したということである。これらの二点は、決して別個なものではなく、むしろ第一点が第二点の根拠になっていると見ることができる。すなわち、老荘思想の構造とは、「道」または「理」という単一の実在が根源になって万物が生じるという発生論的一元論であり、構造的には、如来蔵思想の根本論理をなす“dhātu-vāda”と完全に一致している。従って、老荘思想の影響から最後まで脱却できなかった大部分の中国仏教思想家は、如来蔵思想というものについて批判的視点をもつことができず、容易にこれを受け容れたのである。それ故、驚くべきことに、インド中観派の「空の思想」の継承者たるべき三論宗の大成者とされる吉蔵（五四九―六二三）でさえも、如来蔵思想を積極的に容認し、“dhātu-vāda”という「有の思想」を説いたのである」（『チベット仏教哲学』「むすび」、大蔵出版、一九九七年、四一二頁）。さらに松本博士と同様に末光氏の見解を高く評価される袴谷憲昭氏は、論文「『法華経』と本覚思想」の中で吉蔵の思想を評して、「彼が（吉蔵が＝奥野補）、『法華経』に解釈学を試みる際に最も苦慮したのは、『法華経』自身には「場所仏教」の刻印ともいうべき「仏性」の語が見出しえないということだったのであるが、ヴァスバンドゥ（Vasubandhu）の『法華経論』を読んで、『法華経』にも「仏性」ありと解釈しうることに自信を深めて狂喜したと伝えられている。しかるに、この『法華経論』は、本来「一切皆成」を主張していた『法華経』を、あたかも『維摩経』が包容主義を取りながらも実際上は二乗を「敗種」として「成仏」から除外していたように、唯識の三乗各別の立場から、声聞「不成仏」を主張するものだと解釈したものである。その意味で、『法華経論』は、「仏性」という一つの基盤の上に別途に三乗を包容するものとして「四車家」的な解釈を示したものなのであるが、かかる『法華経論』の性格の根本的解明と、『法華経』自身の中における非『法華経』的傾向とでも言うべき「四車家」的性質を示す「薬草喩品」の解明とについては、既に公けにされている松本史朗氏の成果以上に付け加えるべきものをもたないので、全てそれらに譲らせて頂きたい。なお、声聞「不成仏」に関して、『法華経論』を重んじた吉蔵が、やはり、四種声聞中の五千の増上慢声聞と決定声聞とについて「不成仏」であると唯識の三乗（五姓）各別の立場に同ずる主張をなしていたことを確定し、また、吉蔵が従来認められていたような純然たる「三車家」ではなく「四車家」をも是認していたと新たに指摘した末光愛正氏の成果も重要である。ただ、ここで、その後者の成果に関していえば、「四車家」を是認してしまうことは、三乗をも「仏性」という一つの基盤の上に包容することを意味するから、本質的には「三車家」ではなく「四車家」であることを表明しているにほかならない。しかも、このように、吉蔵が「不成仏」を主張し「四車家」を本質的立場としていたことが明らかになったことによって、吉蔵の思想が、非『法華経』的であり非仏教的であり、むしろ唯識に近い立場を取っているということが論理的にも事実的にも一貫した姿をもって描き出されるようになるのである」（袴谷憲昭「『法華経』と本覚思想」『駒澤大学仏教学部論集』第二一号、一九九〇年十月、一三六―一三七頁。傍線＝奥野）と述べられる。このように袴谷氏が述べられることが、果たして正鵠を射たものといえるであろうか。筆者には、吉蔵を研究対象とする者にとっては、是非とも検証しなければならない課題であると思われるのである。

ところで、伊藤隆寿博士はその著、『中国仏教の批判的研究』（大蔵出版、一九九二年）において、松本博士による「如来蔵思想批判」を踏まえ、中国仏教を「道・理の哲学」による格義仏教と規定して、三論学派および吉蔵の思想について論究された。伊藤博士によれば、「道・理の哲学」による格義仏教は、松本博士が規定された「如来蔵思想」と思想構造をほぼ等しくするものとされる（伊藤書、二二一二五頁参照。また、松本博士による「如来蔵思想」の思想構造の規定については、松本『縁起と空――如来蔵思想批判――』五一六頁参照）。しかし、伊藤博士は、吉蔵が松本博士が主張されるように「一分不成仏説」に立脚する仏教者であるのか、あるいは吉蔵は従来主張されてきたように「一切皆成」を説いた仏教者であるのかについては論及されていないように思われる。因みに伊藤博士は、かつての論文「吉蔵の経典観と対機の問題」（『日本仏教学会年報』第四九号、一九八四年五月）では、「吉蔵は、明らかに法華に基づく一切皆成仏思想、換言すれば一乗真実説である」（一六二頁）と述べられている。但し、伊藤博士はこの論文について、前掲書において「右の論文を書いた時と現在とでは、吉蔵への対し方が変化している。したがって今となっては書き改めたい箇所が多々あることを表明しておきたい」（三二八頁注（4））と記されているので、前記の見解が伊藤博士の定論であるかどうかは慎重な判断が必要となる。
(45) 例えば、名著『仏性の研究』（丙午出版社、一九三〇年、国書刊行会、一九七三年再刊）を著した常盤大定博士は、同書冒頭において「顧みるに、印度の大乗仏教たる、同一唯心説中に於て、如来蔵を中心とする唯心系と、阿頼耶識を中心とする唯識系とあり。如来蔵中心の唯心系は、即ち一乗思想にして、阿頼耶識中心の唯識系は、即ち三乗思想なり」（三頁）と述べておられる。すなわち、ここで常盤博士は如来蔵思想をいわゆる「一乗思想」に、唯識思想を「三乗思想」に配当し、これを相い対立するものと見なしているのであるが、従来の研究史においてはかかる常盤博士流の見解が一般的なものであったと思われる。
(46) 末光愛正「吉蔵の成仏不成仏観」（『駒澤大学仏教学部研究紀要』第四五号、一九八七年三月）参照。末光氏のこの研究は、以後第十論文まで書き継がれている。この点については、本篇第三章「吉蔵の声聞成仏思想」の注(6)を参照されたい。また、末光氏には上記の一連の研究を要約した論文として、末光愛正「吉蔵の法華経観」（平井俊榮博士古稀記念論集『三論教学と仏教諸思想』春秋社、二〇〇〇年）なる論文がある。
(47) 末光愛正「法華玄賛と法華義疏」（『曹洞宗研究員研究生研究紀要』第一七号、一九八六年二月）参照。
(48) 布施浩岳「妙法蓮華経玄賛解題」（『国訳一切経』「経疏部四」）参照。
(49) 前注(46)所掲の末光論文、二七六頁上。
(50) 同じく前注(46)所掲の末光論文、二九〇頁下。
(51) この『法華玄論』巻第七の記述に関する私見は、本篇第三章「吉蔵の声聞成仏思想」（九五頁以下）において提示したい。

第二章　吉蔵教学と『法華論』

第一節　吉蔵における『法華論』依用の特色

一　問題の所在

現存二十六部といわれる吉蔵の著作の中には、[1]次のような五部三十二巻の法華関係注疏がある。[2]

①『法華玄論』十巻
②『法華義疏』十二巻
③『法華遊意』一巻
④『法華統略』六巻
⑤『法華論疏』三巻

周知のように、吉蔵は三論教学、三論学派を大成した人として著名であるが、その一方吉蔵は光宅寺法雲、天台大師智顗、慈恩大師基とともに中国仏教における四大法華注釈家と並び称され、[3]その生涯を通じて法華経研究に心血を注いだ仏教者としても知られている。

吉蔵の法華研究について、横超慧日博士は、吉蔵の著作は甚だ多種に亘るが、中で何といっても最も特色のあるのは、三論の疏と法華疏である。続高僧伝の吉蔵伝には「三論を講ずること一百余遍、法華は三十余遍、大品・智論・華厳・維摩は各数十遍」とあるので、そういう点からも三論と法華が特に重視せられていたことを知り得る。(4)

と述べて、吉蔵教学における法華関係注疏研究の重要性を示唆しておられる。

従来、吉蔵の法華関係注疏に対する研究は数多く報告されているが、(5)諸学者が一致して指摘するところによれば、吉蔵の法華関係注疏撰述の大きな目的は、梁の三大法師の一人である光宅寺法雲が著したとされる『法華義記』八巻を凌駕することにあった。(6)吉蔵は『法華玄論』巻第一で、梁の三大法師に言及し、

爰至梁始三大法師碩学、当時名高一代、大集数論遍釈衆経。但開善以涅槃騰誉、荘厳以十地勝鬘擅名、光宅法華当時独歩。(大正蔵三四・三六三下)

と述べて、こと『法華経』の研究に関しては、ひとり法雲が群を抜いていたと嘆じている。

吉蔵によれば、法雲の法華経研究の最大の特色は、従浅至深の原理によって体系化された慧観(生没年不詳)等の南北朝時代の五時教判に拠って、(7)『涅槃経』は「仏身の常住」と「仏性」を明かしているが、『法華経』にはいまだそれらが説かれていないので、『法華経』は『涅槃経』と比較すると価値的に劣ると結論した点にあった。これに対して吉蔵は、『法華経』にも『涅槃経』と同様に仏身の常住と仏性が説かれていることを主張して痛烈に法雲を批判・超克することによって、自らの法華経観を開陳しようとしたのである。(8)

吉蔵が『法華経』にも仏身の常住と仏性を明かしていることを論証する際、重要な指針として依拠したものの一つに、世親造『妙法蓮華経憂波提舎』(9)(以下、『法華論』と略称)がある。『法華論』については、吉蔵自らがしばしば「晩見の法華論」(10)と称しているように、おそらくその発見と依用は南地にあっては吉蔵を嚆矢とする。

ところで、横超博士は、吉蔵の法華経注解の基本姿勢を示すものとして、『法華論疏』冒頭の次の記述に注目してお

られる。[11]

余講斯経文疏三種。一用関河叡朗旧宗、二依龍樹提婆通経大意、三採此論綱領以釈法華。（大正蔵四〇・七八五中）

すなわち、ここにいう第三の「此の論の綱領以て法華を釈す」の「此論」とは『法華論』のことである。つまり、この一文からも『法華論』が吉蔵の法華経解釈のキー・ノートとなったものであることが理解されるのである。

『法華論』が吉蔵の法華経解釈の上で、重要な役割を担ったことは、その法華関係注疏における引用回数からも推知される。例えば、『法華玄論』全巻にわたってすべての引用経論を精査された平井俊榮博士は、『法華玄論』における『法華論』の引用頻度は他の論典と比較して格段に高いものであったことを報告している。[12]

吉蔵は、法雲がその法華経解釈を誤ったのは、ひとえにこの『法華論』を披見することがなかったからであると断じ、同論を得た喜びを『法華玄論』巻第二において、「余、此の文を見るに悲喜交《こもご》も至るなり」（大正蔵三四・三七七下）と多大の感慨を込めて吐露している。本節では、まずこうした吉蔵の『法華論』に対する態度の概要を明らかにしておきたいと思う。

二　吉蔵の法華注疏における『法華論』の引用・関説状況

吉蔵が『法華論』に対して並々ならぬ関心を寄せたことは、自らがその注釈書である『法華論疏』を著していることからもすでに十分に窺われるのであるが、吉蔵の『法華論』依用の状況をさぐる一つの手がかりとして、まず手始めに吉蔵の法華注疏における『法華論』の引用・関説の状況（回数）を見ておきたいと思う。

吉蔵の法華注疏の引用経論については、すでに平井俊榮博士に『法華玄論』の引用文献・引用回数の詳細な整理があり、[13]また『法華義疏』についても、その国訳をなされた横超慧日博士による綿密な注記があるので、[14]これらを参考にしながら、いま『法華論』に限って、その引用・関説の回数を吉蔵の法華注疏すべてについて示してみると次のようになる。[15]

法華玄論　　六〇回
法華義疏　　一〇四回
法華遊意　　一二回
法華統略　　九回

小編の『法華遊意』はいましばらく措くとして、これから明らかなように少なくとも引用・関説の回数だけを見ると、『法華論』の引用・関説は初期の注疏である『法華玄論』『法華義疏』に集中し、これらでは他の論書と比較しても極めて高い頻度で引用・関説がなされていることがわかる。[16] しかし、その一方、後期の著作とされる『法華統略』ではあまり引用・関説がなされていない点が注意される。この間の事情が何に起因するものなのか、その理由を詳らかにしえないのは遺憾であるが、この点は今後『法華論』引用・関説箇所の個々の内容分析とともに、『法華玄論』『法華義疏』と『法華統略』との撰述上の性格を考える際の一つの検討課題になるようにも思われる。

すでに第一章で見たように、[17] 従来『法華論』は『法華経』の特色を「二乗作仏」に見出し、そこから「三乗の法身平等」を主張し、それを「一乗の体」と見なす点に特質があるといわれ、吉蔵はこの「法身の三乗平等」という普遍思想に拠って、法華の解釈に「仏性義」や「仏身常住」の説を導入したといわれている。[18] そこで吉蔵が法華注疏以外で、上記の「仏性義」や「一乗」といった問題を中心的に論じた『勝鬘宝窟』における『法華論』の引用を見てみると、その引用は三二回にも上り、[19] やはりその引用は他の論書と比較して格段に高い割合になっていることがわかる。

ただ、こうした引用調査の際よく指摘されるように、必ずしも引用のすべてが重視されていたり、肯定的に扱われているとは限らないから、[20] 引用箇所それぞれについての内容分析をともなわない、かかる概括的な引用回数だけの提示はある意味では無意味ともいえるのかもしれないが、その著作に与えた経典なり論書のある程度の影響関係を推知する一つの目安とはなりうるであろう。

　ところで、前に述べたように、『法華論』は吉蔵にとって『法華経』にも『涅槃経』同様、仏身の常住と仏性が明かされていることを論証する際のキー・ノートとなったものであるが、吉蔵が『法華論』を引用する際、しばしば「晩見の法華論」と称することはよく知られた事実である。(21) この呼称からも推察されるように、おそらく南地にあっては同論の発見と依用は吉蔵をもって嚆矢とするのであるが、今回、筆者が引用を調べてみた範囲では、実際にこの呼称が用いられていたのは、最初の法華注疏である『法華玄論』だけであって、他の注疏ではまったくこれを検出することができなかった。(22) 数多くの引用が認められた『法華義疏』や『勝鬘宝窟』において一度もこの呼称が用いられていなかったことを考えると、おそらくは吉蔵の全著作に照らしても『法華玄論』のみに限られる特殊な呼称といえるのであろう。もっとも、「晩見」とは最近になって見たというほどの意味であろうから、この呼称が最初の法華注疏である『法華玄論』のみに限られたとしても別に不思議なことではなくて、むしろ当然といえば当然といえるのかもしれないが、いまはこの「晩見の法華論」という呼称が、吉蔵の『法華論』引用の際の特徴的な呼称として広く知られているという事実に鑑み、あえて指摘に及んだ次第である。

　ともかく、もしこの「晩見の法華論」という呼称が『法華玄論』のみに限られるものとするならば、吉蔵は「晩見の法華論」と呼称することによって、最初の法華注疏を著そうとするまさにその直前になって『法華論』の存在を発見し、披見することができたという歓びを率直に告白するとともに、『法華論』に拠ったことをいうことによって、自説に正統性を付与せんとしたものと思われる。

　このように見てくると、よく論及される一文であるが、吉蔵が『法華玄論』巻第二で『法華論』を見ることができた喜びを「余見此文悲喜交至也」（大正蔵三四・三七七下）と多大の感慨を込めて吐露しているのは、単なる誇張や修飾ではなくて、むしろ吉蔵の偽らざる心情の告白であったと見て然るべきであろう。

三　吉蔵における『法華論』の位置

前項では、吉蔵が『法華論』を発見したのは、まさに最初の法華注疏である『法華玄論』を著す直前であって、特に同論では「晩見の法華論」と称することによって、『法華論』を披見することができた喜びを率直に告白するとともに、かかる呼称を強調して用いることによって、自説を権威づけようと努めた吉蔵の姿勢といったものを想定してみた。そこで本項では、吉蔵の法華経解釈の出発点となった『法華玄論』を中心に具体的な文脈に即して、吉蔵における『法華論』の位置を明らかにしておきたい。

さて、『法華玄論』は、

①弘経方法
②大意（序説経意）
③釈名
④立名
⑤決疑
⑥随文釈義

の六重によって構成されているが、このうち第一の弘経方法はさらに七意をもって組織されている。この七意中、第六は『法華経』の講経の歴史を明かし、従来の法華研究の得失を批評した「講経の縁起」と題する一節であるが、ここで吉蔵は従来の法華研究の得失を批評する基準として五点の項目を挙げ[23]、これに論評を加えている。

その第一として、吉蔵は次のようにいう。

序其評意略有五焉。一依大乗論、以通方等。蓋是釈経之弘軌、通教之本宗也。大乗論者凡有二種。一通解大乗。

謂中百十二門地持摂大乗論等。二別釈一部。謂大智度論地論金剛波若論法華論等。具解通別二論者、始鑒大乗旨趣、可講大乗経也。(以下略)(大正蔵三四・三六四上)

すなわち、ここで吉蔵は、大乗論によって方等(経)を通ずること、これが釈経の弘軌であり、通教の本宗であると述べ、さらに大乗論には通じて大乗を解釈した「通論」と一部の経典を解釈した「別論」とがあり、具さに通・別二論が理解できて始めて大乗を講ずることができるのだといっている。ここで『法華論』は、『大智度論』等とともに「別論」に配当されていることがわかるが、諸論に対する扱いに差異は認められず、したがってある特定の論だけが格別に高い地位を与えられているという事実も認められない。因みに同様の記述は『三論玄義』にも見られるから、[24] このような諸論に対する吉蔵の姿勢は終始一貫したものであったということができよう。この点は、吉蔵が『法華論』を自らの法華経解釈のキー・ノートとしているからといって、必ずしも同論だけが特別な地位を与えられている事実もないという意味で注意しておく必要があるであろう。

続いて吉蔵は、第二の項目として、次のようにいっている。

妙法蓮華経者、蓋是群聖喉衿、方等之秘奥。其文巧妙、其義深遠。考経推論、可謂教円理満、究竟無余之説。自古爰今、受持読誦者則尤累滅於内、嘉瑞陳於外者不可称言也。而人秉五時之規矩、格無方之聖化、妄謂此経、猶為半字。明因未円、辨果不足。五時既爾、四宗亦然。廃五四之妄談、明究竟之円旨、進有称歎之福、退無誹謗之罪。評得失之二也。(同前・三六四中)

要するにこれは、当時流行していた江南の五時教判や河北の四宗判によって、『法華経』を解釈する不当を述べたものであるが、諸学者が一致して指摘しているように、ある意味ではこの従来の教判仏教の否定ということが吉蔵の全生涯をかけての課題だったのである。[25] いうまでもなく、この点が吉蔵にとって、法華注疏撰述の最大の目的にもなっているのである。すなわち、本章冒頭でも述べたように、吉蔵は『涅槃経』を最高に位置づける五時教判に拠って『法華経』を解釈することに強い不満を示し、これを批判・超克することによって自らの法華経観を確立することを目指したのである。

吉蔵における五時教判の批判に関して、「吉蔵における法華経と諸大乗経典との比較」を詳細に検討された菅野博史博士は、「五時教判の詳細で具体的な批判は、『法華経』と諸大乗経典とを比較するなかでなされる。つまり、直接、五時教判の名を出さない場合でも、『法華経』と諸大乗経典との比較は、必然的に五時教判の批判を構成することになるからである(26)」と述べておられるが、まさに傾聴すべきご意見であるといえよう。

では、吉蔵の終生の課題であった五時教判否定に、『法華論』はどのように関わったのであろうか。実は吉蔵の五時教判否定とそれに関連する「仏身常住説」に関する文脈は、これまで十分に論究されているのであるが(27)、いまは『法華論』との関わりから、『法華論疏』を中心に関連する記事を示しておきたい。

まず、『法華論疏』冒頭において、吉蔵は『法華論』が長い間、世間に流布しなかった理由を述べて、次のようにいっている。

斯論訳之甚久、而不盛伝於世者良有二焉。一文旨簡略前後似乱。麁尋之不見首尾故也。二昔北土江南多以五時四宗以通斯教。竝与論違。講匠守於旧執背聖信凡。故不伝於世也。（大正蔵四〇・七八五上―中）

すなわち、ここで吉蔵は、『法華論』が世間に伝わらなかった理由として二つの点を指摘している。その理由の第二として、従来の法華の注釈家たちは、河北の四宗判・江南の五時教判という旧執を墨守し、聖に背き凡を信じて、経を解釈したという点を挙げている。これは裏を返せば、法雲に代表される前代の法華注釈家たちが経の解釈を誤ったのは、ひとえに『法華論』を披見することがなかったからであると主張していることに他ならない。つまり、この記述から前代の学説を批判し、それを超克することによって自らの法華経観を確立しようとした吉蔵にとって、『法華論』がすこぶる重要な役割を担ったということがすでに十分に見て取れるのである。

さらに、五時四宗判批判に関して、『法華論疏』巻下には、『法華論』の「善巧方便顕多数故。過上数量不可数知」[28]（大正蔵二六・九下）を注釈した次のような記述がある。

能作如此多数過上数量不可得知。以顕寿以数不可知故。所以為常。昔僧叡法師対羅什翻法華云、多宝照其不滅寿量定其非数。爾時論猶未来。而言之与意倶与論合。什公炷[29]舌不爛。可謂翻之与釈得経旨也。

問。何故如来常命不可尽。

答。凡有五義。一為満本願故。仏命若無常不得常度於物。即本願不満。以仏常住故常度衆生得満本願也。二者破小乗人執。仏無常灰身滅智不復度物。即成負誓之仏。三者示有因果義。初発心時願成仏道普度一切。初発心願此即是因今得仏常住普度一切。名之為果。故因果義成。若如小乗仏者即是有因無果。初心願度為因。得仏欲入涅槃[30]便是無果。然既無果因亦不成。四者仏若無常即与二乗涅槃倶尽。二乗之流便不捨小求大。欣果行因。今欲令一切衆生欣果行因捨小求大。故辨仏常命也。又昔北土江南五宗四時、正用復倍上数之言、証法華猶是無常之仏。今論正用此句、顕仏是常。故知凡夫講人多有愚癡謗罪。経無論者難可釈成。（大正蔵四〇・八二二下―八二三上）

これは、吉蔵が法雲の仏身無常説を批判する際、しばしば問題にする経の「復倍上数」（大正蔵九・四二下）の解釈をめぐる部分の記述であるが[31]、吉蔵はまず、如来の寿命は数をもって知ることのできないものであるから、その寿命は常住であると明確に規定していることがわかる。ついで吉蔵は、僧叡（三五二―四六三）の「法華経後序[32]」を引いて、（僧叡が「後序」を著した時には）いまだ『法華論』は伝わっていなかったが、「後序」の言葉とその意味はともに『法華論』の趣旨と符合しているといい、僧叡の「後序」の解釈を高く評価している。

僧叡の「後序」に関しては、吉蔵はすでに『法華玄論』巻第二において、次のように論評を加えている。

次引関河旧説、以証常無常義。昔竺法護翻旧法華、猶未見判其宗旨。自羅什所訳新本、長安僧叡法師親対翻之。其法華序云、以寿無量、永劫未足以明其久。分身無数、万形不足以異其体。然則寿量定其非数。分身明其不実。

普賢顕其無来、多宝証其不滅。評曰、叡公親承羅什、製斯序者、即明常其明証。蓋是法華宗本、不得不依之矣。

（大正蔵三四・三七六下）

これは、吉蔵が仏身の常住を主張するために、「妙法」の義を十対にわたって解釈して見せたあと、さらに「別論寿量」といって、六つの論拠を示して仏身の常住を主張する中の第四「次引関河旧説以証常無常義」の冒頭の部分なのであるが、ここで吉蔵は、僧叡は『法華経』の翻訳者である鳩摩羅什（三五〇―四〇九）に親しく教えを承けて「後序」を製したのであり、「後序」の文自体が『法華経』が仏身の常住を明かしている何よりの明証であり、「後序」は法華の宗本なのであるから、それに依らないわけにはいかないと主張していることが知られる。つまり、その趣旨は『法華論疏』のそれとまったく同致のものであることが理解されるであろう。ただ、『法華論疏』では僧叡は『法華論』を披見することはなかったが、その解釈は『法華論』と完全に符合するものであったということが強調されていた。

さて、ここで再び前の『法華論疏』の記事に戻ると、吉蔵はどうして如来の常命は尽くすべきではないのかという問いに五義[33]をもって答えているが、その結論として、その昔、北土・江南の五宗四時の教判（に拠った注釈家たち）は、まさしくこの「復倍上数」という言葉を用いて『法華経』は猶お無常の仏であることを証明したが、『法華論』は同じこの句を用いて仏身が常住であることを明らかにしているといい、さらに語を継いで法雲に代表される前代の法華注釈家たちには（この『法華論』を披見することがなかったがゆえに）愚癡の謗罪があり、もし自分もこの『法華論』がなかったならば、正しく『法華経』を釈成することはできなかったと述懐している。[34]かかる記述からも改めて、法雲に代表される前代の釈義を批判することによって、自らの法華経観を確立しようとした吉蔵にとって、仏身の常住を主張する『法華論』はまさに垂涎の書であったことが理解されるであろう。

では、吉蔵が『法華経』にも「仏身の常住」と「仏性」が説かれていることを論証する際、依拠したものが『法華論』だけだったのかといえば、そうではないのである。例えば、前述した『法華玄論』巻第二などでは、さまざまな論拠を挙げてこれを論証しているが、『法華論』が天親（世親）の著作であるということに絡めて、その一例だけを示してみれば、次の如くである。

天親釈金剛般若已明仏性。況法華而不説。又成道五年説如来蔵経明有仏性。況法華未明。若言此非次第教故不応引之、可言金剛般若復是無方説耶。若言天親等不足信者、五時是慧観所製、四宗是光統著述。何由則受。逆聖順凡。良所未喩。（同前・三七四下）

すなわち、ここで吉蔵は、『金剛般若経』を注釈した天親の『金剛般若経論』にはすでに「仏性」を明かしているので、当然『金剛般若経』も「仏性」を明かしているはずであるといい、これを論拠としている。これは五時教判を逆手にとって、『法華経』以前に説かれた『金剛般若経』にすでに仏性が説かれている以上、『法華経』にも仏性が説かれていないはずはないという論法である。記述後半では天親等の説を信じないで、慧観の五時教判や光統律師慧光（四六八—五三七）の四宗判に拠ることの非を強調している。その内容は、前に見た『法華論疏』巻上冒頭の記述とも少なからず一致していることが知られるであろう。

このように、吉蔵は必ずしも『法華論』だけに拠って、『法華経』にも「仏身の常住」と「仏性」が説かれているということを主張したわけではなかった。それゆえ、前にも注意しておいたように、吉蔵においては、『法華論』をことのほか重要視しつつも、諸論の中で特に『法華論』だけが格別な地位を与えられているという事実も認められないのである。

このような吉蔵の姿勢の背景には、「諸大乗経顕道無異」を標榜して諸大乗経典を等価値に扱う、吉蔵独自の経典観(35)が少なからず影響していたことは当然予測されるところである。これに関して『法華玄論』巻第四には、次のような興味深い問答がある。

問。諸大乗経所明及中百大乗論等所辨、此可信受。如唯識摂大乗及法華論等、必可信耶。

答。此論同是婆藪所造、付法蔵中天親有其人。是故可信。又観其義意、与大乗経論語言雖異、而意不相違。是故可信也。

問。三論学者恒弾破有所得義。云何今並用衆家異説耶。

答。興皇大師製釈論序云、領括群妙申衆家之美、使異執氷銷同帰一致。以此旨詳之、無執不破、無義不摂。巧用無非甘露、拙服皆成毒薬。若専守破斥之言、斯人未体三論意也。(同前・三九一中)

すなわち、ここで吉蔵は、諸大乗経典や『中論』『百論』等に弁じているところは、これを信受すべきであるが、『唯識論』『摂大乗論』『法華論』なども必ず信ずべきであるかとの問いに対して、これらはいずれも婆藪(天親)の所造であり、天親の名は『付法蔵因縁伝』[36]の中にも見えるから信ずべきであると答え、さらにその理由として、これらの論の意義を調べてみると、それらは言葉こそ異なっているが、その意味は大乗の経典や『中論』『百論』等と異なることはない(から信じるべきである)といっている。『付法蔵因縁伝』の中にその名が見えるから信ずべきであるというのは、論理的な回答というよりはむしろ、師資相承を強調する吉蔵らしい答えともいえるが、ともかくここに明らかに吉蔵が、経典の場合と同じように諸論についても価値的な優劣を排していたことが推知されるのである。続いて吉蔵は、三論の学者は、恒に有所得の義を破斥しているが、どうしていま衆家の異説を用いるのかという問いに対して、師である興皇寺法朗(五〇七―五八一)の言葉を引いて答えている。ここにいう「巧用無非甘露、拙服皆成毒薬」という一文は、吉蔵の教義の特徴をよく伝えたものと指摘されている。[37]

このように、五時教判に拠った前代の法華注釈家たちが経の「復倍上数」の解釈を誤ったのは、ひとえに彼らが『法華論』を披見することがなかったからであり、自分も『法華論』がなかったならば正しく経意を釈成することができなかったという『法華論疏』における吉蔵の述懐や、吉蔵の『法華論』依用に関して論及される場合、必ずといっていいほど言及される、前にも触れた『法華玄論』巻第二の「余見此文悲喜交至也」(大正蔵三四・三七七下)という多大の感慨を込めた有名な一文が、同論に拠って「復倍上数」の解釈をなし終えたあとに述べられたものであったことを思うと、[38]吉蔵はさまざまな論拠を挙げて「仏身の常住」と「仏性」を主張したとはいっても、彼の法華経解釈に決定的な自信を与えたのは、やはり『法華論』であったと断言してよいであろう。

四　吉蔵の『法華論』依用の姿勢

これまでの考察によって、吉蔵が『法華論』を最大の論拠として、『法華経』にも「仏身の常住」と「仏性」が説かれていると主張したことは十分に理解されたことと思われる。

ところで、袴谷憲昭氏は、このように『法華論』を依用して『法華経』に「仏性」が説かれているとした吉蔵の法華経解釈は、経本来の立場から著しく逸脱しているばかりか、その後、現代に至るまでの法華経解釈をも歪曲させる遠因になったとして、吉蔵の解釈を厳しく批判している。[39]

さて、『法華経』本文そのものに「仏性」という言葉がないことは、実は他ならぬ吉蔵自身が承知していたことでもあった。では、なぜ吉蔵は『法華経』に「仏性」が説かれていると主張するに至ったのであろうか。その間の事情について、吉蔵は『法華玄論』巻第三において、次のようにいっている。

法華無仏性文。而天親釈法華論有七処明仏性。故知一乗是仏性異名。謂論主知名雖異而体是同故、就法華中明有仏性義。浅識之流、迷名喪実、聞名異故謂実亦異。便言一乗非是仏性。（大正蔵三四・三八八下）

すなわち、ここで吉蔵はまず、確かに『法華経』には（「一乗」という名があるだけで）「仏性」という名は見えないことを認めている。しかし、続けて吉蔵は、経を注釈した天親の『法華論』にはその七処において仏性を明かしていると主張し、[40]これは天親が『法華経』に説く「一乗」と「仏性」は名は異なるが体は同じであるとした何よりの証拠で、これによって『法華経』に説く「一乗」と「仏性」は同義であることが知られるといっている。それゆえ、『法華経』に「仏性」が説かれていることは明らかであると吉蔵は結論するのである。それを浅識の流（法雲等）は、経に「一乗」という言葉はあっても、「仏性」という言葉がないという名目上の問題にとらわれて、これに迷ってしまい、「一乗」と「仏性」は異ならないという本質を見失っていると、吉蔵は厳しく批判するのである。つまり、これは経文それ自体には「仏性」という言葉はないが、経の奥深いところでは確かに「仏性」を説いているという主張、すなわち経を注釈した『法華論』に「仏性」が明かされている以上、原理として経自体にも「仏性」が説かれているはずであるという論法であろう。これは前に見た『金剛般若経』に「仏性」が説かれていることを論証する際、天親の『金剛般若経論』に拠った手法と軌を同じくするものといえよう。ただ、これらは経文に拠っての直接的な論証でないことは、やはり注意しておかなければならない点である。(41)

ところで、前に吉蔵が『法華玄論』巻第一「講経の縁起」において、従来の法華経研究の得失を批評する基準として五点の項目を挙げていることを見たが、上記の主張はその項目の中の、次のような第五の項目に裏付けられたものであったことがわかる。

書云、華言不信、信言不華。経云、深悟者愛義、浅識者好文。如見後章辨果謂初段明因、欲因果相対。又文始現六瑞於此土、亦現六瑞於他方。欲以二六文成双。斯皆巧言在余、而義勢不足。文具詳之。今観龍樹之釈大品天親之解華厳、唯使文顕理彰、竟無斯意。故聖軌須依、凡模宜棄。評得失之五也。（同前・三六四下）

すなわち、従来の解釈は巧言に走り過ぎて、義勢において足りない点があったとして、吉蔵自身は文よりも義を重んずることを主張している。この項目に関して、伊藤隆寿博士は、冒頭に「経云」(42)として引かれる「深悟の者は義を愛し、浅識の者は文を好む」の一文に、吉蔵の特徴的な体質を見出しておられるが、(43)まさにこの従来の得失を批評した第五の項目は、『法華論』に拠って『法華経』に「仏性」を読み込んでいこうとした吉蔵の姿勢そのものであったということができるのである。

もちろん、『法華経』に「仏性」が説かれていることを主張したのは、吉蔵に限ったことではなかった。つとに横超慧日博士が指摘されておられるように、(44)吉蔵と同様、前代の法華学の権威、光宅寺法雲の法華経解釈を批判・超克することによって自宗の宗義の確立に努めた天台智顗の場合も同様だったのである。この点については、第一篇第五章「天台教学と『法華論』(45)」において詳しく論究することにし、次には前に見た「天親の『法華論』の七処には「仏性」を明かしている」と主張する吉蔵の言に焦点を絞り、吉蔵の『法華論』依用の状を、節を改めてさらに考察してみることにしたい。

注

(1) 吉蔵の著作については、平井俊榮『中国般若思想史研究――吉蔵と三論学派――』第二篇第一章第一節「現存著作の大綱」（春秋社、一九七六年、三五四―三五七頁）参照。平井博士は、この中で吉蔵の著作は現存二十六部百十二巻とされるが、博士の指示する文献を合算してみると「百十二巻」とはならない（正確には「百十巻」）。筆者もこれまで平井博士の書によって、無批判に吉蔵の著作は現存二十六部百十二巻としてきたが、今後は改める必要があるであろう。なお、このことを指摘して下さったのは、龍谷大学大学院博士課程の米森俊輔氏である。ここに記して感謝の意を表したい。

(2) 五部三十二巻の内訳は、次の通りである。

①『法華玄論』十巻（卍続蔵四二、大正蔵三四所収）
②『法華義疏』十二巻（卍続蔵四二、大正蔵三四所収）
③『法華遊意』一巻（卍続蔵四二、大正蔵三四所収）
④『法華統略』六巻（卍続蔵四三所収）
⑤『法華論疏』三巻（卍続蔵七四、大正蔵四〇所収）

なお、これらの配列は吉蔵の撰述順序に拠った。吉蔵の法華関係注疏の撰述順序については、長らく横超博士の説が有力視されてきたが、近年、菅野博史博士によって横超説が見直され、筆者も菅野説を妥当と考えるに至ったので、いまは菅野説に従う。詳しくは、横超慧日「法華義疏解題」（『国訳一切経』「経疏部三」大東出版社、一九三九年）、菅野博史「吉蔵撰『法華統略』と『法華論疏』の撰述順序について」（『印度学仏教学研究』第二八巻第一号、一九七九年十二月、後に菅野『中国法華思想の研究』春秋社、一九九四年に再録）を参照。
（3） 横超慧日「中国における法華経研究」（横超慧日編『法華思想』平楽寺書店、一九六九年、二四二頁）参照。
（4） 横超慧日「慧遠と吉蔵」（結城教授頌寿記念『仏教思想論集』春秋社、一九六四年、後に横超『中国仏教の研究第三』法蔵館、一九七九年に再録）
（5） 吉蔵の法華関係注疏に関する研究成果は数多いが、いま本章に関わる代表的なものを列挙すれば、次のようなものがある。
①横超慧日「法華教学における仏身無常説」（『仏教研究』第三―六号、一九三九年十二月、後に横超『法華思想の研究』平楽寺書店、一九七〇年に再録）
②里見泰穏「法華経解釈に於ける吉蔵の法雲批判」（『棲神』第三六号、一九六二年十月）
③里見泰穏「吉蔵の法華経解釈――吉蔵の法雲批判を中心として――」（坂本幸男編『法華経の思想と文化』平楽寺書店、一九七二年）
④菅野博史「吉蔵における法華経と諸大乗経典の比較」（『大倉山論集』第一九輯、一九八六年三月）
⑤菅野博史「吉蔵における法華経と仏性」（『東方』第二号、一九八六年十一月）
⑥菅野博史「吉蔵における法華経の経題『法』の解釈と仏身の常住説」（『大倉山論集』第二〇輯、一九八六年十二月）
⑦平井俊榮『法華玄論の註釈的研究』（春秋社、一九八七年）
なお、菅野博士の諸論文は、後に前注(2)所掲の『中国法華思想の研究』に再録されている。
（6） 今日の学界では、『法華義記』は法雲の講説をその弟子が筆録したものとするのが一般的である。菅野博史『法華義記』（法華経注釈書集成2、大蔵出版、一九九六年、二〇頁）参照。
（7） 『三論玄義』に「宋道場寺沙門慧観仍製経序。略判仏教凡有二科。一者頓教。即華厳之流。但為菩薩具足顕理。二者始従鹿苑終竟鵠林。自浅至深。謂之漸教。於漸教内開為五時」（大正蔵四五・五中）とあるを参照。
（8） 前注(5)所掲の横超論文を参照。
（9） 第一篇第一章中でも述べたように、『妙法蓮華経憂波提舎』には菩提留支訳（大正蔵二六、№一五一九）と勒那摩提訳（同、№一五二〇）の二本がある。二本は細部において字句の異同が見られるが、大綱においては概ね一致している。吉蔵が依用していたのは、主として留支訳と考えられるので本書では留支訳を用いる。なお、吉蔵著書中における『法華論』の引用文を見ると必ずしも留支訳に一致しないものもある。この問題を論じた論文に、末光愛正「吉蔵の法華論引用に於ける問題」（『曹洞宗研究員研究生研究紀要』第一五号、一九八三年八月）がある。
（10） 例えば、『法華玄論』巻第一（大正蔵三四・三六七中）を参照。なお、「晩見法華論」については、後注(22)を参照。

(11) 前注(2)所掲の横超慧日「法華義疏解題」参照。

(12) 平井俊榮「吉蔵著作の引用経論」(前注(1)所掲書、第二篇第三章第二節、五一六—五二〇頁)。この中、『法華玄論』に関する部分の引用経論については、後に博士によってさらに厳密に調査され、平井俊榮『法華文句の成立に関する研究』第二篇第五章「『文句』と『玄論』の引用文献」(春秋社、一九八五年、二六二—二六八頁)に踏襲されている。以下の本文では、後者のご成果に拠る。

(13) 前注(12)参照。

(14) 横超慧日『国訳一切経』「経疏部三」「経疏部五」(大東出版社、一九三九年)

(15) 『法華遊意』(大正蔵三四)、『法華統略』(卍続蔵四三)の引用・関説の箇所は、それぞれ次の通りである。『法華遊意』=①六三四中、②六三七下、③六三八下、④六四〇中、⑤六四〇下一行目、⑥六四〇下二八行目、⑦六四二上、⑧六四二中二五行目、⑨六四二中二七行目、⑩六四三下一九行目、⑪六四三下二一行目、⑫六四七下

『法華統略』=①三右下、②一〇左上、③二七右下、④三〇右上、⑤七三左上、⑥八〇左上、⑦八三右上、⑧八五右上、⑨九〇右上

この引用・関説の回数は、平井博士のご成果に拠った『法華玄論』以外は書名または天親の名を挙げての引用・関説だけを数えたものであり、いわゆる援用句は含まれていない。

(16) 前注(12)に掲げた平井博士のご成果に拠れば、『法華玄論』における『法華論』の引用回数は六〇回で、これは『大智度論』の一四二回に次ぐものであり、他の論書と比較しても高い割合で引用されていることがわかる。『法華義疏』においても、この傾向は変わらない。

(17) 本書第一篇第一章一八—一九頁参照。

(18) 田村芳朗「法雲の『法華義記』の研究」(坂本幸男編『法華経の中国的展開』平楽寺書店、一九七二年、一九二頁)参照。田村博士はまた、「法華論考——法華教学の再建にさいして——」(『中央学術研究所紀要』第一〇号、一九八一年七月)という論文の中でも同様の見解を述べられ、『法華論』の普遍思想には普遍的世界の重視というインド一般の思惟方法が関係したことを示唆されておられる。また田村博士は同論の中で、吉蔵には普遍・平等の重視というインド的思考が残存したとされ、その理由として「吉蔵の祖先にインドの血が流れていることがあげられる」(八頁)と述べておられる。興味深いご意見ではあるが、なお検討の余地もあろう。また、平井俊榮「吉蔵における法華解釈の基本的態度」(前注(5)所掲の⑦平井書、三八頁)を参照。

(19) 『勝鬘宝窟』については、その国訳者櫻部文鏡博士に詳細な引用経論の調査があり(「勝鬘宝窟解題」『国訳一切経』「経疏部十一」大東出版社、一九三六年)、櫻部博士は『法華論』の引用回数として二二回を数えておられるが、博士の調査には若干の見落としがあるのも事実かと思われる。ともかく、櫻部博士によっても『勝鬘宝窟』における『法華論』の引用は最多の『大智度論』に次ぐ頻度であ

ることが明らかにされている。

(20) 例えば、吉蔵は『法華統略』巻第六（卍続蔵四三・八五右上）において、『妙法蓮華経憂波提舎』巻下「八生乃至一生得阿耨多羅三藐三菩提者。謂証初地菩提法故」（大正蔵二六・九下―一〇上）の一文を取り上げて、その解釈を三点にわたって批判している。

(21) 例えば、『法華玄論』巻第二には「晩見法華論。明此大乗修多羅有十七種名」（大正蔵三四・三七九上）とある。

(22) 吉蔵は『法華玄論』において『法華論』を引用する際には、「晩見法華論」のほかに「晩見論」（例えば巻第一、三六八上）、「晩見論釈」（例えば巻第一、三六七上）、「後見法華論」（例えば巻第四、三八九下）と呼称するが、これらの用例は他の法華注疏や『法華論』が比較的数多く引用される『勝鬘宝窟』には一切認められない。なお、「晩見」「後見」の用例は『法華論』以外では、『法華玄論』に「晩見摂大乗論」（巻第二、三八一上）、「後見華厳法界品」（巻第九、四三四上）、「後見地論」（巻第十、四四三下）、『法華論疏』巻中に「後見仏性論」（大正蔵四〇・八〇一下）の用例がある。ところで、本節は拙稿「吉蔵教学と『法華論』」（平井俊榮監修『三論教学の研究』春秋社、一九九〇年）が骨子になっているが、この論文において筆者は「晩見の法華論」という呼称が『法華玄論』特有のものであって、そのことを指摘するのは筆者が最初であるという意識をもってこれを論述した。ところが、二〇〇一年八月になって、重要な論文を見落としていたことに気がつくこととなった。すなわち、末光愛正氏の「『大乗義章』「衆経教迹義」に於ける浄影寺慧遠撰の問題――吉蔵著書との対比――」（『曹洞宗研究員研究生研究紀要』第一三号、一九八一年七月）という論文がそれである。この論文の中で、末光氏はすでに「（法華）玄論中の『法華論』引用の特殊性」（カッコ内は奥野の補い）という一項を設け、「晩見の語は『法華玄論』のみ使われる特徴で、『法華義疏』『法華遊意』等の他著にも見い出せない用法である。ましてや吉蔵著書以外に、「晩見法華論」の語句は見い出せない」（二一八頁）と述べられていたのである。したがって、「晩見法華論」という呼称が、『法華玄論』のみに見られる特徴的なものであることを最初に指摘したのは、末光氏だったということになる。重要な先行業績を見落としていたことに対し、末光氏にはここに深くお詫び申し上げる次第である。因みに『法華玄論』における「晩見」「後見」を冠しての『法華論』引用は、次の箇所においてである。

「晩見」＝①三六六下一七―一八行目、②三六七上一一行目、③三六七中一一行目、④三六八上二六行目、⑤三六八下一行目、⑥三六八下二五行目、⑦三七〇中一三行目、⑧三七一上四行目、⑨三七一中二六行目、⑩三七九上二六行目、⑪三八九上一五行目、⑫三九六上一八行目、⑬三九九中二〇行目、⑭四〇一下二〇行目、⑮四〇四上一一―一二行目、⑯四〇四中一八行目、⑰四〇六上一三行目、⑱四〇六下一二行目、⑲四一八下二〇行目、⑳四二二上一四行目、㉑四三五下八行目、㉒四四二上一行目、㉓四四四上一八行目

「後見」＝①三八九下二八行目、②四〇八中一九行目、③四一一上二行目

なお、「晩見法華論」の用例は、『法華玄論』以外では『大乗玄論』巻第三「一乗義」（大正蔵四五・四四下二二行目）に見られるだけ

である。この『大乗玄論』巻第三「一乗義」の箇所は『法華玄論』巻第四「一乗義」（大正蔵三四・三八八下以下）と大幅な対応関係があることが知られている。多くの『法華論』の引用のある『法華義疏』や『勝鬘宝窟』には一度も「晩見」の用例がなく、最晩年の著述とされる『大乗玄論』になって再び「晩見」の用例が出ることは、『大乗玄論』の著者性をめぐる問題からも興味深い事実である。今後の検討課題としておきたい。

(23) 前注(5)所掲の平井書、第一篇第一章第三節「伝訓と評釈の主眼」（二二一―三〇頁）参照。平井博士は、これらの項目がすべて光宅寺法雲に向けられたものであることを指摘されておられる。

(24) 『三論玄義』に「次明諸部通別義。論有二種。一者通論。二者別論。若通破大小二迷。通申大小両教。名為通論。即中論是也。故前二十五品破大迷申大教。後両品破小迷申小教。二者別論。別破大小迷。別申大小教。名為別論。如摂大乗論地持論等。謂大乗通論。十地論智度論等。大乗別論」（大正蔵四五・一〇中）とあるを参照。

(25) 五時教判・四宗判に対する吉蔵の批判については、前注(1)所掲の平井書、第二篇第三章第二節（四九四―五〇〇頁）を参照。

(26) 前注(5)所掲の④菅野論文（菅野『中国法華思想の研究』四〇二頁）参照。

(27) 代表的研究成果に、前注(5)所掲の①横超論文がある。この横超論文を踏まえた最近の成果として、菅野博史『法華経の出現』第五章「仏性・仏身常住の問題と中国法華思想」（大蔵出版、一九九七年）がある。なお、この論文の初出は菅野博史「中国法華思想をめぐって――仏性と仏身常住の問題――」（『東洋学術研究』別冊五、一九八四年十月）である。

(28) 『法華論疏』の原文には「善功方便顕多数過上数量不可数知故」（大正蔵四〇・八二一下）とあり、この文はむしろ勒那摩提訳「(善巧) 方便顕多数過上数量不可数知故」（大正蔵二六・一九上）に近い。

(29) 大正蔵経原文、正徳四年（一七一四）『法華論疏』刊本、天永四年（一一一三）東大寺図書館所蔵『法華論疏』写本には、いずれも「烆」とある。この字が判読できず、伊藤隆寿先生にご教示をお願いしたところ、『類聚名義抄』（風間書房）を参照してみるようにとのご教示を得た。同書に同じ字を見出すことはできなかったが、「烆」の字があり、「烆」は「焔」の意であることがわかった。「焔」は「炎」に通じ「焼く」の意もあるところから、この文意にも合致するように思われる。したがって、いまはこの字を「焔」と解釈する。『類聚名義抄』の参照を促して下さった伊藤先生には厚く御礼申し上げたい。

(30) 大正蔵経原文には「人」とあるも、前注(29)所掲の東大寺図書館所蔵『法華論疏』写本により「入」と改める。

(31) 「復倍上数」をめぐっての吉蔵の解釈については、『法華玄論』巻第二（大正蔵三四・三七七下）、および『法華義疏』巻第十（大正蔵三四・六〇六下）も参照のこと。

(32) 『出三蔵記集』巻第八（大正蔵五五・五七下）参照。

(33) 吉蔵は五義を挙げるといっているが、実際には明確に数えられるのは四義までである。おそらくは、結論に相当する五宗四時の教判の批判が第五義に相当するものと思われる。

(34) 吉蔵は『勝鬘宝窟』巻下末においても、「非如来蔵体有生死。法華経云。無有生死若退若出。天親云。如来蔵性清浄。故法華経両句。還是此経初句。明衆生界即涅槃界。此是二不二義。如来蔵体性清浄無有生死故。是明不二二義。若不見法華論。釈此二句便不分明」(大正蔵三七・八二下)と述べ、もし『法華論』を披見することがなかったならば、分明に解釈できなかったといっている。ところで、末光愛正氏は前注(22)所掲論文において、次のように述べている。「(一)晩見とは「後見」の例がある様に、「あとから見るに」と云う意味である。法華が(イ)正因仏性と(ロ)仏身常住を説く事を主張していた。ところが『法華論』を後から見るに及んで、自説の正しさが証明され、感激のあまり「悲喜交至也」と述べたのである。つまり、「晩見」の語句には、(イ)自説の独自性を主張、(ロ)自説に対する正統性の裏付け、(ハ)法華論を初めて入手した感激が、含まれて表現されている。(二)又法華玄論のみに「晩見」と明記する意味は、『法華論』が入手された直後に法華玄論が撰述された事を示す」(傍線=奥野)。筆者の所論とほぼ同様のことがすでに述べられていたことがわかり、深く恥じ入るばかりである。ただ、ここで筆者が一つだけ問題としたいことは、傍線を付した部分の解釈である。末光氏の解釈によれば、吉蔵は『法華論』を披見する以前に「正因仏性」と「仏身常住」が『法華経』に説かれていることを理解していたことになろう。とすると、筆者が本文中で論及した『法華論疏』や本注記で示した『勝鬘宝窟』における吉蔵の言はどのように理解すればよいのであろうか。この場合そうではなくて、吉蔵はやはり『法華論』を披見して初めて『法華経』に「仏性」と「仏身の常住」が説かれていることが理解できたということを強調しているのではなかろうか。

(35) 吉蔵の経典観については、平井俊榮「吉蔵の経典観」(前注(1)所掲書、第二篇第三章第一節、四八二頁以下)、菅野博史「吉蔵の経典観」(『印度学仏教学研究』第三〇巻第一号、一九八一年十二月、後に菅野『中国法華思想の研究』に再録)、伊藤隆寿「吉蔵の経典観と時機観」(『日本仏教学会年報』第四九号、一九八四年五月)等を参照。

(36) 『付法蔵因縁伝』巻第六(大正蔵五〇・三二一中)参照。

(37) 興皇寺法朗のこの言葉については、平井俊榮「吉蔵における三論教義の枠組み」(前注(1)所掲書、第二篇第四章序、五五二―五五六頁)参照。

(38) 『法華玄論』巻第二に「問。此但経明成仏久耳。云何是無始終耶。答。今請詳経意。若但明成仏久者於縁竟有何益耶。所以然者。始成之与久成皆是無常。今開久成竟有何利。今深取仏意者。昔明始於伽耶終乎双樹。故是無常之寿。補処不見其初窮学不知其後。唯仏覩仏其寿無量。考斯文旨豈不允哉。三省愈彰再思已决也。故法華論云。復倍上数者。示現如来常命。方便顕多数過上数不可知故也。余見此文悲喜交至也」(大正蔵三四・三七七下)とあるを参照。

(39) 袴谷憲昭「「和」の反仏教性と仏教の反戦性」(『東洋学術研究』第二六巻第二号、一九八七年十二月、後に袴谷『批判仏教』大蔵出版、一九九〇年に再録) 参照。
(40) この点については、次節(六〇頁以下)を参照。
(41) 田村芳朗博士は、前注(18)所掲論文(前者)において、次のように指摘しておられる。「(前略)法雲の見解を敷衍すれば、法華経には時空超越の真の永遠は説き明かされていない、つまりは仏無常であり、時空の突破・超越のところに生まれてくる仏性の観念も存在しないということになろう。智顗や吉蔵は、これにたいして強く反論したわけであるが、法華経をことばどおりに読めば、法雲の見解は正しいといわねばならない。原典を通して見ても、そうである」(二一八頁、傍線=奥野)。このほか、博士はその随所において、『法華経』そのものの解釈としては、法雲の解釈の方が智顗や吉蔵に比べて、経の原意に即したものであったことを強調している。
(42) 出典未詳。
(43) 伊藤隆寿「書評・平井俊榮著『法華玄論の註釈的研究』」(『駒澤大学仏教学部論集』第一八号、一九八七年十月、四六三頁)参照。
(44) 前注(5)所掲の①横超論文を参照。
(45) 本書第一篇第五章第一節「天台における『法華論』受容――吉蔵との比較において――」(二二一頁以下)を参照。

第二節　吉蔵の『法華論』依用の実態――七処に仏性有りの文をめぐって――

一　問題の所在

前節では、『法華経』はいまだ「仏身の常住」と「仏性」を明かしていないから、それらを説いている『涅槃経』と比較すると価値的に劣るとした光宅寺法雲に対して、『法華論』を大きな論拠の一つに、『法華経』にもそれらが説かれていることを強調した吉蔵の姿勢といったものを考察した。その際、吉蔵の論法の大きな柱として、確かに表面的には『法華経』本文には「仏性」という言葉はないが、経を注釈した『法華論』には七処に仏性を明かしているので、原理的には『法華経』そのものにも仏性が明かされているはずであるとする『法華玄論』巻第三の、

法華無仏性文。而天親釈法華論有七処明仏性。故知一乗是仏性異名。謂論主知名雖異而体是同故、就法華中明有仏性義。浅識之流、迷名喪実、聞名異故謂実亦異。便言一乗非是仏性。（大正蔵三四・三八八下）

という記述があることを見た。以下に詳しく見るように、この『法華玄論』巻第三の例のように、吉蔵はその著書中でしばしば「『法華論』の七処には仏性を明かしている」と主張する。それでは、吉蔵が「仏性」が説かれていると認めた、『法華論』の七処とは具体的にどこが相当するのであろうか。本節では、この七処の特定を中心に吉蔵の『法華論』解釈の一端を探っていきたいと思う。

二　『法華論』の七処に仏性有り

『法華玄論』巻第一には、[1]『法華経』が説かれる意義と目的が十七箇条[2]にわたって述べられているが、その第八条は

「一切衆生に皆な仏性有ることを明かさんと欲するが故に是の経を説く」という一段である。この条で吉蔵は、『法華経』にも仏性が明かされているということを四点にわたって示している。いまこれを要約してみると、次のようになる。(3)

①乗、すなわち教えに三種類あるならば、それに対応する衆生の本性も三種類あることになる（それでは声聞種性や縁覚種性の存在も認めてしまうことになる）。そうではなくて、「一仏乗」に適合する「一仏性」があるだけである。『法華経』はただ一乗があることを説いているから、一切衆生に仏性があることを明かしているのである。

②『法華経』は、ただ一乗のみを明かしているだけである。どうしてそれが仏性を弁じていることになるのか、との問いに対して、『中論』巻第四「観四諦品」の一偈(4)を引証して、道理として『法華経』には仏性が説かれていると答えている。

③それでは具体的に『法華経』には仏性を明かしている文証があるのか、との問いに対して、吉蔵は「方便品」の「仏知見」をもって文証としている。

④もし『法華経』がすでに仏性を明かしているならば、どうして『涅槃経』に仏性を重ねて説く必要があるのか、という問いに対して、吉蔵は『法華経』を聞いて了悟するならば、いかにも『涅槃経』は必要ではないと断言し、さらにその理由として五点を挙げている。

吉蔵は④の『法華経』を聞いて了悟するならば、『涅槃経』は必要ではないとする理由の五番目に、『法華経』が『涅槃経』と同様に仏性を説いている明証として、『法華論』には仏性の義を明かす七文があることを主張する。すでに述べたように、吉蔵の意図は、『法華経』を注釈した『法華論』が仏性を明かしている以上、原典である『法華経』にも当然、仏性が説かれているはずであるという点にある。以上のような確信のもとに、吉蔵は『法華論』の七処のうち、いまは略して二文を指摘するというのである。

ところで、吉蔵はこの『法華玄論』巻第一の例のみならず、『法華経』にも仏性を明かしていることを主張する際、その著書中でしばしば前の「『法華論』には仏性の義を明かす七文がある」という一文を論拠とする。前の『法華玄論』巻第三の例を含めて、筆者が気づいているすべての用例を以下に提示してみれば、次の如くである。

Ⓐ『法華玄論』巻第一

晩見法花論明仏性義有七文。今略引二。初釈方便品唯仏与仏究竟諸法実相。諸法実相者謂如来蔵法身之体不変故。仏性亦名如来蔵。故云隠名如来蔵顕名為法身。大経云、我者即是如来蔵義。次第二文釈法師品云、知仏性水不[5]遠得成三菩提。此序方便品意竟。（大正蔵三四・三六七中）

Ⓑ『法華玄論』巻第三

問。何以知然。

答。法華無仏性文。而天親釈法華論有七処明仏性。故知一乗是仏性異名。謂論主知名雖異而体是同故、就法華中明有仏性義。浅識之流迷名喪実、聞名異故謂実亦異。便言一乗非是仏性。（同前・三八八下）

Ⓒ『法華遊意』

十者人語難依。聖語宜信。天親法花論七処明仏性。一者方便品云、唯仏与仏乃能究（竟）尽諸法実相。論云、諸法実相者謂如来蔵法身体不変故。乃至釈法師品云、知去仏性水不遠故。以十種文義往推、即知此経已明仏性。（同前・六四二中）

Ⓓ『三論玄義』

次別難五時。

問。若立五時有何過耶。

答。五時之説非但無文。亦復害理。（中略）次法華為同帰、応無所疑。但在五時之説。雖辨同帰、未明常住。而天

親之論釈法華初分、有七処仏性之文。解後段寿量品、辨三身之説。斯乃究竟無餘。不応謂為不了之教。（大正蔵四五・五下―六上）

Ⓔ『勝鬘宝窟』巻下之末

問。若勝鬘是実説、法華拠教為方便者、則勝鬘是了義経、法華名不了、詎可然耶。

法華論云、此経正明因辨果。因則七処仏性、果則三仏菩提。豈可言其不了。（大正蔵三七・八〇上）

Ⓕ『大乗玄論』巻第三「一乗義」

問。此経未明正因仏性、此義何耶。

答。此人不得経味。法華論云、七処明正因性。今略出四処。諸法従本来常自寂滅相、此明自性住仏性。又云同入法性、此是仏性之異名。又云開示悟入仏之知見、論釈知見明仏性、普賢《ママ》菩薩及授悪人記有正因性故。（大正蔵四五・四三上）

それでは、吉蔵が『法華論』の七処に仏性を明かしていると認めた箇所は、具体的には『法華論』のどこが相当するのであろうか。これまでこの問題について言及した研究者はなかったように思われる。[6] 従来は、「『法華論』の七処に仏性を明かしている」とした吉蔵の一文に着目することはあっても、その具体的な箇所まで論究することはなかったのである。確かにいま、『法華論』の本文を検索してみても、果たしてどこに吉蔵が仏性の意を認めたのかにわかに判然としないことも事実である。[7] あるいはその所以をもって、具体的な典拠確認の作業もなされてこなかったのかも知れない。しかし、吉蔵自身がしばしば言明していることである以上、その箇所特定の作業は是非ともなされる必要があるであろう。それによって、吉蔵の『法華論』依用の実態がより鮮明になるとともに、吉蔵の法華解釈の一端も解明することができると思われるからである。そこで以下では、吉蔵のいう『法華論』の七処の特定を試みてみたい。

三　七処の文の特定（1）

さて、前述の吉蔵のいう『法華論』の七処に関する問題について示唆を与えてくれるものに、我が国で著された三論関係の諸注釈書がある。特に我が国には、『三論玄義』に対する末注が数多く残されているので、これらの注釈書を中心として、いまこの問題に関係すると思われる代表的な注釈書を撰述年代順に列記して、その注釈の特色を述べてみよう。

(1)珍海（一〇九一―一一五二）『一乗義私記』（大正蔵七〇・六四三中―下〈関連箇所の頁段のみを示す。以下も同様〉）

本書は、『大乗玄論』巻第三「一乗義」に対する注釈書である。珍海は、吉蔵のいう七処を特定するにあたって、前掲資料Ⓒの『法華遊意』が指摘する「方便品」と「法師品」の二文を挙げ、残りの五文については「今考残五文在于中間」（六四三中）といっている。すなわち、残りの五文は『法華論』の「方便品」と「法師品」を注釈した箇所の中間にあるといって、その特定を試みているのである。本書が『大乗玄論』「一乗義」に対する注釈書でありながら、前掲資料Ⓕの『大乗玄論』「一乗義」の記述にまったく触れていないのは疑問である。その理由は後述しよう。なお、珍海には他に『大乗玄論』全般にわたる注釈書である『大乗玄問答』十二巻と三論宗の重要な術語について注解をなした『三論玄疏文義要』十巻があり、前者は巻第六（大正蔵七〇・五九七上）と巻第十（同前・六二五中）、後者は巻第六（同前・三〇二上）でこの問題に関説している。しかし、その言及は簡略であり本書以上の解釈は見られないから、本書をもって珍海の解釈を代表させることにする。

(2)中観澄禅（一二二七―一三〇七）『三論玄義検幽集』巻第四（大正蔵七〇・四三六中―四三七上）

本書は、現存する最古の『三論玄義』に対する注釈書で、後に成立する各種の『三論玄義』注釈書の多くが本書を指南とした詳細を極めた書である。本書のこの問題に対する注釈の特色は、前掲資料Ⓐの『法華玄論』巻第一（大正蔵三四・三六七中）に言及し、具体的にその七処を特定するにあたっては「智光略述釈之」（四三六下）といって、自らの解釈を「智光略述」に譲っていることである。ここにいう「智光略述」とは、元興寺智光（―七五二―）の『法華玄論略述』のことである。(8)『法華玄論略述』は、吉蔵の『法華玄論』十巻に対して著されたおそらく我が国唯一の注釈書であるが、永超録(9)や謙順録(10)にその名が見えるものの今日に伝わらず、『法華玄論』研究の上からもその散逸が惜しまれているものである。その逸文をもって解釈にあてている本書は、かかる意味からも貴重なものといえよう。ところで、現行大正蔵経所収の『検幽集』には小松谷教誉が著したとされる『裏書』が付されているが、奥書によればもとは別立されていたものであることが知られ、いまの問題についても『裏書』は本書とは異なる解釈を示しているので、これを(3)として別立する。

(3)小松谷教誉（生卒年不詳）『三論玄義検幽集裏書』（大正蔵七〇・四三七上―中）

著者の小松谷教誉の生卒年や本書の撰述時期は不明である。現行の大正蔵経所収の『検幽集』の底本は、大正蔵経脚注によれば、永享四年（一四三二）東大寺所蔵の写本で、同本には『裏書』が付されていた如くであるから、本書はそれ以前には成立していたことは確かであろう。本書の特色は、前出の『法華玄論』巻第一と前掲資料Ⓕの『大乗玄論』「一乗義」に見られる吉蔵自身の指摘に留意して、七処の特定を試みている点にある。

(4)貞海（生卒年不詳）『三論玄義鈔』巻中（大正蔵七〇・五一三上―中）

貞海は、「七処仏性者、古来難義未学未決也。今且任古一義。師義同之」（五一三上）といっている。すなわち、七処仏性の問題は古来よりの難問であり、末学のものもいまだに解決していないことであるから、いまはしばらく「古一義」に任ねるといい、「師義」もこれと同じであるといっている。ここにいう「古一義」とは、『検幽集』所引の『法華玄論略述』を指し、「師義」とはこれに拠った澄禅をいうのであろう。事実、本書の七処の特定は『法華玄論略述』を受けた『検幽集』のそれに完全に符合している。

(5)尊祐（一六四五―一七一七）『科註三論玄義』巻第四（六一・七〇下―七一上）

本書も、(4)の『三論玄義鈔』同様「古義曰」といって、『検幽集』所引の『法華玄論略述』の七処をそのまま受け継ぎ、独自性はまったく見られない。

(6)聞証（一六三五―一六八八）『三論玄義誘蒙』巻中（大正蔵七〇・五四六上―中）

本書は、前掲資料Ⓐ『法華玄論』巻第一、および前掲資料Ⓕの『大乗玄論』「一乗義」[11]に言及し、『法華玄論』が挙げる二文と『大乗玄論』の挙げる四文を踏まえながらも、それぞれ「余五文他日当検」（五四六上）、「余三文他日当検」[12]（同前）といい、さらに続けて「検尋法華論、未見七処明正因性之文」と述べて、具体的に七処を特定することをしていない。このような聞澄の態度は、七処特定の問題の難しさを窺い知る好例といえるかもしれない。

(7)鳳潭（一六五九―一七三八）『頭書三論玄義』（仏教大系『三論玄義』二七一―二七三頁）

本書の特色は、前掲資料Ⓐの『法華玄論』巻第一および前掲資料Ⓕの『大乗玄論』「一乗義」における吉蔵の言に従って七処に相当する『法華論』の文を挙げ、さらに吉蔵の『法華論疏』を参照するという厳密なもので、さすが一代の碩学といわれた鳳潭の学殖の深さを偲ばせる堅実な注釈態度にある。

以上、七種の注釈書の著者がそれぞれの立場で、『法華論』の七処に仏性の意を認めようと腐心しているのであるが、その指摘するところは各人によって異なり、必ずしも一致していない。ところで、すでに明らかなように、(2)『検幽集』、(4)『三論玄義鈔』、(5)『科註三論玄義』は、智光の『法華玄論略述』の解釈をそのまま踏襲していることがわかる。(13) さらに(6)『三論玄義誘蒙』はその具体的箇所を指示することがなかった。したがって、前の七種の注釈書は、ここの問題に限っていえば、次のように分類整理されることになる。

(A)──(1)『一乗義私記』
(B)──(2)『三論玄義検幽集』
　　　(4)『三論玄義鈔』
　　　(5)『科註三論玄義』
(C)──(3)『三論玄義検幽集裏書』
(D)──(7)『頭書三論玄義』

今、四種に分類整理された右の注釈書の特定する七処を表示してみると、次の表のようになる。

	注釈書の指示する法華論の文	対応する法華経本文	指示する注釈書
①	諸仏智慧甚深無量者。為諸大衆生尊重心。畢竟欲聞如来説故。言甚深者。顕示二種甚深之義応如是知。何等為二。一者証甚深。謂諸仏智慧甚深無量故。（大正蔵二六・五上）	方便品（大正蔵九・五上）	(C)・(D)
②	五者無量種成就説不可尽。如経舎利弗唯仏与仏説法諸仏如来能知彼法究竟実相故。言実相者。謂如来蔵法身之体不変義故。（同右・六上）	方便品（同右・五下）	(A)・(B)・(C)・(D)

③	二者同義謂諸声聞辟支仏仏法身平等。如経欲示衆生仏知見故出現於世故。法身平等者。仏性法身無差別故。（同右・七上）	方便品（同右・七上）	(A)・(B)・(C)・(D)
④	大乗諦中真如実際法界法性。及人無我法無我等種種観故。（同右・七中）	(C)検幽集・裏書と(D)頭書は方便品の「諸法従本来常自寂滅相」（同右・八中）を釈したとする。	(C)・(D)
⑤	以人無我及法無我。一切諸法悉皆平等。（同右・八上）	(C)検幽集・裏書は譬喩品の「世尊。我常独処山林樹下。若坐若行。毎作是念。我等同入法性。云何如来以小乗法而見済度。」（同右・一〇下）を釈したとする。	(C)
⑥	三者身平等。多宝如来已入涅槃復示現身自身他身法身平等無差別故。（同右・八下）	(B)科註三論玄義は宝塔品（同右・三二中参照）を釈したとする。	(A)・(B)
⑦	如下不軽菩薩品中示現応知。礼拝讃歎作如是言。我不軽汝。汝等皆当得作仏者。示現衆生皆有仏性故。（同右・九上）	常不軽菩薩品（同右・五〇下）	(A)・(B)・(C)・(D)
⑧	三者示現法仏菩提。謂如来蔵性浄涅槃常恒清涼不変等義。（同右・九中）	如来寿量品（同右・四二下）	(A)・(B)
⑨	八生一生者。謂諸凡夫決定能証初地故。随力随分。八生乃至一生皆証初地故。此言阿耨多羅三藐三菩提者。以離三界分段生死。随分能見真如法性名得菩提。非謂究竟満足如来	分別功徳品（同右・四四上）	(A)

	方便涅槃也。（同右・一〇上）		
⑩	法力如経応知。其心決定知水必近者受持此経得仏性水成阿耨多羅三藐三菩提故。（同右・一〇上）	法師品（同右・三一下）	(A)・(B)・(C)・(D)
⑪	又言受持観世自在菩薩名号。若人受持六十二億恒河沙等諸仏名号福徳等者。（中略）畢竟知者。謂能決定知法界故。言法界者名為法性。彼法性者。名為一切諸仏菩薩平等法身。（同右・一〇中）	観世音菩薩普門品（同右・五七上）	(B)・(D)

以上、注釈書がそれぞれ指摘するところによれば、吉蔵が『法華論』に仏性を認めたとする箇所は、注釈書間の指摘の相違により、全部で十一箇所になることがわかる。それでは、この十一箇所の中、吉蔵のいう「七処」に相当するものはどれなのであろうか。次にこの問題を、最も妥当な解釈を示している注釈書を推定するという方法によってさらに考えてみたい。

四　七処の文の特定（2）

ところで、注意深い読者ならばすでにお気づきのように、吉蔵のいう「七処」の中、六処までは、実は吉蔵自身によって明かされているのである。すなわち、前掲資料Ⓐ『法華玄論』巻第一において吉蔵は、

晩見法花論明仏性義有七文。今略引二。初釈方便品唯仏与仏究竟諸法実相。諸法実相者、謂如来蔵法身之体不変故。（中略）次第二文釈法師品云、知仏性水不遠得成三菩提。（大正蔵三四・三六七中）

と述べて、(a)「方便品」の「唯仏与仏」の文、(b)「法師品」の「知仏性水不遠」[14]の二文を明かし[15]、前掲資料Ⓕ『大乗玄論』「一乗義」では、

法華論云、七処明正因性。今略出四処。諸法従本来常自寂滅相。此明自性住仏性。又云同入法性。此是仏性之異名。又云開示悟入仏之知見。論釈知見明仏性。普賢《ママ》菩薩及授悪人記有正因性故。（大正蔵四五・四三上）

といって、(c)「方便品」の「諸法従本来」の文、(d)の「我等同入法性」の文、(e)「方便品」の「開示悟入仏知見」の文、[16] (f)「常不軽菩薩品」の「悪人記別」の文を明かしているからである。但し、『大乗玄論』では『法華論』の原文そのものではなくて、『法華経』の本文を指摘している点が注意される。しかも、吉蔵は前に示したⒹ『三論玄義』では、「而天親之論法華初分、有七処仏性之文」（大正蔵四五・六上）といい、ここでは七処は『法華経』の初分を注釈した箇所にあると明言していた。吉蔵における『法華経』の「初分」とは、『法華義疏』巻第一に、

正説二者始従方便終竟法師品、明乗方便乗真実。次従見宝塔竟分別功徳格量以来、明身方便身真実。（大正蔵三四・四五三中）

とあるように、『法華経』「方便品」から「法師品」までがこれに相当する。とすると、Ⓕ『大乗玄論』の指摘する「常不軽菩薩品」の一文は、前の吉蔵の言とは齟齬をきたすことになる。この点については、各注釈者たちも気づいていたらしく、各々その会通に努めている。[17]

それはともかく、この『法華玄論』と『大乗玄論』の記述、双方に留意して、七処の特定を試みている注釈書が小松谷教誉の著した『三論玄義検幽集裏書』と鳳潭の『頭書三論玄義』である。前に筆者は、『大乗玄論』「一乗義」に対する注釈書を著しながら、その記述に考慮することなく、七処の特定を試みた珍海の態度を訝ったが、その理由は上述の点に起因している。これらのことから、前に四種に分類整理した注釈書の中では、『検幽集裏書』と『頭書』が最も吉蔵の言に忠実に七処の特定を試みているといえるであろう。そこで改めて、『裏書』と『頭書』の挙げる七処を以下に対応させてみると、次のようになる（今は便宜上、『法華経』本文をもって対応させる）。

裏書	頭書
方便品 1諸仏智慧甚深無量	方便品 1諸仏智慧甚深無量
方便品 ②諸法実相	方便品 ②諸法実相
方便品 ③開示悟入仏知見	方便品 ③開示悟入仏知見
方便品 ④諸法従本来	方便品 ④諸法従本来
譬喩品 ⑤我等同入法性	
常不軽菩薩品 ⑥悪人記別	常不軽菩薩品 ⑤悪人記別
法師品 ⑦知仏性不遠	法師品 ⑥知仏性不遠
	普門品 7受持観世音菩薩名号

（○印＝法華玄論・大乗玄論で指摘）

これによれば、『裏書』と『頭書』では、七文の中、六文を共通して指摘していることがわかる（なお、②③⑤⑥については、すべての注釈書が一致して指摘している）。さらに『裏書』は吉蔵のいう六文すべてに留意していたことが理解される。したがって、形式的に考えれば、『頭書』より『裏書』の方が、より吉蔵の言に忠実だったといえるであろう。

ところで、教誉の『裏書』、鳳潭の『頭書』が七処の一つとして共に指摘し、吉蔵自身が明かすところがなかった第一番目の「方便品」の「諸仏智慧甚深無量」の文に、果たして吉蔵は仏性の意を認めていたのであろうか。結論より先にいえば、認めていたと理解して誤りはないように思われる。なぜなら、次の『法華論疏』の記述がこれを証明してくれるからである。同書巻中には、次のようにある。

証甚深者有五種示現。一者義甚深、謂依何等義甚深故。二者実体甚深、三者内証甚深、四者依止甚深、五者無上甚深。義甚深者、余初釈五深未見文意。後見仏性論及勝鬘経方乃悟解。仏性論釈五蔵竟、引勝鬘五蔵為証。(大正蔵四〇・八〇一下)

すなわち、吉蔵は、初め「義甚深」以下の「五深」を釈そうとしたが、その文意を理解することができなかった。しかし、後に『仏性論』巻第二（大正蔵三一・七九六中）や『勝鬘経』「自性清浄章」（大正蔵一二・二二二中）を見て、初めてその意味を了解することができたといっている。さらに吉蔵は、同所で『摂大乗論釈』巻第十五（大正蔵三一・二六四中）を引いて、五深を次のように対応させ、

法華論	仏性論	摂論釈
義甚深	如来蔵	性義
実体甚深	正法蔵（法界蔵）	因義
内証甚深	法身蔵	蔵義
依止甚深	出生蔵（出世界上上蔵）	真実義
無上甚深	自性清浄蔵	甚深義

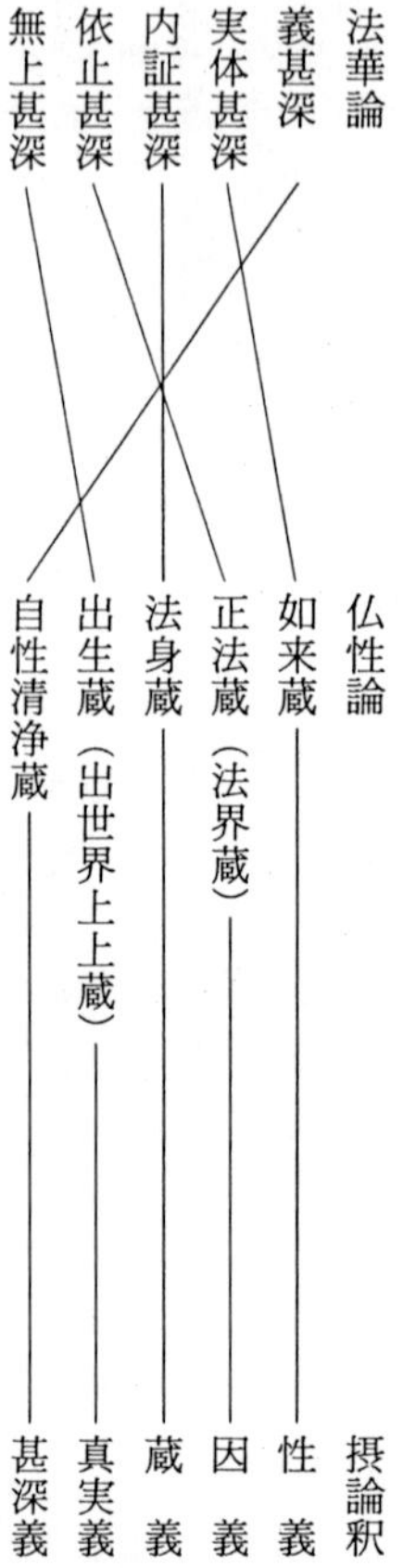

（カッコ内は勝鬘経の名称）

そして、この五深に対する注釈を次のような問答で結んでいる。

問。何故明此五事。答。今仏説一乗欲令衆生成仏。成仏之義具此五。是以命初即便辨之。若言法華未明仏性者、破此五義罪業無辺、了此五義福慧無量。（大正蔵四〇・八〇二上）

すなわち、どうしてこの「義甚深」以下の五義を説くのかといえば、仏は一乗を説いて衆生を成仏せしめんがためであり、成仏の義は要《かなら》ずこの五義を具えているからであるというのである。これにより、吉蔵が「義甚深」以下の五義に仏性を認めていたことが理解されるであろう。教誉は特にこの五義の中の「内証甚深」に吉蔵が仏性を認めていたと指摘している。(19) これは教誉が、吉蔵が『法華論』全般を通じて仏性を見出そうとしたのは主に「三乗の法身」の論旨に拠ってであったと判断したからなのであろう。それはともかく、以上によって教誉や鳳潭の指摘した「方便品」の「諸仏智慧甚深無量」の文にも吉蔵が仏性を認めていたことは明らかであると思われる。

ところで、七処の中、六処までは吉蔵自身によって明かされていたのだから、残り一処の特定を終えたいま、単純に考えればこの問題は一つの結論をみたといっていいのかもしれない。筆者が、前に吉蔵の指摘する六処すべてに留意して七処の特定を試みようとした教誉の見解が、形式的には最も妥当なものであろうと述べたのは、その意味を含めてのことだったのである。吉蔵自身が明かすことのなかった残り一処の特定も、吉蔵の意に照らしてあながち妥当性を欠くものでなかったことが判明した現在、ますますその念を強くするのであるが、反面、筆者はここで別の新たな問題に直面せざるを得ないことも事実なのである。それはすでに注意しておいたように、吉蔵が明かした六処の中、『大乗玄論』の四処については、吉蔵は『法華経』本文をもってこれを指摘していたのであり、『法華論』の具体的な文脈までには言及していなかったことである。したがって、次には『大乗玄論』の指摘する『法華経』の四処が、それを釈した『法華論』では具体的にどの箇所に相当するのかということが確認されなければならないのである。

四処の中、「方便品」の「開示悟入仏知見」と「常不軽菩薩品」の「悪人記別」の文については、明らかに『法華論』にこの文を釈した箇所を確認できるところから問題はないが、(20) 残りの二処の「方便品」の「諸法従本来」の文と「譬喩品」の「我等同入法性」の文は、筆者が検索する限りにおいて、『法華論』中にこれらを釈した箇所を認めることができないのである。『三論玄義誘蒙』を著した聞証は、教誉や鳳潭と同じように、『法華玄論』と『大乗玄論』の記述に気づきながらも、「検尋法華論、未明七処明仏性正因性之文」（大正蔵七〇・五四六上）といい、自身の見解を提示することがなかったのは、あるいはこのような事情があったからなのかもしれない。教誉は「方便品」の文は、『法華論』の「於大乗諦中、真如実際法界性、及人無我法無我等種種観故」（大正蔵二六・七中）が、[21]「譬喩品」の文は「以人無我及法無我。一切諸法悉皆平等」（同前・八上）がこれに相当すると指摘しているが、[22]対応する『法華論疏』の記述を参照してみても、[23]前の『法華経』の文を注釈した箇所であるか否かにわかには判定できないのである。[24]教誉がいかなる理由にもとづいて、この『法華論』の原文を特定するに至ったのか、その間の事情が判然としないため、この指摘が正しいものとも誤ったものとも厳密に判定することはできないのであるが、少なくとも筆者にはこれらの文に仏性を認めたとする吉蔵の客観的な証言は得られないのである。

しかし、だからといって、吉蔵が『大乗玄論』において「法華論云、七処明正因性。今略出四処」（大正蔵四五・四三上）と述べて、四処を明かしている事実は、これが吉蔵自身の言であるとすれば、無視することはできないであろう。[25]

以上の諸点を勘案すると、前に四種に分類整理した注釈書の中では、吉蔵の言に忠実に従って七処の特定を試み、しかも吉蔵の明かすところのなかった残りの一処の特定も正鵠を射ていた小松谷教誉の解釈が最も妥当性を有していたということができるものと思われる。教誉のいう七処の中、二処については前述のように明確に『法華論』の該当典拠を確認できないので、いま便宜的に『法華経』本文をもって七処を示せば、次のようになる（カッコ内は『法華論』の該当箇所。※は教誉が指摘するもので、筆者が確認できないもの）。

①方便品——諸仏智慧甚深無量の文（大正蔵二六・五上）
②方便品——諸法実相の文（同前・六上）
③方便品——開示悟入仏知見の文（同前・七上—中）
④方便品——諸法従本来の文（※同前・七中）

⑤譬喩品——我等同入法性の文（※同前・八上）
⑥常不軽菩薩品——悪人記別の文（同前・九上）
⑦法師品——知仏性不遠の文（同前・一〇上）

上述の理由から、筆者は吉蔵がその著書中でしばしば「法華論の七処に仏性の文あり」と主張する七処は、小松谷教誉が『三論玄義検幽集裏書』で示した解釈が最も妥当性のあるものと推定したい。それでは、仏性を読みとった七処について、吉蔵はそれを自身の著書の中でどのように展開しているのであろうか。次節では、この点についてさらに考察を続けてみることにしたい。

注

（1）『法華玄論』巻第一「第二序説経意」（大正蔵三四・三六五上―三七一下）を参照。
（2）『法華玄論』の組織大綱を記した刊本『法華玄論標條』（元禄二年、一六八九年刊）では十六條としているが、実際には十七條の誤りである。なお、『法華玄論』の「序説経意」が十七條からなることについては、菅野博史『中国法華思想の研究』第二篇第一章「吉蔵の法華経疏の基礎的研究」（春秋社、一九九四年）の三〇四頁、注(4)を参照のこと。
（3）『法華玄論』巻第一に「復次欲明一切衆生皆有仏性故説是経。問。以何義故。今説一乗乃言明仏性耶。答。乗若有三可有三性。既唯有一乗則唯有一性。如毘婆娑云。一切衆生有三乗性。随成一乗則餘二非数縁滅。法華明一乗義則不然。故唯有一乗唯有一性。問。此経但明一乗云何已辨仏性。答。中論云。雖復懃精進修行菩提道。若先非仏性。云何得成仏。長行釈云。如鉄無金性雖復鍛錬終不成金。若法華未辨仏性。但縁用成仏義者。既無仏性則無成仏理。亦如師子吼品広難無性成仏義。以理推之必明仏性。問。理推可爾有何文証。答。此経始未多有仏性之文。方便品云。開仏知見既得清浄即是一文。仏知見者謂仏性之異名。衆生本有知見為煩悩覆故不清浄。法華教起為開衆生有仏知見。此即是仏性義。若無仏性者教何所開耶。問。若此経已明仏性涅槃何須復説。答。若已了悟者不須涅槃也」（大正蔵三四・三六七上―中）とあるを参照。
（4）大正蔵三〇・三四上。なお、この一偈については、『中観論疏』巻第十本（大正蔵四二・一五三中―下）に吉蔵の解釈があり、その解釈をめぐっては、安井広済博士に次の研究がある。安井広済「中観の二諦説と三論の二諦説」（『中観思想の研究』附録、法蔵館、一九六一年）参照。また、木村清孝博士の論文「吉蔵における我と無我」（前田専学博士還暦記念論集『〈我〉の思想』春秋社、一九九一年、後に木村『東アジア仏教思想の基礎構造』春秋社、二〇〇一年に再録）にこの偈に関する吉蔵の解釈への論及がある。この点については、本書第一篇第四章「吉蔵と仏性思想」（一七六―一七八頁）を参照。

(5) 大正蔵経原文には「違」とあるも、おそらくは「遠」の誤りと判断して改めた。

(6) 本文に掲げた資料①の『三論玄義』の該当箇所について、高雄義堅博士は、その著『三論玄義解説』（興教書院、一九三六年）において、次のように述べておられる。「天親の『法華論』（具には『妙法蓮華経優波提舎』二巻を云ふ）に、『法華経』の七処の文に就て仏性常住を解釈す。その七処の文とは、一に方便品の諸仏智慧の文、二に同品の諸法実相の文、三に同品の開示悟入仏之知見の文、四に同品の諸法従本来の文、五に譬喩品の我等同入法性の文、六に法師品の知仏性不遠の文、七に常不軽菩薩品の悪人記別の文である。就中、法華初分とあるのは、一家の取扱は法師品までを初分とし、見宝塔品以下を後分となすことが『法華遊意』の釈によつて明であるから、今の七文中には後分に属する常不軽菩薩品の文もあるけれども、多分に従へて今初分と云ふ。又は如来寿量品の後段に対せんが為めに初分と云ふ」（同書、二八二―二八三頁）。高雄博士は、ここで上記のようにいう根拠を明らかにされていないが、本節において後に考察するように、高雄博士の解説は中観澄禅の『三論玄義検幽集』および小松谷教誉による『三論玄義検幽集裏書』によるものである。本節における筆者の考察は、結果的に高雄博士の説を支持することになるが、高雄博士は『三論玄義検幽集』『検幽集裏書』を踏襲するのみで、具体的な考察はなされていない。

(7) 平井俊榮博士は、「なお、『三論玄義』に「釈法華初分有七処仏性之文」というのは、吉蔵が『法華論』初分を七門分別している（『法華論疏』巻上、七八六中）ことを指すと思われるが、論全体の趣旨をいったものとも解される。特に七処の文についての明瞭な指示は吉蔵章疏には見られない」（平井『中国般若思想史研究――吉蔵と三論学派――』春秋社、一九七六年、五一三頁、注(22)）と述べられる。なお、この点については、菅野博史「吉蔵における『法華経』と仏性」（前注(2)所掲書、四九四頁の注(5)）もあわせて参照されたい。

(8) 元興寺智光の伝記、および『法華玄論略述』を含めた智光の撰述書全般を論じたものに、次の論文がある。伊藤隆寿「智光の撰述書について」（『駒澤大学仏教学部論集』第七号、一九七六年十月）、末木文美士「元興寺智光の生涯と著述」（『仏教学』第一四号、一九八二年十月）。なお、末木論文には資料として、『法華玄論略述』の逸文の所在が指示されているが、本節で扱った箇所は指示されていない。智光『法華玄論略述』の逸文は、末木論文を受けて後に平井俊榮博士によってほぼ網羅的に整理されている。平井俊榮『法華玄論の註釈的研究』第一篇第三章第三節「法華玄論略述の逸文（資料）」（春秋社、一九八七年）参照。

(9)『東域伝燈目録』(大正蔵五五・一一四八下)

(10)『諸宗章疏録』巻第二(仏全九五・七五下)

(11) 但し、聞証は「一乗義」を「仏性義」と誤って指摘している(大正蔵七〇・五四六上、参照)。

(12) 本文中に「三文」とあるのは、「二文」の単純な誤りであろう。

(13) 正確には(4)『三論玄義鈔』、(5)『科註三論玄義』が(2)『検幽集』の解釈をそのまま踏襲しているというべきであろう。

(14)『法華経』本文には「知仏性水不遠」というそのままの文はない。『妙法蓮華経』巻第四「法師品」に「当知是人得近阿耨多羅三藐三菩提。薬王。譬如有人渇乏須水。於彼高原穿鑿求之。猶見乾土知水尚遠。施功不已転見湿土遂漸至泥。其心決定知水必近」(大正蔵九・三一下)とあるを参照。

(15) これらは本文前掲資料©の『法華遊意』でも明かされていた。

(16)「仏知見」を仏性とすることは、『法華玄論』巻第一にも「問。理推可爾。有何文証。答。此経始末多有仏性之文。方便品云。開仏知見既得清浄。即是一文。仏知見者謂仏性之異名。衆生本有知見為煩悩覆故不清浄。法華教起為開衆生有仏知見。此即是仏性義。若無仏性者教何所開耶」(大正蔵三四・三六七上)とある。なお、吉蔵における「仏知見」の解釈をめぐっては、本章第三節を参照のこと。

(17) この件に関する主な注釈者の見解は、次の通りである。

(2)中観澄禅『三論玄義検幽集』巻第四には、「問。如今玄釈者。法華初分有七処仏性之文。而略述解釈。何前後両段合数以為七文耶」(大正蔵七〇・四三七上)と「問」はあるものの、「答」の部分が欠落している。

(3)小松谷教誉『三論玄義検幽集裏書』は、「問云。不軽品是後段之文也。何故前段之七処仏性之数引之耶。答。論釈前段経文処。釈七処仏性可得意也。不軽品文三平等中。乗平等処引之。乗平等摂方便品論疏釈之。故能能可思之」(大正蔵七〇・四三七中)と述べる。

(4)貞海『三論玄義鈔』巻中は、「故釈初分有七処仏性等云也(云云)。私云。前段乗権乗実。後段身権身実云。亦三摂法門時。前段摂異帰同。後分摂因帰果等云。並先義相応歟」(大正蔵七〇・五一三中)と述べる。

(5)尊祐『科註三論玄義』巻第四は、「問。論七処仏性文通前後両段。今何云在法華初分乎。答。実初後同一故無相違也(以下略)」(日蔵六一・七一上)と述べる。

(7)鳳潭『頭書三論玄義』には、「天親論等者。接七処文通在初後。今言初分者。且約多分」(仏教大系『三論玄義』二七一頁)とある。前注(6)所掲の高雄書が「今の七文中には後分に属する常不軽菩薩品の文もあるけれども、多分に従へて今初分と云ふ。又は如来寿量品の後段に対せんが為めに初分と云ふ」(同書、二八三頁)としていたのは、この鳳潭の説を承けたものであったことがわかる。

(18) 『法華論疏』に先立つ著作である『勝鬘宝窟』巻下末（大正蔵三七・八五中―下）にも同一の文脈がある。
(19) 大正蔵七〇・四三七中。
(20) 『妙法蓮華経憂波提舎』巻下（大正蔵二六・七上）、および同（九上）参照。
(21) 大正蔵七〇・四三七中。なお、鳳潭もこの文を指摘している（仏教大系『三論玄義』二七三頁参照）。
(22) 大正蔵七〇・四三七中。
(23) 但し、教誉が「諸法従本来」の文を釈したとする『法華論』の「大乗諦中真実実際法界法性。及人無我法無我等種種観故」（大正蔵二六・七中）を注釈した『法華論疏』の前文に、「今此経以醍醐喩法身平等。故知法華涅槃明義無二」（大正蔵四〇・八一二中）とあるので、『涅槃経』と異なることがないという意味で、あるいは一連の文脈に仏性を認めていたのかもしれない。なお、「諸法従本来」に対する『法華義疏』での解釈は、同書巻第四（大正蔵三四・五〇四上）参照。
(24) 後者の文に対する『法華論疏』、『法華義疏』の対応箇所は、それぞれ巻中（大正蔵四〇・八一四下）、巻第五（大正蔵三四・五一四下）。
(25) 周知のように『大乗玄論』は、その著者性が問われている書であるが、決定的な偽撰説が提出されていない以上、一応本書では吉蔵の著作として扱う。但し、筆者も『大乗玄論』に関して、まったく疑問を感じていないわけではないことに関しては、本章第一節「吉蔵における『法華論』依用の特色」の注(22)を参照していただきたい。

〔追記〕 龍谷大学大宮図書館には、三巻からなる『三論宗判談集』という写本が所蔵されており、筆者もこの写本を閲覧させていただくことができた。同写本中には「七処仏性」という一項も存在したが、「七処」特定の目立った解釈は施されていなかった。

第三節　吉蔵の「仏知見」解釈について

一　はじめに

前節では、吉蔵がその著書中において、しばしば「『法華論』の七処には仏性を明かしている」と主張する一文に着目し、この一文を注釈する我が国で著された三論関係の注釈書の解釈の妥当性を検討するという方法によって、これまで明確にされることのなかった、吉蔵のいう『法華論』の七処の特定を試みた。その結果、小松谷教誉の著した『三論玄義検幽集裏書』の示した七処が最も吉蔵が主張したそれに近く、妥当性を有するのではないかという私見を提示した。本節では、吉蔵のいう七処中、特に「開示悟入仏知見」の文に的を絞り、その解釈を考察し、吉蔵の『法華論』依用の実態をさらに明らかにしてみたいと思う。

いま、筆者が七処中、特に「仏知見」の語に的を絞るのは、「仏知見」という言葉が大乗経典思想上、極めて重要な意義を持つということが指摘されているからである(1)。ところで、この「仏知見」については、すでに藤井教公氏に「仏知見の解釈をめぐって」という論攷がある(2)。

藤井氏のこの論文は、「仏知見」という言葉の意味するところが明瞭ではないという問題意識の下に、「仏知見」の用例を『法華経』梵本に探り、その解釈を『法華論』によって検討し、『法華論』の解釈が智顗や吉蔵に受け継がれたことを示唆する筆者にとっては極めて興味深いものであった。しかし、藤井氏と筆者では問題に対する関心の方向性が異なる上に、氏の論文はその発表が学会誌という性格上、紙幅の制限もあってか、吉蔵における「仏知見」の解釈についてはいまだ詳しい論究がなされていないように思われる。そこで、本節では藤井氏の驥尾に付して、改めて吉蔵の「仏知見」に対する解釈を、主として『法華玄論』を資料として検討してみたいと思うのである。

二　吉蔵の「仏知見」解釈

吉蔵の「仏知見」に対する見解は、『法華玄論』では巻第五で集中的に扱われている。[3] ここで吉蔵は、「次論一大事因縁義」[4] として、さらにこれを

①初解開示悟入
②第二釈知見
③第三辨因果
④第四辨二因
⑤第五明開覆
⑥第六辨因縁

の六重に分別して、詳細に「仏知見」を解釈している。但し、「第五明開覆」の段は「仏知見」の開覆を四句分別しているに過ぎないので、[5] 本節では残り五つの項目について順次検討を加えていくことにしたい。

まず、第一の「初解開示悟入」では、さまざまな「有人説」を吉蔵が論評するかたちで吉蔵自身の見解を提示している。いま、すべての「有人説」を紹介する余裕はないので、特に重要と思われる代表的「有人説」とそれに対する吉蔵の評釈を見て、その解釈の輪郭をとらえてみよう。

冒頭で吉蔵は、次のような「有人説」を紹介している。

有人言、開者略開三顕一。示者広開三顕一。悟者略開近顕遠。入者広開近顕遠。以経四章故有四義。(大正蔵三四・四〇二下)

すなわち、この「有人説」では、『法華経』初段・後段にわたって、(6)「開示悟入」が次のように対応すると主張されている。

開――『法華経』初段――略
示――『法華経』初段――広
悟――『法華経』後段――略
入――『法華経』後段――広

これに対して吉蔵は、仏は経の初段において「開示悟入」するのであって、初段と後段、両段にわたって「開示悟入」を具えているわけではないと主張している。(7)

続いて、第二の「有人説」について、吉蔵は次のようにいっている。

有人言、初句拠理、餘三約解。凡論衆生所以不知作仏者、良由五濁八苦障其心用。五濁用若強能障当果之理。理不得顕即是閉義。如来出世説此経教、而衆生開除五濁障累、仏果知見即顕。故名為開。(中略)後三約解者、以其雖有当果知見不能自知、今欲令其得知生聞恵之解。故名示仏知見。復令得思恵解名悟仏知見。後令進得修恵解名入仏知見。(同前・四〇二下―四〇三上)

この「有人説」は、前の「有人説」とともにいずれも光宅寺法雲の撰述とされる『法華義記』にその該当箇所を求めることができるので、(8)吉蔵は明らかに法雲の「仏知見」解釈に対する批判を意図していたことが理解される。

ところで、この「有人説」は、『法華義疏』巻第三でも、「開示悟入」には数多くの解釈があるが、いま「略して三義を明かす」とした一段で、その第一説として次のように簡略に紹介されている。(9)

一者依旧解云、初開仏知見謂明道理。次後三句悟前道理発生三慧。故有示悟入也。(同前・四九五中)

以上のような法雲の説を、吉蔵は次のように評している。

評曰、開示悟入次第相生。何故初明其理、後三明解。若以三恵故分三者、地前及登地有四十位。何不為四耶。又設明理及三恵義亦不然。理既未明仏性及法身。三恵亦不得仏性法身之解。終末是仏知見也。(同前・四〇三上)

すなわち、吉蔵は、「開示悟入」は次第相生するものであることを主張し、批判説のように「開」だけが理を明かし、「示悟入」の三が解を明かすといった具合に判然と区別されるものでないことを強調するのである。もし、批判説のように三慧という修行の順序(階位)で「示悟入」の三を分けるならば、地前と登地に四十位があるように、(三ではなくて)四となるのが自然ではないかと述べて、批判説の矛盾を指摘している。そして、批判説の理はいまだ仏性や法身を明かしておらず、三慧も仏性、法身の解を得ていないので、これらは「仏知見」とはいえないと結論するのである。法雲と吉蔵の法華経解釈の決定的相違は、『法華経』にも「仏身の常住」と「仏性」が明かされているか否かという点にあることは、すでに本章第一節でも述べたところであるが、「仏知見」の解釈にもその点が明瞭に反映されているといえよう。

さて、これに続いて、吉蔵は次のような「有人説」、二説を紹介している。

有人言、初説三乗別教為開。次説三乗通教為示。第三説抑揚教為悟。第四説法華教為入。

有人言、三乗通教始説大乗為開。抑揚教為示。説無量義為悟。説法華為入。(同前・四〇三上)

これらは教判論の立場から「開示悟入」の次第を述べたものであるが、吉蔵はこれを、

評曰、教義前具評之。不応作此二釈也。又法華経中自有開示悟入。云何乃引前諸教耶。(後略)(同前・四〇三上)

と評している。すなわち、従前の教相判釈の欠陥についてはすでに論評したことであり[10]、これらの二説はとうてい用いることはできないとした上で、さらに語を継いで『法華経』自身の中に「仏知見」が述べられているのに、どうして『法華経』以前の経典を引くのかといって、この二説を一蹴している。

このあと、吉蔵はさまざまな「有人説」を紹介・論評しているが、最後に『法華論』をほぼそのまま引用して[11]、自

身の解釈を提示し、「初解開示悟入」を結んでいる。吉蔵のこの項の結論に相当する部分なので、いまこれを見ておこう。

今依法華論釈四句有四義。一者無上義。除一切智更無餘事。如経欲開仏知見令衆生始得清浄故出現於世。二者同義。声聞辟支仏仏[12]法身平等故。如経欲示衆生仏知見故出現於世。法身平等者仏性法[13]身更無差別故。三者不知義。謂二乗人不知究竟唯一仏乗故。如経欲悟仏知見出現於世。四者為令証不退転地示現。与無量智業故。如経欲令入仏知見故出現於世。詳論意四門即次第。初開仏智為無上。次示三乗同有仏性法身。上雖明仏智無上、但恐独仏有故、第二明三乗同有。雖三乗同有而二乗不知、示其令知。雖知而未得不退故、第四明令得不退為入也。(同前・四〇三下)

この部分は前に見た『法華義疏』にいう「略して三義を明かす」中の第二義とほぼ完全に一致するが、[14]提示した吉蔵の評釈の中で最も重要な箇所は、いうまでもなく自身の見解を述べた傍線を付した部分である。[15]前に吉蔵は、「開」が理を明かし、「示悟入」の三が解を明かすとした法雲の解釈を批判し、「開示悟入」が次第相生するものであると述べていたが、吉蔵の理解が『法華論』によって裏打ちされたものであったことがこの記述によって改めて確認されるのである。また、ここで吉蔵が、とりわけ三乗の法身平等を述べた第二「同の義」の意義を、(声聞・辟支仏が)仏だけにしか無上の仏智がないと思い込むのを防ぐ点に認めていることが注意される。

ところで、『法華統略』巻第二には、「開示悟入」を自徳門と化他門に分けてこれを解釈し、[16]三乗の法身平等を述べた「示仏知見」について、次のようにいう箇所がある。

示仏知見、已下三句、明化他者、第一初句(示仏知見)辨同義、明九道不同、法身不二。肇公云、天地与我同根、万物与我一体。所以明同義、初句(開仏知見)但叙仏有法身。若不明衆生同有、則衆生無由成仏。是故第二次辨同義。(卍続蔵四三・二七左上、カッコ内は奥野による補い)

述べられている趣旨は、『法華玄論』そしてほぼ同一の文脈である『法華義疏』のそれとまったく変わることはないが、ここで注目すべきことは吉蔵が僧肇（三七四—四一四）の有名な「天地与我同根、万物与我一体」（『肇論』「涅槃無名論」、大正蔵四五・一五九中）という言葉を引いて、[17]これを説明していることである。僧肇のこの言葉については、如来蔵・本覚思想批判の立場から、「到底仏教者の言葉ではない」という批判がなされているが、[18]その是非はさて措くとしても、やはり吉蔵の「仏知見」解釈には僧肇流の「万物一体観」[19]が色濃く反映していることは否めない事実であろう。

さて、次に「第二釈知見」の項に目を転じてみよう。まず、本項冒頭で吉蔵は、次のように述べている。

問。云何名仏知見。

答。此是波若仏性之異名、正法涅槃之別目。（大正蔵三四・四〇三下）

これは『法華義疏』巻第三でも同じように、

問。已知開示悟入。云何名諸仏知見。

答。上已略明。今次広述。蓋是波若異名、正観別目。（同前・四九五下—四九六上）

と述べられている。以上から明らかなように、吉蔵は「仏知見」を〈波若〉〈仏性〉〈正法〉〈涅槃〉〈正観〉の異名であり、別目ととらえていたことがわかる。

また、吉蔵がその著書中でしばしば主張する「法華論の七処に仏性を明かす」とする七処の中の一つに、「方便品」の「諸法実相」を解釈した箇所があることは、すでに指摘したところであるが、[20]吉蔵は『法華義疏』巻第三で、この「諸法実相」を解釈する際にも『法華論』を引いて、[21]次のようにいっている。

諸法実相者、法華論云、謂如来蔵法身之体不変故此亦名実相。亦名仏性正法。正観之異名也。（同前・四八八下）

吉蔵の諸法実相観や正法のとらえ方については、つとに平井俊榮博士に詳細な論稿があるが、[22]ともかく吉蔵は「諸法実相」をも〈如来蔵〉〈仏性〉〈正法〉〈正観〉の異名としていたことがわかる。[23]もっとも、『法華論』を介して「仏知見」も「諸法実相」も仏性を明かしているとした吉蔵からすれば、これら二つの語が共通して〈正法〉〈正観〉等と同じ意味を表わしているとするのはむしろ当然の帰結ともいえるが、こうした「仏知見」を吉蔵は、『法華玄論』の後文において、次のようにいっている。

未曾因果、亦非実権。百是不能是、百非不能非。不知何以目之。強名仏知見也。（同前・四〇三下）

すなわち、吉蔵は、「仏知見」は「百是をもっても是することができないものであり、百非をもっても非することができない」ものであるが、強いて「仏知見」と名づけると主張しているのである。

このように、「仏知見」を〈仏性〉〈如来蔵〉〈正法〉〈涅槃〉〈正観〉の異名、別目であるとし、本来名づけようもないものであるが、強いて名づけるとする吉蔵の姿勢は、ある意味では、次に示すような『勝鬘宝窟』の「釈名」に関する記述、『浄名玄論』の「維摩の黙然」に関する記述、『法華遊意』の「釈名」に関する記述と通底するものがあるといえよう。

①三正釈名。衆経所以立名者。然至理無名。聖人無名相中為衆生故、仮名相説。欲令衆生因此名相悟無名相。如懸峰可陟、要仮縄梯、至道寂寥、寔由名相。蓋是垂教之大宗、群聖之本意也。（『勝鬘宝窟』巻上、大正蔵三七・一下）

②後就仮名相二以摂三門。経云、無名相中、強名相説。欲令因此名相悟無名相。蓋是垂教之大宗、群聖之本意。（『浄名玄論』巻第一、大正蔵三八・八五六中）

③次釈蓮華経言、無名相法為衆生故仮名相説。欲令衆生因此名相悟無名相。蓋是垂教之大宗、群聖之本意。（『法華遊意』、大正蔵三四・六四二中—下）

つまり、吉蔵にあっては、『勝鬘経』『維摩経』『法華経』と主題は違っても、同じ事柄の変奏に過ぎないのである。「仏知見」の解釈にもそうした吉蔵の姿勢の片鱗が窺われよう。また、『中観論疏』巻第二末において、吉蔵は「八不」を釈して、

摂法門第七。自上以来都是就二諦以釈八不。然八不言約義豊、意深理遠。総摂一切大乗経論甚深秘密義。今略歴約十條以解釈之。

一者八不明十二因縁不生不滅。

二者八不即是雪山全如意珠偈。

三者八不偈即涅槃本有今無偈。

四者此偈即是三種般若。

五者即此八不是浄名入不二法門。

六者此之八不即是妙法蓮華経。

七者此之八不即是正法。如華厳経雖有七処八会大宗為明正法。

八者八不即是如来真応二身。

九者此八不亦是一体三宝。

十者師云。標此八不摂一切大小内外。（大正蔵四二・二九下―三一中、引用にあたっては解釈部分を省略して示した）

といい、「八不」は『涅槃経』の「十二因縁」であるのをはじめとし、『般若経』の「三種般若」、『維摩経』の「不二法門」、『華厳経』の「正法」であるとし、さらに『法華経』そのものであるとしているのも、筆者よりすれば同様の解釈態度の変奏と判断されるのである。[24]

さて、それはともかくとして、ここで再び『法華玄論』の「仏知見」解釈に戻ると、「第三辨因果」の項には、次のようにある。

晩見論釈開示悟入具有二義。初義云、仏知見者如来能証。如実知彼義故。第二義云、示三乗人同一仏性故。前明仏証即果地仏法身。後明三乗同仏性即衆生有仏性義。（大正蔵三四・四〇四上）

すなわち、ここで吉蔵は、最近『法華論』の解釈を見たところでは、「開示悟入（仏知見）」には二つの意味があるといっていることがわかる。その二つとは、㋐「仏知見」とは如来が如実を証して彼の義を知ることであり、㋑三乗人（声聞・縁覚・菩薩）が同一の仏性を持っていることを示すことであるという。[25] さらに吉蔵は、この二つを次のように対応させていることがわかる。すなわち、最初に仏証を明らかにしたのは果地の仏法身に相当し（＝㋐）、いま三乗が同じく仏性を持っているというのはあらゆる衆生が等しく仏性を有していること（一切衆生悉有仏性）を明らかにするためであるという（＝㋑）。ここにいう「三乗同有仏性」の「仏性」とは、㋐の「果地の法身」という言葉に対応させれば、「覚前の法身」ということになるであろう。[26] かかる吉蔵の解釈は、『法華論』の

二者同義謂諸声聞辟支仏仏法身平等。如経欲示衆生仏知見故出現於世故。法身平等者、仏性法身無差別故。（大正蔵二六・七上）

の意を受けたことは明らかである。

さて、これに関連して、「第四辨二因」には、次のような問答がある。

問。開衆生仏知見為辨縁因成仏、為正因成仏耶。

答。由来云、但明万善縁因成仏耳。前已評竟。今更責之。既但明縁因未辨仏性、云何成仏。如乳無酪性不成酪。若乳無酪性而成酪者、水無酪性何不成耶。今明仏知見即是仏性。以有仏性復修行万善、因縁具足乃得成仏也。論明四義中第二義明仏性即是正因。（大正蔵三四・四〇四上）

すなわち、衆生の「仏知見」を開くのは縁因の成仏を弁ずるのであるか、正因の成仏を弁ずるのであるかとの問いに対して、吉蔵は従来の解釈はただ万善の縁因の成仏を明かすのみであったといい、このことはすでに論評したことではあるが、[27] いまさらに『法華経』は縁因成仏だけを明かして正因仏性を明かしていないという説を論難しようといって、これを乳譬をもって論証している。[28] つまり、吉蔵はただ縁因だけを明かして、いまだ正因仏性を明かしていな

いのであれば、どうして成仏ということが可能なのであろうかと詰問するのである。それは喩えていえば、牛乳にもともと酪となる性質がなければ、酪となることがないのと同様で、もし牛乳に酪性がなくても酪となるのであれば、水にも酪性がないのにどうして水は酪を生ずることができないのかというのである。そして吉蔵は「仏知見」とは仏性に他ならないと規定し、前の『法華論』の四仏知見の「同の義」に拠って、ここにいう仏性とは正因仏性の意であり、「正因仏性」があるからこそ万善の修行という「縁因」(仏性)を待って、はじめて成仏することが可能であることを強調している。それでは、なぜ成仏のためには「正因仏性」のみならず万善の修行という「縁因仏性」が必要なのかといえば、この間の事情を吉蔵は『法華玄論』巻第一において、次のように説明している。

仏知見者謂仏性之異名。衆生本有知見為煩悩覆故不清浄。法華教起為開衆生有仏知見。此即是仏性義。若無仏性者教何所開耶。(同前・三六七上)

すなわち、「仏知見」=「正因仏性」が煩悩に覆われて清浄ではないため、その煩悩を取り除くための「修行」=「縁因仏性」が必要であることを吉蔵は強調するのである。ここにわれわれは、吉蔵の思想の中に明瞭ないわゆる如来蔵思想が説かれていることを知るのである。(29)

さて、かかる「正因仏性」・「縁因仏性」の考え方は、『法華経』の中心テーマの一つである「二乗授記作仏」に対する吉蔵の解釈にもこれを認めることができる。すなわち、『法華玄論』巻第一には、どうして二乗に授記を与えて作仏を説くのかという問いに対して、(30) 次のように答える一段がある。

答。唯有一乗無有餘乗、唯有一仏性無有餘性。以皆有仏性故皆応作仏也。晩見論釈受記文。問。声聞人為実成仏故与授記、不実成仏故与授記。若実成仏者菩薩何故積劫修行。若不実成仏将非如来虚妄授記。答。授声聞記者得決定心、非成就法。故如来依平等法説於一乗。平等法者以如来法身与声聞法身無異故与授記。非即具足功徳故与授記。菩薩具足功故与授記。依此論明仏性名為法身。故知二乗有仏性故与其授記也。(同前・三六八下—三六九上)

引用文に明らかなように、ここで吉蔵は上記の問いに対して全面的に『法華論』（大正蔵二六・八下―九上）に拠ってその答えとしている。[31]そして、その結論として、吉蔵は此の論（『法華論』）では仏性を法身と名づけており、（如来の法身と声聞の法身には異なりがないという点から）二乗にも仏性があるということが理解されるとし、ゆえに二乗にも授記が与えられるといって、二乗授記の理論的根拠としているのである。さらに続けて、もし一切衆生に皆な仏性が有るならば、これらすべての人が作仏することになるのか再び問われ、[32]吉蔵はこれに対して、次のように答えるのである。

答。不然。仏性有二種。一正因、二縁因。一切衆生雖有正因、無有行解等善故無縁因。無縁因故不得作仏。今二乗人内有正因、外聞法華経生信解等善即縁因。縁正具足故得授記。（同前・三六九上）

すなわち、吉蔵は一切衆生に仏性が有るからといって、すべての人が作仏するわけではないと答えていることがわかる。つまり、吉蔵は、ここでも仏性には「正因仏性」と「縁因仏性」の二種類があることを強調し、一切衆生には「正因仏性」はそなわっているが、（正因仏性がそなわっていたとしても）修行や学解等の善を行なうことがなければ、「縁因仏性」がそなわらないので作仏することはできないというのである。そして、吉蔵は、いま二乗の人は内には「正因仏性」があり、外には『法華経』を聞いて信解等の善、つまり「縁因仏性」を生ずるので、「正因」と「縁因」の二因を具足することになり、二乗も授記を得ることができるとして、二乗授記作仏の理論的根拠としているのである。

ところで、いま見たように、吉蔵が一切衆生に「正因仏性」があるからといって、すべての人が作仏するわけではないとし、修行、学解等の「縁因仏性」を強調するのは、筆者よりすれば、仏教の修行論としては極めて常識的なものであると思われる。では、なにゆえ「正因仏性」に対して授記されたすべての衆生が現実的には作仏（仏果）を得るわけではないのかといえば、吉蔵が全面的に依拠して答えとしていた『法華論』原文には次のようにあるからである。

問曰。彼声聞等、為実成仏故与授記、為不成仏与授記耶。若実成仏、菩薩何故於無量劫、修集無量種種功德。若不成仏、云何与之虚妄授記。

答曰。彼声聞等、得授記者、得決定心、非謂声聞成就法性。如来依彼三種平等、説一乗法、以仏法身声聞法身平等無異故与授記。非即具足修行功徳。是故菩薩功徳具足、諸声聞人功徳未足。（大正蔵二六・八下―九上）

すなわち、この『法華論』では、声聞は本当に成仏するから授記するのか、成仏しないのに授記するのか、もし前者であるとすると菩薩はなにゆえ無量劫にわたってさまざまな功徳を修集するのか、もし後者の場合のように実際に成仏しないのであれば、虚妄の授記とならないのかと問われ、声聞が授記を得るというのは決定心を得ることであって、声聞が実際に法性を成就したことではないとしていることがわかる。

「正因仏性」に対して授記がなされたからといって、現実にはすべての衆生が法性を成就し、仏果を得るとは限らないということは、現実問題として実際のことを考えてみても、この『法華論』のいう通りであって、おそらく何人も異論のないところであろう。しかし、かかる事実をもってそのような考え方を「不成仏思想」と規定し、現実にまだ法性を成就していない衆生に、未来永劫にわたって成仏の機会がないと確定できるかどうかは、また別の問題であろうと思われる。この点については、「正因門授記」「縁因門授記」といった問題とともに、次章において詳しく考察したい。

さて、ここで再び『法華玄論』巻第五の「仏知見」の項に目を転ずると、「第六辨因縁」には次のようにある。

問。何故名為大事因縁、因縁有何義。

答。具有二義。（大正蔵三四・四〇四中）

ここでは、どうして名づけて「一大事因縁」とするのか、因縁にはどういう意味があるのかという問いに対して、因縁には二義があることを示して解釈を終わっている。その二義とは、次のようなものである。

一者衆生本有仏知見名之為因。外仮仏説一乗教顕衆生本有知見之義故名縁。因縁具足故名為開。若衆生無仏知見雖有教門何所開耶。雖有知見無仏教者何由得開。故仏教為能開、仏知見為所開也。

二者因縁即是所以。三世諸仏何所以故出現於世。正為大事因縁開示悟入諸仏知見、故出現於世也。（同前・四〇四中）

すなわち、第一義では「衆生本有仏知見」が直接原因となり、一乗教（仏教）が間接的助縁となって因縁具足することを主張し、第二義は因縁とは「所以（理由）」であることを述べている。第一義については、「第四辨二因」の項でも、「正因仏性」「縁因仏性」が乳譬をもって説明されていたが、[33] その趣旨はまったく同じである。

以上、吉蔵における「仏知見」に対する解釈を見てきたが、吉蔵は「仏知見」を仏性としてとらえ、さらにその仏性には「正因」と「縁因」の二種の仏性があることが了解された。そして吉蔵は、『法華経』にはこの二種の義が具足しているので一切の衆生は成仏できると結んでいるのである。

上来論じてきたように、吉蔵がかかる結論を導き出す論拠の一つとなったものが世親の『法華論』であったことは本章中において指摘してきた通りである。吉蔵が『法華論』の「法身の三乗平等」の思想を論拠に、法華経解釈に仏性義や法身常住の説を導入したことが再度確認されたであろう。

三　吉蔵の「仏知見」解釈の先蹤

ところで、吉蔵以前には、『法華経』の「仏知見」を仏性と解釈する例は見られないのであろうか。この点については、つとに古田和弘氏が指摘しているように、[34] 僧叡（三五二―四三六）の『喩疑』[35]に、次のような解釈例が認められる。

①此経（『大般泥洹経』）云、泥洹不滅。仏有真我。一切衆生、皆有仏性。皆有仏性、学得成仏。（中略）此正是法華開仏知見。開仏知見、今始可悟。金以瑩明、顕発可知。（大正蔵五五・四一下）

②而亦曾問。此土先有経言、一切衆生皆当作仏、此云何。答言。法華開仏知見、亦可皆有為仏性。若有仏性、復何

為不得皆作仏耶。但此法華所明、明其唯有仏乗無二無三。不明一切衆生皆当作仏。皆当作仏、我未見之、亦不抑言無也。若得聞此正言、真是会其心府。故知聞之。必深信受。（同前・四二上―中）

ここに僧叡に「仏知見」＝「仏性」の理解があったことを明らかに知ることができるのであるが、②では「一切衆生皆当作仏」に「仏知見」があたるとしながら、『法華経』の明かすところは「唯有仏乗」であるとして、「仏知見」が皆な仏になる当然の理を明かしているのではないとしているのは、吉蔵の理解とは若干異なるように思われる。[36] 筆者は、吉蔵がこの『喩疑』の解釈を直接引用する例を知らないが、②の直前にある、

什公時雖未有大般泥洹文、已有法身経。明仏法身即是泥洹。与今所出若合符契。此公若得聞、此仏有真我、一切衆生皆有仏性。便当応如白日朗其胸衿（襟）、甘露潤其四体、無所疑也。（同前・四二上）

などは、例えば『浄名玄論』巻第七に、

問。云何未備。答。涅槃華厳勝鬘大集等経、地論金剛般若摂大乗法華唯識宝性之流、皆晩伝此土。如叡公喩疑論云、什師不見六巻泥洹。其人若見此経、当如白日朗其胸襟、甘露流其四体也。（大正蔵三八・九〇三中―下）

とあるように、吉蔵がよく熟知していたところであり、[37] おそらく吉蔵は『喩疑』の解釈も念頭にあって「仏知見即仏性」の命題を確立したものと思われるのである。

吉蔵の法華解釈の基本姿勢を示す記事として、『法華論疏』冒頭の

余講斯経文疏三種。一用関河叡朗旧宗、二依龍樹提婆通経大意、三採此論（法華論）綱領以釈法華。（大正蔵四〇・七八五中）

という記述があることは、すでに述べたところであるが、[38] 今回少しく考察を試みた「仏知見」の解釈にあたっても、吉蔵は「仏知見即仏性」の命題を確立するにあたって、大幅に『法華論』に依拠してその解釈をなし、僧肇の有名な一句を引証してこれを説明し、しかも僧叡に「仏知見即仏性」の先蹤が求められたところから、改めて吉蔵の法華解

釈の基本姿勢が知られたとともに、『法華論疏』冒頭の記述の正しさも確認されたといえるのである。

注

(1) 中村元『仏教語大辞典』〈縮刷版〉(東京書籍、一九八一年)の「仏知見」の項参照。また、平井俊榮博士は、次のように述べておられる。「「仏知見」という言葉は法華経においては極めて重要な術語であるが、従来「開示悟入」の方に重点が置かれ、その本来の意義については十分な学的解明がなされていない」(『法華玄論の註釈的研究』春秋社、一九八七年、五三頁の注(14)参照)。なお、高崎直道『如来蔵思想の形成——インド大乗仏教思想研究——』(春秋社、一九七四年、四一二—四四五頁)に『法華論』を介しての「仏知見」に対する論究がある。

(2) 藤井教公「仏知見の解釈をめぐって」(『印度学仏教学研究』第三一巻第二号、一九八三年三月)

(3) 大正蔵三四・四〇三下—四〇四中。

(4) 原文には「一」の字はないが、文意を考えて筆者が加えた。

(5) 「第五明開覆。凡有四句。一者但覆不開。衆生煩悩覆一乗仏性也。二但開不覆。謂法華教正開一乗仏性也。三亦開亦覆。即昔五乗是也。為欲開一故説五乗名開。昔説五乗未得彰言辨一故五乗覆一也。四非開非覆。即是正道寂滅相也」(大正蔵三四・四〇四上—中)

(6) 吉蔵のいう『法華経』の初段•後段とは、経の序・正・流通の中の正説分を二段に分けたもので、初段は「方便品」から「法師品」までを、後段は「見宝塔品」から「分別功徳品格量偈」までを指す。『法華義疏』巻第一に「正説二者始従方便終竟法師品。明乗方便乗真実。次従見宝塔竟分別功徳格量以来。明身方便身真実」(大正蔵三四・四五三中)とあるを参照。

(7) 『法華玄論』巻第五に「評曰。不然。仏於初段即開示悟入。不応二章方乃具四」(大正蔵三四・四〇二下)とある。

(8) 『法華義記』巻第三(大正蔵三三・六〇三中—下)参照。

(9) 但し、『法華義疏』ではこの「有人説」に対する吉蔵の評釈は見られない。

(10) 『法華玄論』巻第三「決疑」(大正蔵三四・三八二中—三八八下)を参照。

(11) 『妙法蓮華経憂波提舎』巻下(大正蔵二六・七上—中)

(12) 『法華論』原文によって「仏」を補う。

(13) 『法華論』原文によって「法」を補う。

(14) 『法華義疏』巻第三(大正蔵三四・四九五中—下)。なお、本章では触れないが『法華義疏』の第三義は『大智度論』『涅槃経』による解釈である。

(15) この部分は『法華義疏』巻第三には、次のようにある。「故詳論此意四門則為次第。初明開仏知見則歎仏知見為無上。雖歎仏知見為無上。或謂独仏有此知見二乗所無。是故第二次明三乗人同有仏性法身。但仏悟仏性故名法身。二乗猶隠故称仏性。雖三乗人同有仏性法身。但二乗人不知唯有一乗無有二乗。今欲令知故次説悟仏知見。既知唯一仏性無有二乗則証不退転。故次説入仏知見」(大正蔵三四・四九五中―下)。

(16) 『法華統略』巻第二に「釈開示悟入。雖有四句。分為二門。初一句謂三世諸仏自徳門。後三句謂化他門。自徳化他。包摂一切」(卍続蔵四三・二七右下)とある以下を参照。

(17) 筆者は以前、吉蔵著書中に見られる僧肇説の引用を調べたことがある。拙稿「吉蔵における僧肇説の引用について」(『印度学仏教学研究』第三四巻第二号、一九八六年三月)、同「吉蔵における僧肇説の引用について(2)」(『駒澤大学大学院仏教学研究会年報』第一九号、一九八六年二月)。前論文において筆者は、吉蔵が『荘子』に由来するこの言葉を用いることは少ないと述べ、その理由として「「天地与我同根」といったある意味では有的ともいえる考え方に対して、空観仏教大成者としての吉蔵のジレンマがあったものと思う」との推測を述べておいた。この論文執筆時にも、『法華統略』のこの用例には気づいていたが、十分な検討を加えることがなかったので前のような表現にとどまった。後世、人口に膾炙したこの言葉を吉蔵が用いることが少ないのは事実であるが、今回の考察で、明らかに吉蔵には「天地与我同根」に代表される『荘子』(僧肇)流の万物一体観が認められることがわかったので、前の見解を訂正しておきたい。いまのところ、筆者が確認している限りでは、この『法華統略』巻第二の後続部分(卍続蔵四三・三一左下)に経の「自証無上道。大乗平等法」(大正蔵九・八上)の説明に「肇公云。天地与我同根。万物与我一体」を引証している。なお、前掲の拙稿(特に後者)には多くの見落としがあるほか、典拠の指示誤り、集計ミス等、多くの誤りがある。したがって、いまとなっては全面的な改訂を要するもので、粗雑な報告をしたことに深く恥じ入るとともに、謹んでここにお断りしておきたい。

(18) この間の経緯については、伊藤隆寿博士の「東北大学留学之記」(『駒澤大学仏教学部論集』第一八号、一九八七年十月)を参照されたい。

(19) 吉蔵の僧肇流の仏教理解については、次の論稿に有益な記述が見られる。鎌田茂雄「道性思想の形成過程」(『中国仏教思想史研究』春秋社、一九六八年、一二一頁以下を参照)

(20) 本章第二節(六七―七三頁)を参照されたい。

(21) 『妙法蓮華経憂波提舎』巻上(大正蔵二六・六上)

(22) 平井俊榮「実相と正法――吉蔵における法の観念と体系――」(平川彰博士還暦記念論集『仏教における法の研究』春秋社、一九七五年）を参照。

(23) 吉蔵著書中において、「異名」として列挙する例には、以下のようなものがある。

①『仁王般若経疏』巻上「常楽我浄四徳是清浄法。若能体知此二畢竟空。故云為如。此中欲明生死涅槃不二。如者仏性法性正道不二之異名也」（大正蔵三三・三二四上）

②『金剛般若経疏』巻第一「不空者大般涅槃。此経下文云亦非無相。非無相者。正明仏性非是無性相。問曰。涅槃可明仏性。般若何有此説。答曰。涅槃明仏性。般若未明仏性。此是訶梨門人作如此説。今婆藪弟子明般若仏性乃是眼目異名。是故般若亦明仏性」（同前・八五中）

③『浄名玄論』巻第一「今約法界。以釈此文。経云。広大如法界。究竟如虚空。以法界広大。六道常在法界。於倒謂衆生常出法界。以常在法界故。法界覆衆生。於衆生常出法界。故衆生覆法界。仏性遍覆。義同於此。法界是仏性之異名。法身之別目。是故経曰。無尽平等妙法界。皆悉充満如来身。法界既満如来身。如来身亦満於法界。故如来身即法界。法界即如来身矣」（大正蔵三八・八五九中）

(24) この点に関しては、佐藤成順「吉蔵における仏典解釈法の特質」（『中国仏教思想史の研究』山喜房仏書林、一九八五年）参照。

(25) 対応する『法華論疏』の解釈に「彼義即是法身」（巻中、大正蔵四〇・八一〇下）とある。

(26) 勝呂信静「インドにおける法華経の注釈的解釈」（金倉円照編『法華経の成立と展開』平楽寺書店、一九七〇年）参照。同論文において、勝呂博士は『法華論』における「授記」を解説して、「声聞の成仏とは、三乗平等の法身が一切の声聞に存在することを確認するのが授記であって、現実に声聞が修行の功徳を具して成仏を実現することではない。ゆえに現実的には、二種声聞のように成仏の授記を与えないものもある、というように解される。つまり、この法身の観念は、成仏の可能性としての法身、覚前の法身を意味するものと思われる。法華論における法身の観念は、覚前の法身たることに中心があるのではないだろうか」（三八五頁）と述べられる。なお、後に勝呂博士はこうした所論にもとづいて、「法華経における二種の成仏観」ということを主張されている。勝呂信静「法華経の成仏思想――二種の成仏観――」（『法華経のおしえ日蓮のおしえ』大東出版社、一九八九年）、および「法華経の一乗思想――声聞成仏をめぐって――」（『宗教研究』第六八巻第四輯、通巻三〇三号、一九九五年三月）参照。

(27) 『法華玄論』巻第二（大正蔵三四・三七二中―下）を指す。さらに巻第二では、巻第一（三六六上）を指示している。

(28) 乳譬、および縁・正二因の直接の典拠は、『大般涅槃経』巻第二六「師子吼菩薩品」に「師子吼菩薩言。世尊。一切衆生有仏性。性如乳中酪性。若乳無酪性云何仏説有二種因。一者正因。二者縁因。縁因者一酵二煖。虚空無性故無縁因」（大正蔵一二・七七六上―中）とあるを参照。

(29) 吉蔵が如来蔵・仏性思想を基盤とした仏教者であることは、次の『勝鬘宝窟』の一文を示せば、充分であろう。すなわち、『勝鬘宝窟』巻下末には、「又論仏法根本大事。大事謂仏性。仏性即自性清浄心。此事応須論辨」（大正蔵三七・八五上）とある。なお、「吉蔵と仏性思想」については、本書第一篇第四章（一七二頁以下）を参照。

(30)『法華玄論』巻第一に「問。何故授二乗説作仏耶」（大正蔵三四・三六八下）とある。

(31)『妙法蓮華経憂波提舎』巻下に「問曰。彼声聞等。為実成仏故与授記。為不成仏与授記耶。若実成仏。菩薩何故於無量劫修集無量種種功徳。若不成仏云何与之虚妄授記。答曰。彼声聞等得授記者。得決定心非謂声聞。成就法性如来。依彼三種平等説一乗法。以仏法身声聞法身平等無異故与授記。非即具足修行功徳。是故菩薩功徳具足。諸声聞人功徳未足」（大正蔵二六・八下）とあるを参照。

(32)『法華玄論』巻第一に「問。若爾一切衆生皆有仏性皆応授記作仏」（大正蔵三四・三六九上）とある。

(33) 大正蔵三四・四〇四上。

(34) 古田和弘「僧叡の研究（下）」（『仏教学セミナー』第一一号、一九七〇年五月）参照。

(35)『喩疑』には、荒牧典俊博士の論文「南朝前半期における教相判釈の成立について」（福永光司編『中国中世の宗教と文化』京都大学人文科学研究所、一九八二年）の中に、荒牧博士による訳注がある。また、後に同訳注は荒牧博士によって、『大乗仏典』〈中国・日本篇〉第三巻「出三蔵記集・法苑珠林」（中央公論社、一九九三年）にも収められた。

(36) この点については、菅野博史『中国法華思想の研究』（春秋社、一九九四年、第一篇第一章第四節「『法華経後序』における僧叡の法華経観」二九頁、注(11)）を参照。

(37)『法華玄論』巻第三に「若斯言可領則如白日朗其胸衿。甘露流其四体」（大正蔵三四・三八四下）とあり、『中観論疏』巻第一本にも「自下諸文其義亦類。若精鑒斯意則如白日朗其胸衿甘露流其四体矣」（大正蔵四二・六下）とあるをあわせて参照されたい。

(38) 本章第一節、三九頁参照。

第三章　吉蔵の声聞成仏思想

一　問題の所在

仏教は「仏の説いた教え」であるとともに、「仏になるための教え」でもあるといわれている。[1] それゆえ成仏に関する問題は、仏教思想史上の最も重要なテーマとして、古来から多くの論議がなされ、数多くの論争が交わされてきた。鎌倉時代の碩学、凝然（一二四〇―一三二一）は、その著『八宗綱要』の中で、三論宗の成仏論をまとめて、次のようにいっている。

問。此宗云何談成仏果。

答。一切衆生本来是仏。六道衆生本自寂滅、無迷亦無悟。豈論成不成乎。故此宗迷悟本無、湛然寂滅。然仮名門中、論於迷悟成不成耳。由此義故、成仏有遅有速。由根有利鈍故也。一念成覚是短。三祇成仏即長。一念不礙三祇、三祇不妨一念。一念即三祇、三祇即一念。如一夕眠夢百年事、百年之事、還故一夕也。経三祇故万行積成、在一念故、仏果速疾。（仏全二九・二〇中）

すなわち、ここで凝然は、三論宗では本来、衆生に覚の本性が具わっていると見ることを言い、そのため三論宗には迷いも悟りも本来ないのであり、成仏・不成仏をいうのは差別を見る仮名門においてであると述べていることがわかる。そして、凝然はこの仮名門の立場よりすれば、衆生の能力には利鈍の違いがあるため、成仏にも遅速が生ずることを強調しているのである。

このような凝然の三論宗の成仏論に対する要約が、三論教学を大成した吉蔵の思想に照らして正鵠を射たものであったか否かは、いましばらく措くとして、従来、吉蔵に連なる三論の系譜は、いわゆる「悉有仏性説」に立って一切の衆生は成仏できるとする一乗家と見なされ、「五姓各別説」を説く法相宗とはその思想的立場を異にするものと理解されてきた。(2) 事実、日本三論宗では玄叡（?―八四〇）が『大乗三論大義鈔』四巻(3)を著して一乗の問題を論じたのを始め、それ以後も宗法師（円宗、―八六九―八八三）の『一乗仏性慧日抄』一巻(4)や珍海（一〇九一―一一五二）の『一乗義私記』一巻などが著され、法相宗を意識した一乗に対する考究が続けられたのである。(5)

ところで、近時、「吉蔵の成仏不成仏観」について、一連の論稿を発表された末光愛正氏は、(6) その結論として、吉蔵はあらゆる衆生に成仏の可能性は持たせるものの、(7)『法華経』のいう「五千起去の増上慢」(8)（大正蔵九・七上を参照）と「決定声聞」には、いかにしても成仏の機会がないと考えていたことを繰り返し主張されておられる。(9) 前後十回にわたって書きつがれた末光氏の論稿によって、吉蔵の成仏不成仏観に対し、詳細に照明が当てられたことは、今後の吉蔵研究にとって極めて貴重なことであったといえよう。

さて、末光氏は、第一論文「吉蔵の成仏不成仏観」における考察の結果得られた結論として、

以上の事をまとめると、吉蔵は根性を不定のものと考え、仏から直接法華教を聞く事が必要で、聞くか聞かないかで、成仏と不成仏の分かれ目となる。（中略）法華教にて廻小入大の菩薩となるのが、本学小乗と退菩提心の声聞である。しかし小乗に封執することが極めて堅牢な決定声聞と、五千の増上慢は仏語を受けず、一乗に入ることが出来ず不成仏である。ただ、常不軽所対の増上慢声聞は、最終的には菩薩となる。（第一論文、二八九頁上、傍線＝奥野）

と述べ、これを図示して、次のように示されている。

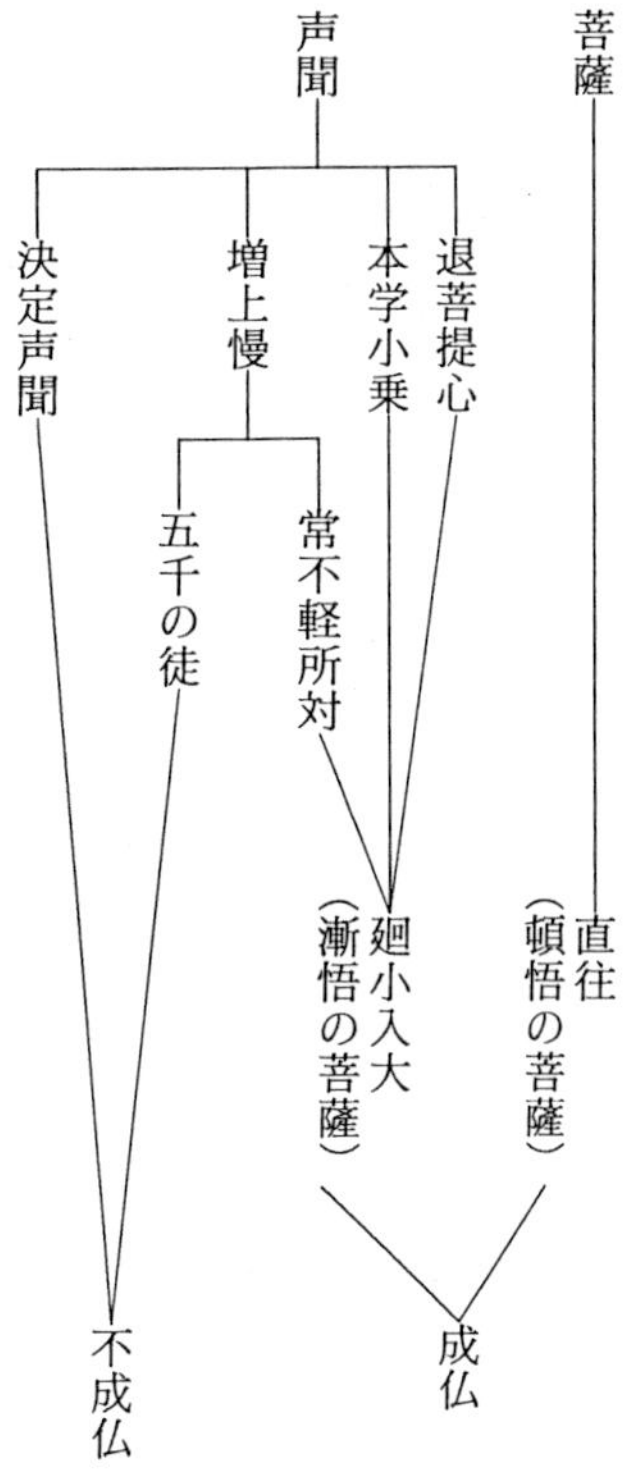

そして、さらに氏は、「しかし今回、法相の「五姓各別」と云う重要な内容も、吉蔵の思想中に基本的にあることが、論証出来た」（傍点＝奥野）とも主張されるのである。[10] つまり、末光氏は、吉蔵は従来理解されてきたような「悉有仏性説」に立脚して「一切皆成」を主張したいわゆるの一乗家ではなく、後の慈恩大師基の「五姓各別説」の先蹤となる「一分不成仏説」を主張した仏教者であったと論じられたのである。[11] 筆者は、末光氏がかかる主張をなした背景には、次のような事情があったものと理解している。

すなわち、かつて吉蔵の『法華義疏』と基の『法華玄賛』の依用関係を調査された末光氏は、[12] 両書の間に『法華義疏』→『法華玄賛』という依用関係が認められたところから、思想的にも三論と法相の影響関係があることを求めようとされたのである。[13] ために氏は、「法相の「五姓各別」と云う重要な内容も、吉蔵の思想中に基本的にあることが論証出来た」と述べることによって、三論→法相という思想の流れがあったことを強調しようとしたものと思われる。[14]

筆者がこうした末光氏のご意見に関心を寄せるのは、松本史朗博士による「如来蔵思想批判」と深く関係することはすでに第一章中でも述べたところであるが、[15] いま改めて略述すれば、次のようである。

すなわち、前章でも述べたように、吉蔵がいわゆる「如来蔵・仏性思想」をその思想基盤とする仏教者であることは疑いようのない事実である。[16] 一方、松本博士は「如来蔵・仏性思想」とは差別思想であり、「五姓(三乗)各別思想」となんら矛盾するものではないとし、この思想を「仏教ではない」として厳しく批判しているのである。したがって、「如来蔵・仏性思想」をその思想基盤とする吉蔵に、もし末光氏のいわれるように五姓各別的思想傾向が認められるとすれば、これをどう考えればよいのか、というのが筆者の問題意識なのである。[17]

さて、末光氏が永遠に成仏の機会がないとされた「五千(起去)の増上慢」や「決定声聞」は、いずれも世親(天親)の『法華論』(『妙法蓮華経憂波提舎』)巻下(大正蔵二六・九上)に見える、いわゆる「四種声聞」に関わるものである。そこで本章では、『法華論』のいう「四種声聞授記」の問題を中心に「吉蔵の声聞成仏思想」を考察し、あわせて末光氏の提起された問題について考えてみたいと思うのである。

二　吉蔵における「授記」と『法華論』

授記は、一般には「成仏の資格証明」[18]などと訳され、仏となることを予言し、保証を与えることといわれている。授記について、吉蔵は『法華義疏』巻第八「授記品」冒頭において、「授記既是法華要義、亦是衆経大宗」(大正蔵三四・五六五中)と述べ、授記は『法華経』の要義であり、衆経の根本であるといっている。[19] また、『法華義疏』巻第七には、「故授二乗記是此経之正宗。故偏挙之」(同前・五四四下)とあり、さらに『法華論疏』巻下には、

如是三種無煩悩人者、第二別論受記義。亦是重釈三平等中初乗平等。又二乗作仏是法華正宗。如智度論云、法華経是秘密法、明阿羅漢作仏故也。(大正蔵四〇・八一七下)

とあって、吉蔵は「声聞授記」、「二乗作仏」を「法華の正宗」であると主張していることがわかる。[20] すなわち、これらの記述によって、「声聞授記」や「二乗作仏」の問題が、吉蔵においても主要な関心事であったことが理解されよう。

この『法華論疏』の記述は、『法華論』の「三種無煩悩人」(大正蔵二六・八下)に対する注釈であり、これ以後の記述は乗平等、世間涅槃平等、身平等のいわゆる三種平等中の第一「乗平等」について重ねて釈するために、別して受記の義を論ずるとされる箇所である。ここにいう「乗平等」とはいうまでもなく『法華論』に、

何者名為三種平等。云何対治。一者乗平等。謂与声聞授菩提記。唯一大乗無二乗故。是乗平等無差別故。(大正蔵二六・八下)

とあるもので、無煩悩人(阿羅漢)の三種染慢を対治するために説かれた三種平等の第一である。

早くに塩入良道博士は、「法華論は法華経の大乗経典たる所以を授記に把えている面がはっきり見られ、その説相においてとくに著しい」[21]と指摘されているが、前掲の記述から吉蔵においても授記は「法華の正宗」と規定され、その理論的根拠を『法華論』に求めていたことが推知されるのである。そこでまず吉蔵の「声聞授記」の理論的根拠が『法華論』にあることを少しく明瞭にしておきたい。

『法華玄論』巻第一「第二序説経意」中の十七条、第十二において吉蔵は、顕示法と秘密法を説明して、次のようにいっている。

復次仏法有二種。一顕示法、二秘密法。顕示法者、謂三乗教、明三種因得三種果。故名顕示。秘密法者、謂三乗人皆得作仏。如釈論第百巻云、法華明阿羅漢受記作仏。故名秘密法。昔来已説顕示法竟。今欲説秘密法故説此経。問。何故三乗行因得果名顕示、三乗同作仏名秘密耶。答。顕示法者方便教也。明三乗人各自行因皆得成果。此事易解。如外三種子各生三芽。其相易明。故名顕示。秘密法謂甚深法明無三乗、唯有一乗故名秘密。(大正蔵三四・三六八下)

すなわち、吉蔵はいま『法華経』を説くのは、三乗の人が等しく作仏することのできる秘密法を説かんがためであると述べて、前に引いた『法華論疏』と同文の『大智度論』[22]を引証している。次になにゆえ三乗の行因、得果を顕示

と名づけ、三乗が等しく作仏することを秘密と名づけるのかと問われ、顕示法とは方便の教えであり、顕示法には三乗それぞれに対応する果があるが、秘密法には三乗はなくただ一乗があるだけであると答えている。ここで吉蔵は明瞭に『法華論』の名を出すことはないが、その趣旨は『法華論』の「乗平等」と軌を同じくするものであるといえよう。

顕示法と秘密法を明かしたこの『法華玄論』の一段が、二乗授記と密接な関係があることは、次のことからさらに明らかとなる。すなわち、『法華玄論』巻第七「授記品」冒頭において吉蔵は、

明授記義。論曰、十種因縁為二乗授記。如前説。(同前・四二〇上)

と述べて、十種の因縁があって二乗に授記するのであるが、このことはすでに『法華玄論』中に明かしたことであるといい、その説明を前の『法華玄論』巻第一の顕示法と秘密法を明かした一段に譲っているのである。[23]

さて、吉蔵がいう十種の因縁の中で最も重要なものは、その第一義である。すなわち、その第一義とは、

一切衆生雖有正因、無有行解等善故無縁因。無縁因故不得作仏。今二乗人内有正因、外聞法華経生信解等善即縁因。縁正具足故得授記。(同前・三六九上)

とあるものがそれであるが、ここで吉蔵は仏性には「正因仏性」と「縁因仏性」の二種があり、一切衆生には本来的に「正因仏性」は具わっているが、行解等の「縁因仏性」は本来的に具わっているわけではないので、「縁因仏性」がなければ作仏することはできない。しかし、いま二乗の人にも内には「正因仏性」があり、外には『法華経』を聞いて信解等の善を生ずるという「縁因仏性」が具わり、「縁・正」の二因を具足したので授記がなされるといっている。

この「正因・縁因仏性」について、吉蔵は『法華玄論』巻第七の八種の二種授記を論ずる箇所でもほぼ同様に論じているが、[24]同処では「正因門授記」を「常不軽菩薩品」に、「縁因門授記」を「法師品」に対配して、その広狭を論じている。この点については、本章の後文において、さらに詳しく考察しよう。

ところで、前の『法華玄論』巻第一の第一義は、

問。若爾一切衆生皆有仏性、皆応授記作仏。（同前・三六九上）

との問いに答えたもので、この問答はさらにその直前の次の問答を踏まえている。

問。何故授二乗説作仏耶。

答。唯有一乗無有餘乗、唯有一仏性無有餘性。以皆有仏性故皆応作仏也。（同前・三六八下）

つまり、どうして二乗に記を授けて作仏を説くのかという問いに対して、ただ一仏性のみがあって余性はないがゆえに皆有仏性なのであり、それゆえすべてが作仏できるのであると答え、さらにその結論として『法華論』（大正蔵二六・八下―九上）をほぼそのまま引用している。[25] そして最後に、

依此論明仏性名為法身。故知二乗有仏性故与其授記也。（大正蔵三四・三六九上）

と述べて、『法華論』では如来の法身と声聞の法身には異なることがないといっているから二乗にも仏性があることになり、授記されるのであると結論するのである。このことから、吉蔵は正因、縁因の二つの仏性が具わることにより、一切衆生は成仏できるとする立場に立っていたことが理解されよう。正因、縁因の二仏性の直接の典拠は、『涅槃経』に求められるが、[26] 前掲の『法華論疏』の記述や『法華玄論』の意味するところよりすれば、吉蔵が二乗授記を主張する際、その理論的根拠とした一つが『法華論』の三種平等にあったことは明らかなことであったと思われるのである。[27]

三　吉蔵における「声聞授記」

さて、ここで周知のことではあるが、考察の焦点となる『法華論』の四種声聞授記の記述をいま一度確認しておきたい。『法華論』の「四種声聞授記」に関する記述とは、同論巻下に、

声聞有四種。一者決定声聞、二者増上慢声聞、三者退菩提心声聞、四者応化声聞。二種声聞如来授記。謂応化者、退已還発菩提心者。若決定者増上慢者二種声聞、根未熟故不与授記。菩薩与授記者、方便令発菩提心故。（大正蔵二六・九上）

とあるものがそれであるが、この『法華論』の記述によれば、四種の声聞のうち如来（仏）によって授記されるのは、「退菩提心声聞」と「応化声聞」だけであり、「決定声聞」と「増上慢声聞」は根未熟のゆえに如来からは授記されず、方便して菩提心を発こさせるために（常不軽）菩薩によって授記されると述べられていることがわかる。したがって、これを図示すれば、次のようになる。

一、決定声聞
二、増上慢声聞　――根未熟の故に如来は授記せず、方便して菩提心を発こさせるが故に常不軽菩薩が授記する
三、退菩提心声聞
四、応化声聞　――如来が授記する

この『法華論』の「四種声聞授記」をめぐる諸学者の見解については、すでに第一章中において整理しておいたので、(28)ここでは再説の煩を避けたいが、末光氏は吉蔵が次に示す『法華玄論』巻第七「授記品」において五種の声聞を立ててその得記不得記を論じている部分、および『法華義疏』巻第八「授記品」の記述に着目されて、本章冒頭に示したような結論を導き出されたのである。末光氏の着目された記述を以下に掲げてみよう。

Ⓐ『法華玄論』巻第七「授記品」

次明五種声聞得記不得記義。一者退大学小声聞。如身子之流。二者発軫学小声聞。三者以仏道声令一切聞。四内祕菩薩行、外現為声聞。五増上慢声聞。増上慢声聞中復有二種。一者得四禅時謂得四果。如釈論出之。得初禅時謂得初果、乃至得四禅時謂得第四果。二者不必得禅、但偏修厭観、三毒不起謂得羅漢也。次明得記不得記者、若

退大為小声聞約位判者、是六心以下人。但是未発心授記也。若発軫学小声聞亦是未発心授記也。但此二人優劣不同。初人已曾発心、但発心未成就故名未発心。第二人都未発心也。若第三以仏道声令一切聞、此位既通従初発心至仏皆是声聞也。若取中根人領解自称以仏道声令一切聞者、此正就位不退義判。属発心授記也。内秘菩薩行、此位亦通従位不退已上皆能有此事。而取登地。去此人有是現前得記也。**増上慢声聞有三種人**。一者亦得聞経亦得授記。如常不軽菩薩為増上慢声聞説法華経及為授記。此是未発心授記也。二者不得聞経、不得授記。如釈論所出得四禅者、此人命終堕無間獄也。三者得髣髴聞而不得授記。則五千之徒得聞略説而不得記也。（大正蔵三四・四二一下—四二二上）

Ⓑ『法華義疏』巻第八「授記品」

第四所授記人門者、汎論得記人自有三種。一者凡夫、二者二乗、三者菩薩。今此経備与三種人記。以此三人皆有仏性必当成仏。故並得記之。依法華論釈授声聞記中有四種声聞。一者決定声聞、二者増上慢声聞、三者退菩提心声聞、四者応化声聞。二種声聞仏与授記。謂応化声聞及退菩提心還発菩提心者也。決定増上慢二人根未熟故仏不与授記。然決定声聞保執小乗、増上慢人自謂究竟不信作仏。即不堪与記。亦不堪破執及会帰義。而此経会一切二乗以成仏者、蓋是対応悟之人故、説此経明破及会義耳。増上慢亦爾。如五千之徒不堪聞於破会。以根未熟故。常不軽所対増上慢者、其根已熟堪聞破会故為説一乗也。（同前・五六六上）

末光氏は、特にⒶ『法華玄論』において吉蔵が「増上慢声聞」を三種に分類する記述に注目され、記述中二番目の「不得聞経不得授記」の増上慢は『法華論』にいう「決定声聞」がこれに相当するとし、さらに第一番目の「常不軽菩薩所対の増上慢」は問題なく授記されるが、第三番目の「五千起去の増上慢」は法華の教（の略説）を聞くことはできたもののいかにしても授記を得られない増上慢であるとされたのである。[29] なるほど、この記述だけを読めば、末光氏の主張は説得力のあるものであり、この記述に着目された[30]氏の炯眼には敬意を表するが、しかしこの記述から直ちに「法相の「五姓各別」と云う重要な内容も、吉蔵の思想中に基本的にあることが論証出来た」という結論を導き出せるか否かは、なお検討の余地のある問題であろう。

さて、筆者よりすれば、末光氏の主張のポイントは次の点にあると思われる。すなわち、「増上慢声聞」を大きく、

㋐常不軽菩薩所対の増上慢

㋑そうでない（＝常不軽菩薩所対ではない）増上慢

の二つに分類し、㋐の「常不軽菩薩所対の増上慢」は授記の機会があり、いずれ成仏するが、㋑の増上慢はいかにしても授記の機会がなく、したがって永遠に不成仏であるということである。そして、末光氏は㋑の増上慢に相当するのが『法華論』にいう「決定声聞」と『法華経』にいう「五千起去」の増上慢であると主張されているのである。したがって、吉蔵に「五姓各別思想」の基本的骨格がすでにあったとする末光説を検証するためには、吉蔵著書中における常不軽菩薩の授記の問題と「決定声聞」「増上慢声聞」（とりわけ五千起去の増上慢声聞）の問題を検討すればよいことになるであろう。そこで以下では、この視点に立って少しく論述を続けてみたい。

まず考察の最初として、『法華論』のいう問題の「四種声聞授記」に対する吉蔵の『法華論疏』における注釈を見ておきたい。『法華論疏』巻下には、『法華論』の「菩薩与授記者、方便令発菩提心故」（大正蔵二六・九上）、すなわち『法華論』が『法華経』の授記の場面を六箇所指摘し、五つは仏が授け、一つは常不軽菩薩が授けるとした一菩薩記を注釈した、次のような記述がある。

Ⓒ『法華論疏』巻下

菩薩与授記。従菩薩記者已下、第二釈疑。菩薩授記者方便令発菩提心故。疑者云、若増上慢声聞仏不与受記者、不軽菩薩何故通二人与之受記。釈云、仏就根熟未熟、故与記不与記。菩薩約二種義故、所以与記。一者如前明有仏性故得与授記。二者方便令発菩提心故与授記也。

問。若爾仏何故不依此二義通授此四種人記。

答。以菩薩例仏義亦得也。（大正蔵四〇・八一九上）

つまり、ここでは、仏は（増上慢声聞と決定声聞は）根未熟であるから記を与えないが、（常不軽）菩薩はすべての衆生に仏性があるという理由と、方便して菩提心を発こさせるという二つの理由から、これら二種の声聞にも記を与えるという『法華論』の主張を踏まえつつ、もしそうであるならば、どうして仏は四種声聞すべてに記を授けないのかと問われていることがわかる。これに対して吉蔵は、菩薩を以て仏に例えるならば、四種声聞すべてに対する授記が成立することを示唆している。ごく短い記述ではあるが、『法華論』の注釈である『法華論疏』にかかる記述があることは重要であろう。もし、筆者の上記のような『法華論疏』に対する読みに誤りがないとするならば、吉蔵の「四種声聞授記」に関する理解には、末光氏の理解とは違った解釈も存していたということをまず最初に指摘しておきたい。(31)

さて、前に紹介したように、末光氏の主張のポイントは、常不軽菩薩によってすべての声聞が授記されるか否かにあった。そこで次に吉蔵著書中における常不軽菩薩授記の問題を見てみたい。『法華義疏』巻第十一「常不軽菩薩品」には、次のような記述がある。

Ⓓ『法華義疏』巻第十一「常不軽菩薩品」

五者欲説衆生悉有仏性成一乗義故説此品。一切衆生但有仏性無有餘性。故唯有一乗無有餘乗。旧云、法華経但明善人有仏性、涅槃経始辨有心皆得成仏。今明此品正辨悪人有仏性義。方便品明一毫之善皆成仏道。則知一切有心並有仏性皆成仏也。

問。此衆生是何等悪人。

答。保執小乗拒逆大乗、是謗方等人。又執小人不信大乗。於大乗無信是一闡提人、即是極悪人。有仏性義与涅槃

経無異也。（大正蔵三四・六一六中）

このⒹの記述は、『法華義疏』において吉蔵が「常不軽菩薩品」が説かれる理由を説明する七義[32]の中の第五義に相当するものである。この第五義については、かつて伊藤隆寿博士が問題にされ[33]、また末光氏も第三論文において、次のように検討を加えている箇所である。末光氏はこの文を解釈して、次のように述べている。

①末光第三論文（二三九頁上―下、傍線、太字はともに奥野）

即ちこの「常不軽菩薩品」を説く意は、一切衆生に悉く仏性、即ち正因仏性が有る事を説き、一切衆生を一乗に導く為だと説く。旧説では、法華経は但だ善人成仏のみを説き、涅槃経に至って初めて一切衆生皆成仏説を説くと云われていた。しかし吉蔵は、この「常不軽菩薩品」に悪人有仏性を説く事が即ち、法華教が一切衆生皆成仏を説くなによりの証拠だと主張する。吉蔵の云う悪人とは、小乗を保執して大乗を拒逆し、大乗を信じ様としない一闡提の事である。常不軽菩薩はこの極悪の一闡提にも、正因仏性があることを認め**授記した**のであるから、法華経で説く仏性と、涅槃経で説く仏性と同じであると主張するのである。

筆者は、この末光氏の解釈、ご意見にまったく異論がない。傍線を付した箇所に明らかなように、ここでは末光氏も、常不軽菩薩は「極悪の一闡提にも授記した」と理解していたことがわかる。末光論文にいう「極悪の一闡提」、すなわち「悪人」が「決定声聞」や「増上慢」に等しいことに疑問の余地はないであろう。末光氏自身、いま示した①の後文において、「吉蔵の云う一闡提とは、三乗一乗を信じようとしない凡夫闡提と、三乗を信じて一乗を信じ様としない二乗闡提、即ち決定声聞を云う」（二三九頁下）といっている。筆者よりすれば、この常不軽菩薩は「極悪の一闡提にも授記した」とする理解は極めて重要である。後述するように、筆者はこの文脈はそう理解するのが正しいと思う。ところが、Ⓐ『法華玄論』の「三種増上慢」の定義を絶対視する末光氏は、Ⓒ『法華論疏』の一文を論拠に、吉蔵は常不軽菩薩の授記はあらゆる声聞になされると考えていたと解する筆者を批判する第四論文[34]において、常不軽菩薩の授記は理論をいう通記であって、「決定声聞」や「五千の増上慢」は「現実には授記されない」と主張されるのである。末光氏は、次のようにいわれる。

②末光第四論文（三二一頁下―三二二頁上、傍線＝末光氏、波線＝奥野）

私（末光氏＝奥野注）が今まで論述して来たごとく、奥野氏のこの文に対する解釈には、二つの点から誤りだと考える。第一点は、常不軽菩薩が授記するのは、増上慢全てに授記するのではない事である。先に示した三種増上慢で云うならば、「亦得聞経亦得授記」の常不軽菩薩が授記した増上慢だけが成仏するのであり、法華経を聞かない決定の増上慢や、法華経を信じようとしない五千の増上慢は、法華教を聞かず信ぜざるが故に正因門授記せず、菩提心を発せず、不成仏である。奥野氏が『法華論』の四種声聞の決定と増上慢の二種声聞に対し、一決定声聞、二増上慢声聞―根未熟の故に如来は授記せず、方便して菩提心を発さしむるゆえに菩薩が授記する。（奥野註4論文、三七五頁下＊）

と、決定と増上慢の全てに実際に常不軽菩薩が授記すると、吉蔵の授記を解釈するのが、第一の誤りである。

第二点は、この吉蔵の『法華論』の文の内容は、後に示すごとく通記である。第一点で論じたごとく常不軽所対の増上慢のみしか、実際には成仏出来ないのが現実とするならば、「不軽菩薩何故通二人与之受記」や「若爾仏何故。不依此二義通授此四種人記」とあるごとく、理論面では、全ての増上慢にも授記する事が可能な通記である。（引用文中の＊アスタリスク印は奥野によるもの。ここにいう「奥野註4論文」とは、拙稿「吉蔵の『法華論』の依用をめぐって―特に四種声聞授記を中心に―」『駒澤大学仏教学部論集』第一八号を指す）

すなわち、ここで末光氏は、筆者が常不軽菩薩よりすべての声聞が授記されると解釈することを難じ、常不軽菩薩の授記は「通記」であることを主張していることがわかる。もちろん、筆者も常不軽菩薩の授記が「通記」であることに異論はない。さらに続けて末光氏は、次のようにもいっている。

③末光第四論文（三二二頁下、傍線＝奥野）

即ち、この「常不軽菩薩品」を説くのは、増上慢と云えども正因仏性があり、法華の教えを聞き菩提心を発しさえすれば、授記成仏出来る事を示す為である。「保執小乗、拒逆大乗、是謗方等」の一闡提の増上慢でも、常不軽菩薩により授記される事を実証することにより、他の決定や五千の増上慢も正因仏性があるのであり、道理としては一切皆成仏なのである。奥野氏が根拠とする吉蔵の『法華論疏』のこの文は、道理としては如来も四種声聞全てに授記出来ると云うのであるが、現実問題としては、授記しようにも「方便品」中の五千の増上慢の様に退席してしまい、如来でも成仏させる事の出来ない衆生が存在すると、吉蔵は考えるのである。

筆者は、実際に（＝現実に）授記されることがなければ、「実証した」ことにはならないように思うが、いまそのことはしばらく措こう。ともかく、資料①に示した末光第三論文では、常不軽菩薩は「極悪の一闡提」にも「授記した」と氏自身によって記されていたことが、資料②および③の第四論文では、「道理としては授記されるが現実には授記されない」ことになっている。道理としては授記されるが、現実には授記されないことを「授記した」というであろうか。重要なことゆえ、どうか単なる言葉尻りを捉えたものではないことを十分にご理解いただきたい。[35]

ところで、末光氏は常不軽菩薩の授記は、正因仏性に対する「正因門授記」であるといって、次のように述べている。長い引用となるが、煩を厭わず関連する全文を引いて検討してみよう。

④末光第三論文（二四〇頁下―二四一頁上、傍線＝末光氏、波線＝奥野）

所で常不軽菩薩の授記には、二つの点よりなされる。

菩薩約二種義故、所以与記、一者如前明有仏性故得与授記、二者方便令発菩提心故与提《ママ》記也、（法華論疏、卍・一・七四・二・一八九a、大正蔵四〇・八一九上＝奥野補）

即ち、一つには仏性あるが故に授記する。二つには、方便して授記を与えることにより、菩提心を発せさせる為である。この常不軽菩薩の授記は、増上慢の正因仏性に対し授記する。授記にも正因門と縁因門の授記がある。

三根人就縁因門授記、常不軽就正因門、授記義、各有異也、（法華玄論、巻第七、T三四・四二二中）

と、仏性でも縁正の二つがあり、身子や四大声聞等の三根の声聞は縁因門授記、又常不軽所対の増上慢は正因門授記であると考える。正因門授記と縁因門授記とは、

第二二種者、一正因門授記、二縁因門授記、正因門授記者、如常不軽菩薩説四衆皆当作仏、然此四衆未有信一乗心、但身中有仏性必当作仏、法華論釈常不軽品、一切衆生実有仏性故当作仏也、明縁因授記者、如法師品、以信法華即是縁因、（中略）縁正二因授記広狭者、正因則広善悪等一切衆生皆有仏性故、正因義広也、縁因但取有信解心、方乃得仏記故、狭也。（前同、T三四・四二〇中）

と、正因門授記とは、常不軽菩薩品の増上慢の様に、未だ一乗を信じていなくとも、「広善悪等一切衆生皆有仏性」と云う様に、正因仏性があるから授記するのである。これに対し縁因門授記とは、正因仏性の上に、更に法華を信ずると云う縁因仏性を満たす者に授記する。この為「一切衆生皆有仏性」の正因門授記は広義であり、「有信解心」の縁因門授記は狭義の授記となる。

ここに明らかなように、末光氏は、常不軽菩薩の授記は「正因門授記」であり、この授記は「未だ一乗を信じていなくとも、「「広善悪等一切衆生皆有仏性」と云う様に、正因仏性があるから授記する」と主張していることがわかる。この末光氏の理解にも筆者はまったく異論がない。しかし、ここにいう「未だ一乗を信じていなくとも、正因仏性があるから授記する」という常不軽菩薩の授記は、道理をいうのであって、現実には「決定声聞」や「五千の増上慢」は、常不軽菩薩よりも授記されないというのが、末光氏の最終的な理解であることはすでに見た通りである。では、なにゆえ「決定声聞」や「五千の増上慢」が常不軽菩薩より授記されないのかといえば、氏はその理由を『法華経』の聞信に求めるからである。末光氏は第四論文において、次のようにいっている。(36)

⑤末光第四論文（三三一頁上、注(28)、傍線＝奥野）

五千のごとき増上慢は、法華を信じようとしないが故に、正因門授記も出来ず、この故に菩提心を発して縁因仏性を満足しようがないが故に、成仏の機会がないと考える。

この記述によって、末光氏が「正因門授記」のための前提条件を「法華経の聞信」に求めていたことは明らかであろう。筆者の理解に誤りがないとするならば、末光氏の解釈に対して筆者の抱く素朴な疑問は、次の点なのである。

すなわち、「正因門授記」のための前提条件を『法華経』の聞信に求めるとすると、第一に、前に見た末光氏の論文からの引用である資料④にある「縁因門授記とは、正因仏性の上に、更に法華を信ずると云う縁因仏性を満たす者に授記する」という、「縁因門授記」がなされる前提となる「縁因仏性[37]」としての『法華経』の聞信とどのような質的な違いがあるのかという点である。[38]この点、末光氏の論稿にはまったく説明はない。第二は、『法華玄論』巻第七に「値常不軽菩薩者、初謗後信。初謗故千劫堕無間獄。後信故得入菩薩位」（大正蔵三四・四二二上）とあるように、常不軽菩薩に値ったものは、初め誹謗し、千劫の間、地獄に堕するが、後には信じて菩薩位に入るといわれている。[39]では、この文は『法華経』の聞信を条件に常不軽菩薩に値ったものが、初めは誹謗したが後に改めて聞信したと読むのであろうか。

いったい、『法華経』の原文における、常不軽菩薩とは、あらゆる衆生を（それらの衆生があらかじめ『法華経』を聞信しているか否かに関係なく）分け隔てなく礼拝するものなのではないだろうか。[40]もし、吉蔵が、末光氏のいわれるように常不軽菩薩は、「決定声聞」や「五千の増上慢」は（『法華経』を聞信していないが故に区別して）礼拝しないと理解していたとするならば、それは『法華経』原文やそれを釈した『法華論』の理解からは著しく逸脱するものであったと評せるであろう。では、吉蔵は本当に末光氏のいわれるように、「決定声聞」や「五千の増上慢」は、常不軽菩薩にさえ授記されないと理解していたのであろうか。少なくとも、筆者には次の「常不軽菩薩品」に対する吉蔵の釈文を見るとそのようには解されないのである。

Ⓔ『法華義疏』巻第十一「常不軽菩薩品」

六者自上以来、明授記義、猶自未尽。上但明仏授記、未明菩薩授記。則能授記人未尽。上但授善人記、未授悪人記。則所授人未尽。上但現在授記、未明仏滅後亦得授記。此則時節未尽。今欲明三種尽義故説此品。（大正蔵三四・六一六中）

Ⓔは、前に示したⒹに続いて述べられる「常不軽菩薩品」が説かれるとする第六義であるが、ここで吉蔵は三種の「尽」の義を説くために「常不軽菩薩品」はあるとしていることがわかる。つまり、吉蔵はこれまで「授記品」「五百弟子授記品」「授学無学人記品」「法師品」[41]などでも授記の義を明かしてきたが、それらはいまだ十分に義を尽くしたものとはいえなかった、つまり以下に述べるような三種の「尽」の義が不徹底だったというのである。そこでいま、「常不軽菩薩品」が説かれるとするのである。したがって、吉蔵が自らこのように語っている以上、吉蔵の授記理解に関しては「常不軽菩薩品」の釈をもって、吉蔵の最終的な理解と見なすべきであろう。

それでは、三種の「尽」の義が何に相当するかといえば、それが「能授記人」と「所授人」と「時節」をいうことは、Ⓔの傍線部分にいう通りである。いま「所授人」のみに関していえば、吉蔵は上来の授記は「善人」に対して授記を与えるのみで、「悪人」に対するそれは明らかにされていなかったとし、そういう意味でその授記は完全なものではなかったといっている。それゆえ、いま「悪人」に対する授記を説く「常不軽菩薩品」が説かれることの意義を強調しているのである。ここにいう「悪人」、すなわち「極悪の一闡提」に「決定声聞」や「五千の増上慢」も含まれることはすでに述べてきたところである。いったい「道理としては授記されるが、現実には授記されない人」を「所授人」と呼ぶのであろうか。筆者にはそのように解釈することは、どう見ても無理があるように思われるのである。

ところで、『法華遊意』には、吉蔵が『法華経』にも仏性が説かれていることを十点にわたって論証する段があるが、その第二番目として、次のような記述がある。

Ⓕ『法華遊意』

二者若言此経但明善人有仏性、悪人無仏性、異涅槃経者、常不軽菩薩見増上慢四衆悪人云、我不軽汝等、汝等行菩薩道、必当作仏。法花論釈云、示一切衆生皆有仏性故悉当作仏。以此推之、知非善人独有仏性。又譬喩品勧信文云、汝等若能信受是語、一切皆当得成仏道。此分明説一切成仏。豈簡悪人。（同前・六四二上―中）

ここで傍線を付した箇所は、「常不軽菩薩、増上慢の四衆の悪人を見て云く、我れ、汝等を軽んぜず。汝等は菩薩道を行じて、必ず当に作仏すべし」と訓む以外にないように思うが、かかる訓みから、常不軽菩薩は増上慢の四衆の「悪人」を道理としては見るが、現実には見ない、あるいはある種の「悪人」は見るが、ある種の「悪人」は区別して見ないという解釈が可能であろうか。繰り返しになるが、そのように解釈することには無理があるというのが筆者の主張である。また、吉蔵が自説の論拠として、問題の『法華論』の一文を引証していることも見逃してはならないことであろう。なお、参考までに菅野博史博士は、問題の『法華遊意』の箇所を次のように訳出しておられる。

第二に、もしこの経は、ただ善人には仏性があるが、悪人には仏性がないと明かすだけであるから『涅槃経』と異なると言うならば、常不軽菩薩が増上慢の四衆の悪人を見て「私はあなたがたを軽んじない。あなたがたは菩薩道を修行してきっと成仏する」と言う。『法華論』には「すべての衆生にみな仏性があることを示すので、すべて当然成仏するであろう」と解釈している。このことから推しはかると、善人だけに仏性があるのではないことが分かる。さらにまた、譬喩品の信を勧める文には「あなたがたがもしこの言葉を信受することができるならば、すべてみな当然仏の悟りを完成することができるであろう」とある。これは明らかにすべてが成仏できることを説いている。どうして悪人を排除するであろうか。(42)

筆者は、この菅野博士の解釈はまったく正当なものであると思う。訳文より、菅野博士も問題の『法華遊意』の一

文は、「悪人」にも授記されると理解されていたことは明らかであろう。(43)

そもそも、このⒻ『法華遊意』の箇所にせよ、前のⒹ・Ⓔの『法華義疏』の箇所にせよ、その解釈にⒶ『法華玄論』巻第七にいう末光氏がことのほか重視される「三種増上慢」の定義を突如として持ち込んで、その文脈を理解することが適切といえるであろうか。『法華遊意』は『法華玄論』の内容を簡潔に要約したとされる著作であるが、(44)『法華遊意』には「決定声聞」や「五千起去の増上慢」の不成仏をいった文言は一言も見られないのである。(45)こうした事実をどのように理解すればよいのであろうか。

末光氏のいわれる「三種増上慢」の定義が、吉蔵の法華経観を見る上での絶対的基準であったとするならば、『法華義疏』や『法華遊意』においてその言及を怠った吉蔵の態度は言葉足らずとの譏りを免れないし、また吉蔵の法華経観の精髄とされる『法華遊意』だけを読んで、吉蔵の法華経観を捉えようとした読者には要らざる誤解と無用の混乱を与えるだけに過ぎなかったといえるであろう。

この場合、そうではなくて、筆者はⒹ・Ⓔ・Ⓕに示した『法華義疏』『法華遊意』の一文は、いずれも常不軽菩薩が分け隔てなく、あらゆる衆生に「授記している」という理解が吉蔵にあったということを意味すると解釈する。『法華経』の原文に照らして見ても、そのように解釈することが穏当であることは、すでに見た通りである。また、法相宗の慈恩大師基でさえ、その方向で解釈していることは、次に示す通りである。

Ⓖ『法華玄賛』巻第一本

法華論云、此中唯為二声聞記。謂退心、応化。其趣寂者及増上慢、仏不与記根未熟故。菩薩与記。雖復総言汝行菩薩道当得作仏、論言与記令発心故。退菩提心正当根熟。為説一乗正破其執。応化非真無執可破、示相可爾。其趣寂増上慢既是異生根現未熟、故仏不与記。菩薩与記者、即常不軽為具因記令信有仏姓、復漸発心脩大行故。其趣寂者、既無大乗姓。何得論其熟与不熟。応言趣寂由無大姓、根不熟故仏不与記。菩薩与記具理姓因。漸令信大不愚

法故。非根末熟後可当熟。故非菩薩与記令発趣大乗心。（大正蔵三四・六五二下―六五三上）

つまり、この『法華玄賛』の文によれば、基は「趣寂の声聞」（＝決定声聞）でも「増上慢声聞」でも「理姓の因」はあるので、常不軽菩薩はこれらの声聞にも授記すると理解していたことは明らかである。ただ、基はそれらの声聞には先天的に「大乗の姓」がないので、（常不軽菩薩に記を与えられたとしても）成仏することはないといっているのである。(46) すなわち、基のいう先天的な「大乗姓」を認めるか否かに、吉蔵と基の決定的な違いがあるのであり、筆者の管見する限り、吉蔵著書中には基のいうような衆生を先天的に区別する文言はどこにも見あたらないのである。(47) その意味でも、筆者は末光氏のいわれる「法相の「五姓各別」と云う重要な内容も、吉蔵の思想中に基本的にあることが論証出来た」というご意見には疑義を抱かざるを得ないのである。

もし、末光氏がいわれるように、吉蔵の「常不軽菩薩授記」の理解が、常不軽菩薩に授記されるためには『法華経』の聞信が必要で、常不軽菩薩は道理としてはあらゆる衆生を礼拝するが、現実には（聞信のない「決定声聞」や「五千の増上慢」は）礼拝しないというものであったとすると、それは経の原意から逸脱することはもちろんのこと、他の中国仏教者と比較して見ても、極めて特異なものであったといえるであろう。(48)

次に前のⒹ・Ⓔ・Ⓕの他に、筆者が常不軽菩薩はあらゆる声聞に授記すると考えていたと思われる文例を吉蔵著書中から二、三指摘し、読者の判断を仰ぎたい。(49)

Ⓗ『法華義疏』巻第十「安楽行品」

又衆生皆有一乗、同有仏性、並当作仏。不応慢之。如戒経云、我是已成仏、汝是当成仏。亦如常不軽菩薩不軽一切。作此不軽、即是弘一乗也。（同前・五九七中）

Ⓘ『勝鬘宝窟』(50) 巻中末

今所明二乗有入一乗有不入一乗。人天亦爾。如法華論云、人天善根、及決定声聞、並不成仏。故要須発菩提心、方得成仏。而今言五乗衆生並皆成者、取人天二乗遠為菩提心縁、籍人天二乗値仏菩薩発菩提心、然後方入一乗作仏。又言五乗作仏者、以五乗人従一乗出、是故五乗同帰一乗。又五乗同有仏性、故同入一乗。如法華論説。[51]以二乗授記者、以三乗人法身平等故。常不軽授悪人記者、亦示衆生有仏性故也。雖同有仏性、要須発菩提心方得作仏。不発者則不得作仏。（大正蔵三七・四二上）

Ⓙ『勝鬘宝窟』巻下本

是故今明如来蔵。必当作仏、不同草木、尽在一期。故涅槃云、仏性者、非如牆壁瓦石也。如法華常不軽菩薩、為令増上慢人、発菩提心、故説衆生悉有仏性。又令衆生知自身中、有於仏性、発菩提心、修行成仏、故説仏性。（同前・六七上）

四　吉蔵における「決定声聞」

さて、次に吉蔵における「決定声聞」への授記について考察してみよう。この問題を考えるにあたって、やや唐突に思われるかもしれないが、筆者はこの問題を我が国平安後期の三論学者、珍海の解釈を通して考察してみたいと思う。特に今回、筆者が珍海に焦点をあててこの問題を考察することにしたのは、以下のような理由にもとづいている。[52]すなわち、珍海には、『三論名教抄』や『三論玄疏文義要』といった三論の重要な教義、名目を挙げて解釈を施した著作があり、これらはいわば一種の辞書的な性格を有するので、ある特定の問題に対する著者の見解を手際よく見るには甚だ便利なものがある。加えてこれらには吉蔵の著書からの抜書をはじめ多数の文献が引用されており、今回のような問題を見る際にも有益であると考えられるのである。以上のような理由にもとづき、以下ではひとまずこの二書の中に見られる声聞成仏に関連した記述の中から、「決定声聞」に限ってその解釈の一端を考察してみたい。

まず、『三論玄疏文義要』巻第六の「摂論一乗」なる項目において珍海は、玄奘訳『摂大乗論』巻下「為引摂一類

及任持所餘　由不定種性　諸仏説一乗」（大正蔵三一・一五一中）の一偈に関して、[53]この偈の説く一乗は不定二乗の一類のために説かれたものであり、定性や無性の者が成仏できることをいったのではないという見解を会通して、次のようにいっている。

Ⓚ『三論玄疏文義要』巻第六

今会通云、若約一化迴心向大者、唯為不定声聞人等、説一乗経。若就真実究竟者、総摂一切二乗道果、為菩薩道。一切声聞皆当作仏也。如彼法華論釈。聚沙等一毫善皆成仏因。云非諸凡夫及決定声聞、本来未発菩提心者之所得故〔云云〕。

此文簡決定声聞。

又云、決定上慢二種声聞、根未熟故仏不与授記。菩薩与授記、令発菩提心〔云云〕。

此文明決定声聞終成仏也。（大正蔵七〇・二九六中、カッコ内は割注）

まず、ここで注意しておきたいことは、珍海が『法華論』の「聚沙等一毫善」（大正蔵二六・七下―八上、取意）以下の一文は「決定声聞」が成仏から除外されることを意味し、「決定増上慢二種声聞、根未熟故仏不与授記」（同前・九上、取意）以下の一文は最終的に「決定声聞」が成仏できることを明かしたものであると見ていたことである。もっとも、記述自体が簡略なため、これだけでは珍海がなぜそのように見るに至ったのか、その経緯を窺い知ることはできない。しかし、ここではとりあえず、珍海には『法華論』のいう「決定声聞」も成仏できるという理解があったことをまず確認しておきたい。このように珍海が理解するに至った経緯と、それに対する筆者の見解は後に触れよう。

次に、『三論名教抄』巻七には「四種声聞義」なる一項があるが、その末尾には次のような問答がある。

Ⓛ『三論名教抄』巻七「四種声聞義」

問。本乗声聞若許後時迴小入大者何名決定耶。

答。現在無大機故云決定也。（大正蔵七〇・七五五下）

すなわち、この問答は、「本乗声聞」が後に廻小入大するならば、どうして決定ということができるのかという問いに対し、それは現在、大乗の機がないためであると珍海が答えるものであるが、ここにいう「本乗声聞」を珍海が「決定声聞」と等しいと見ていたことは、この問答に先立って関説される『法華玄論』巻七（大正蔵三四・四二一下）に説かれる五種声聞に関して、「今料簡云、発軫学即決定声聞」（大正蔵七〇・七五五下）と述べ、さらに続けて『法華玄論』巻第七（大正蔵三四・四二三上、四二一下）の文を引いて、「故玄云、本学小乗行得証四果故名決定声聞〈文〉。又云、若発軫学小声聞、前是未発心授記也〈文〉。同是本乗声聞也」（大正蔵七〇・七五五下）といっていることからも明らかである。つまり、以上から知られることは、珍海には「本乗声聞」＝「発軫学小声聞」＝「決定声聞」とする理解があったということである。

ところで、『法華玄論』にいう五種声聞に関して、末光氏は「本乗声聞」は「発軫学小声聞」に相当すると述べ、さらにこの「本乗声聞」（本学小乗声聞・発軫学小声聞）と「退菩提心声聞」の二種の声聞が法華教にて廻小入大の菩薩になる対象とし、これらの声聞には成仏の機会があることを主張されている[54]。一方、氏はすでに述べたように「決定声聞」はいかにしても成仏のできないことを一貫して主張しておられるのだから、末光氏と珍海とではその「決定声聞」の扱いに異なりがあるということが理解されるであろう。

さて、珍海は、上記のような現在無大機のものが「本乗声聞」であり「決定声聞」であるとする自説を補強すべく、前の問答に続けて吉蔵の『法華統略』の文を引証している[55]。珍海の引く『法華統略』の文とは、次のような記述である。

Ⓜ『法華統略』巻第上末

問。仏滅度後羅漢、凡有幾人。

答。有二種羅漢。一有大機而未熟、故不値仏聞法。二無大機、故不値人聞法。故法華論有二種声聞。有大機者謂退大取小。無大機者謂是決定声聞。

問。此二人同生浄土、有何異耶。

答。悟有早晩、根有鈍利。

問。住羅漢、幾時而悟。

答。楞伽云、至無量億劫、躭小乗空三昧楽、猶如酔人、久久方醒。（卍続蔵四三・三〇右上）

すなわち、ここで吉蔵は、仏滅後の羅漢には有大機と無大機の二種があり、これらは『法華論』の「退大取小声聞」と「決定声聞」に相当し、これらの二種の声聞は悟るに早い晩い、根性の鈍い利いの違いはあるものの、いずれも浄土に生じるということを論じている。筆者が、このⓂ『法華統略』の記述を見る限り、現在無大機のものを「決定声聞」とした珍海の解釈は妥当なもののように思われるが、これは以下でさらに考察しよう。なお、この『法華統略』の記述は『三論玄疏文義要』巻六でも関説され、さらに珍海に先立つ宗法師の『一乗仏性慧日抄』の中でも言及されている。(56)

ところで、Ⓜ『法華統略』では「法華論有二種声聞」といい、「二種声聞」と称して「退大取小声聞」と「決定声聞」の名を挙げていたが、吉蔵にあっては次のように「本乗声聞」（本学小乗）と「退大取小声聞」（退大為小、退菩提心）を並列して「二種声聞」とする場合も多い。以下に二、三その例を示したい。

ⓐ『勝鬘宝窟』巻上本「説声聞蔵亦為二人。一本乗声聞、二退大取小」（大正蔵三七・六中）
ⓑ『法華玄論』巻一「声聞唯有二種。一本学小乗、二退大為小」（大正蔵三四・三六九中）

さらに『勝鬘宝窟』には、明らかに前のⓂ『法華統略』に対応すると思われる、次のような記述がある。

ⓒ『勝鬘宝窟』巻下本

問。前云謂四智究竟。後云不愚於法、自知不究竟。為是一人、為是二人。

答。猶是一人。初自謂究竟名為愚法。後聞一乗経、迴小入大、自知不究竟、名不愚法。今明本乗声聞、退菩提心声聞、並是愚法。所以然者、夫自知作仏、必不証羅漢。若証羅漢、則自謂究竟、不知作仏。二種声聞並証羅漢自謂究竟、悉是愚法。此之二人、若聞一乗経、迴小入大、自知作仏、皆是不愚法。於二人中、根性無量。或利或鈍、入大早晩。若迴小入大、並是不愚法人。

問。二人何異。

答。本乗声聞、昔不聞大乗、未発菩提心、無一乗種子。入無餘後、値仏聞経、方乃発菩提心。退菩提心声聞、昔曾聞一乗発菩提心、有一乗種子。但中途退大乗取小。現在聞一乗経、続発菩提心、自知作仏。故二人為異。（大正蔵三七・五九下―六〇上）

また、問題としているⓂ『法華統略』中に見られる『楞伽経』とは、『入楞伽経』巻第四の「得諸三昧身　無量劫不覚　譬如惛酔人　酒消然後悟　得仏無上体　是我真法身」（大正蔵一六・五四〇中）を引いたものであるが、この『楞伽経』の援用(57)と思われる記述は、次のように『勝鬘宝窟』にも見ることができる。

ⓓ『勝鬘宝窟』巻下末

今此観聖中、前観二乗。羅漢入無餘時寂滅際。猶如酔人酒未消時、如眼不異。後出寂滅際、目之為覚。

問。其人何時覚耶。

答。其人内有仏性、外値諸仏説法華経、得迴小入大。此時名覚。（大正蔵三七・八八上）

ともかく、吉蔵にあっては、上記のようにしばしば「本乗声聞」（本学小乗）と「退大取小声聞」（退大為小、退菩提心）が、「二種声聞」として並列して論じられていたことが知られるのである。また、特にⓒ『勝鬘宝窟』において吉蔵は、「本学小乗」と「退菩提心」の二人の声聞が羅漢を証して究竟であると思い込んでいるうちは愚法であるが、この二人の声聞が一乗教を聞いて廻小入大し、作仏を知るならば不愚法となることをいい、さらにこれらの二種の声聞はその根性が一様ではないので、機根の利鈍、および大乗に入るのに早い晩いの違いがあることを論じている。したがって、このⓒの記述は、『楞伽経』からの援用と思われるⓓ『勝鬘宝窟』の記述を含めて、筆者よりすれば前に見たⓂ『法華統略』の記述とその内容において明らかに通底するものがあると理解されるのである。

以上から、吉蔵には「二種声聞」として「決定声聞」と「退大取小声聞」を並列させる例と「本乗声聞」と「退大取小声聞」を並列させる例があったことが理解されたであろう。では、いったい吉蔵が「二種声聞」の名で呼ぶこれら二つの例は、同一の概念なのであろうか、それとも異なったものなのであろうか。このことは、「決定声聞」と「本乗声聞」が等しいものであるか否かを判定すればよい問題であると思われる。

この問題を考えるために、ここで再びⓂ『法華統略』巻第二の記述に戻ると、その記述のすぐ直後には、次のような問答がある。

問。生浄土中、有大乗機、可聞説法華。本乗声聞、生於浄土、無大乗機、云何得聞一乗耶。一切無機聞教、悉作此問。（卍続蔵四三・三〇右上）

ところで、この問いの直前のⓂの記述では、すでに見たように有大機が「退大取小声聞」、無大機が「決定声聞」と規定されていたのであるから、この問いの意味を明瞭なものにするためには、問いの冒頭に「退大取小声聞」という言葉を補った方がよいと思われる。そこでいまこの語を補ってこれを解釈してみると、この問答の意味は、（退大取小の声聞が）浄土に生じるのは大乗の機があって法華の教説を聞くことができるからであろうが、「本乗声聞」が浄土に生じるのは大乗の機がないのに、いったいどうして一乗を聞くことができるのか、というものになると思われる。すなわち、ここでは「退大取小声聞」と「本乗声聞」が並列されて論じられているのであるが、前述したようにこの直前では「退大取小声聞」と「決定声聞」が並列されて論じられていたのであるから、文脈上ここにいう「本乗声聞」

は明らかに「決定声聞」でなければならない。

つまり、以上の一連の『法華統略』の記述から知られることは、吉蔵には「決定声聞」が「本乗声聞」に等しいとする理解があったということである。したがって、前に見た吉蔵における二つの「二種声聞」の用例は同一の概念を意味すると理解してよいと思われるのである。また、これもすでに見たように吉蔵においては「本乗声聞」と「退大取小の声聞」は、仏に会い一乗を聞いて廻小入大して成仏できると述べられていたのであるから、吉蔵に「決定声聞」と「本乗声聞」が等しいという理解があった以上、当然吉蔵にあっては「決定声聞」も廻小入大の菩薩となって成仏する機会があるという理解があったということになる。

さらにここで重要なことは、吉蔵はこの「決定声聞」を「法華論有二種声聞」といい、明確に『法華論』にいう「決定声聞」と規定していたことである。したがって、このⓂ『法華統略』の記述は、酔人もいつかは酔いから醒めることがあるように、『法華論』のいう「決定声聞」もいつかは成仏し得ることを述べた明証と見ることができると思うのである。

しかし、もちろんこれは「決定声聞」が「決定声聞」そのままで、無限定に成仏できることを保証したものでないことはいうまでもないことであろう。あくまでそれは、あたかも酔人が酔いから醒めて正気に戻るときのように、「決定声聞」の「転悟」を待ってのことなのである。「転悟」について、吉蔵は『法華義疏』において次のようにいっている。

Ⓝ『法華義疏』巻第八「薬草喩品」

問。若爾決定声聞善根応非菩薩道耶。

答。決定之人即是守教封執小果、即被破不会。若転悟者即会而不破也。（大正蔵三四・五六五中）

傍線部分に明らかなように、ここで吉蔵は「転悟」を条件に「決定声聞」も『法華経』を聞信することがあり得る

ことを述べている。この問答が、『法華論』の
謂発菩提心行菩薩行者、所作善根能証菩提。非諸凡夫及決定声聞本来未発菩提心者之所能得。（大正蔵二六・七下―八上）
を踏まえてなされていることにも注意されたい。
ところで、この「転悟」ということに関して、末光第三論文には、「吉蔵の一闡提」という項目の中で、次のように
いう箇所がある。
⑥末光第三論文（二三八下―二三九上、傍線＝奥野）
それでは一闡提と一乗の問題をどの様に吉蔵は考えるか。
又有二種闡提、一凡夫闡提、二聖人闡提、凡夫不信出三界者、名凡夫闡提、二乗不信一乗名聖人闡提、破凡夫闡提始生小信、破二乗闡提始生菩薩十信也、因転悟方入菩薩道、（法華玄論、巻第八、T三四・四二九中）
即ち凡夫闡提と聖人闡提がある。凡夫闡提は凡夫の教えに執着し、出三界を信ぜず、又聖人闡提は二乗の教えに執着して一乗を信じない。この説は真諦三蔵が説いたものである。
真諦三蔵の云く、闡提に二あり。一には凡夫、二には二乗なり。凡夫の闡提は三一を信ぜず。二乗の闡提は三を信じて一を信ぜず。今法華の破三を聞いて始めて菩薩の十信の位に入ること得。（法華義疏、巻第七、T三四・五四三中）
即ち真諦三蔵の云う二乗の闡提は、三乗を信じて一乗を信じない事である。しかし法華の教の破三帰一を聞き、今までの固執を捨て一乗に転悟すれば、菩薩の十信に入る事が出来る。
この様に吉蔵の云う二乗の一闡提とは、三乗のみを固執して信じ、一乗を信じ様としない者を云う。しかし会三帰一を信じれば、二乗の一闡提が廻小入大への菩薩へと転悟出来る。

筆者は、この末光氏のご意見にまったく異論がない。筆者は、末光氏の示された『法華玄論』巻第八の記述、および『法華義疏』巻第七の記述をもって、吉蔵は「一闡提」にも成仏の保証をあたえていたと考える。[58] しかし、くどいように繰り返すことになるが、末光氏は上記はあくまで「道理」をいうのであって、現実には「一闡提」(=「決定声聞」)は「執著心が強く、仏が道理を示しても、自らの考えを変えようとしないため」永遠に「不成仏」であるとされるのである。[59] もしそうなら、永遠に「不成仏」が確定しているものに、「若し転悟せば」と問いかけることにいったいいかなる宗教的意味があるというのであろうか。筆者には、それはもはや「言葉の詐術」にしか過ぎないように思われる。この点については、極めて重要なことだと思うので本章の終わりにいま一度再説しよう。

さて、次に本項の考察の出発点となった、珍海が問題とした「摂論一乗」に関連する吉蔵の見解に一言触れておきたい。吉蔵の『摂大乗論』依用は時代的に考えて真諦訳であるが、『法華遊意』には真諦訳『摂大乗論釈』(世親釈)を踏まえたと思われる次のような記述がある。援用したと思われる『摂大乗論釈』とともにいまこれを示そう。

Ⓞ『法華遊意』

問。顕説一乗為何人耶。

答。為三種人。一者為不定根性声聞令入一乗。二者為練已定根性声聞令入一乗。三者為直往菩薩令知有一無三。

但進不退也。(大正蔵三四・六四六下)

Ⓟ真諦訳『摂大乗論釈』(世親釈)巻第十五

復次、於法花大集中、有諸菩薩、名同舎利弗等。此菩薩得此意。仏為授記。故説一乗。復次、仏化作舎利弗等声聞、為其授記、欲令已定根性声聞更練根為菩薩。未定根性声聞令直修仏道、由仏道般涅槃。(大正蔵三一・二六六上)

これにより、Ⓞ『法華遊意』がⓅ真諦訳『摂大乗論釈』を踏まえていることは明らかなことであろう。問題とするⓄ『法華遊意』は、顕わに一乗を説くのは何人のためであるのかという問いに対して、それは「不定根性の声聞」「已定根性の声聞」「直往の菩薩」[60]のためであると答えていることがわかる。ここにいう「已定根性の声聞」とは、常識的に考れば、それは「決定声聞」であるということになろう。[61]したがって、一般的に指摘されている『摂大乗論釈』（世親釈）に対する思想的評価を勘案してみても、[62]筆者にはこの⓪『法華遊意』の記述は、吉蔵には「決定声聞」成仏の理解があったという証左になり得ると判断されるのである。

ところで、⓪『法華遊意』に類似した記述は、次のように『勝鬘宝窟』にも見ることができる。

Ⓠ『勝鬘宝窟』巻中本

問。顕説一乗為何等人。

答。通為声聞菩薩二人。言為菩薩者、有二種菩薩。一者昔三乗中菩薩、其人雖学大乗、既聞説三乗、則心猶進退。或謂進成菩薩、或可退作声聞。是故為説有一無二。無二故無退。有一故唯進。為此菩薩故説一乗。二者一乗根性菩薩、過去聞一乗教。故有一乗種子。今世還為演説一乗也。前是三乗菩薩、後是一乗菩薩。言為声聞説一乗者亦有二人。法華之前、以大乗法密化、陶練其心、至法華経方得説一。故法華云、仏昔於菩薩前、毀呰声聞楽小法者。然仏実以大乗教化。即是証密説一乗事也。二者有未定根性声聞、可得転小成大。**如小乗義云**、従初方便至煖頂已来、根猶未定、可得迴転。故得為説一。至増上忍時、餘二乗根性、皆非数縁滅。不可迴転。故不為説一乗也。（大正蔵三七・四二下）

これが意味するところにおいて、⓪『法華遊意』と同等のものであることは明らかなことであろう。[63]

さて、Ⓠ『勝鬘宝窟』中に見られる「小乗義云」とは、『倶舎論』の所説を意味するが、[64]これに関して末光氏は第七論文において、真諦訳『倶舎論』（大正蔵二九・二七二下—二七三上）および玄奘訳『倶舎論』（同前・一二〇下）の一文に言及したあと、次のようにいっている。

⑦末光第七論文（三四六頁下—三四七頁下、傍線＝奥野）

即ち、声聞種姓の煖と頂位までは転向して成仏する事は可能である。しかし忍位以上になると、成仏は不可能となる。その理由は、菩薩は有情を教化する為に三悪趣に生れるが、忍位以上になった声聞は、三悪趣に生ずることがなくなってしまうからである。『勝鬘宝窟』中には、

二には未定根性の声聞、小を転じて大と成すことを得べきものあり。小乗の義の如きは云わく、初め方便より煗頂に至る已来は、根猶未だ定まらず、廻転することを得べし。故に為に一を説くことを得。増上の忍の時に至って余の二乗根性、皆非数縁滅にして廻転すべからず。故に一乗を説かざるなり。（巻中之本、大正蔵三七巻、四一頁下）

と、声聞が忍位に入ってしまうと定性となり、転根しなくなる。それは忍位に入ると悪趣に対し非数縁滅、即ち縁欠不生の非択滅無為となり、成仏への道がなくなってしまうからである。故に忍位以上の声聞に対し一乗を説いても、仏乗へ転向する事が全く無く、無意味となる。この為、忍位以上の定性の声聞には、一乗を説かないと云うのである。

既に吉蔵が不成仏説をも認めるのは、実相の用を総て仮りに肯定する以上、論理の上から云って、成仏説も不成仏説も認めざるをえない事を論じた。しかし法相宗以前に吉蔵が不成仏説を主張するのは、理論上の事とともに、『倶舎論』中に定性説が現に存した事にもよる。先に法華経が阿羅漢作仏を説いても、衆生にとって難信難解であると述べた。それは「以昔教明羅漢煩悩已尽不復更生」と、法華以前の教の中には、忍位以上になると悪趣に対して非択滅無為となり、定性となってしまうと云う説が現にあるからである。法華経が、忍位以上の阿羅漢も成仏できるとたとえ説いても、倶舎説こそが正しいと固執する衆生も現実には存在する事を認めるのが、吉蔵の考えである。

また、末光氏は、「已定根声聞」について、前に問題とした⑩『法華遊意』を引いて、次のようにもいっている。

⑧末光第九論文（三〇九頁下―三一〇頁上、傍線＝奥野）

所で先にふれた法華統略中の決定声聞の成仏不成仏に関して論じる前に、已定根根性について論じておく。即ち、「小乗義、忍法之前、三乗未定。忍法則定也。」の忍法以上になると定性となってしまうと云う事の補足である。法華遊意中には、

問、顕説一乗、為何人耶。答、為三種人。一者、為不定根声聞令入一乗。二者、為練已定根声聞、令入一乗。三者、為直往菩薩令知有一無三、但進不退也。（大正蔵三四巻・六四六頁下）

と、一乗を顕わに説くのは三人の為である。一つは、不定根声聞を一乗に導く為である。第二は、已定根声聞を陶練して一乗に導く為である。第三は、直往の菩薩に対して、有一無三を確実に知らしめて、一乗に対し不退心を生じさせる為である。

この三人の内、直往の菩薩に対する法華の役割はよいとしても、不定根声聞と已定根声聞とは、どの様な声聞か。吉蔵が已定根声聞と云うのは、忍法以上の声聞を指す。すなわち、この⑧末光第九論文より明らかなことは、末光氏が吉蔵における「已定根声聞」として、「忍法以上の声聞」を想定していることである。そして、この声聞が『倶舎論』では、「定性」であり転向できないとされていたことは、前に引用した⑦の末光第七論文にいう通りである。ところで、末光氏は、この「已定根声聞」とは吉蔵においては、これが「退大為小の声聞」に相当するとして、次のようにもいっている。

⑨末光第九論文（三一一頁下―三一二頁上、傍線＝奥野）

已定根声聞と云うのは、退大為小の忍位以上の声聞で、曽て発した菩提心により、阿羅漢になっても菩薩に転向出来る。この阿羅漢は、釈迦より直接法華経を聞けば現世にて菩薩にとなれるが、そうでない時は、三界外の浄土に生じて余仏に会い菩薩となる。又不定根声聞と云うのは忍位前に釈迦より法華経を直接聞く機会を得た本乗

声聞である。その後阿羅漢となって三界外の浄土に生じて、余仏より法華経を聞き菩薩となるものである。三界外の浄土で報身仏より法華経を聞く事の出来るのはこの二人であるが、機根の利鈍により悟るに早晩がある。しかしいつかは、酒の酔いからさめるごとく、三乗教の固執の迷いからさめる。

さらに末光氏は、「五千の増上慢」は「未定根声聞」に相当するとして、次のようにも述べている。

⑩末光第七論文（三四九頁下、傍線＝奥野）

所で五千の増上慢は、忍法以前の未定根性の声聞である。即ち、

五千の徒、未だ小乗究竟を得ざるに究竟を得たりと謂い、小乗を保執すれば則ち小乗に摂せず。而して但だ菩薩をのみ教化することを聞かず知らずして、此の人大に迷えば、則ち大乗にも摂せず。故に仏弟子に非ず。仏弟子に非ざるを以て、内凡夫に非ずと明す。（『法華義疏』巻第三、大正蔵三四・四九八上）

と、小乗の究竟の果を得ていないから阿羅漢では無論なく、又内凡夫でもないと考えている。つまり五千の徒は、内凡夫の煖・頂・忍・世第一法の四善根位以前の未定根性の声聞である。吉蔵は仮令忍法以前の未定根性でも、思い込みの極めて激しい頑冥な者の存在を認める。

つまり、以上の末光氏の一連の所説から知られることは、「五千の増上慢」とは「未定根性の声聞」ではあるが、「思い込みが極めて激しく頑冥な」ため、たとえそれが「忍法」以前の「未定根性の声聞」であったとしても、未来永劫にわたって転根することはできない。しかし、「忍法」以上の声聞であり、「已定根声聞」であるところの「退大為小声聞」は、たとえ「忍法」以上であったとしても転根することが可能なのであり、成仏することができるということである。

しかし、もし吉蔵がかかる解釈をなしていたとするならば、それは自分の都合によって、あるときには『摂大乗論釈』の説に拠って「已定根声聞」の転根をいい、またあるときには『倶舎論』に拠って「不成仏」を主張するという、

極めて恣意的な解釈と評せざるを得ないのではあるまいか。かかることを言い出せば、筆者にはそれはいわば「何でもあり」の、いかなることも言い得てしまう主張になってしまうように感ぜられる。

ともかく、一部の「未定根性」のもの（五千の増上慢）には、「思い込みが極めて激しく頑冥」という理由をもって「成仏」を永遠に拒絶し、「忍法」以上の声聞である「已定根声聞」には逆に「成仏」の可能性を認めるというのは、筆者には不整合な理解のようにも思われるが、このことは筆者のさらなる検討課題としておきたいと思う（但し、⓪『法華遊意』の前後の文脈からは、末光氏のいわれるような理解を導くことはかなりの無理があると思われることだけはここで特に付記しておきたい）。ともあれ、吉蔵が「已定根声聞」の転根を認めている以上、筆者にはその思想は法相の「五姓各別」とは大きな違いがあるように思われるのである。

上来、論じてきたところから、『三論玄疏文義要』の中で『法華論』のいう「決定声聞」は成仏できるという理解を示していた珍海の解釈、および『三論名教抄』で「本乗声聞」を「決定声聞」に等しいと理解して、これらは現在無大機であるが後に廻小入大できるという見解を示していた珍海の解釈は、吉蔵の著作に照らして見ても、筆者にはあながち牽強付会なものであったとは思われないのである。

さて、珍海の紹介するⓂ『法華統略』巻第二の記述を論拠に、『法華論』の「決定声聞」も成仏し得る例が吉蔵著書中にあるとした右のような筆者の見解に対して、末光氏から次のような応答があった。

⑪末光第十論文（二二四頁上―二二五頁上、傍線＝奥野）

今までの論文中にて、吉蔵が五千の増上慢と決定声聞は不成仏であると主張する事を述べてきた。しかし、決定声聞も成仏すると云う文が見られる。（中略）この法華統略の内容は、決定声聞も浄土に生じて法華経を聞き、成仏すると云う意味である。そうすると、今まで論じてきた決定声聞不成仏説と反する事になる。（中略）又問題提起を受けて気付いたのであるが、決定声聞も、二つの場合を区別して考えるべきである。

まず、ここで重要なことは、傍線を付した箇所に明らかなように、末光氏も筆者が珍海の説を受けて着目したⓂ『法華統略』にいう「決定声聞」は成仏できるということを認めておられるということである。その上で、氏は「決定声聞」を二種に分類することを主張されていることがわかる。しかし、筆者にとって何よりも重要なことは、問題の「決定声聞」が『法華論』の「決定声聞」として吉蔵自身によって明確に規定され、しかもこの「決定声聞」も成仏できるという理解が吉蔵にあったということを末光氏自身が確認されているという事実である。したがって、最終的な議論の帰趨はいましばらく措くとしても、本章冒頭で示した末光氏が図示された例から除外される「決定声聞」の事例を指摘し得たという意味において、筆者のこれまでの論述もまったく意味のないものではなかったと確信するのである。その他、述べるべきことも多いのであるが、「決定声聞」授記に関する言及はひとまず終えて、次には「五千起去の増上慢」の授記に対する吉蔵の見解を窺ってみることにしたい。

五　吉蔵における「五千の増上慢」への授記

「五千起去の増上慢」をいう『法華経』自身が後の経文中で、これらの声聞に関説することがなかったため、その思想史的意味をめぐって、後世さまざまな議論の的となったことは周知の通りである。したがって、吉蔵の解釈を見る前に、現代の諸学者のこの問題に対する対応を見ておくことも、あながち無意味なことではないであろう。そこで以下に、筆者の管見に触れたこの問題に関する代表的な見解を紹介しておきたい。

まず、斎藤明博士は、「はたして一仏乗は例外なくすべての人を対象にするのであろうか。『法華経』においても、「方便品」では、ブッダによる一乗思想の表明を前にして、五千人の高慢（増上慢）の衆生が席を退いており、それを見たブッダは、かれらを会衆の中の汚れであるとして、黙ったまま、その退出を許している」[65]と「五千起去の増上慢」を念頭に置いた上で、次のようにいっている。

三乗区分説に対抗する形で、一仏乗を宣揚した『法華経』であるが、その受け手の姿勢に関しては、かなり手厳しいものがある。同経における一乗思想は、一見きわめて包容力があり、楽観的にすぎるのではと思わせる反面、その受け手に対する現実認識は、恐ろしいほどにクールである。一つの限りなく広大な乗り物（一仏乗）と、乗り手の対応における事実としての差異。我々は、このような両面を見据えた形ではじめて、教判としての『法華経』の一乗思想が成り立っていることもまた、見逃すことができないのである。[66]

さらに、斎藤博士はこれに続けて、「前述のように、『法華経』自身がすでに厳しい現実認識を示しており、この点では、同経の中に唯識派の種姓区分説に連なる発想をみることも不可能とはいえまい」[67]という注目すべき見解を披瀝しておられる。

これに対して現代における法華経研究の第一人者と目される苅谷定彦博士は、

それ故に、増上慢とは一種の一時的な精神錯乱状態を指すものと理解すべきである。即ち、ある人を指して増上慢と言う場合、その増上慢というのはその人の本性を規定するような種姓論的な規定概念では決してないということである。

それ故に、この会座から退出する五千の四衆に対して法華者団が増上慢ときめつけているのは、従来考えられてきたような厳しい排他的な意味合いをもったものでは決してない。むしろ、それは後に明らかにされるように、〈仏乗〉という立場からの救済の余地を十分に残した寛容的な判定なのである。[68]

または、

増上慢とは、上述の如く決してそのものに対する本性的規定ではなく、その人の一時的におち入っている状態であって、あくまでも一過性のものである。このような両経の差は、『迦葉品』が種姓各別論的立場にあるのに対して、『法華経』の〈一仏乗〉説には全くそのような思想はなく、むしろそれに反対する立場に立つものであることから必然的に生じてきたものと言えよう。『法華経』の〈一仏乗〉という立場は、後述のように種々の立場にある衆生を全て包摂するものであるから、そこには、ある立場を捨てて〈仏乗〉に転向せしめるとか、廻心せしめるとかいうようなことは本来的に存在しないのである。（中略）それ故に、『法華経』の五千起去はそれの排他性を示すどころか、逆に反対者の存在をはじめから容認してかかっているものであって、『法華経』の現実主義的な立場を示すものであると言えよう。(69)

といって、前述の斎藤博士とは対極的な立場に立っておられるのである。

すなわち、斎藤博士が「五千起去の増上慢」に「一分不成仏説」に連なる発想を認められるのに対し、苅谷博士はそうした見解を真っ向から否定されているのである。このように現代の学者間にさえ、両極の解釈が見られるということは興味深い事実であるといえよう。(70) したがって、吉蔵にもそのような解釈上の揺れがあることは、ある程度予測されるところである。

さて、大蔵出版より法華経注釈書集成を刊行中の菅野博史博士は、一九九九年三月、これまであまり研究されることのなかった吉蔵晩年の『法華経』に対する注釈書である『法華統略』六巻の全訳注を完成、上梓された。(71) 菅野博士は今回の訳注研究をなすにあたって、伊藤隆寿博士の「三論宗関係典籍目録（稿）」(72)を参照し、現在披見し得るすべての『法華統略』の写本を閲覧・調査して、名古屋真福寺宝性院に所蔵される『法華統略』を底本として採用すべき最も信頼できる写本であると確定するとともに、同写本中にはこれまで散逸したと思われていた『法華統略』の「薬草喩品」「授記品」「化城喩品」の釈文が存在することを発見されたのである。菅野博士の新発見によって、失われたと思われていた『法華統略』の釈文が復元され、『法華統略』本来の全貌がほぼ明らかにされたことは、(73) 今後の吉蔵研究ばかりでなく中国法華思想の研究全体にとっても大きな意義のあることであったといえよう。

菅野博士の訳注を紐解いて見ると、博士が新発見された部分には、これまで知られることのなかった、次のような

「四種声聞義」に関する記述も存在することが明らかになったのである。前後の文脈を無視して、これを示せば以下の如くである。

至法華、約四声聞、明有四句。一者頓度不中息、即応化声聞。二中息不頓度、謂決定声聞。三亦頓度亦中息、即退大心声聞。昔為菩薩欲度五百中途忘失作於声聞、故度三百、令聞法華更度二百也。四不頓度亦不漸度、増上慢声聞及一切愛見凡夫是也。乃至夢中亦起愛見貪名楽利。況白日耶。（菅野『統略（下）』七三六頁）

ここでは特に『法華論』の「四種声聞」と明示されているわけではないが、意味するところから推して、これが『法華論』のそれにもとづいていることは明らかであろう。

いま示した問題とする記述は、宝性院本『法華統略』巻下本「釈化城喩品」の「五百由旬義」を述べた箇所に存するが、周知のように「五百由旬義」とは、「五百由旬」という険難な長い悪道を越えて宝処に至ろうとする隊商とそのリーダーを仏陀と弟子たちに譬え、仏の涅槃を宝処に、疲労と恐怖のあまり中途で引き返そうとする隊員に休息と安堵を与えるために、三百由旬を過ぎた所でリーダーが方便によって化作した城を二乗の涅槃に譬えたものである。すなわち、二乗の涅槃は最終的な目的ではなく、仏の涅槃こそ究極の目的であるが、最初からこれを説いたのでは、それがあまりに遠大であるため、志の小さい人々は怖じ気づいてしまう。そこで中途で方便として二乗の涅槃を説いて元気づけ、最終的に仏の涅槃に導く、という譬喩である。したがって、常識的には五百由旬を度《わた》れば、成仏の流れに入ることができるものと判断される[74]。

さて、問題の記述は、次のようなものである。改めて文脈がわかるように、これを示してみよう。

Ⓡ『法華統略』巻下本

次論今昔度義。

問曰。昔有度五百不。

答曰。有也。令声聞人但度三百、令菩薩度五百。故智度論釈聞持品、辨菩薩度四百由旬、三百即三界、四百謂二乗。

問曰。大品已明度五百、応已辨化城。与法華何異。

答曰。大品為菩薩已熟二乗根性猶生、直辨凡夫二乗皆是悪道、故須度之。未明二乗是化城也。至法華、約四声聞、明有四句。一者頓度不中息、即応化声聞。二中息不頓度、謂決定声聞。三亦頓度亦中息、即退大心声聞。昔為菩薩欲度五百中途忘失作於声聞、故度三百、令聞法華更度二百也。四不頓度亦不漸度、増上慢声聞及一切愛見凡夫是也。乃至夢中亦起愛見貪名楽利。況白日耶。（菅野『統略（下）』七三六頁）

すなわち、これは昔（『法華経』以前）にも「五百由旬」を度《わた》ることを説くことがあったかとの問いに対して、いかにも『大品般若経』がそれを説いているが、それでは『大品経』と『法華経』の違いはどこにあるのかと再び問われている場面である。

ところで、この®『法華統略』の記述は、明らかに『法華玄論』巻第八「化城喩品・五百由旬義」の次の箇所に対応する。


ⓐ次引証。

問。此釈出何処文耶。

答。釈論解大品聞持品云、菩薩度四百由旬則去仏道不遠。論云、三百喩三界、四百喩二乗地。菩薩度此二地、知必作仏。但大品合二乗為一百、法華開為二百。雖開合不同意無異也。

問。大品已明此譬者、与法華何異耶。

答。大品但明菩薩度凡聖二地。未明二乗為権。猶闕化城之意也。

問。既未辨化城、亦応未明宝所耶。

答。大品已明顕実相、故辨宝所。猶未開権故不明化城也。（大正蔵三四・四二八中）

ⓑ問。釈迦舎那教門明度云何耶。

答。舎那直説一乗。明頓度法門、直令菩薩度於五百也。釈迦初三後一具漸頓義。昔已令諸子度三百、今復令度二百。謂漸度。若為始発心菩薩、説法華経即令頓度也。

問。昔亦明頓度不耶。

答。昔為菩薩亦令頓度五百。如大品四百之喩、但未明三百為化城耳。

問。昔未明三百為化城、亦応未明五百悪道。

答。二乗是仏道大患。是故已説是悪道。但二乗根縁未熟故、不得明化城也。

問。昔度今度何異。

答。昔但令菩薩度五百、令二乗度三百。今教令菩薩度五百、明二乗人已度三百、但令更度二百耳。（同前・四二九下―四三〇上）

ここで注意しておきたいことは、『法華玄論』中の記述には、「四種声聞」に関するそれは一切見られないということである。したがって、「四種声聞」に絡めて「五百由旬」を度る義を論ずるのは晩年の注釈書である『法華統略』の一つの特徴といえるのかもしれない。

ところで、菅野『統略（下）』の脚注によれば、菅野博士が『法華統略』の底本として採用された宝性院本が対校したと思われる「或本」には、前の記述に続けて次のような記述も存在するという。(75)

Ⓢ『法華統略』巻下本

又有四種過二乗。一発心過。涅槃経云、発心已為天人師、勝出声聞及縁覚。智度論云、以飛言之、則鳥勝於人。

二勉退為二乗、故言過。位在十信中第六不退信、或在十住心。三者断惑過。依摂大乗、従十行第六去心、伏法惑、過二乗。四究竟過。乃至仏也。

又有四句。一頓度非漸度、即直往菩薩、発心修行、超彼二乗。二漸度非頓度。謂本乗声聞。初度三百、後度二百。三亦頓亦漸度、謂退菩提心声聞。初発菩提心、即欲度五百、名之為頓。而中途証小乗度三百、次聞法華、後度二百、名之為漸。四非頓非漸度、即凡夫之流。

又此四句即四声聞。初是変化人、次是決定人、三是退菩提人、四是増上慢人。

問。云何頓与漸耶。

答。如直往之人、無有中間息証二乗、故名頓度。如退大心人、中間息証二乗、故名為漸也。（菅野『統略（下）』七三六―七三七頁）

このⓈの記述がもともと『法華統略』中にあったものなのか、後人の加筆によるものなのかは判断に苦しむところであるが、[76] 示されている前後の四句は相互に連関し、いずれも同じ範疇にあるものとして使われていることが理解される。したがって、その点を念頭に置いて、前後の文を読み解いてみると、「決定声聞」は「本乗声聞」に等しく、これらの声聞は「五百由旬」の中途（三百由旬の地点）で休息し、頓《にわか》に（一気に五百由旬を）度ることはないが、後には後半の「二百由旬」も度るという理解が導かれる。したがって、常識的に考えれば、「決定声聞」（＝「本乗声聞」）も「五百由旬」を度って成仏の流れに乗ることができると考えるのが一般的ではないかと思われるのである。

もっとも、すでに述べたように、Ⓜ『法華統略』の文脈において、筆者は「決定声聞」と「本乗声聞」が等しいものであることを論証し、「決定声聞」も成仏できる文例を明示しておいたが、いまの事例もその延長線上にあることは当然予測されるところである。

これに対して、『法華論』のいう「増上慢声聞」は一切の愛見の凡夫とともに「不頓度亦不漸度」「非頓非漸度」とされ、「五百由旬」の険難な道のりを度れないとされている。とすると、やはり「増上慢声聞」は不成仏ということになるのであろうか。そこで、次には「増上慢声聞」、わけても末光氏が永遠に「不成仏」とされる「五千起去の増上慢」の扱いを、主として『法華統略』中に見ることによって、さらにこの問題に対する考察を続けてみたい。

『法華統略』中に「五千起去の増上慢」の扱いを求めてみると、吉蔵はこの増上慢に対して、ことのほか厳しい態度をとっていることがわかる。(77) 例えば、巻上本には、次のような記述がある。

Ⓣ『法華統略』巻上本

雨大法雨、明教用。略有四種。謂生滅遠聞歓喜。生用有四。一未発心者令発心。即此会二乗及五道衆也。二已発心者令増長。謂菩薩聞是法、疑網皆已除也。三已増長者令成熟。即八生一生得仏者也。四応退者不退。下経云、聞是経、乃善行菩薩道。及去仏道近者也。又顕。天雨無私、不潤枯木。即五千退席者也。又顕。雖説無心、欲令聞而不聴。又欲説一味之法。故如雨。又示平等義、如雨。又示誨而無惓。故如雨。(卍続蔵四三・一六左上—下、菅野『統略(上)』二八一頁)

記述中、傍線を付した「天雨無私、不潤枯木」は、『注維摩詰経』巻第一の僧肇釈に、経の「諸仏威神之所建立」(大正蔵一四・五三七上)を釈して、(78)「肇曰、天沢無私、不潤枯木。仏威雖普不立無根。所建立者道根必深也」(大正蔵三八・三二八下)とある記述を援用したものであることは明らかである。つまり、いうところの意味は、雨は平等に大地に降り注ぎ、木々を潤し成長させるが、枯れ木だけは潤しようがない(成長させようがない)というものであろう。こうした譬えは、即座に『法華経』「薬草喩品」の三草二木の譬えを想起させるが、(79) 事実、吉蔵は『法華玄論』巻第一において、

又、有人疑、若大慈平等、何故衆生有得聞法有不聞法。如以威徳力令五千之徒従座而去。是故釈云、天沢無私、不在無根。非仏大慈不平等也。此釈薬草喩品。晩見論、破大乗人。自謂、言無声聞明法雨普潤。随根得果、不応

言無。此証上能化功徳也。（大正蔵三四・三六八中―下）

と述べている。前述のように、吉蔵は「五千起去の増上慢」を枯れ木にあてているのだから、常識的に考えればそれは永遠に「不成仏」といわれても、にわかには反論の余地のないことである。吉蔵は、後文において、仏がまさに甘露の教えを垂れようとするそのときに、毒を懐いて席を離れるのが、傷《いた》むべきこと深き「五千の増上慢」であり、そうした増上慢の「罪根深重」であることは、十方の諸仏も抜くことができないものである、ともいっているから、[80]ますますそうした思いを強くする。

また、『法華統略』巻上末には、仏が「五千の増上慢」を起去させた理由を釈して、次のようにいう箇所がある。

Ⓤ『法華統略』巻上末

問。上明法権実、辨人真偽。今何故但勧信一乗真実。

答。意在一也。

釈偈文。頌上顕障方便者、以障道事深故、上但略説、今広明之。即用誡勧二世衆生。又上雖明退席、未広釈起去所由。容謂仏無慈猶隔五千。慈不能普、故委曲釈之。前広釈不浄衆。以誡二世衆生、令其捨小。次明浄衆。勧二世衆生使其求大。又執小不移。現在障不聞一乗、則無極楽因。未来不成仏、失極楽果。現在謗大、種極苦因。未来堕無間、受極苦果。此過為大、故誡二世也。

嘆浄衆、令習大捨小。故永断極苦因果。習大、故得極楽因果。斯事不軽、故勧二世衆生令求大。（中略）

衆中糟糠者、上明有不堪用、今辨無有堪用。如酒米堪用糟糠不堪用。

問。何故云衆中之糟糠。

答。衆中之不堪用、猶如糟糠。故揚播於糠而棄於糟、如仏威徳故令去。酒米堪用、喩住衆也。酒即堪飲、如住衆現在即行因。米転方成食、喩住衆未来得果。糟不堪食、喩去衆現在不堪行因。糠不堪転成食、喩去衆未来不得果。

又酒是果、米為因。去衆未来不得仏果、現在無有仏因。住衆具此二也。又糟喩於教、米譬於理。直往及迴小之人、因三乗之教、得一乗之理。如因糠得米。五千之徒守三乗之言、如得糠。失一乗之理、如不得米。二人得中道真味、養性陶神、如得酒。五千之徒封執断常、喩如得糟。（卍続蔵四三・三〇右下―左下、菅野『統略（上）』三二三―三二四頁）

前半に傍線を付したように、ここで、吉蔵は「仏に慈無ければ、猶お五千を隔つと謂う容し。慈は普きこと能わざるが故に、委曲に之を釈す」といっているのだから、ここでの吉蔵の考えは、仏の「慈」は普く及ぶものではなく、「五千起去の増上慢」には行き渡らないと判断せざるを得ない。(81)

また、中略を挿んで示した引用文後半は、経の「衆中糟糠」（大正蔵九・七下）を釈した部分であるが、釈文中に「糠が転じて食と成るに堪えないのは、去る衆（五千起去の増上慢）が未来に仏果を得ることができないことを喩えたもの」であり、「去る衆（五千起去の増上慢）が未来に仏果を得られないのは、現在に仏因がないからである」とあるところを見ると、やはり「五千起去の増上慢」には、永遠に成仏の機会がないという解釈を首肯せざるを得ないという気分になってくる。とすると、これまで「五千起去の増上慢」にも成仏の機会があるとしてきた筆者の解釈は誤りだったのであろうか。いましばらく検討を続けなければならない。

さて、『法華統略』巻上末の後文には、経の「鈍根小智人」（大正蔵九・一〇上）を釈して、次のようにいう段がある。

Ⓥ『法華統略』巻上末

釈鈍根小智人。即是五千之徒。今更以四義呵之、斥余保教未悟之衆、令改執也。

問。何以知是五千耶。

答。前実得羅漢必信。今云聞而不信。故知是也。又傷五千退席故悲、見三根堪聞故喜。将説一乗、而悲喜両集。故叙無機、謂大悲門。述歓喜、大慈門。又喜無畏、五千既去、不復憂之、不受畏之起謗也。又今昔相対。昔憂三根不受畏之起謗。今無此慮、故喜無畏。又説尽理之法、暢衆聖之心。是故喜也。不畏謗一、亦不畏執三、故無畏也。（卍続蔵四三・三五左下、菅野『統略（上）』三三九―三四〇頁）

文中に「四義を以て之を呵す」とある「四義」が、具体的に何を指すのかは、この『法華統略』の記述からだけでは不明だが、対応する『法華義疏』巻第四の釈文に、

> 舎利弗当知下、第三明無機之失也。
> 凡有四失。一者以不知因三悟一故名鈍根。如守指忘月。二者楽二乗法称為小智。則但得人無我故也。三封執小教名為著相。四保小究竟不信一乗名為憍慢。如此之人、已離法席。汝等住者内有実徳不同彼人。
> 今我喜無畏下、第四見有機故歓喜無畏。説一乗法暢於仏心故名為喜。如涅槃経云、心喜説真諦。故知衆生必能信受無謗法之畏。（大正蔵三四・五一〇中）

とあるところよりすれば、『法華義疏』にいう「四失」が『法華統略』の「四義」に相当するものと思われる。[82] それはともかく、Ⓥ『法華統略』において吉蔵は、「五千の退席を傷《いた》むが故に悲しみ、三根の聞くに堪えるを見るが故に喜ぶ」と述べて、これを「大悲門」と「大慈門」に対応させていることがわかる。前に吉蔵は「慈」は「五千起去の増上慢」には及ばないような主張をしていたが、いまの記述を素直に読む限り、吉蔵は、如来は「悲」をもって「五千の増上慢」を退席させたのであり、「悲」は「五千の増上慢」にも及ぶとしていたことが理解されよう。[83]

ところで、吉蔵は、『法華義疏』巻第六では、五人のもののためには『法華経』を説くべきではないとして、その第一に「五千起去の増上慢」を挙げ、その理由として、

> 上来皆言莫為説之、亦似若無慈、何名菩薩。是故釈言、聞必起謗、無益有損。故不説之。不説之意即是慈也。（同前・五四一中）

と述べ、ここでは「慈」をもって「五千起去の増上慢」には説かないのだともいっている。したがって、「大悲門」「大

慈門」と一応の区別はあるものの、それらは互いに連関したものと見るべきものなのかもしれない。

「慈」「悲」は「抜苦与楽」[84]ともいわれ、仏教中の重要な概念となっていることは、ここに改めて述べることでもないが、「慈」「悲」について、吉蔵は、例えば『法華遊意』では、

問。何故起慈悲名入如来室。

答。譬喩品云、我亦如是、衆聖中尊、世間之父。一切衆生皆是吾子。則知此経明父母之道。父則有楽無苦、子則有苦無楽。今大悲抜子之苦、大慈与子之楽、令一切衆生普皆成仏、故説法花経。末世法師既代仏弘経、亦宜学仏之行。是故慈悲名如来室。若為利養名聞勝他勢力而講説者、則不抜苦与楽、乖父子恩情、非弘仏乗之道也。(同前・六四八下)

といっている。[85] ここにいう「一切衆生」に「五千起去の増上慢」や「決定声聞」が含まれるのか否か、極めて興味深いところであるが、いまそのことは問わない。

さて、「五千起去の増上慢」に対する問題を考えるとき、筆者は最終的にはやはり経の釈文である『法華義疏』の次の記述に辿り着かざるを得ないのである。

Ⓦ『法華義疏』巻第三「方便品」

世尊黙然而不制止者第三句。以住即有二損故仏不制之。一者聞則起謗堕悪道。二者未来当作障隔大乗因縁。爾時仏告舎利弗下第三歎浄衆。文有四句。一歎浄衆、二毀不浄衆、三誡聴、四者受旨。智度論云、枝葉不堪為用。如五千人無法器用、雖能聞一乗不能発菩提心修菩薩行紹仏業。是故無用。貞実堪有柱樑之用。如浄衆是法器、聞経堪有紹仏業用。舎利弗如是下毀不浄衆。上明住則有二損、今明去有両益。一現在無起謗法之罪、未来不招苦報。二者聞上略説作未来信解因也。復誡聴者有二義。一者五千起席大衆擾動。故重令諦聴。二者既是浄器堪聞法。故令諦聴也。次受旨。如文易知。

問。五千之徒既不堪聞法華。何故不従定起、則以神力令其起去。

答。初従定起則以神力令其起去、便不得聞於略説作未来得度因縁。若聞於広説、則起誹謗現在無益。以仏明見三世故有遣不遣也。又初歎仏二智身子未請。無因縁故不得遣之。今待請後許説。宜須簡衆方始得遣也。

問。若仏知住起謗故不為説者、**釈論明喜根勝意二人**。勝意執小喜根悟大、遂為勝意説大乗、而勝意便誹謗堕大地獄、未来因此畢苦果而得解脱。今何不為説耶。

答。去住倶起誹謗者則応為説。如喜根知勝意聞説与不説終自起謗、故為其説法作未来得度因縁也。今去則有益、住則有損、故遣令去也。以理言之可有三句。一聞而起謗故不為説。如五千之徒。二聞必起謗而為説。如常不軽也。三知其起謗亦説亦不説。如五千是也。初為生未来善故令其聞略開三顕一、畏其現在謗故不為広説也。（同前・四九三下—四九四上）

このⓌ『法華義疏』をめぐっての解釈についても、すでに末光氏が問題にしているが、[86] それについては後に紹介することにし、まずここで筆者が最初に指摘しておきたいことは、この『法華義疏』巻第三における吉蔵の解釈は、著しく天台の『法華文句』の次の釈文に類似しているということである。[87] すなわち、『法華文句』巻第四上には、次のようにある。

Ⓧ『法華文句』巻第四上

説是語時是揀衆許。五千在座故如来三止。今将許説威神遣去。故名揀衆。五濁障多名罪重。執小翳大名根深。未得謂得名上慢。未得三果未証無学。有如此失者、謂障執慢三種之失也。

而不制止者、上聞開三顕一、言略義隠猶未生謗。足作繋珠因縁。去則有益。若聞広開三顕一。乖情起謗。住則有損。是故不制止也。

此衆無復枝葉者、枝葉細末不任器用。此等執方便之方便。於大非器。大品云、攀附枝葉棄於根本。是人為不黠。

即是此義也。

退亦佳矣者、既以小自翳、復妨他大光。今退無謗法之僁、復無障他之過。故云佳矣。上枝葉未去。如来三止。貞実願聞。故身子四請。師弟鑒機非徒靳固也。

問。仏大慈悲、何不神力使其住而不聞如華厳中聾啞、何不増状毒鼓如**喜根勝意**。

答。各有所以。華厳末席始開於漸、未破小執。故在座而隔。今諸仏法久後、要当説真実。正欲滅化破庵。宜須揀遣。若去住倶謗、宜如喜根強説。今去則有益、那忽令住。住則有損、那忽不遣。喜根以慈故強説。**如来以悲故発遣**。

問。五千在座即不蒙益。去有何益。

答。此非当機。是結縁人耳。已如上説。昔大通仏時、亦有無量衆生心生疑惑。世世与師倶生今皆得度。此人亦爾。説大経時万五千億人、於是経中不生信心、是人於未来亦当得信。例此益在不久。金光明中、時閻浮提有二種人。亦是斯例意。[88]（同前・四八下―四九上）

Ⓦとして示した『法華義疏』といま示したⓍ『法華文句』の傍線を付した部分および太字で示した部分を中心に、両書を読み比べてみれば、その解釈に驚くほどの共通性が見られることは、誰の目にも明らかなことであろう。すなわち、筆者にはⓍ『法華文句』の解釈はⓌ『法華義疏』のそれとほとんど同工異曲のものと判断されるのである。

それでは次に、いま問題としているⓌ『法華義疏』に対する筆者の解釈を示してみたい。

㋐世尊が「五千の増上慢」を制止することなく黙って退席させたのには理由があった。それはそれらの声聞を思ってのことである。したがって、世尊がそれらの声聞を決して見捨てて退席させたのではないのである。

㋑世尊が退席する増上慢をあえて制止しなかったのは、そのままそれらの増上慢を法華の会座にとどまらせておけば、（それらの声聞にとって）二つの損失となるからである。損失の一つとは、ここでそのままそれらの声聞が世尊の説法を聞けば、必ず誹謗を起こしてしまい、悪道に堕してしまうことである。もう一つとは、いまここで世尊の説法を聞けば、それが未来に大乗を受ける障害となってしまうことである。

㋒「五千の増上慢」がいま退席すれば、それらのものにとっては二つの利益となる。二つの利益とは、具体的には上記㋑の二損の裏返しにほかならない。

㋓「五千の増上慢」が『法華経』を聞くに堪えない機根であるならば、どうして世尊は禅定より起ち上がって、神通力をもって（世尊の側から強制的に）それらの声聞を退席させなかったのか。

㋔世尊が初めから禅定から起ち上がって、神通力をもってそれらの声聞を強制的に追い出してしまい、略説さえ聞かせることがなかったならば、それはそれらの声聞の未来における得度の因縁までも剝奪してしまうことになる。だから、それらの声聞の将来のことを思って、そうしなかったのである。また、広説まで聞かせてしまえば、それらの声聞は必ず誹謗を起こしてしまうにちがいない。それはそれらの声聞の現在にとって利益のあることではない。だから、広説の始まる前に黙って退席させたのである。仏は明らかに三世を見通し、退席させると退席させないとがあるのである。

意訳に過ぎた嫌いもあるが、かかる解釈をもって、筆者は「五千起去の増上慢」といえども「未来得度の因縁」を保証されているがゆえに、成仏の機会は剝奪されていないと考えるのである。

これに対して、末光氏は次のように解釈される。氏の解釈は詳細を極めるが、以下では最重要と思われる部分だけを示したい。

⑫末光第七論文（三五二—三五三頁、傍線、太字＝奥野）

五千の増上慢の為に法華を説かないのは、

今は去らば則ち益ありて、住まらば則ち損あるべきが故に、遣って去らしむるなり。理を以て之を言わば、三句あるべし。一には、聞いて謗を起すが故に為に説かず。五千の徒の如し。二には、聞いて必ず謗を起すも而も為に説く。常不軽の如し。三には、其の謗を起すを知って亦説き亦説かず。五千の如き是なり。初は未来の善を生ぜしめんが為の故に其をして略開三顕一を聞かしめ、其の現在の謗を畏るるが故に為に広説せざるなり。（前同頁、大正蔵三四巻、四九四頁上＝奥野補）

と、去るならば得益し、留まるならば損となるため、退席させる。但し、広説を聞かば損あるが故に退席させたが、しかし三止三請中に、略説ながら開三顕一を聞かしめ、未来の善を生ずる益を作っておいたと主張する。即ち損益とは、

世尊黙然として制止したまわずとは、第三句なり。住すれば即ち二損あるを以ての故に仏之を制したまわず。一には聞かば則ち謗を起こして悪道に堕しなん、二には未来に当に大乗を障隔するの因縁と作るべし。（前同頁、大正蔵三四巻、四九三頁下）

或は、

今は去るに両益ありと明す。一には現在に謗法の罪を起すことなく、未来に苦報を招かず。二には上の略説を聞いて未来の信解の因と作すなり。（前同頁）

と、広説を聞かずに退席する事により大坑に落ちづ《ママ》にすみ、又略説のみを聞く事により未来信解の因となる。仏が三止三請の略説を経るのは、三世に渡って衆生の救済を考えているからである。即ち、

問う、五千の徒既に法華を聞くに堪えず。何が故に定より起って、則ち神力を以て其を起去せしめざるや。答う、初め定より起ち則ち神力を以て其を起去せしめば、便ち略説を聞いて未来得度の因縁と作すことを得ず。若し広説を聞かば、則ち誹謗を起して現在に益なからん。仏は明に三世を見るを以ての故に遣と不遣とあるなり。（前同頁）

と、広説まで聞くと誹謗を起し、現在において不益となる。又神通力を以て略説までも聞かせないとなると、未来得度の因縁を全くなくしてしまうことになるからである。この為吉蔵は、五千の増上慢の失に対し、現在時点の失と限定する。

又罪根深重とは、過去世の失を明す。過去に於て他の大乗を説くを聴くことを障えしを以て、是の故に現在に正法を聞かず。及び増上慢とは、謂く現在の失なり。現在世に於て釈迦仏に値い、小乗を修習して未だ小果を得ざるに小果を得たりと謂う。復此の果を以て究竟となすと謂い大法を受けず。故に名けて失となすなり。（前同頁）

即ち、現在世において五千の徒は増上慢なのである。過去世に大乗を聴く因縁を作っておかなかったが故に、現在世において正法を聞こうとしない。故に現在世に略説と云えども、開三顕一を聞いておくならば、未来世、信解の因となるというのである。

所が五千の増上慢が「略説を聞いて未来得度の因縁と作す」等と云うものの、**吉蔵の著書中に、五千の増上慢が、未来、例えば常不軽菩薩所対の増上慢の様に、千劫後には成仏への道に入ると云う明確なものが見当らない様に思う。**

長い引用となってしまい恐縮であるが、筆者よりすれば、引用最末尾の太字で示した最後の一文を除いて、私見と末光氏との理解にはまったく径庭がないと思われるのである。繰り返し述べるが、筆者は「五千起去の増上慢」にも、仏の「大悲」の心が示され、三世にわたっての救済が考えられているがゆえに、「五千起去の増上慢」といえども未来永劫にわたって「不成仏」であるとは断言できないと考えるのである。これに対して末光氏は太字で示したように吉蔵の著書中に明確に「五千の増上慢」が成仏するという文がないから、「五千起去の増上慢」は未来永劫にわたって成仏の機会がないというのである。(89) また末光氏は、次のようにもいっている。

⑬末光第七論文（三五四頁上、傍線＝奥野）

吉蔵が五千の徒でも略説を聞き未来に得度の因縁の可能性を残すのは、既に論じたごとく、空の立場にある以上、定性と云うことは理論上云えない事にある。

さらにこの文に注記して、次のようにも述べる。

⑭末光第七論文（注(28)、三五六頁上―下、傍線＝奥野）

尚吉蔵の場合、理論の上では根性不定となるが、しかし現実には定性の様な衆生が存在する事を認める為、歯切れの悪い表現が残ると思われる。

では、なにゆえ末光氏が「決定声聞」や「五千の増上慢人」にも「成仏の可能性はある」とするのかといえば、それはそれらの声聞も「根性は不定」であるからと見るからである。氏は第四論文において、次のようにいっている。

⑮末光第四論文（三二一頁下―三二二頁上）

先に述べたごとく吉蔵は、「根性不定」と云う立場に立つ。無所得空を標榜する吉蔵にあっては、たとえ決定声聞であっても「無有定性」でなければならず、法相のように「定姓」と云う固定的な思想は容認できない。

ここで「先に述べたごとく」とある部分は、第一論文の「二、根性不定」とある箇所を指す。そこには次のようにある。

⑯末光第一論文（二七八頁下以下、傍線＝奥野）

『法華玄論』には「次明転根」と云う項があり、その中で、「問、今有転根義不。答、毘曇是小乗尚有転根。大乗義無有定性。云何不転耶。値悪縁故転利為鈍、値善縁故転鈍為利也」（巻第五、大正蔵三四・三九九下）と、大乗教は、「無有定性」であるから、当然転根を認めると主張する。悪縁に会えば利根から鈍根になり、逆に善縁に会えば、鈍根から利根へと転根することが出来ると考える。この転根を認める為には、「無有定性」と云う様に、「根性不定」と云う考えがなければならない。

これに対する筆者の意見は、次のようなものである。すなわち、吉蔵において「無有定性」「根性不定」ということが一般的な大原則であるとしたら、当然その適用範囲は「決定声聞」や「五千の増上慢」にも及ぶはずである。だとしたら、なにゆえこの二人のみが永遠に転根の機会から漏れると確定できるのであろうか。もし漏れることが確定しているなら、それは「根性不定」なのではなく、「定性」なのであろう。吉蔵のいう「空」や「根性不定」というものが、末光氏のいわれるようなものであるとするならば、それは「まやかし」というべきであり、「言葉の詐術」以外のなにものでもない。なぜなら、見せかけだけは可能性をいいつつ、そうした可能性が実現されることを拒否しているからである。[90] 筆者は、平川彰博士の、

心が善であるということは、心の本性が空であるから、善であることが成立するという意味である。若し心の本性が悪であれば、善に変ることは不可能だからである。しかし心は空であるから、どんな極悪人でも、その悪に目覚めて、今から善人になろうと決心すれば、直ちに善人になりうる。時を待たないのである。同様にどんな怠惰な人でも、本日から勤勉になろうと堅く決心し、仕事に精を出せば、それがそのまま怠惰を離れたことである。十年間悪を行なったから、善人に変るのに十年間必要であるというものではない。[91]（傍線＝奥野）

というご見解にしたがって、一般的に「空」なるがゆえにいつかは「成仏」できるのだと漠然と考えていたが、こうした考え方は安易で楽天的に過ぎるのであろうか。

では、「不定」とはどういうことであろうか。一般的にいわれるように、「一定しない」[92]、「定まっていない」[93]、「一定の自性なくして、流動し得べしといふ意味なり」[94]ということであれば、繰り返すことになるが、なにゆえ「根性不定」を前提とする「決定声聞」や「五千の増上慢」だけが永遠に成仏から除外されるといえるのだろうか。なお、この「不定」という語が、『涅槃経』においてもその「一闡提」成仏不成仏をめぐって、極めて重要な語となっていることは周

知の通りである。[95]

さて、ここで問題としたいことは「一切皆成仏思想」という言葉の定義である。「一切皆成仏思想」とはすべてが仏に成ったという思想をいうのであろうか。[96] 否、そうではあるまい。原理的に「一切皆成仏」をいう思想が「一切皆成仏思想」なのではないであろうか。原理的には「一切皆成」であるが、現実には「不成仏者」がいることをもって「不成仏思想」というなら、筆者にはあらゆる仏教思想が「不成仏思想」になってしまうように思われる。[97]

ところで、末光氏は、次の『中観論疏』巻第八末の次の文を示し、

Ⓨ『中観論疏』巻第八末

問。辟支既不値師、於何時中迴小入大。

答。法華玄義已具辨之。今略論四句。一者縁覚果人既不値仏。於三界外聞法華経迴三入一。二者縁覚因人及声聞三果於三界内聞法華経迴小入大。三者羅漢之人若値仏聞法華経界内入道。若不値仏生三界外聞法華経方受一乗。四者増上慢二乗保小拒大、於界内外并不入一乗。（大正蔵四二・一二八中）

さらにこれを図示して、

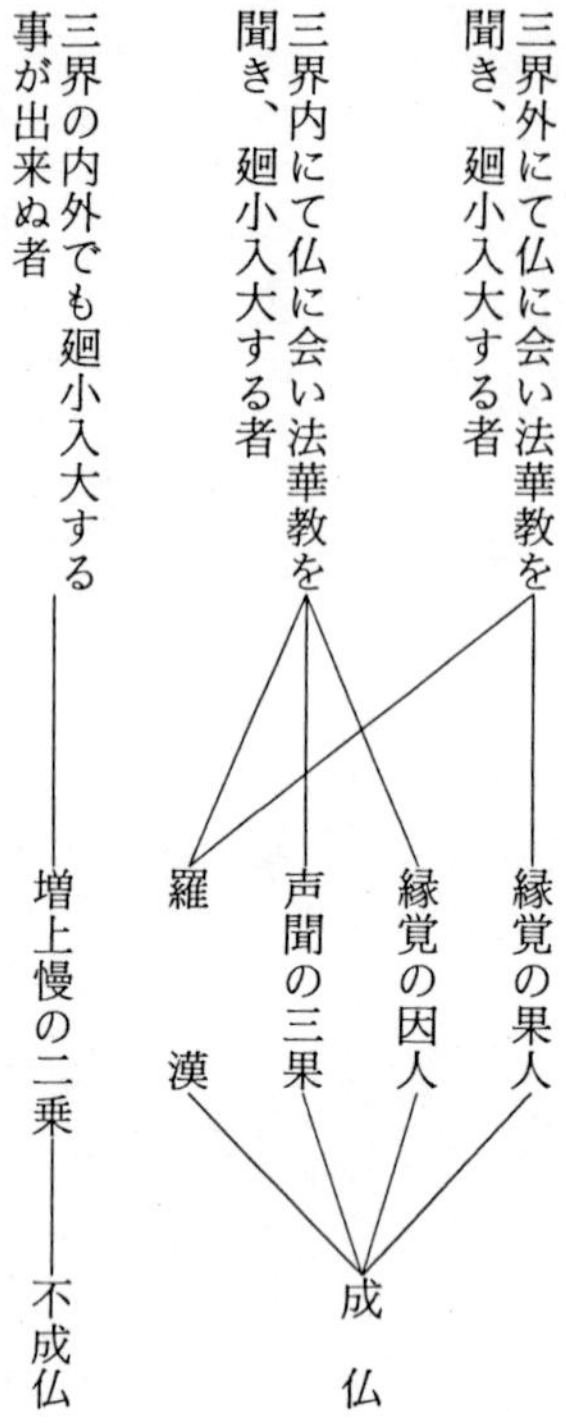

とし、ここに吉蔵が「不成仏者」を認める明証があるといい、筆者の見解を厳しく問うておられる。(98)それに対する筆者の答えは、次のようである。

すなわち、筆者も吉蔵が「不成仏者」を認めていなかったとは、つゆにも考えたことがない。確かに「一闡提」（=「決定声聞」=「五千起去の増上慢」）が「一闡提」である限り、それはまさしく永遠に「不成仏」なのであろう。「小を保ち、大を拒んでいる増上慢」は、その限りにおいては三界の内外において一乗に入ることは、もちろんできないのである。Ⓨ『中観論疏』の記述は、ただそれだけの事実を伝えたものに過ぎないものと思われる。(99)そして、こうした理解は別に吉蔵に限ったことではなく、いわば常識的な理解であろうとも思われるのである。

筆者の理解する「一闡提成仏」というのは、「一闡提」といえども「根性不定」である限りは、いつ仏や常不軽菩薩に会い、「転悟」しないとも限らないから、そういう意味では「未来得度の因縁」が剝奪されていないのであって、「一闡提」も成仏することがあり得る、というものである。(100)こうした筆者の理解が誤りで、吉蔵が「決定声聞」や「五千の増上慢」にも未来得度の因縁を保証しながら、永遠に「不成仏」であると確定的に見ていたとするならば、吉蔵のいう「空」や「根性不定」は厳しく再考される必要があるであろうことは、本章中においてしばしば述べてきたところである。

このように見てくると、『法華統略』において見たように、「五千起去の増上慢」に対して極めて厳しい態度をとっていた吉蔵が、最後にはこれを「大悲門」で解釈しようとしていた意図も朧気ながら明らかになってきたと筆者には解されるのである。つまり、「五千起去の増上慢」といえども、最終的には如来から見捨てられてはいないと思われるのである。

最後に末光氏が「五千起去の増上慢」は永遠に不成仏とする、そしてこれらの声聞は必然的に永遠に授記の機会がないと断じられた最大の論拠である、『法華玄論』巻第七「授記品」の記述をいま一度検討してみよう。『法華玄論』

巻第七「授記品」の文は、すでに本章冒頭において、Ⓐとして示してあるが、いまはその後続の文を含めて再度これを提示してみたい。

Ⓩ『法華玄論』巻第七

増上慢声聞有三種人。一者亦得聞経亦得授記。如常不軽菩薩為増上慢声聞説法華経及為授記。此是未発心授記也。二者不得聞経、不得授記。如釈論所出得四禅者、此人命終堕無間獄也。三者得髣髴聞而不得授記。則五千之徒得聞略説而不得記也。

問。此三増上慢声聞位行云何優劣。

答。値常不軽菩薩者初謗後信。初謗故千劫堕無間獄、後信故得入菩薩位。如経文所列五千人、直明起去不明是謗。取其不謗義則勝、不聞法義則劣。初人聞経故勝、謗故劣也。又初人聞経不聞経皆謗。次人聞経則謗、不聞則不謗故初人劣、第二人勝。又初人多是**実行人**、五千多是**変化人**。第三人臨命終時生邪見謗無聖道。此人非但謗小亦謗大。前二人但謗大不謗小。拠此義則前二人為勝、後人為劣也。又第三人但堕一劫無間、初人千劫受苦。則初人為劣、後人為勝。（大正蔵三四・四二二下―四二三上）

ここで末光氏が重視されるのは、引用部分前半の「三種増上慢人」の定義を述べた部分であり、なるほどこの箇所は末光氏の主張を支えるに十分な論拠であることを、筆者も素直に認めている。したがって、この記述に着目された氏の炯眼には重ねて敬意を表するが、ただこの記述だけをもって、吉蔵の「成仏不成仏思想」すべてを裁断できないであろうことは、これまで本章において一貫して論述してきたところである。

さて、いま筆者が改めて着目したいのは、引用部分後半において吉蔵が、これら「三種増上慢人」の位行の優劣を論じている箇所である。「五千起去の増上慢」が、永遠に不成仏であり、最悪のものであるとするならば、なにゆえ吉蔵はかかる位行の優劣を論じる必要があるのであろうか。(101)

「五千起去の増上慢」は引用原文の後文に明らかなように「五千多是変化人」と述べられ、ここでは「変化人」とされている点が注目される。ここでいう「変化人」とは、『妙法蓮華経』巻第四「法師品」に「若人欲加悪　刀杖及瓦石　則遣変化人　為之作衛護」（大正蔵九・三二中）とあるように、「神通力によって化作された人」の意であるから[102]、「五千起去の増上慢」が如来によって化作されたものであったとすると、なぜに如来は「五千起去の増上慢」を『法華経』中に登場させたかを問うことの方がむしろ重要であって、その成仏不成仏はむしろ第二義的な問題であるといってしまっては、あまりに安易で不用意な解釈と批判されるであろうか[103]。この点については、筆者自身の今後の検討課題として研究を続けていきたいと念願している。

六　おわりに

以上、本章では、末光愛正氏が提起された「法相の「五姓各別」と云う重要な内容も、吉蔵の思想中に基本的にあることが論証出来た」という論説の検証を中心に「吉蔵の声聞成仏思想」を概観してきた。その結果、末光氏がいわれるように吉蔵がいわゆる「一分不成仏説」を説いていたか否かは慎重に判断しなければならない問題であり、むしろ吉蔵は従来いわれてきたところの「一乗家」としての枠組みで捉えるべき仏教者であることを主張した。また、本章はこれまでの論述からも明らかなように吉蔵の如来蔵・仏性思想理解と深く関わっている。そこで次章では、「吉蔵と仏性思想」と題してこれを論じ、関連する諸問題についてさらに考察を続けることにしたいと思う。

注

（1）高崎直道博士は、その著『如来蔵思想の形成――インド大乗仏教思想研究――』（春秋社、一九七四年）の「はしがき」において、「仏教は、仏の教えであるとともに、仏になる教えであると言われる」（傍点＝高崎博士）と述べられる。また、高崎博士の『仏教入門』序章「仏教とは何か」（東京大学出版会、一九八三年）の記述も参照。なお、この点については、袴谷憲昭「成仏ノート」（『駒澤短期大

学仏教論集』第二号、一九九六年十月、後に袴谷『法然と明恵――日本仏教思想史序説――』大蔵出版、一九九八年に再録）を参照。

（2） 三論宗の成仏観が法相宗のそれと対立するものであったことは、例えば、田村晃祐「仏性論争」（講座東洋思想第十二巻『東アジアの仏教』岩波書店、一九八八年）を参照。

（3） 玄叡の伝記および『大乗三論大義鈔』については、次の論文を参照。平井俊榮「『大乗三論大義鈔』の著者玄叡について」（『駒澤大学仏教学部研究紀要』第三六号、一九七八年三月）、辺見光真「『大乗三論大義鈔』の諸問題」（『智山学報』第三二輯、一九八三年三月）、同「『大乗三論大義鈔』における真如――「種子爾不爾諍論」を中心として――」（『智山学報』第三三輯、一九八四年三月）、同「『大乗三論大義鈔』の「八不義」について」（『智山学報』第三四輯、一九八五年三月）、寺井良宣「一乗・三乗論争における三論宗の位置――玄叡の『大乗三論大義鈔』と法宝の『一乗仏性究竟論』との関係を中心に――」（北畠典生教授還暦記念『日本の仏教と文化』永田文昌堂、一九九〇年）、大西龍峯「『大乗三論大義鈔』の思想史的考察」（平井俊榮監修『三論教学の研究』春秋社、一九九〇年）

（4） 宗法師の『一乗仏性慧日抄』は、法宝の『一乗仏性究竟論』の抄出的色彩の強いものであったことが淺田正博氏によって指摘されている。淺田正博「『一乗仏性慧日抄』における『一乗仏性究竟論』の影響」（『仏教学研究』第四三号、一九八七年三月、山崎慶輝教授定年記念論集『唯識思想の研究』永田文昌堂、一九八七年に再録）参照。

（5） この方面に関する先行研究として、富貴原章信「三論宗（平安初期）の仏性説」（『大谷学報』第五〇巻第三号、一九七一年一月、後に『富貴原章信仏教学選集』第一巻、国書刊行会、一九八八年に再録）、平井俊榮「平安初期における三論・法相の角逐をめぐる諸問題」（『駒澤大学仏教学部研究紀要』第三七号、一九七九年三月）、前注(3)所掲の寺井論文がある。

（6） 末光愛正「吉蔵の成仏不成仏観」（『駒澤大学仏教学部研究紀要』第四五号、一九八七年三月）、「吉蔵の成仏不成仏観（二）」（『駒澤大学仏教学部論集』第一八号、一九八七年十月）、「吉蔵の成仏不成仏観（三）」（『駒澤大学仏教学部研究紀要』第四六号、一九八八年三月）、「吉蔵の成仏不成仏観（四）」（『駒澤大学仏教学部論集』第一九号、一九八八年十月）、「吉蔵の成仏不成仏観（五）」（『駒澤大学仏教学部論集』第二〇号、一九八九年十月）、「吉蔵の成仏不成仏観（六）」（『駒澤大学仏教学部研究紀要』第四八号、一九九〇年三月）、「吉蔵の成仏不成仏観（七）」（『駒澤大学仏教学部論集』第二一号、一九九〇年十月）、「吉蔵の成仏不成仏観（八）」（『駒澤大学仏教学部研究紀要』第四九号、一九九一年三月）、「吉蔵の成仏不成仏観（九）」（『駒澤大学仏教学部論集』第二二号、一九九一年十月）、「吉蔵の成仏不成仏観（十）」（『駒澤大学仏教学部研究紀要』第五〇号、一九九二年三月）。本章では、上記の末光氏の論文に言及する場合、例えば「吉蔵の成仏不成仏観」を末光第一論文、「吉蔵の成仏不成仏観（二）」を末光第二論文と省略する（以下、第十論文まで省略の形は同じ）。なお、これらの論文の要点を述べたものとして、最近、末光愛正「吉蔵の法華経観」（平井俊榮博士古稀記念論集『三論教学と仏教諸思想』春秋社、二〇〇〇年）が発表されたが、その主張にほとんど変更は認められない。

(7)　末光氏は、氏が「一分不成仏」とする「決定声聞」や「五千の増上慢人」にも成仏の可能性はあるとするのは、後に本章中で詳しく触れるように、一切衆生の根性は「不定」だからである。だとしたら、当然その適用範囲は「決定声聞」や「五千の増上慢」にも及ぶはずである。では、なにゆえこの二人のみが永遠に転根の機会から漏れると確定できるのであろうか。漏れることが確定しているならば、「根性不定」ではなくて、もはやそれは「定性」というべきであろう。したがって、「一分不成仏」をいいつつ、次のように主張する末光氏の主張を筆者は理解することができない。「所で吉蔵は、「根性不定」と考えるから決定声聞でも道理としては、成仏可能と考える。その為にも、決定声聞と云えども正因仏性があり、成仏する可能性は持たせる。この点は法相の理性行性と似るのであるが、法相の様に「定姓」と云う考えはない。不成仏という定義が、菩薩種姓がない事、即ち吉蔵のいう正因仏性が備っていない事を云うならば、吉蔵は一切皆成仏思想である。吉蔵の云う不成仏は、縁因仏性即ち法相の云う行仏性が、決定声聞等にはない事である」（末光第四論文、三二九頁上、傍線＝奥野）。ここで筆者と氏の理解の相違を述べておけば、筆者は、吉蔵はあらゆる衆生を「根性不定」と捉え、「正因仏性」の遍在を認めるから、いかなる声聞もいつかは成仏できると理解していた、と考える。この点は、本章の後の本文記述によって明らかにしていきたい。それはともかく、ここで氏に一つご教示いただきたいことがある。氏は上に引いた文の中で「不成仏という定義が、菩薩種姓がない事、即ち吉蔵の云う正因仏性が備っていない事を云うならば」といっている。この文章を、吉蔵においては「正因仏性」がとりもなおさず「菩薩種姓」に近いものと理解されていたと見るのは、筆者の誤解なのであろうか。ご教示をお願いしたい。

(8)　『妙法蓮華経』巻第二「方便品」（大正蔵九・七上）参照。なお、『法華経』のいういわゆる「五千起去の増上慢」に関しては、後に本章において詳述する。一二九頁以下を参照。

(9)　末光氏の主張の要点は、末光第十論文の冒頭に要約されており、氏の主張の概略を知るのに便利である。末光氏は十三点にわたって、その主張の要点をまとめられているが、いま本章とかかわる点のみに限って摘録すれば、次の通りである。すなわち、「①五千の増上慢と決定の増上慢は不成仏であるが、②これ以外の常不軽菩薩所対の増上慢も含む他の二乗は、いずれ成仏する事、③成仏する為には、一切衆生悉有仏性に相応する正因仏性の上に、更に発菩提心の縁因仏性を満す事、④五千の増上慢等が成仏できないのは、これらの二乗にも成仏可能な正因仏性があるにもかかわらず、法華経を信ぜず、縁因仏性である菩提心を発しようとしないからである事」（二二三頁）の四点となる。

(10)　第一論文、二九〇頁下。また、同論文の「二　根性不定」の項の二七九頁下には、次のような記述がある。「第四の場合は、小乗を学び法華教を信解しない者で、決定声聞、増上慢声聞であり、法相の主張する声聞定姓の不成仏に相当するであろう」（傍線＝奥野）。省略した部分を含むこの前後の記述は、末光氏が吉蔵の文脈において「五姓」を配当しようとした記述として重要な意味があろう。また、第二論文、三七一頁上では、「しかし決定声聞や五千の増上慢は、「保小拒大」なるが故に人法両縁に会う機会を失し、成仏とは無関係の存在となる。従来不成仏説を主張するのは、法相のみだけの特徴の様に考え続けられて来た。しかし吉蔵は根性不定に立つものの、不成仏の決定と増上慢の声聞の存在を認める。この声聞は保小拒大し人法の両縁と無縁なるが故に成仏出来ないのであって、法相の「定姓」と云う内容と全く同じかどうかは別としても、不成仏と云う点では同じである」(傍線＝奥野）とも述べる。

(11) 筆者の知る限り、末光氏以前に吉蔵および三論宗の成仏観に「一分不成仏説」を見出した研究者はおらず、それゆえ末光氏の提起された問題は重要な意義をもつ。

(12) 末光愛正「法華玄賛と法華義疏」(『曹洞宗研究員研究生研究紀要』第一七号、一九八六年二月）参照。

(13) そうした姿勢は、第一論文「序」の次のような記述に明瞭に認めることができるであろう。「別に三論至上を主張する訳ではないが、三論と法相の思想的影響関係は存在するのであろうか。少なくとも『法華玄賛』と『法華義疏』」(『曹洞宗研究員研究生研究紀要』第一七号、奥野補）の論文の内容により、引用関係は論証出来、影響関係を論じる前提条件は揃えた。そこで両者の間に、思想的な共通点はあるかどうかが、次の議論の内容となって来る。『玄賛』の解題者は、法相の「五姓各別」思想も、天台家に対する対抗意識の強烈な一例としている。法相の「五姓各別」の様な完成されたものではないとしても、吉蔵の思想の中にも基本的な骨子としての五姓各別思想的なものを見い出すことが出来る」(二七六頁上、傍線＝奥野)。また末光氏は、第二論文「結言」において、次のようにも述べている。すなわち、「従来、この法相の五姓各別説等は、天台思想に対する対抗意識として解釈された。しかしこの天台対抗意識説は、何の理論的根拠もない仮説であって、寧ろ吉蔵の成仏不成仏説の継承発展である事を先の論文にて指摘した。この拙論に対する内容、即ち天台対抗意識説に対する訂正を支持する説をいただいた」(第二論文、三七一頁上、傍線＝奥野)。そして、第二論文の注(25)において、氏の前掲論文「法華玄賛と法華義疏」および第一論文の参照を促し、さらに注(26)では自説を支持する説として、平井俊榮博士の『法華玄論の註釈的研究』(春秋社、一九八七年、一一三頁）からの文言を引用している。

(14) 末光氏は、「天台家に対する対抗意識」によって『法華玄賛』の撰述がなされたとする『国訳一切経』の「妙法蓮華経玄賛解題」(解題者、布施浩岳博士）を批判し、「この様な吉蔵と慈恩との思想的同一性を一顧だにせず、更に天台の法華疏と玄賛の引用関係を明示せずに、慈恩の思想が天台と異なると云う理由を以て、天台家に対する対抗意識が濃厚に働いている」(第一論文、二九〇頁上）とするのは誤りであるとし、さらに「解題説が成立するには、少なくとも玄賛が天台疏を参照したと云う明確なる証拠が必要である。それから初めて、慈恩は天台家に対抗意識を働かしたか、或は吉蔵の思想を継承したかが論議されるのであって、現時点においては、三論の影響を受け継いでいると考えた方が、より理に適っている。この様な根拠不明な天台至上主義とも受けとれる従来の固執観念は、この際見直すべきである」(同前、二九〇頁下）ともいっている。

(15) 本書一八頁以下参照。なお、松本博士による如来蔵思想批判については、次の論文を参照されたい。松本史朗「如来蔵思想は仏教にあらず」(『印度学仏教学研究』第三五巻第一号、一九八六年十二月)、同「縁起について――私の如来蔵思想批判――」(『駒澤大学仏教学部論集』第一七号、一九八七年十月)。上記、二論文はいずれも後に松本『縁起と空――如来蔵思想批判――』(大蔵出版、一九八九年)に再録された。また、松本博士による吉蔵の思想に対する批判については、松本史朗「法華経と日本文化に関する私見」(『駒澤大学仏教学部論集』第二一号、一九九〇年十月)、および「三論教学の批判的考察――dhātu-vādaとしての吉蔵の思想――」(平井俊榮監修『三論教学の研究』春秋社、一九九〇年、後に松本『禅思想の批判的研究』大蔵出版、一九九四年に再録)を参照。また、松本博士と呼応するかたちで、本覚思想批判を展開している袴谷憲昭氏は、吉蔵を中国仏教者の中でも本覚思想に立つ最も典型的な人物と見て批判している。袴谷憲昭「四依批判考序説」(高崎直道博士還暦記念論集『インド学仏教学論集』春秋社、一九八七年、後に袴谷『本覚思想批判』大蔵出版、一九八九年に再録)、および袴谷憲昭「『法華経』と本覚思想」(『駒澤大学仏教学部論集』第二一号、一九九〇年十月)を参照。

(16) 吉蔵がいわゆる「如来蔵・仏性思想」に立脚した人であることは確実である。例えば、『勝鬘宝窟』巻下末には、「又論仏法根本大事。大事謂仏性。仏性即自性清浄心。此事応須論辨」(大正蔵三七・八五上)とある。ここで吉蔵は、「仏性」「自性清浄心」が仏法の根本大事であるといっていることがわかる。また、吉蔵の法華注疏が「悉有仏性」と「法身常住」を論証するために書かれたものであるという事実も、吉蔵が如来蔵思想家であったことを裏付けるであろう。吉蔵の法華注疏撰述の目的は、平井俊榮『法華玄論の註釈的研究』第一篇第二章「法華玄論と法華義記」四四―六六頁を参照。

(17) 筆者は、このような問題意識にしたがって、これまで次のような拙稿を発表している。本章は、これらの拙稿に補筆あるいは削除を施して改稿したものである。

①「吉蔵の『法華論』の依用をめぐって――特に四種声聞授記を中心に――」(『駒澤大学仏教学部論集』第一八号、一九八七年十月)

②「吉蔵の声聞成仏について」(『印度学仏教学研究』第三六巻第一号、一九八七年十二月)

③「三論宗における声聞成仏について――珍海の見たる吉蔵の声聞成仏観――」(『印度学仏教学研究』第三八巻第二号、一九九〇年三月)

④「吉蔵の授記思想――末光愛正氏の批判に応えて――」(『駒澤短期大学仏教論集』第一号、一九九五年十月)

⑤「吉蔵における「四種声聞義」再考」(『駒澤短期大学仏教論集』第六号、二〇〇〇年十月)

(18) 苅谷定彦『法華経一仏乗の思想――インド初期大乗仏教研究――』(東方出版、一九八三年)九一頁の記述を参照した。また、池田魯参氏が、授記について次のように述べられているのが参考になる。「「授記」の原義は、仏が弟子に、「汝は、未来、何時に、これこれという名号の仏となるであろう」というような形で、成仏・作仏の予言をし、証明を与えることである」(「道元の授記思想」『道元学の揺籃』大蔵出版、一九九〇年、一八三頁)、および「「その(授記の=奥野補)意図するところは、仏が一切衆生を成仏させようという意志の表現である」(同、一八四頁)。したがって、一般には授記を得ることができれば、成仏の道が開けると理解されているように思う。なお、吉蔵は『法華義疏』巻第八「授記品」において、授記を次のように定義している。「授者云与也。記者云決也。亦云莂也。所言決者。於九道内分決此人必当成仏故云決也。莂義亦然。懸説未来事以授前人。故名授記。前人領受故云受記」(大正蔵三四・五六五下)。この記述から吉蔵の理解も、一般的なそれと相違ないことが知られるであろう。

(19)『法華義疏』巻第七には「故授二乗記是此経之正宗。故偏挙之」(大正蔵三四・五四四下)ともいう。また、巻第十一「如来神力品」には、「如来一切秘要之蔵者。此二摂義無不周。故称為要。昔所未説故名為秘。如来一切甚深之事者。授五乗人成仏之記。為甚深事也」(同前・六一八下)ともある。

(20) 吉蔵の授記思想に関説した代表的な先行論文には、以下のようなものがある。田賀龍彦「授記思想解釈の諸類型——法華経二乗授記を中心として——」(望月歓厚編・法華経研究II『近代日本の法華仏教』平楽寺書店、一九六八年。後に田賀『授記思想の源流と展開——大乗経典形成の思想史的背景——』平楽寺書店、一九七四年に再録)、富澤慶榮「吉蔵の声聞成仏考」(『天台学報』第一九号、一九七七年十一月)

(21) 塩入良道「法華論の説相における授記について」(『印度学仏教学研究』第三巻第二号、一九五五年三月)参照。

(22)『大智度論』巻第百に「問曰。更有何法甚深勝般若者。而以般若嘱累阿難。而餘経嘱累菩薩。答曰。般若波羅蜜非秘密法。而法華等諸経。説阿羅漢受決作仏。大菩薩能受持用。譬如大薬師。能以毒為薬」(大正蔵二五・七五四中)とある。

(23)『法華玄論』巻第一(大正蔵三四・三六九上—中)

(24)『法華玄論』巻第七「授記品」(大正蔵三四・四二〇中)

(25)『法華玄論』巻第一に「晩見論釈受記文。問。声聞人為実成仏故与授記。不実成仏故与授記。若実成仏者菩薩何故積劫修行。若不実成仏将非如来虚妄授記。答。授声聞記者得決定心。非成就法故。如来依平等法説於一乗。平等法者以如来法身与声聞法身無異。故与授記。非即具足功徳故与授記。菩薩具足功故与授記。依此論明仏性名為法身。故知二乗有仏性。故与其授記也。問。若爾一切衆生皆有仏性皆応授記作仏。答。不然仏性有二種。一正因。二縁因。一切衆生雖有正因無有行解等善故無縁因。無縁因故不得作仏。今二乗人内有正因外聞法華経生信解等善。即縁因縁正具足故得授記」(大正蔵三四・三六八下—三六九上)とあるを参照。

(26)『大般涅槃経』巻第二十六「師子吼菩薩品」に「師子吼菩薩言。世尊。一切衆生有仏性。性如乳中酪性。若乳無酪性云何仏。説有二種因。一者正因。二者縁因。縁因者一酵二煖。虚空無性故無縁因」(大正蔵一二・七七六上—中)とある。

(27)『勝鬘宝窟』巻下末には、「又法華論解開示悟入中云。所言悟者。謂不知義。明一切二乗不知究竟唯一仏乗。又釈。破十種人病中。阿羅漢有三種顚倒信。一者信有三乗。名顚倒信。道理無三種。有於三。名顚倒信。為破此病。明乗平等門。明三乗人同受大菩提記故。以此推之。当知二乗未聞法華。並是愚法。又龍樹云。阿羅漢生三界外浄土中。聞法華経。方乃作仏。亦是其証。以経論験之。故知未聞一乗。則自保究竟。若聞一乗。則自知作仏」(大正蔵三七・八〇下)ともある。

(28) 本書第一篇第一章(一九—二〇頁、および三一—三三頁)参照。

(29) 末光第一論文、二八七下—二八八上参照。

(30) 但し、管見の限り、この『法華玄論』の一文に最初に注目されたのは、田賀龍彦博士である。前注(20)所掲の田賀論文参照。この論文の中で博士は、「『法華経』の所謂迹門における二乗授記は、一切の声聞に授記を与えているのではなく、応化と退菩提心のみと考える所に『法華論』の見方を引くものであり(以下略)」(二九〇頁、傍線=奥野、引用は前注(20)所掲の田賀書による)と述べている。

(31) 宗法師の『一乗仏性慧日抄』は、この『法華論疏』の問題の一文を引用して、次のようにいっている。「問。此言菩薩是何大士。答。是常不軽菩薩。故論云。言授記者六処示現五如来記。一菩薩記。乃至菩薩記者如常不軽菩薩品示現。礼拝讃嘆言我不軽汝等皆当作仏者。示諸衆生有仏性故。問。仏既不記。菩薩何授。答。嘉祥釈言。仏就根熟未熟故与記不与記。菩薩約二種義所以与記。一有仏性故。二方便令発菩提心故。問。既有二義。仏何不記。答。**嘉祥又言**。菩薩例仏義亦得也。問。何具因記定性成仏。答。既言具因。因何生迷」(大正蔵七〇・一八二下)。宗法師の立場も、一切の声聞に授記されるとする立場であろうと思われる。

(32)『法華義疏』巻十一「常不軽菩薩品」に「所以有此品来者凡有七義」(大正蔵三四・六一六上)とある。本文で述べる「五義」「六義」以外の義は、次の通りである。「一者三品明三種功徳」「二者此経始末明宣持之人得三世功徳」「三者近証法師品故来」「四者上明六根浄果。今叙六根浄因」「七者上来二品餘経已広歎持経人之福勧物明修行。今次広叙謗法毀人之罪誡約未来勿造斯業。故説此品也」

(33) 伊藤隆寿「吉蔵の経典観と対機の問題」(『日本仏教学会年報』第四九号、一九八四年五月)参照。この論文の中で伊藤博士は、「吉蔵は、明らかに法華に基づく一切皆成仏思想、換言すれば一乗真実説である」(一六二頁)と主張された。但し、博士は後にこの論文について、「右の論文を書いた時と現在とでは、吉蔵への対し方が変化している。したがって今となっては書き改めたい箇所が多々あることを表明しておきたい」(伊藤隆寿「三論教学の根本構造——理と教——」『中国仏教の批判的研究』大蔵出版、一九九二年、三二八頁注(4))と記されているので、前記の見解が伊藤博士の定論であるかどうかは慎重な判断を要しよう。

(34) 前注(17)所掲の拙稿①参照。この論文は、末光第一論文に対して疑義を呈したものであるが、今日の筆者の立場からすると改稿を要すべき点が多々あることをお断りしておきたい。

(35) この点は、本章の骨子となっている前注(17)所掲の拙稿④においても記したところであるが、末光氏がこの拙稿に対して応答したと思われる、前注(6)所掲の末光愛正「吉蔵の法華経観」においてまったく論及されなかったのは極めて残念なことであった。筆者よりすれば、末光氏には常不軽菩薩が「極悪の一闡提」にも「授記した」とする理解と、「極悪の一闡提」は「授記されない」という理解の相い矛盾した理解が存することになるので、議論は遺憾ながら蒸し返しの観を呈することになってしまうのである。末光氏には、「常不軽菩薩はこの極悪の一闡提にも、正因仏性がある事を認め授記したのであるから」（第三論文、二三九頁下。傍点＝奥野）としたかつてのご自身の論稿をいまの時点でどう考えるのか是非ともお示しいただきたかったと思う。

(36) 末光第四論文には、「現実問題としては、授記しようにも「方便品」中の五千の増上慢の様に退席してしまい、如来でも成仏させる事の出来ない衆生が存在すると、吉蔵は考えるのである」（三二二頁下）という記述もあるから、末光氏の理解には「五千の増上慢」は法華の会座にいないので、授記されようにも授記しようがないという理解もあるものと思われる。

(37) 縁因仏性について、末光第三論文では、「法華を信ずると云う縁因仏性」（二四一頁上）、「信解等の善と云う様に一乗を聞き、発菩提心の縁となる縁因仏性」（二四五頁下）、「縁因仏性とは、「信解等法」で、法華教を聞き、一乗中道の法を信解することである」（二四八頁上）といっている。

(38) 末光氏は、前注(6)所掲の論文「吉蔵の法華経観」の注(31)において、「名称が正因門授記なので正因仏性のみに対する授記と誤解しがちだが、発菩提心を目的とするから、縁因仏性も含む授記である」（一五四頁、傍線＝奥野）とも述べ、「正因門授記」は「縁因仏性を含む授記」とされる。とすると、吉蔵が「正因仏性」「縁因仏性」を区別し、「正因門授記」「縁因門授記」を分けた理由はどこに存することになるのであろうか。

(39) この文を末光第五論文は、次のように解釈している。「常不軽菩薩所対の増上慢は、「値常不軽菩薩者、初謗後信、初謗故千劫堕無間獄後信故説入菩薩位（法華玄論巻第七、大正蔵三四・四二二頁上）」と正因門授記したのにもかかわらず信じないが故に、千劫無間地獄に堕ちる。しかし最後には一仏乗を信じて縁因仏性の菩提心を発するから菩薩になれるのである」（二四二頁下、傍線＝奥野）。「正因門授記」のための前提条件を『法華経』の聞信とすると、聞信を条件に「正因門授記」を受けたのにもかかわらず、誹謗し、改めて一乗を信じたと理解するしかないであろう。また、傍線部の「信じない」とは、何を信じないのであろうか。常識的に考えれば、それは『法華経』の教え、一乗ということになろう。『法華経』の聞信を「正因門授記」のための前提条件とすると、それは前注(37)で見た「縁因仏性」とどのように関係するのだろうか。筆者の疑問とするところである。

(40) 『妙法蓮華経』巻第六「常不軽菩薩品第二十」に「最初威音王如来。既已滅度。正法滅後。於像法中。増上慢比丘。有大勢力。爾時有一菩薩比丘。名常不軽。得大勢。以何因縁。名常不軽。是比丘。凡有所見。若比丘。比丘尼。優婆塞。優婆夷。皆悉礼拝讃歎。而作是言。我深敬汝等。不敢軽慢。所以者何。汝等皆行菩薩道。当得作仏。而是比丘。不専読誦経典。但行礼拝。乃至遠見四衆。亦復故往。

礼拝讃歎。而作是言。我不敢軽於汝等。汝等皆作仏。四衆之中。有生瞋恚。心不浄者。悪口罵詈言。是無智比丘。従何所来。自言我不軽汝。而与我等授記。当得作仏。我等不用。如是虚妄授記。如此経歴多年。常被罵詈。不生瞋恚。常作是言。汝当作仏。説是語時。衆人或以。杖木瓦石。而打擲之。避走遠住。猶高声唱言。我不敢軽於汝等。汝等皆当作仏。以其常作是語故。増上慢比丘。比丘尼。優婆塞。優婆夷。号之為常不軽」（大正蔵九・五〇下―五一上）とあるを参照。『法華経』の現代語訳・解説は数多いが、いまは近年刊行された代表的なものとして、藤井教公『法華経（下）』（仏典講座七、大蔵出版、一九九二年）のみを挙げておきたい。特に同書九五五―九五九頁を参照。なお、「方便品」にいう「五千の増上慢」が、「常不軽菩薩品」において救済されると見ることを指摘した近年の論文に、友岡雅弥「法華経における「慢」について」（『東洋哲学研究所紀要』第七号、一九九一年十二月）がある。また、「常不軽菩薩品」と増上慢の関係については、伊藤瑞叡「常不軽菩薩品における常不軽菩薩と上慢の四衆」（『立正大学大学院紀要』第一〇号、一九九四年三月）を参照。

(41)『法華義疏』巻第九「法師品」には「如来授記凡有二種。一者別記。二者通記。上来但明別記未辨通記。則授記義未尽。今欲辨通記之義故有此品。言通別記者凡有三種。（以下略）」（大正蔵三四・五八四上）とあり、吉蔵は「法師品」は如来による「通記」であるといっている。これに対し、「常不軽菩薩品」は菩薩による「通記」であるというのである。

(42) 菅野博史『法華とは何か――法華遊意を読む――』（春秋社、一九九二年、二四六頁、傍線＝奥野）

(43) 菅野博士は、前掲書において、問題の『法華遊意』の部分を、次のように解説しておられる。「第二の根拠。常不軽菩薩が増上慢の四衆（悪人）に成仏の記別を授けている文を引き、さらに、その文に対する『法華論』の解釈、すなわち、一切衆生に仏性があることを示す修正した説、すなわち、善人の仏性を説くが、悪人の仏性を説かないとする説を取り挙げて批判している。『法華経』無仏性説をという解釈を参照して、『法華経』は悪人を排除していないと結論づけている。次に、一切の成仏を明かす譬喩品の文を引いて、悪人を排除していないことを重ねて明かしている。批判として有効性を持ちうる」（同前、二四八頁、傍線＝奥野）。この解説より、菅野博士も問題の『法華遊意』の一文を「成仏の記別を授けた」と理解していることがわかる。なお、引用文中にある「譬喩品」の文とは、「汝等若能。信受是語。一切皆当。成得仏道」（大正蔵九・一五上）がそれにあたり、この文を吉蔵は『法華義疏』巻第六（大正蔵三四・五三九下）で釈しているが、目立った解釈は見られない。

(44) 菅野博士は、前注(42)所掲書において、「吉蔵は『法華玄論』『法華義疏』において、十分に『法華経』を研究した上で、何らかの必要を感じて、それまでの研究成果の精髄を簡潔にまとめる試みをなした。その完成作品が『法華遊意』である」（二九頁）と述べられる。また、伊藤隆寿博士は、吉蔵著書中における「遊意」全般の位置付けに関して、「遊意は一経一論の大要を、自己の見識と立場で簡潔にまとめたものであるから、その点からいえば撰述者の見解、主張が最も端的に述べられているはずであり、決して軽視すべき存在ではない」と述べられる。伊藤隆寿「『弥勒経遊意』の疑問点」（『駒澤大学仏教学部論集』第四号、一九七三年十二月、五九頁）参照。

（45）『法華遊意』に「決定声聞」および「五千の増上慢」が不成仏であることをいった文がないことは、拙著『法華遊意一字索引』（自費出版、一九九三年）を参照されたい。

（46）基のこの『法華玄賛』に対する理解については、勝呂信静「窺基の法華玄賛における法華経解釈」（坂本幸男編、法華経研究Ⅳ『法華経の中国的展開』平楽寺書店、一九七二年）、横超慧日「法華経をめぐる仏性論争」（『法華思想の研究第二』平楽寺書店、一九八六年）、清水博昌「『妙法蓮華経玄賛』の一考察――声聞成仏と一乗について――」（『印度学仏教学研究』第三七巻第一号、一九八八年十二月）を参照。なお、藤井教公氏は、論文「中国仏教における「仏種」の語の解釈をめぐって」（『東洋の思想と宗教』第一七号、二〇〇〇年三月）の中で、次のように述べておられる。「この『法華論』を全面的に採用し、さらにより厳密に種姓論を『法華経』に読み込んだ基は、『法華論』が菩薩授記とした決定、増上慢の二種の声聞のうち、決定声聞については大乗姓が存在しないのであるから「根未熟」ではなく「根不熟」であり、理仏性はあっても行仏性はないということになり、結果として成仏不可能であると説くに至っている。このように『法華経』の説く二乗作仏に一分不成仏を認めることが、果たして経の趣旨に沿うものであるかどうかは問題であろう」（一四頁下、傍線＝奥野）。筆者は、藤井氏のご意見に全面的に賛成である。

（47）吉蔵に基のいうように先天的に「大乗の姓」を欠いたものの存在を認める考えのないことは、末光氏自身も次のようにいっている。「決定声聞と云えども正因仏性があり、成仏する可能性は持たせる。この点は法相の理性行性と似るのであるが、法相の様に「定姓」と云う考えはない。不成仏と云う定義が、菩薩種姓がない事、即ち吉蔵の云う正因仏性が備っていない事を云うならば、吉蔵は一切皆成仏思想である。吉蔵の云う不成仏は、縁因仏性即ち法相の云う行仏性が、決定声聞等にはない事である」（末光第四論文、三二九頁上、傍線＝奥野）。この記述と筆者が末光氏の論考に疑義を呈するきっかけとなった、第一論文の「しかし今回、法相の「五姓各別」と云う重要な内容も、吉蔵の思想中に基本的にあることが論証出来た」（二九〇頁下）と述べられることが、どのような整合性をもつのか筆者には理解できない。また、「根性不定」を前提とする吉蔵において、「縁因仏性」（＝行仏性）が未来永劫にわたって「決定声聞」等にそなわることがないと断定できるのかどうかも問題であろう。断定できるとすれば、吉蔵のいう「根性不定」とはやはりまやかしに過ぎないものであるように筆者には感じられる。

（48）藤井氏は、前注(46)所掲論文の中で、次のように述べておられる。「基の『法華経』解釈は、これまでの道生から吉蔵に至るまでの法華思想の流れからするとかなり異質なものであるといえよう。それは『法華経』が一乗真実三乗方便と二乗作仏をその思想の大きな柱としているのに対し、三乗真実一乗方便、無性種姓を認める五性各別説に立っての解釈だからである」（一五頁下）。筆者は、この藤井氏のご見解はまったく正当なものであると思う。末光氏のいわれるように、吉蔵は「決定声聞」と「五千起去の増上慢」は常不軽菩薩にも礼拝されないと解していたとするならば、それは基よりもさらに特異な『法華経』理解であったと評せるであろう。なお、吉蔵、基等の「一乗」解釈については、吉津宜英『華厳一乗思想の研究』第六章「一乗義の展開と別教一乗」（大東出版社、一九九一年、特に四二五―四五七頁）参照。

(49) 以下に示すⒽ・Ⓘ・Ⓙの文脈において、Ⓐ『法華玄論』の「三種増上慢」の定義を想定して、その文脈を理解する読者がどれほどいるであろうか。これらの文脈に「三種増上慢」の定義は持ち込むべきではないというのが筆者の意見である。

(50) 大正蔵経脚注の校訂により「有入一乗」を補う。

(51) 大正蔵経脚注の校訂により「法」を補う。

(52) 珍海は浄土教の思想家として名高いが、珍海には長承三年（一一三四）成立『大乗正観略私記』一巻、保延二年（一一三六）成立『三論玄疏文義要』十巻、保延六年（一一四〇）成立『一乗義私記』一巻、久安五年（一一四九）成立『大乗玄問答』十二巻、それに成立年代不明の『三論名教抄』十五巻などの三論関係の著作がある（いずれも大正蔵経七〇巻に所収）。このように、珍海は南都の三論で最も著述量の多い学者である。なお、本章にかかわる珍海の仏教理解をめぐっては、五十嵐隆幸氏に次の論文がある。五十嵐隆幸「珍海における仏性思想の一考察――特に『三論玄疏文義要』と『決定往生集』を中心に――」（『仏教学研究』第五四号、一九九八年三月）。また、浄土教思想家としての珍海については、普賢晃寿『日本浄土教思想史研究』（永田文昌堂、一九七二年）を参照。

(53) 『三論玄疏文義要』巻第六には、「問。摂大乗論釈一乗云。為引摂一類。及任持所餘。由不定種性。諸仏説一乗〔云云〕。此論無著本頌。天親釈也。又別有無性摂論也。此顕一乗為一類不定二乗。故知。仏説一乗有別意趣。非言定性無性亦得成仏也」（大正蔵七〇・二九六上―中）とあるので、珍海の依用は正確には、『摂大乗論釈』（玄奘訳）であろう。対応する箇所は、同書巻第十（大正蔵三一・三七七下）。なお、真諦訳『摂大乗論釈』における件の偈は、「未定性声聞　及諸余菩薩　於大乗引摂　定性説一乗」（巻第十五、大正蔵三一・二六五中）となっている。珍海が真諦訳『摂大乗論釈』も用い、その説に依っていることは、『三論玄疏文義要』巻第六の後文に「梁摂論第十五云〔釈〕。如来為何義故。説二乗人同趣一乗皆得成仏。前偈以了義説一乗。後偈以蜜義説一乗。論曰。未定性声聞。及諸餘菩薩。於大乗引摂。定性説一乗。釈曰。有諸声聞等。於大乗根性未定。欲引令信受大乗。摂令修行大乗。有諸菩薩於大乗根性未定。有諸菩薩於大乗根性已定。無退異意為。此菩薩説一乗〔云云〕」（大正蔵七〇・二九六下）とあることから明らかである。真諦訳『摂大乗論釈』の解釈、およびそれをめぐる珍海の解釈等については、後に本章において再び考察する。一二三頁以下参照。

(54) 末光第一論文、二八三―二八六頁参照。

(55) 大正蔵七〇・七五五下参照。

(56) 『三論玄疏文義要』巻第五に「楞伽経云。酔三昧酒。而臥八万劫〔云云〕。又同二云。大経八万劫到等。就極鈍者。如在世間。法華者利根故即時到〔取意〕。**統略方便品云**。故法華論有二種声聞。有大機者。謂退大取小人。無大機者。是決定声聞。問。此二人同生浄土有何異耶。答。悟有早晩。根有利鈍。問。住羅漢幾時而悟。答。楞伽云。至無量億劫。耽小乗一空三昧楽。猶如酔人久久方醒〔云云〕」(大正蔵七〇・三〇五上)とあり、『一乗仏性慧日抄』に「問。無餘之中有何所作。答。定性二乗以愚法故未入無餘涅槃之前。於不解有三種之餘。於自所得生究竟想。正師子吼。我生已尽乃至不受後有。灰身滅智而入寂滅。当於彼滅身智之時。即受細質堕変易生。雖然彼亦不知此事。住無餘界惛然無作。猶如酔人。故楞伽説。酔於寂滅酒。無量劫不覚。譬如惛酔人。問。酔三昧酒経幾得覚。答。**嘉祥釈言**。根有利鈍。悟有早晩。故楞伽云。無量劫不覚。涅槃経説八万到乃至十千劫到。劫限不定。八万等義如涅槃疏。恐煩不述」(同前・一八五中)とあるを参照。

(57) 法蔵は、『入楞伽心玄義』の中で問題の『楞伽経』の一文を、「此経三昧酒所酔等〔云云〕。二約教者。或一切二乗皆不迴心。如小乗説。或諸二乗不定性者。未入見道亦有迴心。餘並不迴。如大般若及浄名経等。或諸二乗定種性者一切不迴。不定種性縦得羅漢而許迴心。如深密等経。或諸二乗定与不定。一切皆迴。但有入滅不入滅遅疾差別。如法華涅槃楞伽密厳等説。良由教有浅深前後差別。故以末後方為了教。餘如前説」(大正蔵三九・四三二上―中)と注釈している。法蔵も明らかに『楞伽経』の一文を廻心の経証としていることがわかる。

(58) 常盤大定博士は、その著『仏性の研究』において、末光氏の引く問題の『法華玄論』巻第八(大正蔵三四・四二九中)の一文に注意され、次のように述べておられる。「『法華玄論』八の中には、凡夫と二乗とを共に闡提と名けて、共に転悟によりて菩薩道に入るべきを論じ、『勝鬘宝窟』中本には、二乗の無余に入るものにも、猶回心を認め、「熏習種子猶在、故入一乗」といひ、或は又、「雖未廻心、以理説之、則入三乗」といふ。甚しきに至りては、二乗をも闡提と貶して、之を聖人闡提といひ、然れどもその廻心・未廻心に関はらず、理の上よりせば、結局一乗に入るべきをいふ。その一性皆成説に立てるは、明白なりといふべし」(同書、中篇第五章「三、理内理外の仏性有無及び草木成仏説」国書刊行会、一九七三年再刊、二一九―二二〇頁)参照。道理としては「一切皆成」であるが、現実には「不成仏者」がいることをもって、これを「不成仏思想」と規定するなら、筆者にはすべての仏教思想が「不成仏思想」であるように思われる。いったい、末光氏が吉蔵の思想の中に基本的骨子がみられるとする「五性各別思想」を説く法相においても、道理としては「一切皆成」をいうのであろうか。ご教示をお願いしたい。なお、常盤書にいう『勝鬘宝窟』中本の記述とは、同書に「問。若爾声聞縁覚迴向者可入一乗。不迴者入無餘涅槃応不入一乗。答。後迴心時。二乗薫習種子猶在。故入一乗。問。若爾人天種子豈不在耶。答。此不定。人天或断善根。故不説入。又二乗体是出法。雖未迴心。以理説之則入一乗」(大正蔵三七・四一下―四二上)とあるを参照。なお、この『勝鬘宝窟』の一文に関しては、末光氏も検討している。

(59) 末光氏は、「吉蔵は、衆生を「根性不定」と論理上考えるが、実際には執着心が強く、仏が道理を示しても、自らの考えを変えようとしない「根性の定性の様な者」はいると考える。会三帰一の道理を示しても、二乗の教えは絶対正しいと思い込み、一乗を信じない人、それが不成仏者であり、五千の徒や決定声聞であると論述して来た」（前注(6)所掲の末光「吉蔵の法華経観」一三七―一三八頁）と述べる。筆者も「決定声聞」や「五千の増上慢」がそのままで成仏するといっているのではない。筆者はこれらの声聞も「根性不定」であり、「転悟」の可能性が残されているので、永遠に不成仏とは断定できないといっているのである。現実の段階で不成仏者がいることをもって、不成仏思想というなら、それはその通りであろう。しかし、現実に不成仏者はいないと説く仏教思想など存在するのであろうか。

(60) 吉蔵における「直往の菩薩」に関しては、対応する「廻小入大菩薩」とともに、菅野博史博士に次の論稿がある。菅野博史「吉蔵における二種菩薩論――直往菩薩と廻小入大菩薩――」（『印度学仏教学研究』第三一巻第一号、一九八二年十二月、後に菅野『中国法華思想の研究』に再録）

(61) 参考までに、菅野博史博士は前注(42)所掲書において、この部分を「質問。あらわに一乗を説くのは、どんな人のためであるか。解答。三種の人のためである。第一に〔声聞か縁覚か菩薩か〕定まっていない根性の声聞のために、一乗に入らせる。第二に定まっている根性の声聞を訓練するために、一乗に入らせる。第三に直往の菩薩のために、一乗があって三乗がないことを知って、進んで退かないようにさせる」（三三五頁、傍線＝奥野）と訳出され、これを「第四の問答においては、『法華経』はあらわに一乗を説くが、これは声聞か縁覚か菩薩かまだ確定していない声聞、すでに声聞と確定している声聞、直往の菩薩の三種の人のために説くのであることを明らかにしている」（三三七頁、傍線＝奥野）と解説しておられる。「定まっている根性の声聞」「すでに声聞と確定している声聞」とは、常識的にみれば、それは「決定声聞」以外にないと思われる。

(62) 「已定根声聞」と「不定根声聞」については、末光第九論文三〇九頁下―三一一頁上を参照。

(63) 勝呂信静博士は、本章で問題としている『摂大乗論釈』について、次のように述べておられる。「ところで、真諦訳摂大乗論釈のこの箇所はいささか他訳と異っていて、定性菩薩に一乗を説くという一項を加え（中略）声聞成仏の趣旨をはっきりさせている。第二は、他訳と異ならないが、それにつづいて次の如くいう。

復次、於法華大集中、有諸菩薩、名同舎利弗等。此菩薩得此意、仏為授記、故説一乗。復次、仏化作舎利弗等声聞、為其授記、欲令已定根性声聞更練根為菩薩。未定根性声聞令直修仏道、由仏道般涅槃。（巻第十五、大正蔵三一・二六五頁下）

右は他訳の⑧に当る部分と認められるが、法華経の舎利弗等を菩薩であるとし、定性声聞の成仏を認めている。法華経の思想の基本的構造は、如来蔵思想の方向に展開するもので、いわゆる唯識説はこれと対照的な点があると考えられるが、唯識説もその発展の過程において、次第に如来蔵思想の影響をうけ、これが真諦訳に反映していると思われる」（勝呂信静「インドにおける法華経の注釈的解釈」

金倉円照編『法華経の成立と展開』平楽寺書店、一九七〇年、三九一頁。傍点＝勝呂博士、傍線＝奥野）

（64）吉蔵が「小乗義云」とするのは、真諦訳『倶舎論』（大正蔵二九・二七二下―二七三上）にその典拠が求められるが、直接的には本文で引いた◎『摂大乗論釈』（真諦訳・世親釈）巻第十五の前文に「論曰。五救済乗為業。諸菩薩欲偏行別乗。及未定根性声聞。能安立彼為修行大乗故釈曰。此明真実教力。乗有人法。人有大乗人有小乗人。法有方便乗法有正乗法。転方便乗修治正乗故。名救済乗。摩訶般若経説。乗有三義。一性義二行義三果義。二空所顕三無性。真如名性。由此性修十度十地名行。由修此行。究竟証得常楽我浄四徳名果。又中辺論説乗有五義。一出離為体謂真如。二福慧為因能引出故。三衆生為摂。如根性摂令至果故。四無上菩提為果。行究竟至此果故。五三惑為障。除此三惑。前四義成故。諸菩薩在十信位中。修大行未堅固。多厭怖生死。慈悲衆生心猶劣薄。喜欲捨大乗本願修小乗道。故言欲偏行別乗。小乗説声聞。若得信等五根不名定根以未得聖故。若得未知欲知等三根則名定根。以得聖故。若至頂位不名定性。以不免四悪道故。若至忍位名為定性。以免四悪道故。若依小乗解。未得定根性。則可転小為大。若得定根性則不可転。如此声聞。無有改小為大義。云何得説一乗。今依大乗解。未専修菩薩道。悉名未定根性故。一切声聞皆有可転為大義。安立如此大小乗人。令修行大乗」（大正蔵三一・二六四下―二六五上）とある部分を踏まえるものと思われる。この『摂大乗論釈』に関して、勝呂博士は、次のように述べておられる。「右は小乗仏教では忍位以上では根性が定まったものとして声聞の転根を認めないが、大乗では一切の声聞を不定性として転根・成仏を認めるという趣旨である。真諦訳の思想は、定性・不定性の区別を越えて一切の声聞（あるいは一切の衆生）の性質を不定性と見ることにあるようであって、これは三乗各別説・五姓各別説の否定に連なる思想である。この真諦の説は不定種姓の概念の拡大解釈であって、このような思想が『摂大乗論』の原意にあったとは考えられない。しかし『摂大乗論』が説く二種の意楽の第二は、不定性の声聞にかぎられるものではなく、定性・不定性を含めて一切の声聞は授記作仏せしめられるものであるということを前提にして論ぜられているようである。ただし、それは声聞が法身を実現するということに重点があるのではなく、授記の時点において声聞が仏智を体得し、仏と平等であるという意楽（境地）を得るということを中心にして、それが一乗の意味であることを主張しているように理解されるのである」（『初期唯識思想の研究』第二篇第三章、四八三頁注(74)、傍線＝奥野）。対応する玄奘訳の解釈については、長尾雅人『摂大乗論――和訳と注解（下）』（インド古典叢書、講談社、一九八七年、四二八―四三四頁）を参照。たとえ、『摂大乗論』そのものが「五姓各別」を堅持していたとしても、いま重要なのは吉蔵が真諦訳『摂大乗論釈』（世親釈）に拠っているという事実である。また、『摂大乗論』の問題の一文と『大乗荘厳経論』第十一章「述求品」第五十三頌との関係については、前掲勝呂書四六三―四六八頁、および袴谷憲昭「真如・法界・法性」（『批判仏教』大蔵出版、一九九〇年、二六一―二六五頁、この論文の初出は講座東洋思想第九巻『インド仏教2』岩波書店、一九八八年）を参照。また、『大乗荘厳経論』「述求品」の問題の箇所については、袴谷憲昭・荒井裕明校註『大乗荘厳経論』（新国訳大蔵経、瑜伽・唯識部一二、大蔵出版、一八八頁）参照。なお、『倶舎論』のいう「声聞種性」への決定については、高崎直道博士も次のように述べておられる。「『倶舎論』は〈声聞種姓〉への決定を四善根位中の第三忍位中の大忍以降に認め、それ以前は種姓からの退転と転向を認めている」(『如来蔵思想の形成――インド大乗仏教思想研究――』第二篇第二章「菩薩と如来種性(I)」四九一頁)。後に本文に見る末光氏のいわれる吉蔵の理解に従えば、吉蔵はある種の「未定根性声聞」(五千の増上慢)は永遠に転根の機会がなく、「已定根声聞」である「退大取小声聞」は転根できると見ていたことになる。しかし、吉蔵の理解がかかるものであったとするならば、その理解は『摂大乗論釈』『倶舎論』双方の解釈から逸脱するものであったといえまいか。筆者は、吉蔵はあくまで『摂大乗論釈』によって、「一切皆成」に傾いていたと判断する。

(65) 斎藤明「一乗と三乗」(講座東洋思想第十巻『インド仏教3』岩波書店、一九八九年)六一頁。

(66) 前掲、斎藤論文、六二頁。

(67) 前掲、斎藤論文、六六頁。

(68) 苅谷定彦『法華経一仏乗の思想――インド初期大乗仏教研究――』第二章第一節「三、五千起去の意味」(東方出版、一九八三年)七八―七九頁。なお、久保継成博士も苅谷説を踏襲しておられる。久保継成『法華経菩薩思想の基礎』(春秋社、一九八七年)一六八―一六九頁参照。

(69) 前掲、苅谷書、八〇―八一頁。

(70) その他、筆者が参照することを得た諸学者の見解には、次のようなものがある。横超慧日博士は、その著『法華経序説』の中でこの問題について、「それにしても、なお疑問が残る。仏は何故これを止めて廻心させるだけの努力をせられなかったか。黙然として制止せられなかったということが、仏の威神力と大慈悲心を傷つけることになりはせぬか。これについて私は次のように解釈したい。仏の説法は機に応じてなされるもので、機の熟しない時には仏と雖も之を如何ともすることができない。それ故増上慢の者に対して暗に機の熟するのを待たれた結果がこの退席黙認となったのであろう。若しも機の熟していないのを承知の上で強いて止められたとすれば、機に応じない説法によって彼等に謗法の罪を犯させるのみで、害あって益はない。故にこの場合は退席黙認が却って仏の大慈悲であり、こうする以外に方法はなかったものと考えられるのである」(同書「五千人の増上慢の者」、法蔵館、一九七八年、第五刷、二〇―二二頁)と述べておられる。かかる横超博士の解釈は、後に本章中で考察するように多分に天台の解釈の影響を受けたものと思われる。また、菅野博史博士は、「仏教は衆生の救済に関して、きわめて楽観的な考えを持っている。楽観的というのは、誰でも最終的には必ず救われるということである。仏教には永遠の地獄という考えはないのである。したがって、この五千人も何らかの仕方で救われるはずであり、彼らを救済からあくまで排除するという考えはもうとうないはずである」(『法華経――永遠の菩薩道――』大蔵出版、一九九三年、九二―九三頁)と述べられる。なお、菅野博史『法華経入門』第二部第一章「一仏乗の思想――だれでも仏になれる――」(岩波新書、二〇〇一年、一二五―一二六頁）の記述もあわせて参照されたい。

(71) 菅野博史『法華統略（上）』（法華経注釈書集成六、一九九八年三月。本章では菅野『統略（上）』と略記）、同『法華統略（下）』（法華経注釈書集成七、二〇〇〇年三月。本章では菅野『統略（下）』と略記）。なお、菅野博士は同訳注に先立ち次のような論文を発表されている。

①「新出資料『法華統略』釈薬草喩品・釈授記品・釈化城喩品」（『印度学仏教学研究』第四六巻第一号、一九九七年十二月）

②「新出資料『法華統略』釈薬草喩品・釈授記品・釈化城喩品の翻刻」（『大倉山論集』第四二輯、一九九八年三月）

論文①では、宝性院本『法華統略』の概略的特徴が述べられ、論文②では、宝性院本『法華統略』において新たに発見された「釈薬草喩品・釈授記品・釈化城喩品」の翻刻がなされている。

(72) 伊藤隆寿「三論宗関係典籍目録（稿）」（『駒澤大学仏教学部研究紀要』第五四号、一九九六年三月）

(73) しかし、今回の菅野博士の新発見によっても、なお脱落の見られることは菅野『統略（上）』の解説に詳しい。前注(71)所掲の菅野論文②によれば、新出の「釈化城喩品」については、第十八丁が脱落しているという。

(74)『法華玄論』巻第八の「三界及二乗是仏道巨難。若能度之必至仏道」（大正蔵三四・四二九中）、および同巻に「又唯有五乗故但度五百。人天乗是三百。二乗是二百。故仏乗度此五百。以声聞乗度三百。縁覚乗度四百。仏乗度五百故。不得多少」（同前・四二九下）等とある記述を見れば、「五百由旬」を度れば仏道に入れると見るのは自然であろうかと思う。

(75) 菅野『統略（下）』七三七頁の脚注、および前注(71)所掲の菅野論文②の一四〇―一四一頁を参照。

(76) 内容的には同一の事柄の繰り返しのようにも思われ、不自然のような気もするが、もともと存在したのか、後人の加筆なのかは軽々に判断できない。

(77) 例えば『法華論疏』巻上においては、吉蔵は「八名一切諸仏秘密処者以根未熟衆生等非受法器。不授与故。八名一切仏秘密処者。如五千之徒起去。不堪聞故也。亦如四十餘年未得演説」（大正蔵四〇・七九三中）ともいっている。

(78) 吉蔵は、『維摩経義疏』巻第一においてこれを、「問。諸仏平等。普応護念。何故独建立菩薩。答。天沢無私。不閣枯木。仏見雖普。不立無根」（大正蔵三八・九二〇中）と注釈している。

(79)『法華経』「薬草喩品」と「種姓の差別」の関係については、松本史朗「『勝鬘経』の一乗思想について――一乗思想の研究（III）」（『駒澤大学仏教学部研究紀要』第四一号、一九八三年三月、後に松本『縁起と空――如来蔵思想批判――』大蔵出版、一九八九年に再録）を参照。

(80)『法華統略』巻上末に、「問。何故臨説一乗。五千退席。答。甘露将垂。懐毒避席。可傷之深。又問曰。何故嘆浄衆。毀不浄衆。答曰。使住人欣夜光之将至。傷彼去者。握魚目而離群。釈罪根深重。直保執小乗。乖一実之理。故名罪。執小生於謗大。故名根。久習執情為深。十方仏不能抜為重」（卍続蔵四三・二六右下、菅野『統略（上）』三一一頁）とある。また、『法華義疏』巻第三には「何故五千独去而三根住耶。是故釈云。五千罪根深重十方諸仏不能抜済」（大正蔵三四・四九三中）とある。

(81) 一般に仏の「慈」「悲」は普遍的なものであると思われるが、ここではやはり「慈」は普く及ぶものではないと解釈する他はないように思われる。但し、『勝鬘宝窟』巻上本において吉蔵は、経の「普為世間出」(大正蔵一二・二一七上)を釈して、「普為世間出者釈上思惟測度之意。我思惟測度。如来大慈無偏。如日月之照世」（大正蔵三七・一二中）といい、如来の大慈が無偏であることを強調している。

(82) 『法華義疏』に「已離法席」とあるのが、「五千起去の増上慢」に相当することは明らかであろう。

(83) 『中観論疏』巻第一本には、「群生不窮。大悲無限」（大正蔵四二・七下）とあり、同巻第五本には、「論主無縁大悲愍末世衆生重罪。衆生示真実方等大懺速滅三障法門」（同前・七四上）とある。また、『法華義疏』巻第十二「観世音菩薩普門品」に「正意而言衆生無尽故大悲無窮也」（大正蔵三四・六二五上）とあるを参照。ところで、末光氏は論文「天台五時教判と三論教学」（平井俊榮監修『三論教学の研究』春秋社、一九九〇年）の中で、『涅槃経』を追説追泯とする天台の五時教判は、『法華玄論』等を中心とする吉蔵の経典観の影響の下に構想されたものであることを指摘している。ただ、天台が『涅槃経』において「五千起去の増上慢」等の救済を考えているのに対して、吉蔵は『涅槃経』においてもそれらは救われないとしている点に違いがあるのだという。では、吉蔵は『涅槃経』において救われる対機として、いかなるものを考えていたのであるかといえば、それは「最鈍根人」であると思うのであるが（『法華玄論』巻第二、大正蔵三四・三七三下参照）、「最鈍根人」に「五千起去の増上慢」や末光氏のいう「決定声聞」が含まれないとどうして確定できるのであろうか。なお、『法華統略』巻上末において、吉蔵が経の「鈍根小智人」（大正蔵九・十上）を釈して、「釈鈍根小智人。即是五千徒」（卍続蔵四三・三五左下、菅野『統略（上）』三三九頁）と述べることは本文中で指摘した通りである。

(84) 『大智度論』巻第二十七「釈初品大慈大悲義」に「大慈与一切衆生楽。大悲抜一切衆生苦」（大正蔵二五・二五六中）とあるを参照。

(85) 『法華遊意』に「第八弘経方法。問。尋如来出世善巧化人。四依菩薩妙能通法。末世凡夫云何弘経。答。法師品云。仏滅度後若有善男子善女人欲説是経者。当安住三法。一者入如来室。二者著如来衣。三者坐如来座。入如来室者。大慈大悲心是也。如来衣者。柔和忍辱心是。如来座者。一切法空是。具此三法。然後以不懈怠心為四衆説法。仏垂妙軌。宜可依之。慈悲有隠覆之功。喩之如室。柔和忍有障弊之用。喩之如衣。空理可以安心。目之為座。詳此三門則為次第。大悲抜苦大慈与楽。蓋是種覚之洪因弘道之本意。欲説妙法。宜前建此心。是故第一明入如来室。既於極悪之世欲弘窮善之道。必多留難。宜応忍之。是故第二明著如来衣。雖復慈悲外覆和忍内安。若無空観虚明則二行不成。何由悟物。是故三辨坐如来座。内備三心外懃説法。則道無不隆。人無不利。故令安住三法弘法花経」（大正蔵三四・六四八中—下）とあるを参照。なお、この記述については、『法華玄論』巻第一（同前・三六一上）および『法華義疏』巻第九（同前・

五八七中）に同一の文脈がある。「大悲門」については、『法華玄論』巻第一に「二者大悲門。謂如来在法身地。見二種衆生。起大悲心。一者昔曾受仏化。而先観招苦。二者未経高道。受三界煮焼。此二衆生、具一切患無一切徳。故有仏所無。無仏所有。為此衆生。起大悲心也」（同前・三六七中―下）とあるを参照。

(86) 末光第七論文の「三、増上慢について」「四、五千の増上慢について」「五、五千の増上慢の退席について」を参照。特に同論、三四七頁下以下を参照。

(87) 天台の『法華文句』が『法華玄論』等、吉蔵の著作を大幅に依用して成立したものであることは、平井俊榮『法華文句の成立に関する研究』（春秋社、一九八五年）を参照。

(88) 湛然（七一一―七八二）は、この『法華文句』の箇所を次のように解釈する。すなわち、『法華文句記』巻第四下に「毒鼓者。大経云。譬如有人以毒塗鼓於大衆中。撃令出声聞者皆死。鼓者平等法身。毒者無縁慈悲。打者発起衆也。聞者当機衆也。死者無明破也。今世惑破近死正当機人也。来世惑破遠死。此五千等。雖非当機。如来何不彊為其説。作久遠因。如喜根等即遠益人。具如止観第八記」（大正蔵三四・二三二中）、または「若去住倶謗等者。聞略不謗。聞広必謗。故云去則有益。故毒鼓二義。謗及不謗。前聞略説。已成不謗毒鼓之因。何須更加成謗因耶。二因無別。加謗堕苦。不作謗因。或於涅槃得当機益。若加謗者。多失近利。故任其去。以存近益。喜根慈故令遠得益与其楽種。如来悲故護令不謗抜其当苦」（同前・二三二下）とあるを参照。なお、『法華文句記』の引く「大経」「止観」それぞれの典拠は、『大般涅槃経』巻第九「菩薩品」（大正蔵一二・六六一上）および『摩訶止観』巻第八上に「如喜根為諸居士説巧度法。皆得無生忍。勝意比丘行拙度法無所克獲。後遊聚落聞貪欲即道而瞋喜根。云何為他説障道法。作擯未成。喜根為説偈。即便身陥。菩薩知其不信曾堕地獄。是故強説作後世因」（大正蔵四六・一〇四上）とあるを参照。また、問題とする『法華文句』の一文の解釈をめぐっては、北川前肇『法華経に学ぶ（上）』（大東出版社、一九九六年、七五―七九頁）もあわせて参照されたい。

(89) 末光氏は、「所が五千の増上慢が「略説を聞いて未来得度の因縁と作す」等と云うものの、吉蔵の著書中に、五千の増上慢が、未来、例えば常不軽菩薩所対の増上慢の様に、千劫後には成仏への道に入ると云う明確なものが見当たらない様に思う。（中略）むしろ未来も不成仏説の内容である。先にも示したごとく、五千の徒は「得聞略説而不得記也」と、略説を聞いても授記を得られないのだから、結局は不成仏で終ると考えられる」（末光第七論文、三五三頁下―三五四頁上、傍線＝奥野）とも述べる。ここで「略説を聞いても授記を得られない」というのは、如来からの授記であろう。筆者は上記のような末光氏のご意見に対して、次のような異議を申し立てたいと思う。吉蔵の著書中に「五千の増上慢」が明確に成仏するという文脈が見られないことをもって、吉蔵はそれらの声聞を永遠に「不成仏」であると考えていたことの論拠とするならば、ではいったい「一切皆成」をいう『法華経』のどこに「五千の増上慢」の成仏を説いた箇所があるのであろうか。なお、『法華経』において「五千の増上慢」が「常不軽菩薩品」で救済されるということについては、前

注(40)所掲の友岡論文を参照されたい。

(90) そうした空理解の欺瞞性については、松本史朗「空について」(『縁起と空――如来蔵思想批判――』大蔵出版、一九八九年)を参照。

(91) 平川彰『般若心経の新解釈』(パープル叢書、世界聖典刊行会、一九八二年、一一一頁)参照。

(92) 諸橋轍次『大漢和辞典』第一巻(大修館書店、一三五頁)参照。

(93) 中村元『仏教語大辞典〈縮刷版〉』(東京書籍、一九八一年、一一六四頁)参照。

(94) 前注(58)所掲の常盤書、四四頁参照。

(95)『大般涅槃経』巻第二十「光明遍照高貴徳王菩薩品」(南本、以下「徳王品」と略す)には、次のような記述がある。「世尊。犯四重禁名為不定。誹方等経作五逆罪及一闡提悉名不定。如是等輩若決定者。云何得阿耨多羅三藐三菩提。得須陀洹乃至辟支仏亦名不定。若須陀洹乃至辟支仏是決定者。亦不応成阿耨多羅三藐三菩提。(以下略)」(大正蔵一二・七三六下―七三七上、対応する北本は巻二二、四九三中―下)。この一文を勝呂信静博士は次のように解説される。「『涅槃経』は古来言われているように、『法華経』の思想と密接な関係があり、それを一層発展させたものと見られるものであるが、「一切衆生悉有仏性」を説き、その根拠として「不定」の教説を説いている(中略、前に掲げた『涅槃経』「徳王品」の文を取意して引用している=奥野補)。右のように、仏をはじめとして一切衆生は、不定であるから、成仏することができるのである。すなわち不定は、衆生の普遍的な在り方である。ゆえに一闡提が一闡提を除くように、衆生はみずからの人格を転換(廻心)することによって成仏を達成するというのが、この場合の仏性の理論であると見られる。この不定の思想は大乗仏教の空・無自性の思想と同じであって、一切諸法は無自性・空であることを、衆生にあてはめて、一切の衆生は不定であると説かれるのである」(勝呂信静「法華経の成仏思想――二種の成仏観――」『法華経のおしえ日蓮のおしえ』大東出版社、一九八九年、一三七頁、傍線=奥野)。また、勝呂博士は「〔書評〕苅谷定彦著『法華経一仏乗の思想――インド初期大乗仏教研究――』」(『法華文化研究』第一一号、一九八五年三月、二六頁)でもほぼ同様の見解を述べておられる。また、望月良晃博士も同じ「徳王品」の一文を解釈して、「一闡提と言っても永久に善根を断じるのではなくて不決定のものである。従って成仏の可能性は残されているというのである」(『大乗涅槃経の研究』第二篇第二章「一闡提成仏説の展開」春秋社、一九八八年、一一五頁、傍線=奥野)と述べて、やはり「不定」のゆえに一闡提も成仏できるという立場に立っている。なお、これに関連した『涅槃経』に見える「一闡提」の問題に関しては、本書第一篇付録一、「『涅槃経』をめぐる最近の研究について――一闡提論を中心に――」(初出は『駒澤短期大学仏教論集』第五号、一九九九年十月)を参照されたい。

(96) 因みに、中村元『仏教語大辞典〈縮刷版〉』は「一切皆成」として、「一切皆成仏の略。成仏の可能性について衆生を五類に分ける説に対し、一切の衆生はみな仏性があるから成仏が可能であると主張する説。↓一切衆生悉有仏性」とするが、「一切皆成仏思想」という言葉の定義をはっきりしないと、議論はかみ合わないようにも思える。筆者は、本文でも述べたように原理的に「一切皆成」をいう思想が「一切皆成仏思想」であると考える。

(97) 筆者は、花野充道氏が論文「最澄の法華経受容」の中で、次のように述べられているの読んで所感が少なくなかった。花野氏は、次のようにいわれる。「一乗主義とは、すべての人が平等に成仏できるとする立場であるが、それはあくまで理論であって現実ではない。現実にはわれわれは迷っている。仏教の教祖である釈尊を除いて、現実に仏に成った人など誰もいない。大乗仏教の修行者である以上、誰でも成仏を目指して修行に励むのであるが、誰一人として現実に成仏した人などいない。一乗主義に立つ天台宗の智顗ですら、現実に成仏することはかなわなかった。智顗は、凡夫から仏へと到る修行の階位を示して、六即の説を立てる。仏教を全く知らない凡夫であっても、すべての人が理の上では仏に等しい。一切衆生に悉く仏性が有り、すべての人が成仏できる。しかし、それはあくまでも理論であって、現実にはただの迷いの凡夫にすぎない。(中略)すなわち智顗の円頓教学において、理論上はすべての衆生が一生のうちに成仏が可能なのである。ところが現実は、智顗自身が観行即にとどまったように、いかに修行に励んだとしても、妙覚の仏果はいうまでもなく、初住の成仏さえもはるか彼方にある。理論的には「一切衆生悉皆成仏」であっても、現実的には誰一人として成仏した人はいないのである」(花野充道「最澄の法華経受容」『国文学 解釈と鑑賞』一九九六年十二月号、後に『道心』第一七号、二〇〇〇年八月に再録。本書における引用は後者の『道心』による。四〇—四一頁。傍線=奥野)。また、花野氏は次のようにも述べられる。「本来、仏教において「仏」とはインドに誕生し、出家修行して悟りを開かれた釈尊に限られていた。ところが大乗仏教の発達とともに、釈尊ももともとは凡夫であったから、釈尊と同じような修行をすれば、誰でも釈尊と同じような仏に成れるという考えがおこり、それまで釈尊の修行時代に限られていた菩薩の名称も、すべての修行者に開放されるに至った。それにともなって、成仏もまた開放される方向で発達し、有名な涅槃経の「一切衆生悉有仏性」の一乗説として結実した。しかし一方で、より現実的な「五姓各別」の三乗説も存在したから、一乗主義といっても、一切衆生に成仏の可能性があるという程度のものにすぎなかった。率直に言えば、理論上は一切衆生成仏可能であっても、現実的には一切衆生成仏不可能であったのである。(中略)天台宗においても成仏は理論だけで、現実には誰も成仏できないとなると、現実においては法相宗と大差がないことになる。(後略)」(同論、四一—四二頁。傍線=奥野)。但し、筆者からすれば、天台や吉蔵において何よりも尊重されるべきは「理」(理論)なのであろうと思われる。「現実には誰一人として成仏した人はいない」=「現実には不成仏者がいる」ことをもって、これを「五姓各別思想」と同等のものとは見ることはやはりできないものと思われる。なお、花野氏の次の論文も参照されたい。花野充道「日蓮の本覚仏教と智顗の始覚仏教」(『勝呂信静博士古稀記念論文集』山喜房仏書林、一九九六年)。ところで、末光氏は筆者の批判を受けたせいか、管見の限り第三論文以降「五姓各別」「五姓各別思想」という言葉を使われなくなり、吉蔵と基の思想的親近性についても論及されなくなってしまったように思う。末光氏が一連の論文の出発点とされた吉蔵の『法華義疏』と基の『法華玄賛』との依用関係から導き出された、「しかし今回、法相の「五姓各別」と云う重要な内容も、吉蔵の思想中に基本的にあることが論証出来た」（第一論文、二九〇頁下。傍点＝奥野）という結論をいまも保持されるのであろうか。保持されるとすれば、前注(15)に掲げた松本史朗博士による如来蔵思想批判や吉蔵の思想に対する批判的見解は無視し得ない視点であると思われる。

(98)　末光第二論文、三六九頁下―三七〇頁、および前注(6)所掲論文「吉蔵の法華経観」一四八―一四九頁参照。末光氏は、後者の論文において、「三界の内外でも一乗に入ることができないと言うことは、永久に成仏不可能な増上慢が存在すると言うことである」（一四九頁）と述べている。

(99)　末光氏が、Ⓨ『中観論疏』巻第八末「問。辟支既不値師。於何時中廻小入大。答。法華玄義已具辨之。今略論四句。一者縁覚果人既不値仏。於三界外聞法華経廻三入一。二者縁覚因人及声聞三果於三界内聞法華経廻小入大。三者羅漢之人若値仏聞法華経界内入道。若不値仏生三界外聞法華経方受一乗。四者増上慢二乗保小拒大。於界内外并不入一乗」（大正蔵四二・一二八中）の内容を示された図の中において（本書一四八頁）、「常不軽菩薩所対の増上慢」は何れに相当するのであろうか。

(100)　このことは横超慧日博士が、「般若経が決して声聞地に堕した者の廻心まで絶対に認めぬとしているものではない」例えとして、次のように述べられていることが参考になると思われる。「大学で所定の単位を修得せぬ者は卒業できぬという規則があるのは、何人も所定の単位を修得して卒業するようにと勧めるのが本来の目的である。それゆえ所定の単位を充足していない者は卒業できぬといっても、その所定の単位を修得できなかった者がその後努力して単位を充足したならばその時卒業するということまで拒むものではない」（横超慧日「開三顕一と萬善成仏」『法華思想の研究　第二』平楽寺書店、一九八六年、一七九頁）

(101)　物事を多面的角度から論じる吉蔵にあっては、実はこうした論じ方が、大きな特徴となっているものと思われる。したがって、筆者は、吉蔵の思想は一つの絶対的基準をもって裁断することはできないのではないかと考えている。こうした傾向は彼の経典観にも窺われるし、より本質的には師である興皇寺法朗の言として紹介される、『中観論疏』巻第二末の「三論無義（三論に義無し）」（大正蔵四二・三一中）といった言い方と無縁ではないのであろう。なお、この点については、別稿を期したい。

(102)　羅什訳『妙法蓮華経』を現代語訳した三枝充悳博士は、「変化人」を「神通で変化させた人」と訳している。三枝『法華経現代語訳（中）』（レグルス文庫、第三文明社、一九八五年、初版第十三刷）二七九頁。

(103)　筆者がこのようにいうのは、「化作」されたものであってみれば、それは現実を超越した問題であると思われるからである。いずれにせよ、今後の検討課題としておきたい。

第四章　吉蔵と仏性思想

一　はじめに

本書のこれまでの論述からも明らかなように、吉蔵が「如来蔵・仏性思想」をその思想基盤としていたことは、疑いようのない事実である。例えば、吉蔵は『勝鬘宝窟』巻下末において、次のようにいっている。

又論仏法根本大事。大事謂仏性。仏性即自性清浄心。此事応須論辨。（大正蔵三七・八五上）

この『勝鬘宝窟』の一文について、すでに平井俊榮博士は、

㋐吉蔵は無得正観の根本基調をしばしば「仏法の大宗」と称していたが、それは単に空観の論理を指して誇称したのではなくて、その根底に仏性に対する深い洞察があったからであり、空観に基づく中道が仏性に他ならないという確信が、「仏法の大宗」を説くという自負となって現われたものである。仏性が仏法の根本大事であるという『宝窟』のことばは、その端的な表明である。

と述べられ[1]、吉蔵における「空観」と「仏性」の融合ということを示唆しておられるが、かかる平井博士のご指摘こそ、まさに「吉蔵と仏性思想」を考える際の基底となるものといえよう。

ところで、「如来蔵・仏性思想」を説いた代表的経典として、『涅槃経』があることはいうまでもないことであるが、吉蔵教学に与えた『涅槃経』の圧倒的影響を詳細に論証されたのもまた平井博士であった[2]。博士は、次のようにいわれる。

㋑資料典拠という聖言量的な面から吉蔵教学の形成を考えた場合、この涅槃経と智度論の依用がその主要な背景であるということは、ほぼ確実視されてもよいであろう。（中略）涅槃経については、彼の空観思想の立場からすれば、その思想はむしろ対立命題であるべきなのに、資料典拠としての引用頻度からいってもつねに智度論をしのいでいるという点、しかも、のちに述べるように、これが単なる聖言量的な権威として引かれるのみにとどまらず、その思想構造の枠組みを決定づけるという役割を演じている点で、智度論とは違った意味で、吉蔵の思想・教学に占めるその位置の重要さがうかがわれるのである。吉蔵の思想がインドの中観派にはみられない独特な展開を示しているのも、実はこの点に由来しているのである。(3)（傍線＝奥野、以下同）

さらに平井博士は、こうした吉蔵の『涅槃経』依用は、中国仏教における一つの歴史的要請でもあったとされた上で、(4)次のようにも指摘されている。

㋒江南における涅槃研究の伝統を吸収したことによって、中国の三論学派は、インドの中観派には見られない般若中観思想と涅槃仏性思想との融合という独自の展開を遂げることにもなっていくのである。この三論学派に代表される中国般若思想の変容については、六朝末の江南社会における歴史的・地理的諸条件のほかに、本質的には、格義仏教以来のインド的な空観思想というものをそのままの形では受け容れることのできなかった、中国人の思想的風土そのものを問題としなければならないであろう。(5)

㋓確かに吉蔵は、三論のすべてに注疏を著わし、『三論玄義』や『二諦義』のような三論独自の綱要書を著わすなど、摂嶺・興皇以来の三論教学を集大成し、組織体系づけた点で、大成者たるに相応しい業績を残している。しかし、同時に中国仏教随一の博識は、三論以外の他の多くの経論の研究においても、他者の追随を許さないものがあり、実におびただしい数の経論の注疏を著わすこととなったのである。そして、その結果、一種の折衷主義的な教学を完成させることにもなったのである。その最たるものが、般若中観思想と涅槃仏性思想の融合である。(6)

いま本章における論述上の体裁の適不適をも顧みず、その冒頭にあえて平井博士の文言を引用したのは、巨視的に見れば、筆者は上記の平井博士のご論述をもって、それは単に「吉蔵と仏性思想」の問題にとどまることなく、ある意味では吉蔵教学全般にわたる基本的特徴がほぼ語り尽くされていると判断しているからなのである。こうした指摘は、まさに長年、吉蔵の著作を幅広く丹念に読み込まれた平井博士にして初めてなし得るものであったものと思われる。

このように、吉蔵と「如来蔵・仏性思想」との関係については、前記平井博士の成果をはじめ、すでに多くの学者の研究があり、(7) いまさらつけ加えるべきことはないようにも思われるのであるが、すでに本書でもしばしば触れているように、吉蔵の如来蔵思想理解をめぐっては近年、松本史朗博士により批判的研究が提示されていることも事実である。(8) そこで本章では、松本博士の所説を意識しながら、改めて「吉蔵と仏性思想」について論じてみたいと思うのである。

二　吉蔵における「仏性」

さて、最初に筆者が吉蔵の仏性理解が最も端的に表明されていると思う『勝鬘宝窟』巻下本「如来蔵章」の「来意門」の記述を以下に掲げ、若干のコメントをなしておこう。(9)

Ⓐ『勝鬘宝窟』巻下本「来意門」

ⓐ来意門者、上已明仏有聖諦。今就諦説蔵深。欲挙蔵深歎諦深義。是故説如来蔵也。

ⓑ**又**一乗由於蔵成。故須明蔵。(10) 遠而言之、由如来蔵故、一切顛倒及不顛倒、其義得成。言由如来蔵顛倒成者、衆生失仏性、故輪転苦海。**如涅槃云**、是一味薬、随其流処成六道味。

ⓒ**又**如来蔵為生死作依持建立。是故顛倒由蔵而成。言不顛倒由蔵成者、若無仏性、雖起大行大願、不得成仏。**如**

龍樹云、鉄無金性、雖復鍛煉、終不成金。要由来有仏性、然後起大行大願、然後成仏。**如龍樹云**、如黄白石有金銀性。由人功鑪冶、故有金銀。故不顛倒法由蔵而成。

ⓓ**又**顛倒由蔵而成。故有苦集。不顛倒由蔵而成。故有滅道。故四諦義成由如来蔵。故就四諦明蔵義也。

ⓔ**又**破二乗執自謂究竟。故説如来蔵。唯如来蔵無有餘乗。

ⓕ**又**為破外道、故説如来蔵。**如楞伽云**、大慧、我説如来蔵者、為諸外道執著於我、摂取彼故、令彼外道離於神我妄想見心執著之処、入三解脱門得成菩提、故説如来蔵。

ⓖ**又**為断見衆生、謂衆生之性同於草木、尽在一期、無復後世、為破此故、是故今明如来蔵。必当作仏、不同草木、尽在一期。**故涅槃云**、仏性者、非如牆壁瓦石也。**如法華常不軽菩薩**、為令増上慢人、発菩提心、故説衆生悉有仏性。

ⓗ**又**令衆生知自身中、有於仏性、発菩提心、修行成仏、故説仏性。

ⓘ**又**令衆生知他心身中悉有仏性、不行殺等十悪業罪。

ⓙ**又**於衆生不起二乗等見、既唯有仏性、則無復二乗。故於衆生不起二乗之見。

ⓚ**又**欲説波若、故説仏性。波若即是中道智慧。中道智慧者、令衆生遠離有無二見、令知生死之中、無虚妄我故。息其有見、有如来蔵、息於無見。**如摂論云**、為破外道邪我、故説波若為我因。

以如是等諸因縁故説如来蔵。此是仏法之大意也。（大正蔵三七・六七上―中）

以上のように『勝鬘宝窟』「如来蔵章」の「来意門」は、ⓐ～ⓚの項目よりなるが、まずⓑにおいて「一乗は如来蔵に由って成立する」とされていることが注意される。これは、多分に『涅槃経』の経説[11]を踏まえての主張であると思われるが、それに続けて吉蔵は「如来蔵に由る」がゆえに「一切の顛倒」と「不顛倒」が成立するとし、その経証として有名な『涅槃経』「如来性品」の〝一味薬の比喩〟を引証している。[12]〝一味薬の比喩〟は、周知のように吉蔵がその著書中しばしば用いるもので、[13] さらに松本博士がいわゆる “dhātu-vāda” の典型であるとして、批判的考察をなされた経文である。[14]

続いてⓒでは、ⓑを受けて「顚倒」「不顚倒」が如来蔵に由って成立することが改めて強調されている。「不顚倒」が如来蔵に由って成立することについて、吉蔵は「もし仏性がなければ、たとえ大行大願を起こしたとしても、成仏することはできない」といい、その論拠として『中論』[15] と『大智度論』[16] を引証している。特に『中論』「観四諦品」の偈文は、次に示すように吉蔵がその著書中でしばしば引用するもので、吉蔵がことのほか重視していたものである。[17]

①『法華玄論』巻第一

問。此経但明一乗。云何已辨仏性。

答。**中論云**、雖復懃精進、修行菩提道、若先非仏性、云何得成仏。**長行釈云**、如鉄無金性、雖復鍛錬、終不成金。若法華未辨仏性、但縁用成仏義者、既無仏性。則無成仏理。亦如師子吼品、広難無性成仏義。以理推之、必明仏性。（大正蔵三四・三六七上）

②『法華遊意』

（六者）**中論四諦品云**、雖復懃精進、修行菩提道、若先無仏性、終不得成仏。**長行釈云**、如鉄無金性、雖復鍛錬、終不成金。若此経不明仏性、雖修万善不得成仏。（同前・六四二中）

③『中観論疏』巻第十本

雖復勤精進下第二破因果。明汝謂凡夫修因得仏果、凡夫時未有仏、仏時無復凡夫。若凡夫時定無仏者、雖復勤修終不得仏。以不得定不得、無仏定無仏、終不得為仏也。又此是用大乗破小乗義。大乗明一切衆生皆有仏性並皆成仏。小乗人不明一切衆生皆有仏性。若爾既無仏性。雖復修行終不成仏。

問。小乗人亦云、一切衆生有三乗性、至忍法時餘二性非数縁滅。故三乗中随成一乗。云何言不明仏性。

答。大乗中明唯有仏性無有餘性。故得成仏。小乗不明唯有仏性、則破大乗仏性義。既無大乗仏性、云何成仏。又小乗人有仏性、仏性是無常破大乗仏性常義。故不得成仏。此偈即釈涅槃経文。故不応言但申波若。又依文釈此偈、小乗人謂六道性恒非仏性。性者体也。故凡聖体異。若爾非定非、異定異。云何非得成是、凡得為聖耶。（大正蔵四二・一五三中—下）

④『十二門論疏』巻上本

問。何処有明一乗仏性文耶。

答。**中論四諦品云**、世尊知是法、甚深微妙相、非鈍根所及、是故不欲説。此即法華之文。法華還序初成道時華厳之事。明知華厳法華顕在中論之内。又**偈云**、雖復懃精進、修行菩提道、若先非仏性、終不得成仏。**長行釈云**、如鉄無金性、雖復鍛錬、終不得成金。即仏性文也。観如来品明法身絶四句超百非、与涅槃経金剛身品更無有異。即法身文也。（同前・一七七中）

ここで吉蔵が引く「観四諦品」中の偈文に見える「若先無仏性」に対応するサンスクリット文が、いわゆる「仏性」の原語に相当していないことは、すでに木村清孝博士が指摘される通りであるが、[18] ともかくこの「観四諦品」中に吉蔵は「仏性」の意味を認めたのであった。偈文に続く「青目釈」を見ると、[19] 筆者にはこの箇所に「仏性」を読み込んだ吉蔵の見解はあながち不当なものとも思われない。そこに説かれているのは、まさしく「如来蔵思想」そのものというべきものであろう。[20] したがって、吉蔵がサンスクリット文にどの程度通じていたのかはわからないが、少なくとも羅什の訳した『中論』およびその「青目釈」を見る限り、この文に「仏性」を認めた吉蔵の姿勢に特に問題があったとはいえないように思う。また、たとえその解釈がサンスクリット原文からは逸脱するものであったとしても、それは漢訳を通して仏教を理解した仏教者にとっては止むを得ないことだったのであり、また限界でもあったと思うのである。それを誤読と見て斬って捨てるか、解釈上の変容・進展と見て拾い上げていくかは、ひとえに読む人の主観に関わる領域の問題であるといっては言い過ぎであろうか。
それはともかく、上記のような記述ⓑ・ⓒを受けて、ⓓでは再び「顛倒」「不顛倒」が如来蔵に由ってもたらされることが強調され、吉蔵はこれを苦・集・滅・道の「四諦」に対配させていることがわかる。これに関連して、『勝鬘宝窟』の後文には、次のような興味深い記述がある。(21)

Ⓑ『勝鬘宝窟』巻下末

問。由仏性故得厭苦楽求涅槃。此事可爾。若由仏法性種衆苦者、豈非仏性力故令衆生種生死苦。若言不由仏性力種生死苦、亦応不由仏性力楽求涅槃。又若不由仏性力種衆苦者、即是七法種苦。云何言七法一念不住、不得種衆苦耶。

答。須解此章大意。此章為破外道二乗人不知有仏性、欲勧一切衆生信有仏性、故説由仏性故得厭衆苦楽求涅槃。問。勧信之言有餘、而釈経意不足。若由仏性得種衆苦、即是仏性令物受苦。此乃是同於魔性。何名仏性。答。此乃明有仏性衆生故得種衆苦。非是仏性令其種苦。亦明仏性衆生令其厭苦。非是仏性令其厭苦。如有海水風吹成浪、非是海水令其成浪。

(問。若非海水使成浪、風吹成浪)者、亦応非仏性種苦及厭苦。但顛倒妄縁種苦及厭苦、則違前文。答。雖因風成浪、終由有海。雖因妄心種苦及厭苦、終由有仏性。故説仏性為本。故説由仏性故種苦厭苦也。(大正蔵三七・八四上—中)

ここに見られる一連の問答は、この前文に、

三明亦約縁亦約仏性者、此亦如楞伽説。蔵識海常住、境界風所転、種種諸識浪、騰躍而転生。如海水起波浪、非異非不異。仏性亦爾。(同前・八三下)

とあるところから、『楞伽経』を踏まえてなされていることは明らかであるが、(22)Ⓑ『勝鬘宝窟』の文中に傍線を付した

「此の章は外道、二乗の人、仏性有ることを知らざるを破して、一切衆生に勧めて仏性あることを信ぜしめんと欲するが為の故に、仏性に由るが故に衆苦を厭い、涅槃を楽求することを得なり」、または「風に因って浪を成ずと雖も終いに海有るに由る。妄心に因って苦を植え、及び苦を厭うと雖も終いに仏性有るに由る。故に仏性を本と為すと説く。故に仏性に由るが故に苦を種え、苦を厭うと説くなり」という記述を見ると、その立場は前に見たⒶ『勝鬘宝窟』のⓑ・ⓒ・ⓓの立場と軌を一にするものであることは明らかであろう。つまり、「仏性」(=如来蔵)が「顛倒」「不顛倒」の根本になっているということである。そして、こうした吉蔵の立場は、後世の言葉でいえば、いわゆる「真如随縁」的理解であると筆者は判断するが、このことについては後にいま一度触れたい。

さて、ここで再びⒶ『勝鬘宝窟』の記述に戻り、ⓔ以下の、

ⓔ「二乗を破せんがため」

ⓕ「外道を破せんがため」(23)

ⓖ「断見の衆生を破せんがため」(24)

ⓗ「衆生をして自身の中に仏性有りと知り、菩提心を発こし、修行し成仏せしめんがため」

ⓘ「衆生をして他の心身の中に悉く仏性有りと知り、殺等の十悪業の罪を行ぜざらしむ」

ⓚ「波若を説かんと欲するが故に仏性を説く。波若は即ち是れ中道の智慧なり。中道の智慧とは、衆生をして有無の二見を遠離せしめ、生死の中に虚妄の我無し、故に其の有見を息む。如来蔵有れば、無見息むことを知らしむ」

という記述を見ると、(25) 筆者にはこれがまるで『宝性論』「為何義説品第七」の引き写しのように感ぜられるのである。(26)

高崎直道博士は、『宝性論』「為何義説品第七」について解説して、次のようにいわれている。

『宝性論』の目的は「五種の過失を除き、五種の功徳を生むため」といわれる。すなわち、

(1)自分はさとれないとひるむ心に対し、如来蔵ありと言って大勇猛心を起こさせ、

(2)発心して、まだ発心していない者をあなどる心に対しては、すべての衆生に如来蔵があると説いて、衆生のすべてに大師としての敬意を抱かしめ、
(3)虚構のものを実在として執着する心に対し、般若の知によって、煩悩の空なることを説いて過失を除き、
(4)真実の法をも無として誹謗するものに対して、如来の後得の智によって、不空なる如来の徳性ありと明かし、
(5)強い我執に対し、慈愛にもとづいて自他を平等に愛せしめ、よって仏の位にすすませる。(27)

もちろん、両書はその説く数からして一致していないが、両書にある種の共通性があることは十分に感知することができるであろう。したがって、これによっても『勝鬘宝窟』が「如来蔵・仏性思想」を説いた見事な書物であることが別の角度から確認されることにもなるのである。

三　吉蔵の仏性理解の「諸相」

さて、記述Ⓐに続いて『勝鬘宝窟』巻下本は「第二釈名門」となるが、ここでは『仏性論』に依拠して、次のように述べられている。

Ⓒ『勝鬘宝窟』巻下本「第二釈名門」

第二釈名門者、言如来者、体如而来、故名如来。**依仏性論**、蔵有三種。一所摂蔵、二隠覆蔵、三能摂蔵。所摂蔵者、約自性住仏性説。(28)一切衆生無有出如如境者、並為如如之所摂、故名蔵也。則衆生為如来所蔵也。隠覆蔵者、如来性住在道前、為煩悩隠覆、衆生不見、故名為蔵。前是如来、蔵衆生。後是衆生、蔵如来也。能摂蔵者、謂果地一切過恒沙功徳、住応得性時、摂之以尽、故能摂為蔵也。第一句以実摂妄。第二句以妄摂実。第三句以実摂実。問。既得以実摂実、亦得以妄摂妄不。
答。亦有。以一切煩悩並摂在五住之中、前文云、断一切煩悩蔵也。

又此文中、出生如来。是故亦名如来蔵。雖有諸義、今此文中如来在隠不現也、故名如来蔵。三蔵云、亦言如来胎。如来蔵在煩悩之中、名如来蔵。如来蔵即是仏性。仏性有三。一自性住仏性。二引出仏性。三至得仏性。引出仏性、従初発意至金剛心。此中仏性名為引出。引出者、凡出五住。一出闡提。二出外道。三出声聞。四出縁覚。五出菩薩無明住地位。諸仏三身、即是至得仏性。以前二為本。**此語出仏性論**。（大正蔵三七・六七中―下）

記述冒頭で、吉蔵は「蔵には三種が有る」と述べて、『仏性論』巻第二「如来蔵品第三」に依って議論を進め、記述後半ではさらに「仏性に三有り」として、これも『仏性論』に依って自説としていることが理解される。©『勝鬘宝窟』において吉蔵が依用した『仏性論』の原文を順次示せば、次のようである。

①『仏性論』巻第二「如来蔵品第三」

復次如来蔵義有三種、応知。何者為三。一所摂蔵、二隠覆蔵、三能摂蔵。一所摂名蔵者、仏説約住自性如如、一切衆生是如来蔵。言如者、有二義。一如如智、二如如境。並不倒故名如如。言来者、約従自性来、来至至得。是名如来。故如来性雖因名応得、果名至得、其体不二。但由清濁有異。在因時為違二空故起無明、而為煩悩所雑故名染濁。雖未即顕、必当可現故名応得。若至果時、与二空合、無復惑累、煩悩不染、説名為清、果已顕現故名至得。譬如水性、体非清濁、但由穢不穢故、有清濁名。若泥滓濁乱故不澄清、雖不澄清、而水清性不失。若方便澄渟、即得清浄。故知浄不浄名、由有穢無穢故得、非関水性自有浄穢。応得至是二種仏性亦復如是。同一真如、無有異体、但違空理故起惑著、煩悩染乱故名為濁、若不違二空、与如一相、則不起無明、煩惑不染、所以仮号為清。所言蔵者、一切衆生悉在如来智内故名為蔵。以如如智称如如境故。一切衆生決無有出如如境者、並為如来之所摂持故名所蔵、衆生為如来蔵。復次蔵有三種。一顕正境無比。二顕正行無比。離如如境、無別一境出此境故。二顕正行無比。離此智外、無別勝智過此智故。三為現正果無比。無別一果過此果故。故曰無比。由此果能摂蔵一切衆生故、説衆生為如来蔵。二隠覆為蔵者、如来自隠不現、故名為蔵。言如来者、有二義。一者現如不顛倒義。由妄想故、名為顛倒。

不妄想故、名之為如。二者現常住義。此如性従住自性性来至至得、如体不変異故是常義。如来性住道前時、為煩悩隠覆。衆生不見故名為蔵。三能摂為蔵者、謂果地一切過恒沙数功徳。住如来応得性時、摂之已尽故。若至果時方言得性者、此性便是無常。何以故。非始得故。故知本有。是故言常。（大正蔵三一・七九五下—七九六上）

②『仏性論』巻第二「三因品第一」

復次仏性体有三種。三性所摂義。応知。三種者、所謂三因三種仏性。三因者、一応得因、二加行因、三円満因。**応得因者**、二空所現真如、由此空故、応得菩提心、及加行等、乃至道後法身。故称応得。**加行因者**、謂菩提心、由此心故、能得三十七品、十地十波羅蜜、助道之法、乃至道後法身、是名加行因。**円満因者**、即是加行、由加行故、得因円満、及果円満。因円満者、謂福慧行。果円満者、謂智断恩徳。此三因前一則以無為如理為体、後二則以有為願行為体。三種仏性者、応得因中具有三性、一住自性性、二引出性、三至得性。記曰、住自性者、謂道前凡夫位。引出性者、従発心以上、窮有学聖位。至得性者、無学聖位。（同前・七九四上）

③『仏性論』巻第四「無変異品第九」

後五譬仏性者、仏性有二種。一者住自性性、二者引出性。諸仏三身、因此二性故得成就。為顕住自性故、説地中宝蔵譬。此住自性仏性者、有六種徳故如宝蔵。一者最難得。仏性亦爾。於無数時節、起正勤心、因福徳智慧満足荘厳、方始顕現故、譬如意宝蔵、由勝因乃感。二者清浄無垢。由仏性与煩悩不相染故、是故譬如意宝、不為不浄所汚。三者威神無窮。明六神通等功徳円満故。如意宝亦爾。随意能辨、故説宝蔵譬。四者能荘厳。一切世間功徳善根、於一切処相称可故。如意宝亦爾。能為世間種種荘厳具。五者最勝。於一切法中無与等故、亦如如意宝。物中最勝故。説宝蔵為譬。六者八種世法中無有変異。為十種常住因故。真宝亦爾。雖焼打磨不能改其自性。故取宝蔵以譬住自性仏性。二者引出仏性、従初発意、至金剛心、此中仏性名為引出。言引出者、凡有五位。一能出闡提位。二能出外道位。三出声聞位。四出独覚位。五出菩薩無明住地位。（同前・八〇八中—下）

ところで、Ⓒ『勝鬘宝窟』中には、「如来蔵、煩悩の中に在るを如来蔵と名づく。如来蔵とは即ち是れ仏性なり」という記述があるが、かかる立場は、例えば『法華論疏』や『涅槃経遊意』にも次のようにあるように、吉蔵に一貫したものであった。

④『法華論疏』巻中

言実相者謂如来蔵法身之体不変義故。如来蔵者、在煩悩之内名如来蔵、亦名如来胎。法身之体不変義故者、雖在煩悩不為煩悩所染、故名不変。（大正蔵四〇・八〇五下―八〇六上）

⑤『涅槃経遊意』

蔵隠而不説亦名如来蔵。今教顕一切衆生皆有仏性。仏性是我義。衆生依方等大教、臨度断除顛倒、則顕如来蔵。顕則名法身。顕衆生有仏性、則顕衆生是仏性根本。衆生是仏故有仏性。非仏則不得有仏性。（大正蔵三八・二三一中）

ともかく、以上からⒸ『勝鬘宝窟』の記述が概ね『仏性論』をそのまま下敷きとしてなされたものであったことが理解されるであろう。前にも述べたように吉蔵は、Ⓒの記述後半では「仏性に三有り」として「自性住仏性」「引出仏性」「至得仏性」の「三仏性」の名を挙げていた。そして、この「三仏性」について、吉蔵は記述末尾において、「諸仏の三身、即ち是れ至得仏性なり。以前の二を本と為す」といっていた点が注意される。したがって、吉蔵自らがそのように語っている以上、吉蔵においては「自性住仏性」「引出仏性」がより重要なものであったことが予測されるのである。

ところで、この「自性住」「引出」「至得」の「三仏性」は、前に原文を示しておいた②『仏性論』巻第二「三因品」では、記述後半の傍線を付した部分に明らかなように、「応得因」を開いたものとされていることがわかる。この点については、後に再度論述することとして、ここではまず最初に次のことを指摘しておきたい。

最近、藤井教公氏は、吉蔵の『法華論疏』の次の一文に注目され、これをもって吉蔵は「一闡提成仏説」に立っていると見なされた。[29] 藤井氏の注目された『法華論疏』の文とは、次のようなものである。

⑥『法華論疏』巻中

依仏性論、為四人〔闡提、外道、声聞、独覚〕破四障。成四因〔信楽大乗、無分別般若、破虚空三昧、菩薩大悲〕得四果〔常、楽、我、浄〕。故不多不少、但明四種。初方便破闡提不信障、令信楽大乗、為成大浄種。（引用文中のカッコ内は、藤井氏による補い）（大正蔵四〇・八〇四中）

この『法華論疏』の記述が、Ⓒ『勝鬘宝窟』後半の記述と同致のものであることは、同じく『仏性論』に依っている事実から推しても明らかなことであると思われる。そして、この『法華論疏』やⒸ『勝鬘宝窟』と同一の文脈は、次に示すように他の吉蔵著作中にもしばしば検出することができるのである。

⑦『中観論疏』巻第二末

次明以四法為四人治四障。一者信楽大乗為闡提人破背大乗障。二以無分別般若治外道執我一異障。以外道執我一異是有所得分別。故今明無分別般若即是無所得般若。次以破虚空三昧破声聞人怖畏生死障。声聞人滅身智住無為虚空中。故今得破虚空三昧破除此障也。四者菩薩修習大悲、為独覚及始行菩薩、破独覚不利益衆生及始行菩薩有仏道可求、破仏有来去障、明菩薩修習大悲自利利人自他不二。此四法即是八不。初信楽大乗謂不生不滅。以悟不生不滅故起信心也。次無分別般若即是不一不異。息一異之心名無分別。次破虚空三昧即是不断不常。既破声聞人住無為空中。即是不常。不断亦無灰身滅智之断。次修習大悲即是不来不去。以菩薩修習大悲自利利人自他不二、知来去無来去無来去来去也。

次明以四法為因、得如来四徳之果。以信楽大乗為因、破於闡提不信得於浄果。果即不生不滅也。次行無分別般若為因、破外道一異分別、得如来我徳果。果即非一非異。以非外道一異之我故得於仏我。故此我非一非異也。次以行破虚空三昧為因、破声聞得如来楽果。声聞雖言住無為楽、此於大乗是生死苦。今破断常得不断不常究竟楽果也。

次修習大悲為因、破独覚自為及始行謂仏有去来、明菩薩常行大悲、窮生死際以建此因故、得如来常住之果。真諦三蔵用無上依経及摂大乗論意、釈八不甚広。今略取大意耳。初為各四人、次破四障、次行四因、後得四果。八不之要義顕於斯。与上諸解釈無相違背也。（大正蔵四二・三三下—三四上）

⑧『涅槃経遊意』

四徳対四倒故明四行四徳也。又対四人明四因四徳。四人者則闡提外道声聞縁覚也。四因者謂信心般若虚空三昧大悲。破闡提不信明信。信故得浄徳也。般若対外道。外道著我人一異。般若正慧破一異我心故明般若。故得真我徳。虚空三昧破声聞厭苦無常。在可厭故得三昧、三昧故得楽徳也。大悲対縁覚。縁覚著無常果永入滅、無大悲故、大悲破無常得常徳也。為対四人明四因。故釈四徳也。（大正蔵三八・二三七中）

⑨『勝鬘宝窟』巻下末

問。仏徳無量。何故偏挙四耶。

答。仏徳雖衆、蓋乃且扨一門為言耳。於中略以七義釈之。（中略）

五対治闡提等四種過故。果徳仏説常楽我浄。**如宝性論説**。一闡提謗法。対治彼故、説仏真浄。二外道著我。対治彼故、説仏真我。三声聞畏苦。対治彼故、説仏真楽。四辟支捨心、捨諸衆生。対治彼故、説仏真常。

六酬因不同。故立四種。言四因者、**如宝性論説**。一者信心。除闡提謗法、得仏真浄。二者波若。除外道著我、得仏真我。三者三昧。以空三昧、除声聞畏苦、得仏真楽。四者大悲。常随衆生、除辟支捨心、得仏真常。以斯四義、故立四種也。（大正蔵三七・七八上—中）

この中、⑨『勝鬘宝窟』では、引証されている論が『宝性論』[30]になっている点が注意されるが、たとえそれが『仏性論』であっても『宝性論』であっても、文脈上齟齬をきたすものでないことはいうまでもないことであろう。筆者は、Ⓒ『勝鬘宝窟』の記述、藤井氏が指摘された⑥『法華論疏』の記述、そしていま筆者が示した⑦・⑧・⑨の一連の記述は、藤井氏ご指摘のように吉蔵に「一闡提成仏説」の理解があったことの証左になり得るものと考えている。[31]

さて、それはともかくとして、ここで再びⓒ『勝鬘宝窟』の「三仏性」の記述に戻り、吉蔵が「仏性に三有り」として「自性住仏性」「引出仏性」「至得仏性」のいわゆる「三仏性」を立てている点について改めて検討してみたい。

吉蔵が、「自性住仏性」「引出仏性」「至得仏性」の「三仏性」を立てることは、ⓒ『勝鬘宝窟』以外にも例えば次のように認めることができる。

Ⓓ『勝鬘宝窟』巻下之末

是故如来蔵是依是持是建立也、結也。以体是無為常住、故能為衆生作依持建立。是所依処名依。持者連持令不断絶。建立者始終令得成仏。三**蔵師意**、依者即自性住仏性、不従縁有、名為自性。体是常法。故名為住。以是常住、為生死作依也。持者即引出仏性。由有仏性、故得修行顕出本有之法。故名為持。建立者即至得果性。以有仏性、故成果徳。名為建立。(同前・八三上)

Ⓔ『十二門論疏』巻上「観因縁品」

根本門第三

問。万行為因乗、衆徳為果乗。此論但明空義。云何釈大乗耶。

答。此論明於乗本。乗本若成、乗義則立。言乗本者所謂諸法実相。契斯実相則発生般若。由般若故導成万行、皆無所得能動能出。故名為乗。又今明実相則具万徳。対虚妄故名之為実、用之為身目為法身。諸仏以此為性称為仏性。遠離二辺名為中道、照無不浄目為般若、累無不寂称為涅槃。故但明実相即万義皆円。

問。云何悟此実相。

答。以十二種門通於実相、令諸衆生従一一門得悟実相。又乗有三種。一乗因、二乗縁、三乗果。乗因者所謂実相。乗縁者即是万行。乗果者謂如来法身。

問。何故但明此三。
答。由実相故万行成、万行成故果徳立。要須辨三。
問。何処有此三文。
答。**摂大乗論明**。乗有三。一者性乗、謂真如。二随乗、即万行。三得乗、謂仏果。此三猶一体、但約時故分三。即是三種仏性義。性乗謂自性住仏性。随乗謂引出仏性。修於万行引出因中仏性。三果乗則果徳仏性。此三仏性釈涅槃経甚精。是故涅槃経、或時明仏性是果、或時明是因、或明仏性是空。此論正釈於空、則是釈根本仏性。故**涅槃云**、仏性者名為一乗。今既釈一乗即釈仏性。
問。三論但明空義。正可釈於大品。云何解仏性一乗。
答。三論通申大小二教、則大乗之義悉在其中。豈不明一乗仏性。
問。何処有明一乗仏性文耶。
答。**中論四諦品云**、世尊知是法、甚深微妙相、非鈍根所及、是故不欲説。此即法華之文。法華還序初成道時華厳之事。明知華厳法華顕在中論之内。**又偈云**、雖復懃精進、修行菩提道、若先非仏性、終不得成仏。**長行釈云**、如鉄無金性、雖復鍛錬、終不得成金。即仏性文也。観如来品明法身絶四句超百非、与涅槃経金剛身品更無有異。即法身文也。（大正蔵四二・一七七上―中）

Ⓕ『法華論疏』巻下
如来依彼三種平等説一乗法。故以如来法身与彼声聞法身平等無異故、故与授記。難意云、声聞若不成仏、云何虚妄為之受記。是故先釈云、以如来法身与声聞法身平等無異故与受記。非是虚妄。
問。前云得決定心故与受記。後明依仏性平等故与受記。此二何異。
答。前是縁因、後是正因。又前是引出仏性、後是自性住仏性。所以為異。（大正蔵四〇・八一八中）

まずⒹ『勝鬘宝窟』は、経の「自性清浄章」にいう「是故如来蔵。是依是持是建立」（大正蔵一二・二二二中）を注釈した部分であるが、ここで吉蔵は「依」を「自性住仏性」に、「持」を「引出仏性」に、「建立」を「至得果（仏）性」に当てている。

次にⒻ『法華論疏』を見ると、記述後半に傍線を付した箇所に明らかなように、ここでは「自性住仏性」が「正因仏性」と、「引出仏性」が「縁因仏性」とされていることがわかる。吉蔵の仏性理解の基本が『涅槃経』にもとづく「正因」「縁因」の二種仏性にあったことは、本書中でもこれまで関説してきたところであるが[32]、かかる事実を勘案すれば、前に吉蔵がⒸ『勝鬘宝窟』において「諸仏の三身、即ち是れ至得仏性なり。以前の二を本と為す」と述べていたのは、こうした事情を反映したものだったといえよう。

最後にⒺ『十二門論疏』「根本門」の記述は、筆者が「自性住」「引出」「至得」のいわゆる「三仏性」を見る上で最も重要であると思う記述である。まず、このⒺ『十二門論疏』において吉蔵は「乗には三種が有る」として、これを次のように対配している。

㋐「乗因」――「実相」
㋑「乗縁」――「万行」
㋒「乗果」――「如来法身」

続けて、どうしてこの三を明かすのかと問われて、吉蔵は「実相に由るが故に万行成じ、万行成ずるが故に果徳立つ」と答えていることがわかる。したがって、これを図示すれば、

「実相」→「万行」→「果徳」

という「流れ」が導かれよう。さらに、吉蔵は『摂大乗論』を引証して[33]、これを次のように対配している[34]。

㋐「性乗」――「真如」――「自性住仏性」

㋑「随乗」――「万行」――「引出仏性」
㋒「得乗」――「仏果」――「果徳仏性」

ここでは前の「至得仏性」が「果徳仏性」となっているが、その意味に大きな相違がないことは特に断わることでもないであろう。また、この「三仏性」について、吉蔵が「猶お一体なるも、但だ時に約するが故に三を分かつ」とし、さらに「此の三仏性は涅槃経を釈して甚だ精《あき》らかなり」と述べている点は重要である。なぜなら、吉蔵が依拠した『仏性論』の原文②には、次のようにあったからである。煩を厭わず再度これを提示すれば、次の通りである。

②『仏性論』巻第二「三因品第一」

復次仏性体有三種。三性所摂義。応知。三種者、所謂三因三種仏性。三因者、一応得因、二加行因、三円満因。**応得因者**、二空所現真如、由此空故、応得菩提心、及加行等、乃至道後法身。故称応得。**加行因者**、謂菩提心、由此心故、能得三十七品、十地十波羅蜜、助道之法、乃至道後法身、是名加行因。**円満因者**、即是加行、由加行故、得因円満、及果円満。因円満者、謂福慧行。果円満者、謂智断恩徳。此三因前一則以無為如理為体、後二則以有為願行為体。三種仏性者、応得因中具有三性、一住自性性、二引出性、三至得性。記曰、住自性者、謂道前凡夫位。引出性者、従発心以上、窮有学聖位。至得性者、無学聖位。（大正蔵三一・七九四上）

すでに述べたように記述後半の傍線部分から、まず「住自性性」[35]「引出」「至得」の「三仏性」は、「応得因」を開いたものであり、「応得因」中に具有されたものであることが理解される。さらにこの「応得因」とは、「二空所顕の真如をいい、此の空に由るが故に応に菩提心と及び加行等と乃至道後の法身とを得」ることができるので「応得」と称されていることが知られる。

すなわち、これは「真如」→「菩提心」→「法身」という流れによって、「仏果」を得ることができるという主張であろう。そして、この流れはすでに見たⒺ『十二門論疏』の「実相」→「万行」→「果徳」という流れと見事に一致するものである。

このように「真如」（＝「実相」）から派生する「流れ」を認めている点から推して、筆者は吉蔵にはいわゆる「真如随縁」的な理解があったものと判断するのである。(36) したがって、筆者よりすれば、この点が「真如凝然」を基本とするとされる法相宗の系統とは決定的に違う点であると判断されるのである。(37) なお、Ⓔ『十二門論疏』の記述後半の『中論』の引用をめぐっての議論については、すでに本章中で言及しているので、ここではその論及を省略したい。

さて、『法華玄論』巻第四には、上記の議論に関連した次のような記述があって、吉蔵の立場はより明瞭となる。

Ⓖ『法華玄論』巻第四

次中辺分別論明乗有五。一乗本謂真如仏性。二乗行即福慧等。三乗摂謂慈悲心。引一切衆生悉共出生死。四乗障謂煩悩障及智障。三界内煩悩名煩悩障、餘障一切行解名為智障。五者乗果即仏果也。

唯識論解乗有三体六義。三体同前。一自性二空所顕真如是也。二随流随順自性流、福慧十地等法是也。三至果即随流所出無上菩提、及一切不共法也。六義者一体是如如空出離四謗。二者因謂福慧。三者摂摂一切衆生。四境界了真俗脩二諦。五障即皮肉心三障。六果謂無上菩提。此六義次第者正以真如為根本。以有如此故起福慧二行。起福慧二行故能摂一切衆生。摂一切衆生由照真俗。迷境故成惑。則失乗理。見境故能除惑。除惑故得仏果也。

問。乗是何義。

答。**彼論釈**云、乗是顕載義。由真如仏性故出福慧等行。由福慧等行故出仏果。仏果載出衆生。**摂大乗論有三**。謂乗因乗縁乗得。乗因者謂真如仏性。第一義空為乗因。乗縁謂万行。乗得即仏果也。

問。真如仏性云何為乗体也。

答。唯有真如仏性為真実。修万行為欲顕此仏性。仏性顕故名為法身。此三要相須。以仏性是本故名為因。雖有因復須縁因。因縁具故得果。今不違此説也。

法華論亦明三種。一乗体。謂如来平等法身。即是仏性為乗体。又云、仏乗者謂如来大般涅槃。此即明仏果為乗体。此隠顕為異実無両也。又釈汝等所行是菩薩道。及低頭挙手之善発菩提心修菩薩行。即是了因乃為乗縁也。此猶是三種仏性義耳。乗縁謂引出仏性。即了因也。乗体謂因仏性。乗果謂果仏性。不説果果性者、果果性還属果門。不説境界性者属因門故也。

又広説有五。略即唯三也。

又望于十二門論乗具四事。一者乗本。謂諸法実相。由実相生波若故実相為本。即是乗境義。二者乗主。由波若故万行得成故波若為主。即智慧。三者乗助。除波若外餘一切行資成波若。四者乗果乗此乗故得薩婆若也。

又此経明乗有三事。一車二牛三賓従。車通因果万徳万行。牛亦通因果。中道正観離断常之垢為白。由此観故引万行出生死如牛。此即波若導衆行義也。(大正蔵三四・三九〇下—三九一上)

ここで、吉蔵はまず冒頭において、「中辺分別論に乗に五有り」「唯識論に乗を解するに三体六義有り」として、これを次のように対配している。

『中辺分別論』――「乗に五有り」

㋐「乗本」――「真如仏性」

㋑「乗慧」――「福慧等」

㋒「乗摂」――「慈悲心」

㋓「乗障」――「煩悩障・智障」

㋔「乗果」――「仏果」

『唯識論』――「乗を解するに三体六義有り」

「三体」

㋐「自性」――「真如」
㋑「随流」――「福慧十地等法」
㋒「至果」――「無上菩提」

「六義」
㋐「体」――「如如空」（出離四謗）
㋑「因」――「福慧」
㋒「摂」――「摂一切衆生」
㋓「境界」――「了真俗修二諦」
㋔「障」――「皮肉心三障」
㋕「果」――「無上菩提」

ここにいう『中辺分別論』と『唯識論』に関しては、すでに平井俊榮博士が、現在の筆者の問題意識とはまったく別な関心からその記述に着目され[38]、吉蔵の引く『中辺分別論』の文は現行の蔵経には見られない文であり、『唯識論』も「現存する『大乗唯識論』や、その他の唯識関係のいずれの論書にも該当しないもので、現在欠本となっている真諦の著作と考えられる[39]」ものであることを指摘されている。その上で、博士は前記『中辺分別論』の引用については、吉蔵は次の世親釈真諦訳『摂大乗論釈』から引用したものであろうと述べている。『摂大乗論釈』には、次のようにある。

⑩世親釈真諦訳『摂大乗論釈』巻第十五
論曰。五救済乗為業。諸菩薩欲偏行別乗、及未定根性声聞、能安立彼為修行大乗故。釈曰。此明真実教力。乗有人法。人有大乗人、有小乗人。法有方便乗法、有正乗法。転方便乗修治正乗故、名救済乗。**摩訶般若経説**、乗有

> 三義。一性義、二行義、三果義。二空所顕三無性真如名性、由此性修十度十地名行、由修此行、究竟証得常楽我浄四徳名果。又**中辺論説乗有五義**。一出離為体、謂真如。二福慧為因、能引出故。三衆生為摂、如根性摂令至果故。四無上菩提為果、行究竟至此果故。五三惑為障、除此三惑、前四義成故。諸菩薩在十信位中、修大行未堅固。多厭怖生死、慈悲衆生心猶劣薄、喜欲捨大乗本願修小乗道。故言欲偏行別乗。小乗説、声聞若得信等五根、不名定根。以未得聖故。若得未知欲知等三根、則名定根。以得聖故。若至頂位不名定性、以不免四悪道故。若至忍位名為定性。以免四悪道故。若依小乗解、未得定根性、則可転小為大。若得定根性則不可転。如此声聞、無有改小為大義。云何得説一乗。今依大乗解。未専修菩薩道、悉名未定根性故、一切声聞皆有可転為大義。安立如此大小乗人、令修行大乗。（大正蔵三一・二六四下—二六五上）

平井博士ご指摘のように、吉蔵が『摂大乗論釈』のこの部分をⒼ『法華玄論』巻第四の下敷きとしていることは疑いようのない事実である。『法華玄論』にいう「摂大乗論有三。謂乗因乗縁乗得」という記述が『摂大乗論』本文には見当たらず、⑩『摂大乗論釈』の「摩訶般若経説」以下の文に類似していることも平井博士の指摘の正しさを裏書きするものである。[40] ところで、この『摂大乗論釈』の一連の文脈はすでに考察したように、[41] 文中に「一切声聞皆有可転為大義」とあることからも明らかなように一切の声聞の「転根」を認めている箇所であるということも改めて注意しておきたい。[42]

ともかく、上記のような背景を有する『法華玄論』巻第四の『中辺分別論』と『唯識論』の「乗」に関する見解を総括して、吉蔵は、

> 此の六義の次第は、正しく真如を以て根本と為す。此の如有るを以ての故に福慧の二行を起こす。福慧の二行を起こすが故に一切衆生を摂す。一切衆生を摂することは、真俗を照らすに由ってなり。境に迷うが故に惑を成ず。則ち乗の理を失す。境を見るが故に能く惑を除く。惑を除くが故に仏果を得るなり。

といっている。すなわち、述べられている内容は、前に見た『仏性論』の「真如随縁」的理解とまったく同等のものと理解されるのである。Ⓖ『法華玄論』では、これに続いて『摂大乗論』[43]、『法華論』[44]、『十二門論』[45]、『法華経』[46]が引用されて議論が進められているが、吉蔵の主張は上記以上の域を出るものではない。この中、『十二門論』の引用部分に関しては、前のⒺ『十二門論疏』の記述がこれに呼応しよう。

以上から知られることは、吉蔵は『仏性論』の理解に沿いつつ、いわゆる「真如随縁」的な理解をもって「如来蔵思想」を解釈した典型的な如来蔵思想家であったということである。したがって、その如来蔵思想理解は、筆者よりすれば極めて常識的でオーソドックスなものであったと評されるのである。

四　吉蔵の仏性理解の基本的性格

上述してきたところから、吉蔵が「如来蔵・仏性思想」に立脚した典型的な思想家であったことが、改めて首肯されたことと思われる。

ところで、高崎直道博士は「如来蔵思想」と「授記」の関係について、次のような極めて興味深い見解を披瀝されておられる。

そもそも如来蔵思想というものは、すべての衆生に対して、一種、授記したものとも言えるもので、このことは『法華経論』が経中の授記の場面六種を取出した末尾に、会う人ごとに、あなたは必ず仏になれると言って、かえって人に侮辱された常不軽菩薩の行為を、万人に対する授記と解し、その理由としていみじくも「示現衆生皆有仏性故」と説明しているところに示されている。[47]（傍線＝奥野）

ここで高崎博士が論拠とされる『法華論』からの引文は、[48]本書の問題意識の上からも大いに注目されるものであるが、それはともかくとして、前記の高崎博士のご見解に従えば、あらゆる衆生に仏性（仏の可能性）が遍在することを主張する如来蔵思想においては、授記はいわば先天的になされているると見るのではないであろうか。[49]つまり、如来蔵思想においては、いわば先天的に授記されていることが誘い水となって「信」が醸成され、「修行」することが可能となり、「成仏」に至ると見るのではないであろうか。高崎博士は別処において、次のようにも述べておられる。

仏性が「ある」というのは、悟る原因が衆生そのものに備わっている——こういうことになります。「ある」というのは結局存在していることで、何かあるなら、中にかくれているならば、それを取り出してきて見せろと、こういうふうに言われるかもしれませんけれども、そういうふうな形で見せられるものではないわけですね。そういうものとしてではなくて、これは働く、何か力として存在している。そういう働きがあるわけです。仏の働きというものを潜在的に衆生が持っているのだ。もちろん、働きというのは、外に表われて効果が出てきませんと、働きの意味はなさないわけです。もしその働きが外に表われれば、これは仏であります。しかし、その働きがかくれている間は、それはまだ仏ではないのでありますから、衆生は仏ではないですね。しかし、仏となる力がある。(中略)そういう仏の働き、あるいは悟りの力といいますか、そういったものをだれでも潜在的に持っていて、ある一定の段階を積んで修行すれば仏になれるといっても、実際にその人が修行していかなければ意味がないのであります。[50]

ここに高崎博士がいわれる「悟る原因が衆生そのものに備わっている」、あるいは「仏の働きというものを潜在的に衆生が持っている」ことが吉蔵のいう「正因仏性」(本有仏性)に、「修行」が「縁因仏性」に相当することは見やすいことであろう。引用した文中において高崎博士は修行の重要性を強調しておられるが、吉蔵も「正因」「縁因」の二種仏性が具わることによって、「成仏」できると考えていたことは、例えば次に見る『法華統略』の例からも明らかである。

Ⓗ『法華統略』巻上本

次釈蓮華。(中略)蓮華得生、凡有二義。一者仮縁、二者有種子。衆生成仏、亦具両義。一者縁因仏性。二本有仏

性。所言縁因仏性者即是菩提心。由菩提心、方得成仏。(卍続蔵四三・三右上―下)

Ⓘ『法華統略』巻下本

問曰。聞経得記、不聞不得記。何得云一切衆生皆成仏耶。答曰。一切雖有仏性正因、要由聞経発菩提心縁由因故、成仏也。(同前・六八左上)

Ⓙ『法華統略』巻下本

問曰。隠名仏性、顕名法身。此因果義足。何故須護法慈悲為因。答曰。因有二種。一正因、二縁因。如種子為正因、外土為縁因。故互得生。仏性是中道種子正因。慈悲護法是縁因。故法身互得生。(同前・七九右下)

では、衆生はなぜ「菩提心」を発こし、「修行」することが可能なのであろうか。それは「悟る原因」、「仏となる力」、筆者の言葉でいえば「内発的力」であるところの「正因仏性」にその理由を求める以外ないように思われる。すでに見た『仏性論』の所説に従えば、「真如」→「菩提心」→「法身」という流れ、すなわち「真如随縁」的理解によって、「正因仏性」にその根拠を求める以外、その説明の方途はないと筆者には思われるのである。吉蔵がこうしたいわゆる「真如随縁」的な方向で如来蔵思想を解していたことは、すでに指摘してきた通りである。

ここで誤解のないよう述べておきたいが、筆者は何も吉蔵が「正因仏性」だけで成仏できると主張していたと述べているのではない。吉蔵もあくまで「縁因仏性」の重要性を強調していることは右に指摘した通りである。また、「廻小向大」の必要性もいっている。(51) しかし、吉蔵があらゆる衆生が「縁因仏性」をそなえることができ、「廻小向大」が可能であると考えるのは、筆者よりすれば、それはあらゆる衆生に「正因仏性」が遍在し、「正因門授記」されているとするからなのである。(52)「正因門授記」されているがゆえに、そのことが力となって、「縁因仏性」を満たすことができるのであり、「縁因門授記」を受けることができると見るのである。(53) 筆者は如来蔵思想全般に関して深い知識を有するものではないが、こうしたことはある意味では、如来蔵思想全般に共通して指摘し得ることなのではなかろうか。(54)

筆者には、前の高崎博士のご見解はそうした方向性を示しているものと思われるのである。

五　吉蔵における〝一味薬〟の喩えについて

さて最後に、松本史朗博士が提示された吉蔵の思想に対する批判的考察について触れなければならない。すでに述べたように、松本博士は吉蔵がその著書中しばしば引用する『涅槃経』「如来性品」の有名な〝一味薬の比喩〟に着目し、〝一味薬の比喩〟は松本博士のいわれるところの“dhātu-vāda”の典型的教説であり、これを依用した吉蔵の思想もまた“dhātu-vāda”そのものであるとして、その思想に対して鋭い批判的考察を加えられたのであった。[55] 松本博士は、吉蔵の思想を見る場合、有効なものであるとしてまず左のような図（次頁の図参照）を示され、[56] さらにその上で吉蔵の具体的文脈を分析されて、次のようにいっている。[57]

以上考察したように、吉蔵の思想の構造、または彼の思考の論理が、“dhātu-vāda”に完全に一致することは明らかである。ただし「八不」や「実相」などと呼ばれる基体(C)が、「迷」と「悟」または「仏菩薩」と「二乗人天」などという二法（AとB）の「本」とされる点について、特に一言述べておこう。

私はかつて、“dhātu-vāda”の現実肯定的、差別肯定的な性格と関連して、次のように述べたことがある。

如来蔵思想の差別的構造に関する重要な点は、成仏が予定されているもの（菩薩）と、永遠に成仏できない衆生（〝因欠〟とか〝無種姓〟とか〝一闡提〟とか言われるもの）とが、ともに相い並んで、唯一の実在たる dhātu の上に超基体として置かれている、つまり、津田氏の言葉を用いれば、存在論的に根拠づけられているということなのである。

この論述は、直接的には、『大乗阿毘達磨経』の「無始時の界（基体）は一切諸法の〔等しい〕所依（基体）である。それがあれば、一切の趣（gati）はあり、また涅槃の証悟（nirvāṇādhigama）もある」という偈に関して、〝涅

“dhātu‐vādaの図”

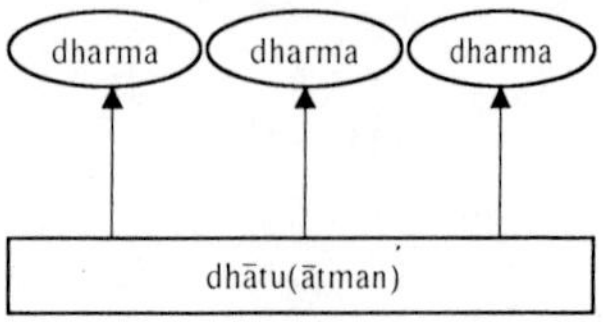

“離二辺中道の図”

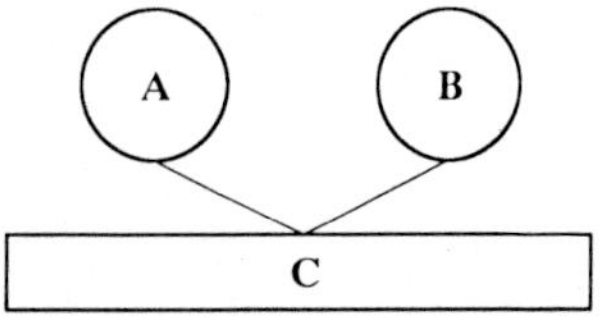

槃〃を dhātu への帰滅と解する津田真一氏の解釈に対する批判としてなされたものであるが、しかしすでに見た吉蔵の諸論述に関しても、同じ指摘が成り立つであろう。『大乗阿毘達磨経』の偈の所説を、〃離二辺中道の図〃に当てはめて言えば、「涅槃の証悟」(A)と「一切の趣」(B)は、「界」(C)に根拠づけられている。吉蔵においては、「仏菩薩」(A)と「二乗人天」(B)が「八不」(C)に根拠づけられ、または「三乗賢聖」(A)と「六道生死」(B)が、「実相」(C)に基礎づけられている。吉蔵の場合、独覚・声聞の二乗が、価値的に善いものとしてのAに配当されたり、悪しきものとしてのBに当てられたりして、紛らわしい点があるが、しかし問題の本質はそこにあるのではない。問題は、永遠に成仏できない者と成仏が決定している者が、二つの超基体としてともに相並んで提示されることなのである。言うまでもなくこれは、現実的差別の固定化絶対化、悪の合理化ということに連なる。つまり、現実に存在する差別や悪を排除、撤廃して、平等にして善なる現実を創り出そうとするのではなく、善悪を超えた〃一元〃の立場から、悪をそのまま容認する現実肯定的、最善主義的 (optimistic) な哲学を生みだすのである。

つまり、ここで松本博士は、“dhātu-vāda”としての如来蔵思想の差別的構造の具体例が吉蔵に見られることを指摘し、その思想に対して厳しい批判的見解を述べているのである。そして、そうした例の最も顕著なものとして松本博士が指摘されるのが『涅槃経』の〃一味薬の比喩〃なのであり、それを依用した吉蔵の思想なのである。

かかる松本博士のご指摘を念頭に置き、改めて吉蔵の著作を点検してみたところ、筆者は次のような記述に出会うこととなった。

Ⓚ『法華義疏』巻第三「方便品」

此経正化声聞、次化菩薩并及外道。化此三人則総収一切令同帰仏乗也。今次依智度論及涅槃経言、雖有四句不出二門。初之二句明能化門、後之二句明所化門。能化門中有大開之与曲示。所化門中有始悟之与終入。故此四門無義不摂。**所言開者**、衆生仏性名仏知見。仏性亦名一乗。**涅槃経言**、畢竟有二種。一者荘厳畢竟、二者究竟畢竟。荘厳畢竟者謂六波羅蜜。究竟畢竟者一切衆生所得一乗。一乗者名為仏性。以是義故我説一切衆生悉有仏性。一切衆生悉有一乗、以無明覆故不能得見。為衆生故説仏性名之為開。既為衆生説則是為衆生開。所以開仏性者令衆生除無明煩悩使得清浄。開仏性則是徳無不円、使得清浄謂累無不尽。**所言示者**、**曲示五性差別之義**。故名為示。**如涅槃云**、掘出金蔵故普示衆生諸覚宝蔵。故名示也。**所言悟者**、大開曲示二門既竟、今次知有仏性名之為悟、修行証之故称為**入**。知有仏性謂十信以上也。証入仏性謂妙覚地已還也。挙始及終位無不摂。次結章如文。（大正蔵三四・四九五下）

これは『法華義疏』において、吉蔵が経の「開示悟入」を釈している部分であるが、[58]ここで吉蔵は「開示悟入」には「能化門」と「所化門」があり、さらに「能化門」には「大開」と「曲示」、「所化門」には「始悟」と「終入」があるといっていることがわかる。そして、吉蔵は「開」の義として、「衆生の仏性を仏知見と名づけ、仏性をまた一乗と名づける」といい、[59]『涅槃経』の「師子吼菩薩品」を引証している。[60]この『涅槃経』「師子吼菩薩品」の一連の文脈は、いわゆる一乗家の多くが引用する有名な箇所であるが、[61]吉蔵はこの『涅槃経』を引証して「仏性を開く所以は、衆生をして無明煩悩を除き清浄を得せしめんとなり」と主張している。したがって、ここでの吉蔵の立場は、松本博士の如来蔵思想の分類に従えば典型的な「仏性内在論」ということになるであろう。

続いて吉蔵は、「示」の義として、「五性差別の義を曲示するが故に名づけて示となす」といっていることが注意される。ここにいう「曲示」とは、この語が前に見たように「大開」と対置されていることから推して、「曲《つぶ》さに示す」

というほどの意味であると思われるが、それはともかく、上記のように吉蔵は「示」とは、「五性差別の義を曲示する」ことであるとして、『涅槃経』「如来性品」の一文を引証している。[62] そして、この「如来性品」の一連の文脈で説かれているのが、実は松本博士の指摘された〝一味薬の比喩〟なのである。[63] 吉蔵がいう「五性差別」が何を意味するかは、このⓀ『法華義疏』の短い記述からは窺い知ることはできないが、引証されている『涅槃経』「如来性品」の後文には、次のような一文があるので、おそらくその意味はこれによって理解すべきなのであろう。[64]

善男子、一切衆生亦復如是。不能親近善知識故、雖有仏性皆不能見。而為貪婬瞋恚愚癡之所覆蔽。故堕地獄畜生餓鬼阿修羅旃陀羅刹利婆羅門毘舎首陀、生如是等種種家中。因心所起種種業縁、雖受人身聾盲瘖瘂拘躄癃跛、於二十五有受諸果報。（大正蔵一二・六四九上―中）

この『涅槃経』の一文は今日的視点から見ると、極めて不適切な文言に満ちていることは何よりも残念なことであるが、述べられている意味は比較的明瞭で、たとえ「仏性」があったとしても、それを見失っていれば現実にはさまざまな違いがあることを認めたものと解される。したがって、これを引用して「五性差別の義を曲示」するとした吉蔵の立場も、「仏性を見失っている」段階ではさまざまな違いがあることを認める立場であったことは容易に想像されるところである。こうした側面を捉えて、松本博士は、一見「平等」を高らかに主張する「如来蔵思想」が「悪をそのまま容認する現実肯定的、最善主義的な哲学を生みだす」ものとなり得ることを指摘し、その具体例が吉蔵の思想中に見られると指摘されたものと筆者は理解している。かかる松本博士のご指摘は、筆者もある程度は理解することができるが、『涅槃経』の作者や吉蔵その人に松本博士のいわれるような意識があったか否かはまた別の問題であろうと思われるのである。[65] なるほど、吉蔵は「仏性を見失っている」段階では、さまざまな違いがあることを認めてはいる。しかし、吉蔵の最終的な立場は、「仏性」が「内発的な力」となって、そうした「仏性を見失っている」状況から脱せられるとするものだったのであり、本章ではこれを吉蔵の「真如随縁」的な仏性理解として論述してきたところである。筆者よりすれば、ここに「五性各別」を説くいわゆる法相宗の思想との決定的な違いがあるのであり、Ⓚ『法華義疏』にいう「五性差別」とはいわゆる法相宗のいう「五性各別」とは本質的に相違するものなのである。

ここで話はやや飛躍することになるが、この問題がのちの三論宗と法相宗において、どのように扱われているかを見ることによって、この問題に対する理解を深める一助にしてみたいと思う。

六　おわりに

珍海の『三論玄疏文義要』巻第六「仏性義」には、次のような問答がある。(66)

Ⓛ『三論玄疏文義要』巻第六「仏性義」

問。一切衆生正由何義成仏耶。

答。由中道成仏。故云正因仏性也。一切衆生皆有中道正法、故一切皆悉終成仏道也。

問。何故由中道正法得成仏耶。

答。失一味仏性、即有六道異。若悟一味本性、即還本原。故名成仏也。

問。何故衆生必悟本性終帰其原耶。

答。本性常恒不変。妄想客塵有起尽。故生死妄法不守自性。帰本覚也。(大正蔵七〇・二九三中)

ここで、珍海は一切衆生はどのような義によって成仏するのかと問われ、中道(仏性)によって成仏すると答えている。また、ここにおける一連の文脈から、珍海においては「中道仏性」とは「正因仏性」であり、「中道正法」であったことが知られる。つまり、珍海は一切衆生はこれらを具えているがゆえに、「一切皆悉終成仏道」なのであると主張しているのである。そして、さらに珍海は、問題の『涅槃経』「如来性品」の〝一味薬の比喩〟を援引している。つまり、珍海は「一味仏性」を失っている限りは六道の異なりがあるものの、「一味の本性」を悟るならば「本原」に帰することができ、それが「成仏」なのだとするのである。その主張は特に目新しいものではなく、極めて典型的な「本覚思想」と呼ぶべきものであろう。ただ、珍海も単に「正因仏性」だけをもって「成仏」できると考えていたわけではないことは、これに続く一文から明らかなことである。[67]

ところで、珍海は、これらの問答の後、「『解深密経』等では五性各別を明かしているが、これを悉有仏性家はどのように会通するのか」と問われ、法宝の『一乗仏性究竟論』に拠りつつ、これに答えているが、[68] その連文には、次のような興味深い問答がある。

Ⓜ『三論玄疏文義要』巻第六「仏性義」

問。若爾何故云趣寂二乗不成仏。亦有無性有情耶。

答。無餘涅槃後、[69] 惛睡不覚。久不知仏道故、云趣寂二乗不成仏道。断善根人障未来仏道。於障義説名為無性。此即縁因。客性有五種異。若約正因、中道仏性理実、究竟皆当作仏。故説一乗為究竟教也。

問。楞伽経中説五性差別之旨、唯不定二乗迴心趣仏。即法華等明二乗成仏者、依此義説也。若論二乗種性之人、不応成仏、其一乗仏性家如何会通耶。

答。楞伽五性為一乗潤色。何者彼経説不定性云、曾発菩提心退二乗者不住小乗。迴心趣大也。故知**五性非法爾別**。若法爾者、不定種性何理決定先発大心、然為小乗耶。又、説声聞種性者云、惛睡不覚。経無量劫、後時覚悟得仏法身。故知声聞種性亦非決定不成仏矣。又、説無性云、有二闡提。一是菩薩闡提。悟法平等故不入涅槃。二是断善根闡提。以諸仏縁力遂得涅槃也。**故知亦無法爾無性**。楞伽五性、但説随縁種性差別。即以五性顕示一切皆成仏義。餘大乗経明五種性、准之可通。故楞伽経甚与仏性義相応。不可引為難之。(同前・二九四上)

ここで、珍海はどうして「(『楞伽経』には)趣寂の二乗は成仏しないという文言や、無性有情があるのか」との問いに対して、それらをいうのはいずれも「縁因」、「客性」においてのことであり、「皆当作仏」とは「正因」の段階においてであるといっていることがわかる。つまり、珍海も、「縁因」や「客性」の段階では五種の異なりがあること、すなわち現実において「縁因」が調わなければ成仏できないものがあることを認めているのである。しかし、それでは珍海の立場がいわゆる法相宗のいう「五性各別」と同じものであったのかといえば、そうではないことは、いま示したⓂの後半の問答をみれば明らかであろう。では、どこが法相宗のいう「五性各別」と違うのであろうか。それは、「法爾」としての先天的な相違を認めるか否かにあるのである。珍海が「法爾」としての先天的な相違を認めない立場に立っていることはいうまでもないことであろう。珍海は後文において、「もし法爾として先天的に定まっているならば、不定種性のものがどのような理によって、決定して先に大心を発こした後、(退転して)小乗になるのであろうか(決まっているものが変化するのはおかしいではないか)」と法相家を揶揄しているが、これは面白い見解といえよう。

ところで、こうした珍海の立場の根底にあるのは、すでに五十嵐隆幸氏が指摘しているように、法宝の『一乗仏性究竟論』であったことは疑いようのない事実である。[70] なぜなら、法宝の『一乗仏性究竟論』巻第二「列経通義章第五」には、次のような記述があるからである。[71]

Ⓝ『一乗仏性究竟論』巻第二「列経通義章第五」
釈曰。菩提涅槃因性有正因縁因本性客性。正因本性一切衆生平等皆有不可分人。縁因客性有無不同由斯性別。

この『究竟論』「列経通義章」に考察を加えられた寺井良宣氏は、

そこでの法宝の主張は、善戒経に「本性・客性」の説、涅槃経に「正因・縁因」の説があるが、本性や正因は本来平等にして一切衆生に具わり、その故に一切の衆生に成仏の可能性がある、ただ現実上成仏できない者があるのは客性や縁因が充足しないためであり、従って本来的に不成仏に定った類を説く経はない、と言うものである。

と述べ、[72] さらにその理由として「法相宗では「本有無漏種子」説を主張するが、法宝はこうした主張に反対する」[73] といっている。珍海の前の態度は、こうした法宝の姿勢をそのまま受けついだものといえるであろう。

また、法宝の真如観について考察を加えられた末木文美士博士は、法宝が法爾五性説にもとづく五姓各別説を批判することを指摘した上で、さらに「五性説を全面的に否定するのではなく、一乗説の下に組み込み、会通を図ろうとしている点に特徴がある」[74]と述べておられるのが注目される。つまり、末木博士は、法宝は一見「五姓各別説」を認めていると見紛う要素も見られないわけではないが、その本意はあくまで「五姓各別」否定にあるのであり、いわゆる「一乗」を基本とした仏教者であったことを指摘しておられるのである。では、「五姓各別説」と「五姓各別説否定」を裁断する要素は何かといえば、それは両者の「真如観」の相違ということになるのであろう。

かつて、山崎慶輝教授は、「法相唯識における法華経観」なるご論文の中で、

天台・華厳等の一乗仏教では、唯識を三乗教・権大乗と貶称しているが、それは唯識が声聞・独覚・菩薩の三乗を差別し、無性有情の存在を認める五姓各別を主張していることに由来する。すなわち天台等では一切衆生悉有仏性と説き、すべてのものが成仏できるという一乗の教こそ、仏の本意にかなった真実の大乗であると主張し、かかる立場から唯識を批判しているのである。両説の根底には、真如観の相違があるが、（以下略、傍線＝奥野）[75]

と述べられたが、筆者によれば問題はすべてこの山崎教授の端的な言明に尽きていると思われるのである。では、具体的に「真如観の相違」とは何かといえば、「本有無漏種子」を認めるか否かということになるのであろう。法宝や珍海、そして吉蔵には「本有無漏種子」といった概念はどこにも存在しないので、基本的に法相のいう「五姓各別」とは相容れないものがあるというのが筆者の理解なのである。[76]

総じていえば、吉蔵をはじめ珍海、法宝等は「仏性」を「内発的な力」と捉え、いわゆる「真如随縁」的な解釈を施すため、[77]かりにその所説の中に一見「五姓各別説」に見紛う要素があったとしても、[78]その基本はいわゆる「一乗説」にあったというのが、目下の筆者の結論である。

注

（1）平井俊榮『中国般若思想史研究――吉蔵と三論学派――』第二篇第四章第三節「仏性義の問題点」（春秋社、一九七六年、六一七頁）

（2）平井前掲書、第二篇第三章第四節「吉蔵における『涅槃経』引用の形態と特質」を参照。

（3）平井前掲書、五二六―五二七頁参照。

（4）平井前掲書には、次のようにある。長くなるが非常に重要な箇所なので引用しておきたい。「この吉蔵の著作における涅槃経引用の圧倒的多数は何に起因しているのか、そのことがまず究明されなければならないが、この問題は、歴史的には江南における涅槃学派を中心とした涅槃経の流布と研究の盛行をその背景とするもので、大きくは南地・北地を問わず、中国仏教史における涅槃経の影響そのものを前提としてこれを問題としなければならない性質のものである。たとえば、梁の三大法師と称される成実学派の開善寺智蔵（四五八―五二二）・光宅寺法雲（四六七―五二九）・荘厳寺僧旻（四六七―五二七）等においても涅槃経研究の事実は顕著であり、同時代の浄影寺慧遠（五二三―五九二）や天台大師智顗（五三八―五九七）にあってもまた同様であることを思えば、涅槃学派に限らずこの涅槃経研究は当時の一般的傾向であったことがうかがわれるのである。これは、涅槃経が経典成立史の上からはインド中期大乗経典の代表的な傑作であり、教理的には大乗仏教の完成を目指したものとして、当時の中国南北朝時代から澎湃として起こった〈大乗思想〉の研究という時流に乗じたものである。南地においては、これがとくに梁代を中心とする涅槃学派の盛行とともに、涅槃経研究に集約的に現象しているのである。しかも、吉蔵の教学は江南に勢威を振った梁の三大法師の教学の超克という形をとって成立したものである。そこに、彼の涅槃経研究が一つの歴史的要請として不可欠のものであったことが理解されるのである。しかし、さらにより重要なことは、羅什の伝訳に始まる三論学の大成者としての吉蔵を考えたとき、中国に伝わった三論の思想というものが、涅槃経の思想と融即されることによってはじめて体系化されたという点である。吉蔵の著作に見られる涅槃経の数多い引用ということが、単なる時代の一般的傾向として以上に問題となるのはこの点においてであって、そこにわれわれが中国仏教における般若経や三論に基づく空観思想の体質というものを考える端緒が存するのである。このような視点からすれば、現実肯定的な面がきわめて強い中国社会に受容された空観思想に、その必然的な展開として、涅槃経の思想と結合せざるを得なかった素因がもともとあったのであり、吉蔵における両者の融合は、文字通りその歴史的な所産であったともいえるのである」（五二七―五二八頁、傍線＝奥野）

（5）平井俊榮「三論教学の歴史的展開」（平井俊榮監修『三論教学の研究』序篇、xxv頁）参照。なお、前注（1）所掲の平井書、第一篇第五章第三節「三論学派における涅槃研究の濫觴」（三一〇頁参照）もあわせて参照。

（6）前注（5）所掲の平井論文（『三論教学の研究』序篇、xxiv頁）参照。

（7）すでに述べた平井博士のご研究の他、管見に触れた先行研究には以下のようなものがある。

①常盤大定「隋の嘉祥寺吉蔵の五種仏性説」(『仏性の研究』中篇第五章、丙午出版社、一九三〇年、一九七三年国書刊行会より再刊)
②富貴原章信「勝鬘経宝窟の仏性説――宗祖仏性説の仏教学的背景の一部分として――」(親鸞聖人七百回忌遠忌記念出版『親鸞聖人』大谷大学編、真宗大谷派宗教所発行、一九五九年)
③富貴原章信「嘉祥の仏性説について」(『南都仏教』第二六号、一九七一年六月、後に「三論吉蔵の仏性説」と改題されて富貴原章信仏教学選集第一巻『中国日本仏性思想史』国書刊行会、一九八八年に再録)
④小川弘貫「三論宗に於ける如来蔵思想」(『中国如来蔵思想研究』第二篇第六章、中山書房仏書林、一九七六年)
⑤藤井孝雄(教公)「慧遠と吉蔵の『勝鬘経』如来蔵説の解釈をめぐって」(『印度学仏教学研究』第二七巻第二号、一九七九年三月)
⑥藤井教公「『涅槃経』における一、二の問題――浄影寺慧遠と吉蔵における仏性理解――」(『印度学仏教学研究』第二八巻第二号、一九八〇年三月)
⑦鶴見良道「吉蔵の如来蔵義考」(『印度学仏教学研究』第二九巻第一号、一九八〇年十二月)
⑧三桐慈海「勝鬘経宝窟における仏性義」(『仏教学セミナー』第四二号、一九八五年十月)
⑨三桐慈海「勝鬘経宝窟の撰述について」(『大谷学報』第六五巻第二号、一九八五年十月)
⑩務台孝尚「吉蔵教学における如来蔵思想の受容について」(『印度学仏教学研究』第三五巻第二号、一九八七年三月)
⑪木村清孝「吉蔵における我と無我」(前田専学博士還暦記念論集『〈我〉の思想』春秋社、一九九一年、後に木村『東アジア仏教思想の基礎構造』春秋社、二〇〇一年に再録)

(8) 松本史朗「三論教学の批判的考察――dhātu-vāda としての吉蔵の思想――」(平井俊榮監修『三論教学の研究』春秋社、一九九〇年、後に松本『禅思想の批判的研究』大蔵出版、一九九四年に再録。本書における同論文の引用頁数は後者の松本書による)参照。

(9) この『勝鬘宝窟』の記述に関しては、すでに前注(7)所掲の②富貴原論文、および⑧三桐論文が考察を加えており、筆者も参照した。記して学恩に深謝したい。

(10) 大正蔵経脚注の校訂により「明」を補う。

(11) 『大般涅槃経』巻第二十五「師子吼菩薩品」の「善男子。畢竟有二種。一者荘厳畢竟。二者究竟畢竟。一者世間畢竟。二者出世畢竟。荘厳畢竟者六波羅蜜。究竟畢竟者一切衆生所得一乘。一乘者名為仏性。以是義故。我説一切衆生悉有仏性。一切衆生悉有一乘」(大正蔵一二・七六九上)等を参照。

(12) 『大般涅槃経』巻第八「如来性品」に「如是一味。随其流処。有種種異」(大正蔵一二・六四九中)とあるを参照。

(13) 前注(1)所掲の平井書、第二篇第三章第四節「吉蔵における『涅槃経』引用の形態と特質」の特に「二、頻出引用句について」および「三、涅槃引用句の思想的意義」を参照。

(14) 前注(8)所掲松本論文参照。

(15)『中論』巻第四「観四諦品」の偈文に「雖復勤精進。修行菩提道。若先非仏性。不応得成仏」とあり、「青目釈」に「以先無性故。如鉄無金性。雖復種種鍛煉。終不成金」（大正蔵三〇・三四上）とあるを参照。

(16)『大智度論』巻第三十二に「如黄石中有金性白石中有銀性。如是一切世間法中皆有涅槃性」（大正蔵二五・二九八中）とあるを参照。

(17) 特に本文に掲げる文例①の『法華玄論』巻第一の箇所については、すでに本書、第一篇第二章において言及している。五九頁参照。

(18) 前注(7)所掲の⑪木村論文参照。木村博士は、この論文の中で「「若先非仏性」の対応するサンスクリット文は、“yaścābuddhaḥ svabhāvena sa……”（また、本性上、仏でない者は、かれは……）であり、仏性に当たる概念を立てているわけではない」と指摘されているが、いうまでもなくこれは木村博士ご指摘の通りである。こうした点を意識されてか、三枝充悳博士は、この偈文を「復た勤めて精進して菩提道を修行すと雖も、若し先に仏の性に非ざれば、応に成仏することを得べからず」と訓じておられる（三枝『中論（下）』レグルス文庫、六六七頁）。ともかく吉蔵はここに「仏性」の意味を認めたのである。これに関連して、木村博士は前の論文において、文例①の『法華玄論』に見られる吉蔵の論旨について、「この強引な論旨は、かれの仏性に対する思いがいかに深く、動かしがたいものであったかを示していよう」と評している。

(19) 漢訳『中論』中に見られる「青目釈」の思想的特質を扱った論文として、伊藤隆寿「鳩摩羅什の中観思想——『青目釈中論』を中心に——」（平井俊榮博士古稀記念論集『三論教学と仏教諸思想』春秋社、二〇〇〇年）がある。

(20) 松本博士の「如来蔵思想」の三つの分類に従えば、「仏性内在論」に相当するものと思われる。松本博士による「如来蔵思想」の分類については、松本史朗「深信因果について」（鏡島元隆・鈴木格禅編『十二巻本『正法眼蔵』の諸問題』大蔵出版、一九九一年、後に『禅思想の批判的研究』大蔵出版、一九九四年に再録）を参照。なお、近時、松本博士は「仏性修現論」の呼称を「仏性修顕論」と改めて、さらに深い考察を示されている。詳しくは、松本『道元思想論』（大蔵出版、二〇〇〇年）の特に第一章〜第四章を参照。

(21) 本文のⒷに示す記述は、経の「自性清浄章」（大正蔵一二・二二二中—下）の注釈部分で、「世尊如来蔵者。此第二対邪顕正。即是対顛倒明真実。挙如来蔵。明有如来蔵故得厭苦楽求涅槃。有三。一如来蔵者挙法実体。二無前際下。辨能起染浄所以。良由蔵体無前際等。故能起染浄。無前際。明本有義。以本有故。無始起修滅。能為染浄因也。三種衆苦下。正明能起染浄」（大正蔵三七・八四上）に続いて説かれる部分である。

(22) 吉蔵の引く『楞伽経』は、『楞伽阿跋多羅宝経』巻第一に「蔵識海常住。境界風所動。種種諸識浪。騰躍而転生。青赤種種色。珂乳及石蜜。淡味衆華果。日月与光明。非異非不異。海水起波浪。七識亦如是。心倶和合生。譬如海水変。種種波浪転。七識亦如是。心倶

和合生。謂彼蔵識処。種種諸識転（以下略）」（大正蔵一六・四八四中）とあるものである。こうした『楞伽経』の譬えは、『大乗起信論』の有名な「水波の喩」を想起させる。吉蔵は問題の『勝鬘宝窟』のすぐ後で『起信論』に言及しているので、吉蔵が『大乗起信論』を知っていたことは確実である。なお、吉蔵の『起信論』引用に関する問題については、極最近、吉津宜英博士によって新しい研究が提示された。吉津宜英「吉蔵の大乗起信論引用について」（『印度学仏教学研究』第五〇巻第一号、二〇〇一年十二月）を参照。

(23) ⓕの文中にある『楞伽経』の引用については、『入楞伽経』巻第三に「大慧。我説如来蔵者。為諸外道執著於我。摂取彼故説如来蔵。令彼外道離於神我妄想見心執著之処。入三解脱門。速得阿耨多羅三藐三菩提。大慧。以是義故。諸仏如来応正遍知説如来蔵」（大正蔵一六・五二九下）とあるを参照。

(24) ⓖの文中にある『涅槃経』、『法華経』の引用は、それぞれ『大般涅槃経』巻第三十三「迦葉品」に「非仏性者所謂一切牆壁瓦石無情之物。離如是等無情之物。是名仏性」（大正蔵一二・八二八中）、『妙法蓮華経』巻第六「常不軽菩薩品第二十」に「爾時有一菩薩比丘。名常不軽。得大勢。以何因縁。名常不軽。是比丘。凡有所見。若比丘。比丘尼。優婆塞。優婆夷。皆悉礼拝讃歎。而作是言。我深敬汝等。不敢軽慢。所以者何。汝等皆行菩薩道。当得作仏。而是比丘。不専読誦経典。但行礼拝。乃至遠見四衆。亦復故往。礼拝讃歎。而作是言。我不敢軽於汝等。汝等皆作仏」（大正蔵九・五〇下）とあるを参照。また、ⓖに見られる「常不軽菩薩品」の引用は、『法華義疏』巻第十「安楽行品」に「又衆生皆有一乗。同有仏性。並当作仏。不応慢之。如戒経云。我是已成仏。汝是当成仏。亦如常不軽菩薩不軽一切。作此不軽即是弘一乗也」（大正蔵三四・五九七中）とあるのと趣旨において通底するものがあろう（『法華義疏』中における『戒経』の引用は、『梵網経』大正蔵二四・一〇〇四上参照）。これら「常不軽菩薩品」の引用において、吉蔵が「常不軽菩薩」は分け隔てをもって一切衆生を礼拝していたとは、筆者はどうしても理解できない。この点については、本書第一篇第三章「三　吉蔵における「声聞授記」」（特に一一〇—一一五頁）を参照されたい。

(25) ⓚの文中にある『摂論』の引用は未詳。『摂大乗論』に「満修習所餘波羅蜜。謂離五種処。一離外道我執処」（大正蔵三一・一二九上）とあるを参照。

(26) 『究竟一乗宝性論』巻第一「為何義説品第七」に「問曰。餘修多羅中皆説一切空。此中何故説。有真如仏性。偈言。処処経中説。内外一切空。有為法如雲。及如夢幻等。此中何故説。一切諸衆生。皆有真如性。而不説空寂。答曰偈言。以有怯弱心。軽慢諸衆生。執著虚妄法。謗真如実性。計身有神我。為令如是等。遠離五種過。故説有仏性」（大正蔵三一・八一六上—中）とあるを参照。なお同論巻第四（八四〇中—下）もあわせて参照されたい。また、高崎博士の『宝性論』（インド古典叢書、講談社、一九八九年、一三五—一三八頁）に対応するサンスクリット原典からの和訳がある。また、前注(7)所掲の⑦鶴見論文もあわせて参照されたい。

(27) 高崎直道『増補新版・仏性とは何か』「宝性論入門」（法蔵館、一九九七年、一七三頁、引用文中の傍点は高崎博士によるもの）参照。また、同書七八―八三頁の記述もあわせて参照のこと。

(28) 大正蔵経脚注の校訂により「住」を補う。

(29) 研究代表者・藤井教公『大乗『涅槃経』を中心とした仏教の平等思想と差別思想の起源と変遷の研究』（平成9年度～平成11年度科学研究費補助金（基盤研究(C)(2)）研究成果報告書、平成十二年三月）に収められた藤井氏の英文論文、Kyoko Fujii "Transition of the Concept of Icchantika in East Asian Buddhism" を参照。この中で藤井氏は、次のように述べる。

The meaning of the sentence is that the icchantika have an obstacle of non-belief. In other words, since they slander the Mahāyāna sutras, they necessarily lack faith in it. But, through appropriate measures(upāya), this obstacle will be removed from the icchantika, and the seed of faith in Mahāyāna will sprout within them.

これによって、氏が吉蔵に「一闡提成仏説」を認めていたことは、明らかなことだと思われる。なお、前掲の研究報告書は藤井氏のご好意によって参照することを得た。記して学恩に感謝申し上げたい。

(30) 『究竟一乗宝性論』巻第三（大正蔵三一・八二九上―中）参照。

(31) 吉蔵が「一闡提成仏説」に立っていると思われることは、拙稿「吉蔵と一闡提」（『印度学仏教学研究』第四六巻第一号、一九九七年十二月）においても少しく指摘しておいたので参照されたい。この拙稿中において指摘しておいたように、本章本文中で示した⑦の『中観論疏』の記述は『無上依経』を意識してなされたものである。したがって、吉蔵は本文中に示した一連の文脈を、『無上依経』や『宝性論』『仏性論』に依って論述していたということになる。『無上依経』『宝性論』『仏性論』の一般的にいわれている性格や、吉蔵を取り巻く当時の思想的状況を考慮すると、筆者にはこれらの文脈から吉蔵が「一闡提不成仏説」を想定していたとはどうしても思えない。「一闡提」に関する吉蔵の成仏不成仏観をめぐって、筆者と末光愛正氏の間に意見の相違があることは、本書第一篇第三章「吉蔵の声聞成仏思想」を参照していただきたい。

(32) 本篇第二章、八五―八九頁参照。

(33) 『摂大乗論』本文には、吉蔵のいうような引文は見当たらない。世親釈真諦訳『摂大乗論釈』巻第十五に「論曰。五救済乗為業。諸菩薩欲偏行別乗。及未定根性声聞。能安立彼為修行大乗故。釈曰。此明真実教力。乗有人法。人有大乗人有小乗人。法有方便乗法有正乗法。転方便乗修治正乗故。名救済乗。摩訶般若経説。乗有三義。一性義。二行義。三果義（以下略）」（大正蔵三一・二六四下）とあるを参照。なお、この点については、平井俊榮『法華文句の成立に関する研究』第一篇第三章「『法華玄義』と『法華玄論』」（春秋社、一九八五年、一三二―一三三頁）参照。

(34) 吉蔵がその著書中、『摂大乗論』に依ってしばしば「乗に三義有り」と述べていることについては、すでに畏友務台孝尚氏によって指摘がなされている。務台孝尚「吉蔵の教学と真諦三蔵」（『駒澤大学大学院仏教学研究会年報』第一八号、一九八五年二月）を参照。さらに務台氏はこの論文の中で、吉蔵が「乗の三義」として関説する箇所も概括的に整理されている。いま本文で示したⒺ『十二門論疏』の例を除いて、務台論文が指示している箇所を示せば、次の通りである。

①『法華玄論』巻第三「摂大乗論引波若云。乗有三種因乗縁乗果乗。果乗者謂常楽我浄」（大正蔵三四・三八三上）

②『法華玄論』巻第四「摂大乗論有三。謂乗因乗縁乗得。乗因者謂真如仏性。第一義空為乗因。乗縁謂万行。乗得即仏果也」（同前・三九〇下）

③『法華論疏』巻中「云何以平等法身為一乗体。答。乗有三種。一性乗。二随乗。三乗得。性乗即是真如法身。要由有真如法身。然後修於万行称曰乗随。証得仏果名為乗得」（大正蔵四〇・八一三上）

④『大乗玄論』巻第三「一乗体者。正法中道為体。摂論云。性乗行乗果乗」（大正蔵四五・四二中）。

(35) 吉蔵は「住自性性」を「自性住仏性」としているが、同義語と判断して問題はないであろう。

(36)「応得因」「加行因」「円満因」の「三因」については、武邑尚邦『仏性論研究』（百華苑、一九七七年、二一五―二一八頁）を参照。また、塩田義遜博士は、その著『法華教学史の研究』第一編第三章「世親の法華経観」の中で、まず『仏性論』の「三因」について、「仏性論第二の三因品には応得・加行・円満の三因を立て、先に所謂二空所顕の真如仏性を以て応得因となし、菩提心を以て加行因とし、円満因とは三十七品十波羅蜜等の加行に依り、福慧智断の因を円成する因となし、応得因は無為の真如を体とし、後の二因は有為の願行を体とすと説き、此の三因に依り自住・引出・至得の三仏性を説き、住自性仏性は道前の凡夫位、引出仏性は発心以上の学位、至得仏性は無学の聖位」（七六頁）と解説され、さらに「かくの如く如来蔵即ち真如頼耶の上に如々境の理念のみならず、勝鬘経等に依って如々智に依る応得の作用即ち真如随縁の義を認めたことは、二空所顕の真如を応得仏性と説いたのが、これ世親の仏性論の特長といふべきである。かく世親は二空所顕の真如を以て応得菩提心の仏性と為し、その仏性に更に引出、至得の二因を加へて所謂三因仏性説を為したることは、仏性ある故に菩提心起り、菩提心あるが故に修証の仏果を期すべき後世天台の三因仏性説の根拠といふべきである」（七七頁、傍線＝奥野）と述べられる。筆者よりすれば、吉蔵の理解も同類のものであり、またそれは霊潤（生没年不詳）が「復次。汝言有理性。無行性者。是義不然。何以故。但有理性。則有行性。故涅槃経云。断善根人。以現在世煩悩因縁。能断善根。未来仏性力因縁故。還生善根。依此経文。断善根人。未来復以仏性力故。還生善根。不得定執無有行性」（最澄『法華秀句』巻中末、伝全三・一六五）と述べて、「理性あれば行性あり」と強調するのと相通ずる理解であると思われる。

(37)「真如随縁」と「真如凝然」については、末木文美士博士が、次のように述べられるのが参考となろう。「真如が生滅の世界ではたらいていることを「真如随縁」と呼び、そのようなあり方をしている真如を「随縁真如」と呼んで、本体論的な「不変真如」に対立させた。このように、真如は本体的・実体的な存在というに留まらず、万物発生の原理であり、また、世界の変転を支える原理とも言うべきものになったのである。こうした真如説の展開に対して、インドの唯識説を受けた法相宗系統では、「真如凝然」、すなわち、真如の不変性を強調する」(『平安初期仏教思想の研究』第一部論述篇第六章「仏性と真如」春秋社、一九九五年、四二五頁参照。傍線＝奥野)

(38) 前注(33)所掲平井書、第一篇第三章「『法華玄義』と『法華玄論』」を参照。

(39) 前注(33)所掲平井書、一三二頁参照。

(40) 平井博士は、吉蔵は同一の文脈である『大乗玄論』巻第三「一乗義」では「摂論云。性乗行乗果乗」(大正蔵四五・四二中)と引用していることを指摘し、この事実から推して『法華玄論』の「乗因・乗縁・乗得」の三義は『摂論釈』の三義をアレンジしたものであろうと述べておられる。前注(33)所掲平井書、一三二頁参照。また、前注(34)所掲の務台論文もあわせて参照されたい。

(41) 本書、第一篇第三章「吉蔵の声聞成仏思想」(〇〇頁)を参照。

(42) この『摂大乗論釈』に関して、勝呂信静博士は、「右は小乗仏教では忍位以上では根性が定まったものとして声聞の転根を認めないが、大乗では一切の声聞を不定性として転根・成仏を認めるという趣旨である。真諦訳の思想は、定性・不定性の区別を越えて一切の声聞(あるいは一切の衆生)の性質を不定性と見ることにあるようであって、これは三乗各別説・五姓各別説の否定に連なる思想である」(『初期唯識思想の研究』第二篇第三章、四八三頁注(74)、傍線＝奥野)と述べておられる。

(43) 『摂大乗論』原文にはない。世親釈真諦訳『摂大乗論釈』巻第十五(大正蔵三一・二六四下)参照。なお、この『摂大乗論』の引用に関しては、前注(33)所掲の平井書を参照のこと。

(44) 『妙法蓮華経憂波提舎』巻下(大正蔵二六・七下—八上)参照。

(45) 『十二門論』の原文には相当する文はない。『十二門論』にもとづいて吉蔵が創作したものと考えられる。この点については、前注(33)所掲平井書、一三四—一三五頁参照。

(46) 『妙法蓮華経』巻第二「譬喩品」に「有大白牛。肥壮多力。形体姝好。以駕宝車。多諸儐従。而侍衛之。以是妙車。等賜諸子」(大正蔵九・一四下)とあるを参照。

(47) 高崎直道「大乗の諸仏と如来蔵思想」(『如来蔵思想』I、法蔵館、一九八八年、八三頁)参照。また、同じ高崎博士の『愛と憎しみの彼岸』には、「ところで、常不軽菩薩があなた方は誰でも必ず仏になることができるのだと説いて回ったことについて、『法華経』に対する世親の注釈『法華経論』を見ますと、万人すべてのものに対して成仏の授記(保証)を与えた例としてこれがあげられているのです。なぜそのようにすべてのものに対して授記を与えたかというと、これはすべての衆生に仏性があることを考えたからだと、そう解釈してあります。『法華経』には、すべての衆生に仏性があるとはどこにも書いてないのです。しかし、理屈を考えていけば当然そういうことになるのです。悟りをひらくということは仏性があるからだという解釈は後になってから発達するのですが、世親の頃にはこういう解釈がもう確立していたわけでありまして、すべてのものに対して等しく仏になる可能性があるものと考えていたということです」（同書、すずき出版社、一九八九年、一三九頁、傍線＝奥野）とある。

(48)『妙法蓮華経憂波提舎』巻下に「菩薩記者。如下不軽菩薩品中示現。応知。礼拝讃歎作如是言。我不軽汝。汝等皆当。得作仏者。示現衆生皆有仏性故」（大正蔵二六・九上）とあるを参照。

(49) 授記がいわば先天的になされているものとするると、そうした考えは詰まるところ「信」を問わない宗教に堕落してしまう危険性を絶えず孕んでいるともいえる。それゆえ、そうした側面に批判の矛先が向くのは、ある意味では当然のことであるといえるのかもしれない。袴谷憲昭「『宝性論』における信の構造批判」（『本覚思想批判』大蔵出版、一九八九年）を参照。

(50) 高崎直道『増補新版・仏性とは何か』「一切衆生悉有仏性」（法藏館、一九九七年、七二―七三頁）参照。

(51) 吉蔵における「廻小向大」については、菅野博史『中国法華思想の研究』第二篇第二章第四節「吉蔵における直往菩薩と廻小向大菩薩」（春秋社、一九九四年）を参照。

(52) 吉蔵における「正因門授記」については、本書、本篇第三章「吉蔵の声聞成仏思想」（一〇五―一一五頁）参照。

(53) 筆者は、こうした構造をかつて「正因門授記」の優位性と呼んだ。拙稿「吉蔵の授記思想――末光愛正氏の批判に応えて――」（『駒澤短期大学仏教論集』第一号、一九九五年十月）参照。この拙稿に対して、末光愛正氏は吉蔵には「正因門授記」の優位性の立場はないとするが従えない。末光愛正「吉蔵の法華経観」（平井俊榮博士古稀記念論集『三論教学と仏教諸思想』春秋社、二〇〇〇年）参照。

(54) 前注(53)所掲の拙稿中において、筆者は「それはいわば必然的に「因中有果論」的傾向を帯びる危険性があるような気もする」という印象を述べておいたが、その気持ちはいまも変わらない。

(55) 前注(8)所掲の松本書、五四七―五五四頁参照。

(56) 前掲松本書、五五〇頁参照。

(57) 前掲松本書、五五三―五五四頁。

(58) この『法華義疏』の注釈部分は、次に示す基の『法華玄賛』の注釈箇所と類似する。『法華玄賛』巻三末に「**第二解云**。今此四義総依仏性法身智体以為一乗。**涅槃経言**。大事者所謂仏性。又畢竟有二。一荘厳畢竟。二究竟畢竟。荘厳畢竟者謂六波羅蜜。究竟畢竟者一切衆生所得一乗。一乗者即是仏性。以是義故我説一切衆生悉有仏性悉有一乗。無明覆故不能得見。故知仏性即是知見。即是一乗。説諸衆生悉有仏性名之為**開**。曲宣分別名之為**示**。此是法仏性。此是報仏性。此是因性。此是縁性。此是理性。此是行性。此是善根人性。此是不善根人性。此等名**示**。故**涅槃云**。如貧女舎内多有真金之蔵家人大小無有知者。時有異人善知方便。乃至即於其家掘出真金之蔵。女人見已心生歓喜生奇特想宗仰是人。善男子衆生仏性亦復如是。一切衆生不能得見。如彼金蔵貧女不知。善男子我今普示一切衆生所有仏性。善方便者即是如来。貧女即是一切無量衆生。真金蔵者即仏性也。種種分別令其生解名之為悟。勧物起修令其入証。名之為入。若依此解譬喩品中牛車各与吾為汝造便非此義」（大正蔵三四・七一二下）とあるを参照。

(59)　吉蔵の「仏知見」解釈については、本書、本篇第二章第三節「吉蔵の「仏知見」解釈をめぐって」参照。

(60)　『大般涅槃経』巻第二十五「師子吼菩薩品」に「善男子。有者凡有三種。一未来有。二現在有。三過去有。一切衆生未来之世当有阿耨多羅三藐三菩提。是名仏性。一切衆生現在悉有煩悩諸結。是故現在無有三十二相八十種好。一切衆生過去之世有断煩悩。是故現在得見仏性。以是義故。我常宣説一切衆生悉有仏性。乃至一闡提等亦有仏性。一闡提等無有善法仏性亦善。以未来有故。一闡提等悉有仏性。何以故。一闡提等定当得成阿耨多羅三藐三菩提故。善男子。譬如有人家有乳酪。有人問言汝有酥耶。答言我有酪実非酥。以巧方便定当得故。故言有酥。衆生亦爾。悉皆有心。凡有心者定当得成阿耨多羅三藐三菩提。以是義故。我常宣説一切衆生悉有仏性。善男子。畢竟有二種。一者荘厳畢竟。二者究竟畢竟。一者世間畢竟。二者出世畢竟。荘厳畢竟者六波羅蜜。究竟畢竟者一切衆生所得一乗。一乗者名為仏性。以是義故。我説一切衆生悉有仏性。一切衆生悉有一乗。以無明覆故不能得見。善男子。如鬱単曰三十三天果報覆故此間衆生不能得見。仏性亦爾。諸結覆故衆生不見復次善男子。仏性者即首楞厳三昧。性如醍醐。即是一切諸仏之母。以首楞厳三昧力故。而令諸仏常楽我浄。一切衆生悉有首楞厳三昧。以不修行故不得見。是故不能得成阿耨多羅三藐三菩提。善男子。首楞厳三昧者有五種名。一者首楞厳三昧。二者般若波羅蜜。三者金剛三昧。四者師子吼三昧。五者仏性。随其所作処処得名。善男子。如一三昧得種種名。如禅名四禅。根名定根。力名定力。覚名定覚。正名正定。八大人覚名為定覚。首楞厳定亦復如是。善男子。一切衆生具足三定。謂上中下。上者謂仏性也。以是故言一切衆生悉有仏性。中者一切衆生具足初禅。有因縁時則能修習。若無因縁則不能修。因縁二種。一謂火災。二謂破欲界結。以是故言一切衆生悉具中定。下定者十大地中心数定也。以是故言一切衆生悉具下定。一切衆生悉有仏性。煩悩覆故不能得見。十住菩薩雖見一乗。不知如来是常住法。以是故言十住菩薩雖見仏性而不明了。善男子。首楞者名一切畢竟。厳者名堅。一切畢竟而得堅固。名首楞厳。以是故言首楞厳定名為仏性」（大正蔵一二・七六九上）とあるを参照。

(61)　前注(60)所掲の『大般涅槃経』「師子吼菩薩品」中の「凡有心者定当得成阿耨多羅三藐三菩提」は、一乗家の多くが引証する文として有名である。

(62)　『大般涅槃経』巻第八「如来性品」には次のようにある。長文にわたるが参考まで以下に原文を掲げておきたい。「迦葉白仏言。世尊。二十五有有我不耶。仏言。善男子。我者即是如来蔵義。一切衆生悉有仏性。即是我義。如是我義従本已来。常為無量煩悩所覆。是故衆生不能得見。善男子。如貧女人舎内多有真金之蔵。家人大小無有知者。時有異人善知方便語貧女言。我今雇汝。汝可為我耘除草穢。女即答言。我今不能。汝若能示我子金蔵。然後乃当速為汝作。是人復言。我知方便能示汝子。女人答言。我家大小尚自不知。況汝能知。

是人復言。我今審能。女人答言。我亦欲見并可示我。是人即於其家掘出金蔵。女人見已心生歓喜。生奇特想宗仰是人。善男子。衆生仏性亦復如是。一切衆生不能得見。如彼宝蔵貧人不知。善男子。我今普示一切衆生所有仏性為諸煩悩之所覆蔽。如彼貧人有真金蔵不能得見。如来今日普示衆生諸覚宝蔵。所謂仏性。一切衆生見是事已。心生歓喜帰仰如来。善方便者即是如来。貧女人者即是一切無量衆生。真金蔵者即仏性也。復次善男子。譬如女人生育一子嬰孩得病。是女愁悩求覓良医。良医既至合三種薬酥乳石蜜。与之令服。因告女人児服薬已且莫与乳。須薬消已爾乃与之。是時女人即以苦味用塗其乳。語其児言。我乳毒塗不可復触。小児渇乏欲得母乳。聞乳毒気便遠捨去。至其薬消母乃洗乳喚子与之。是時小児雖復飢渇。先聞毒気是故不来。母復語言。為汝服薬故以毒塗。汝薬已消我已洗竟。汝便可来飲乳無苦。其児聞已漸漸還飲。善男子。如来亦爾。為度一切教諸衆生修無我法。如是修已永断我心入於涅槃。為除世間諸妄見故。示現出過世間法故。復示世間計我虚妄非真実故。修無我法清浄身故。譬如女人為其子故以苦味塗乳。如来亦爾。為修空故説言諸法悉無有我。如彼女人浄洗乳已而喚其子欲令還服。我今亦爾説如来蔵。是故比丘不応生怖。如彼小児聞母喚已漸還飲乳。比丘亦爾。応自分別如来秘蔵。不得不有。迦葉菩薩白仏言。世尊。実無有我。何以故。嬰児生時無所知曉。若有我者即生之日尋応有知。以是義故定知無我。若定有我受生已後応無終没。若使一切皆有仏性是常住者応無壊相。若無壊相云何而有刹利婆羅門毘舎首陀及旃陀羅畜生差別。今見業縁種種不同諸趣各異。若定有我一切衆生応無勝負。以是義故定知仏性非是常法。若言仏性定是常者。何縁復説有殺盗婬両舌悪口妄言綺語貪恚邪見。若我性常。何故酒後荒酔迷乱。若我性常。盲応見色。聾応聞声。瘂応能語。拘躄能行。若我性常。不応避於火坑大水毒薬刀剣悪人禽獣。若我常者。本所更事不応忘失。若不忘失。何縁復言我曾何処見是人耶。若我常者。則不応有老少盛衰憶念往事。若我常者止住何処。為在涕唾青黄赤白諸色中耶。若我常者応遍身中如胡麻油間無空処。若断身時我亦応断。仏告迦葉。善男子。譬如王家有大力士。其人眉間有金剛珠。与餘力士捔力相撲。而彼力士以頭触之。其額上珠尋没膚中。都不自知是珠所在。其処有瘡。即命良医欲自療治。時有明医善知方薬。即知是瘡因珠入体。是珠入皮即便停住。是時良医尋問力士。卿額上珠為何所在。力士驚答。大師医王。我額上珠乃失去耶。是珠今者為何所在。将非幻化。憂愁啼哭。是時良医慰喩力士。汝今不応生大愁苦。汝因闘時宝珠入体。今在皮裏影現於外。汝等闘時瞋恚毒盛。珠陥入体故不自知。是時力士不信医言。若在皮裏膿血不浄何縁不出。若在筋裏不応可見。汝今云何欺誑於我。時医執鏡以照其面。珠在鏡中明了顕現。力士見已心懐驚怪生奇特想。善男子。一切衆生亦復如是。不能親近善知識故。雖有仏性皆不能見。而為貪婬瞋恚愚癡之所覆蔽。故堕地獄畜生餓鬼阿修羅旃陀羅刹利婆羅門毘舎首陀。生如是等種種家中。因心所起種種業縁。雖受人身聾盲瘖瘂拘躄癃跛。於二十五有受諸果報。貪婬瞋恚愚癡覆心不知仏性。如彼力士宝珠在体謂呼失去。衆生亦爾不知親近善知識故。不識如来微密宝蔵。修学無我譬如非聖雖説有我亦復不知我之真性。我諸弟子亦復如是。不知親近善知識故。修学無我。亦復不知無我之処。尚自不知無我真性。況復能知有我真性。善男子。如来如是説諸衆生皆有仏性。譬如良医示彼力士金剛宝珠。是諸衆生為無量億諸煩悩等之所覆蔽。不識仏性。若尽煩悩爾時乃得証知明了。如彼力士於明鏡中見其宝珠。善男子。如来秘蔵如是無量不可思議。**復次善男子。譬如雪山**

有一味薬。名曰楽味。其味極甜。在深叢下人無能見。有人聞香即知其地当有是薬。過去世中有転輪王。於彼雪山為此薬故。在在処処造作木筩以接是薬。是薬熟時従地流出集木筩中。其味真正。王既没已。其後是薬或醋或鹹或甜或苦或辛或淡如是**一味随其流処。有種種異。**是薬真味停留在山猶如満月。凡人薄福雖以掘鑿加功苦至而不能得。復有聖王出現於世。以福因縁即得是薬真正之味。善男子。如来秘蔵其味亦爾。為諸煩悩叢林所覆。無明衆生不能得見。薬一味者譬如仏性。以煩悩故出種種味。所謂地獄畜生餓鬼。天人男女非男非女。刹利婆羅門毘舎首陀。仏性雄猛難可毀壊。是故無有能殺害者。若有殺者則断仏性。如是仏性終不可断。性若可断無有是処。如我性者即是如来秘密之蔵。如是秘蔵一切無能毀壊焼滅。雖不可壊然不可見。若得成就阿耨多羅三藐三菩提爾乃証知。以是因縁無能殺者。迦葉菩薩復白仏言。世尊。若無殺者応当無有不善之業。仏告迦葉。実有殺生。何以故。善男子。衆生仏性住五陰中。若壊五陰名曰殺生。若有殺生即堕悪趣。以業因縁而有刹利婆羅門等毘舎首陀及旃陀羅若男若女非男非女二十五有差別之相流転生死。非聖之人横計於我大小諸相猶如稗子。或如米豆乃至母指。如是種種妄生憶想。妄想之相無有真実。出世我相名為仏性。如是計我是名最善」(大正蔵一二・六四八中—六四九下)

(63) 前注(62)および前注(8)所掲の松本書、五四七—五五四頁参照。

(64) なお、この点については、前掲松本書、五四八—五四九頁、および同所に引用される高崎直道博士の『如来蔵思想の形成』一四七頁を参照。

(65) 松本博士が如来蔵思想の持つ「詭弁性」というか「危険性」に対して警鐘を鳴らした意義は大きかったものと思う。しかし、筆者には『涅槃経』の作者なり、吉蔵が松本博士の危惧されるような意識なり意図をもって、その教説を説いていたとはどうしても思われない。「誰でも仏になれる」と言った方が、「仏になれない」というよりは、聴く者にとって心地よいことは決まっている。一分の永遠に成仏できないものを想定しつつ、「誰でも仏になれる」というのであれば、それは「言葉の詐術」という以外ないであろう。

(66) 珍海の『三論玄疏文義要』のこの問答に関しては、すでに五十嵐隆幸氏が考察を加えている。五十嵐隆幸「珍海における仏性思想の一考察——特に『三論玄疏文義要』と『決定往生集』を中心に——」(『仏教学研究』第五四号、一九九八年三月)参照。

(67) 『三論玄疏文義要』巻第六の後文には、次のようにある。「又妄法薫故有生死。仏性薫故有涅槃。失時生死妄法有薫。其力即成悟時仏性薫力即成。此非自然。要由諸仏菩薩善友之力。故知。衆生内由仏性外値善友。一切皆待因縁悉得成仏也。**宝窟下明**無餘二乗遂得成仏義云。其人内有仏性。外値諸仏説法華経。得廻小入大。此時名覚。**又云**。二明約仏性不約縁。染浄之興。唯由蔵実。如楞伽説蔵識受苦楽。**法華義疏云**。仏種従縁起者。種子有三。一以一乗教為種子故。譬喩品云。断仏種故。即是破教也。二以菩提心為種子故。華厳云。下仏種子於衆生田生正等覚芽。三以如来蔵仏性為種子。今初偈。正以菩提心為種子。此以中道仏性為如来蔵也。亦即名蔵識也。**統略釈同文云**。縁因仏性従縁而起。本有仏性則本有一乗」(大正蔵七〇・二九三中—下)。なお、文中の『勝鬘宝窟』、『法華義疏』、『法華統略』

の引用箇所は、それぞれ『勝鬘宝窟』巻下（大正蔵三七・八八上）、同（八三下）、『法華義疏』巻四（大正蔵三四・五〇五下以下）、『法華統略』（卍続蔵四三・三四右上）参照。

(68)『三論玄疏文義要』巻第六に「問。深密等経。明五性各別。爾者悉有仏性家如何会通耶。答。近古学者多云彼是権教。故於一乗真実教不可為違害（云云）。宝法師一乗仏性論。会云随転理門之説也。意云。大乗宗明一乗仏性。然且随小乗権教而転。故云随転理門也。今云。准**法華玄**。深密経意。正明一乗。何者摂論明乗有三。初二乗。次大乗。後一乗。五相略経与摂大乗論相応明三種教。初説四諦教。第二為大根説不生滅。第三為求一切乗者説不生滅（云云）。此即三乗人同悟大乗。即是摂論一乗教也。然五相略経者。**仙光院云**。是深密経同本異訳（同本沙汰如前論也）。故知深密第三時教。非唯菩薩得仏道。二乗亦得成仏」（大正蔵七〇・二九三下—二九四上）とある。

(69) 原文には「容性」とあるも文意上「客性」と改める。

(70) 前注(66)所掲の五十嵐論文参照。

(71) 引用は、淺田正博「石山寺所蔵『一乗仏性究竟論』巻第一・巻第二の検出について」（『龍谷大学論集』第四二九号、一九八六年十二月）の『一乗仏性究竟論』巻第二「列経通義章第五」一六七—一六八行による。

(72) 淺田正博・吉田健一・寺井良宣・間中潤「『一乗仏性究竟論』の共同研究」（『印度学仏教学研究』第三五巻第二号、一九八七年三月）中の寺井良宣氏稿「『一乗仏性究竟論』にみられる法宝の教学的特色——『一乗仏性権実論』の欠落部分を中心に——」一六二頁参照。なお、本文に引用した部分の傍線は筆者（＝奥野）によるものである。なお、「列経通義章」に関しては、研究主任・淺田正博「共同研究・法宝の「一乗仏性」教学の特色（その一）——『一乗仏性究竟論』の前三巻を中心として——」（『仏教学研究』第五三号、一九九七年二月）中の伊藤正順氏稿「法宝における三乗五性説の会通——「列経通義章第五」三乗五性の文を中心として——」および道元徹心氏稿「法宝における一乗仏性説の経証について——「列経通義章第五」一乗仏性の文を中心として——」を参照されたい。特に伊藤論文、二六頁参照。また、五十嵐隆幸氏は、前注(66)所掲の論文において、「法宝は『究竟論』において、衆生の仏性には本性（正因）と客性（縁因）との二面があることを挙げている。本性（正因）は平等であり、すべての衆生に具有されているから、一切皆成が説かれている。しかし実際には成仏できない衆生がある。それは客性（縁因）は平等ではないため、充有されていないから、種性に不同が生じるとしている」（三四頁、傍線＝奥野）と述べている。五十嵐氏がいう「実際には成仏できない衆生」とは、現実には現在、成仏していない衆生がいるというほどの意味であって、その衆生が永遠に成仏できないというのではないであろう。かかる点は、「悉有仏性」と「五姓各別」は矛盾するものではないと指摘する松本博士の説を考える場合も、重要な視点になると思われる。

(73) 前注(72)所掲の寺井論文、一六三頁注(8)参照。

(74) 前注(37)所掲の末木書、第一部論述篇第六章「仏性と真如」四二八頁参照。さらに末木博士は、『一乗仏性究竟論』の「五性差別由新熏」を分析されて、「五性各別は法爾種子によるのではなく、新熏の種子によるものであると説く。即ち、これによって五性各別を完全に否定するのではなく、しかし、絶対的なものとせずに、あくまで一時的なものとして、平等の一乗説の下に組み込むことになるのである」（四二九頁）といっている。

(75) 山崎慶輝「法相唯識における法華経観」（『仏教学研究』第二五・六号、一九六八年五月、三四頁）参照。なお、かかる「真如観」の相違については、寺井良宣「法宝の唯識思想批判の考察――変易生死と二乗作仏の問題を中心に――」（『仏教学研究』第四八号、一九九二年三月）も参照されたい。また「真如観」の相違について、山崎博士は、論文「日本唯識の一乗化」（『仏教学研究』第二二号、一九六六年一月）の中で、次のようにも述べておられる。「第二に五姓説と一乗説の基盤をなす真如観の問題である。真如を凝然と見るか、随縁と見るかによって、前者は五姓説となり、後者は一乗説となったと言っても過言ではない。すなわち、護法正義の法相唯識では、性相別論に立って性と相とを峻別し、「真如凝然不作諸法」を唱えて、一切の差別の現象界は阿頼耶識から展開すると説き、決して無為の真如から有為の諸法が生ずるとは説かない。有為の諸法は有為の事識たる阿頼耶識（詳しくは阿頼耶識中の種子）から生じ、真如は無為法であるから生滅にわたらないと主張している。それでは真如と諸法は無関係なものかというに、大地と家屋の譬えのように、それは諸法の所依体である。すなわち真如は家屋の依って立つ大地のようなもので、一切諸法は真如の大地の上に阿頼耶識を建築資材として建てられた家屋であるという。ここに、阿頼耶識の建築材料の中に、すばらしい建築を成しとげる（証果を開く）にふさわしい材料（無漏種子）を本来有しているか否かが問題となり、五姓各別説が生じてくるのである。これに対して一乗家は、真如と諸法との関係に相即を語り、一切諸法は直接真如から展開するという当体体の解釈を採っている。それは水と波の譬えのように、真如の大海の水に無明の風が吹いて、一切諸法という波浪が現われたと見るから、どの波も水でないものはなく、波即水の関係にある。従って無明の風がやめば、今まで波と見ていたのがそのまま水となり、真如と合致するわけである。故に仏果を開く覚体たる真如は、一切衆生に遍満しているから、衆生に五姓の差別はなく、すべて一仏乗になるという。唯識家は、かかる一乗家の真如を「真如随縁不守自性」と評している。すなわち真如が無明の縁によって諸法となるという真如縁起説は、真如が無為法であるという自性を守っていないというのである」（同論文、一二頁以下参照、傍線＝奥野）

(76) 松本博士は、論文「法華経と日本文化に関する私見」（『駒澤大学仏教学部論集』第二一号、一九九〇年十月）において、「「仏性」「如来蔵」と「菩提の因」は明らかに異なる」（二一二頁下）とされ、この一文に注記して「この不等式を、吉蔵（五四九―六二三）と基（六三二―六八二）の用語を用いて示せば、「正因仏性（理仏性）」≠縁因仏性（行仏性）」ということになる。ここに不等号で結ばれる二項を明確に区別しない限り、如来蔵思想に関して、正確な理解を得ることは永久に不可能であろう。なお、中国仏教において、これら二者を明確に区別しえたのは、極論すれば、dhātu-vāda に立脚して「一分不成仏説」を主張した吉蔵と基だけであったと思われる。

末光愛正「吉蔵の成仏不成仏観（三）」『駒沢大学仏教学部研究紀要』四六号、一九八八年、二三一—二五〇頁参照」（同論文、二三三頁上、注(17)）と述べられた。また、松本博士は、前注(8)所掲の「三論教学の批判的考察——dhātu-vādaとしての吉蔵の思想——」の注(39)において、「なおこの点で、吉蔵の思想の中に、不成仏思想があったと論証する末光愛正氏の一連の論文は、私にとってきわめて注目すべきものである。即ち、"dhātu-vāda"の基本的主張においては、単一なる基体の上に、成仏するものと、絶対に成仏できないものという両者が相並んで超基体とされるが、このように見れば、"dhātu-vāda"は一切皆成説ではなく、一分不成仏説でなければならない。私は〝一切衆生悉有仏性〟は〝一切皆成〟ではないとし、"gotra・[bodhi-]hetu≠dhātu・garbha"という形で、「仏性」（dhātu）と「菩提の因」(bodhi-hetu)を区別したが、これはそれぞれ、末光氏の解釈するところによる「正因仏性」（理仏性）と「縁因仏性」（行仏性）に当たる。『縁起と空』九頁註(11)、末光愛正「吉蔵の成仏不成仏観（三）」『駒沢大学仏教学部研究紀要』第四六号、一九八八年、二三一—二五〇頁参照」（前注(8)所掲松本書、五七四—五七五頁）ともいっている。しかし、筆者よりすれば、吉蔵のいう「正因仏性」「縁因仏性」と基のいう「理仏性」「行仏性」は同等のものであるとは思えない。それは、本章の本文中でも述べておいたように吉蔵には「本有無漏種子」という考え方がないのに対し、基はそうした考え方を認めている点にある。ところで、末光愛正氏は「所で吉蔵は、「根性不定」と考えるから決定声聞でも道理としては、成仏可能と考える。その為にも、決定声聞と云えども正因仏性があり、成仏する可能性は持たせる。この点は法相の理性行性と似るのであるが、法相の様に「定姓」と云う考えはない。不成仏と云う定義が、菩薩種姓がない事、即ち吉蔵の云う正因仏性が備っていない事を云うならば、吉蔵は一切皆成仏思想である。吉蔵の云う不成仏は、縁因仏性即ち法相の云う行仏性が、決定声聞等にはない事である」（末光第四論文、三二九頁上、傍線＝奥野）と述べているが、かかる末光氏の言に従えば、吉蔵においては「正因仏性」＝「菩薩種姓」ということになるのではないであろうか。このような「種姓観」が法相のいう「種姓観」と同一のものといえるであろうか。識者のご教示をお願いしたい。なお最近、藤井教公氏は論文「中国仏教における「仏種」の語の解釈をめぐって」（『東洋の思想と宗教』第一七号、二〇〇〇年三月）の中で唯識と如来蔵仏性説の真如観の相違ということを指摘しておられるが、筆者も藤井氏のご指摘に賛同するものである。

(77)　もちろん一言で「真如随縁」的な解釈といっても、それぞれの仏教者に温度差があることはいうまでもないことであろう。

(78)　一乗仏教家として知られる元暁（六一七—六八六）にも「五姓各別説」を容認するような側面が認められることを指摘した論文に、藤能成「元暁と五姓各別説」（『印度学仏教学研究』第四七巻第一号、一九九八年十二月）がある。

〔追記〕　袴谷憲昭氏は、その著『法然と明恵——日本仏教思想史序説——』第二章「二つの夢」1の注(26)において、「法相宗では、理として一切に遍満している真如が「理仏性」といわれ、各人のアーラヤ識（阿頼耶識）中に蔵せられている成仏の因が「行仏性」といわれる。更に、法相宗では、この「行仏性」を欠如しているために決して成仏することのできない二乗のものや無種性のものの存在することが明白に認められているので、差別主義がとられていることはだれの目にも顕著である。しかるに、この法相宗の徳一に反論する最澄は、例えば、次のように、「性得の性は一人皆具す。修得の性は或いは有り或いは無し。」(『守護国界章』、日本大蔵経(鈴木)、七六巻、二九〇頁下)というようなことは認めている。天台智顗の思想を当然継承していたであろう最澄のこの言葉は、智顗に帰せられる三因仏性中の二を借用すれば、「性得の性」は「正因仏性(仏性そのもので、如来蔵もしくは真如を指す)」に当り、「修得の性」は「縁因仏性(仏性を起こす縁としての善行)」にほぼ見合う。最澄は、一切に遍満している「正因仏性」の方を強調するので平等主義のように見えるが、しかし、これはただ理として根基に据えられているだけで、実際には、「或いは有り或いは無し」の「縁因仏性」の方が容認されている差別主義なのである。なお、この主として天台宗で用いられる「正因仏性」と「縁因仏性」とは、法相宗の用語である「理仏性」と「行仏性」とにも、それぞれほぼ相応するものであるが、現代の研究者を含め、使用する者によって微妙な違いがあることには充分注意を払わなければならないであろう。しかし、その基本的な意味を明確に押えておくことは、とりわけ、論争の場合には、高度に重要なことなのである」(大蔵出版、一九九八年、一九六―一九七頁、傍線＝奥野)と述べられた。この袴谷氏のご見解に従えば、激しい三一権実論争を展開した最澄と徳一の主張には基本的に思想的差異はなかったということになるであろう。しかし、袴谷氏のいうように最澄の主張と徳一の主張が同等のものであったするにはかなりの問題があろう。その大きな一つが「真如所縁縁種子」をめぐる問題であろうと思われる。実はこの点は袴谷氏もすでに気づかれているごとくであり(袴谷『唯識思想論考』大蔵出版、二〇〇一年、三九頁参照)、「真如所縁縁種子」をめぐっては筆者も稿を改めて論究してみたいと思っている。なお、「真如所縁縁種子」をめぐっては、次の論文がある。末木文美士「法宝の真如論一端」(平川彰編『如来蔵と大乗起信論』春秋社、一九八九年)、山部能宜「真如所縁縁種子について」(北畠典生還暦記念論集『日本の仏教と文化』永田文昌堂、一九九〇年)、蓑輪顕量「真如所縁縁種子と法爾無漏種子」(『仏教学』第三〇号、一九九一年三月)を参照。また、山部能宜「種子の本有と新熏の問題について」(『日本仏教学会年報』第五四号、一九九〇年七月)、同「種子の本有と新熏の問題について(II)」(『仏教学研究』第四七号、一九九一年三月)参照。

〔追記二〕　本章脱稿後、吉村誠氏の論文「唯識学派の理行二仏性説について――その由来を中心に――」(『東洋の思想と宗教』第一九号、二〇〇二年三月)が発表された。筆者には有益この上ないご論文であった。この論文の中で、吉村氏は本章でも問題にした『仏性論』と霊潤の仏性説に言及され、「霊潤はこの解釈を補強するために、真諦訳『仏性論』の三種仏性説を援用する(『法華秀句』伝全三、一六七―一六八)。即ち、『仏性論』には「三種仏性のうち真如仏性は応得因であり、そこには加行因と円満因が含まれる」(大正三一、七九四a)と説かれている。これは仏性自体にその働きが含まれていること、つまり理性があれば行性があるということの証左である。

理性と行性は意味に違いはあるが全く異なるものではなく、理性があれば行性がある。故に、理性があって行性のない無性有情を説く新来の唯識説は誤りである、というのが霊潤の結論である」（四六頁、注(35)。傍線＝奥野）と述べられた。吉蔵と霊潤の主張がまったく同じであるというつもりはないが、筆者が本章で「内発的力」と呼んだ「仏性説」は吉村氏が「仏性自体にその働きが含まれていること」と述べられるのに呼応しよう。吉村氏のこの記述は、筆者よりすれば「如来蔵・仏性思想」の基本を示していると思われる。

第五章　天台教学と『法華論』

第一節　天台における『法華論』受容——吉蔵との比較において——

一　はじめに

天台大師智顗が、『法華経』を根本所依の経典として一宗の教学を大成したことは周知の事実である。学者によって、「天台教学は本質的に法華学である」[1]と評される所以でもある。世に「天台三大部」と称される著作を著した智顗（灌頂）[2]は、『法華経』の玄意を達意的に述べた概論形式の『法華玄義』といわゆる随文解釈をなした『法華文句』において教相門（理論）を、『摩訶止観』では観心門（実践）を詳述し、もって教観双美の天台教学を構築したといわれる。[3]

すでに述べたように、[4]智顗（灌頂）以前の仏教界では、『法華義記』[5]を著したとされる光宅寺法雲の法華学が一世を風靡し、智顗（灌頂）や吉蔵は法雲の学説の影響を受けながらも、法雲の法華解釈を批判・超克することによって、自らの法華注釈家としての地位を確立しようと努めたのであった。吉蔵が『法華玄論』巻第一において、梁の三大法師の仏教学を要約して、

爰至梁始三大法師碩学、当時名高一代、大集数論遍釈衆経。但開善以涅槃騰誉、荘厳以十地勝鬘擅名、光宅法華当時独歩。（大正蔵三四・三六三下）

といい、こと『法華経』の研究に関しては、ひとり法雲が群を抜いていたと嘆じ、智顗（灌頂）も『法華玄義』巻第一下の妙法を解釈する段で、

今古諸釈世以光宅為長。観南方釈大乗多承肇什、肇什多附通意。光宅釈妙寧得遠乎。今先難光宅。餘者望風〔云云〕。（大正蔵三三・六九一下、カッコ内は割注）

と述べて、古今の『法華経』に対する解釈について世間では光宅寺法雲のそれを最もすぐれたものと見なしていると証言しているのは、[6] 法華注釈家としての智顗（灌頂）や吉蔵にとって、法雲の存在がいかに大きいものであったかを示す好例といえるであろう。

さて、智顗（灌頂）や吉蔵が法雲の法華解釈を批判する際、その主要なテーマとしたものが「仏身の常住」と「仏性」の問題であったことはすでに述べてきた通りである。[7] すなわち、智顗（灌頂）や吉蔵は、法雲が従浅至深の五時教判の原理に拠って、『涅槃経』には「仏身の常住」や「仏性」が説かれているが、『法華経』にはいまだそれらが説かれていないので価値的に劣るとした点に不満を示し、『法華経』にも「仏身の常住」や「仏性」が説かれていることを論証せんとしたのである。その際、吉蔵が重要な論拠とした一つが世親造とされる『妙法蓮華経憂波提舎』（『法華論』）であったことは、すでに本書中において詳述してきたところである。[8]

本節では、それでは吉蔵と同時代に『法華経』を根本所依の経典として樹立された天台の教学において、『法華論』がどのように依用されてきたのかを、[9] 主として吉蔵との対比を通して瞥見してみようと思うのである。

二　天台における『法華論』の位置

まずはじめに智顗（灌頂）は、その著書中において『法華論』を含めた諸論に対し、どのような見解をもっていたのかについて見ておきたい。

『維摩経玄疏』巻第四には、論には「通申経論」と「別申経論」の二種類があるとする次のような記述がある。[10]

第二対論者、論有二種。一通申経論、二別申経論。一通申経論者即為二意。一通申小乗経、二通申大乗経。一通申小乗経者、如毘曇成実毘勒等論、並是通申小乗経論。故成論云、我主今欲正論三蔵中実義。二通申大乗経者、如地持論摂大乗論唯識論中論十二門論等、並是通申諸大乗経所明通別円及三蔵教也。二別申経論者即為二意。一別申小乗経、二別申大乗経。一別申小乗経者、如倶舎論別申修多羅、明了論別申毘尼、毘婆沙諸阿毘曇心明申仏在世説毘曇也。二別申大乗経者、如十地論別申華厳経別円両教。大智度論別申摩訶般若経通別円三教。応有別申大集方等及此経論、不来此土。金剛般若論別申金剛般若経。**法華論別申法華経一円教**。涅槃論別申涅槃経四教五味。論度此不尽。如此等諸論申経、即是申観心等諸経令分明也。是則精修観心洞解一切経論。若経論不従心出者、観行之人既不聴不読、何得内心通達耶。此乃有所言説寘与経論相応意在此也。(大正蔵三八・五四四下)

ここで「通申経論」と「別申経論」は、さらに「通申小乗経」「通申大乗経」、「別申小乗経」「別申大乗経」に分類される。このうち『法華論』は『十地経論』『大智度論』『金剛般若論』等とともに、別して「法華経一円教」の教えを申べる論として、「別申大乗経」と規定されていることがわかる。さらに、『維摩経玄疏』巻第一には次のような記述がある。[11]

菩薩住是禅定、観仏去世後、十因縁法所成衆生根縁大小、用四悉檀赴此根縁作論通経。(中略)龍樹菩薩造正観論、用四番四悉檀、三番正通釈諸摩訶衍三教、一番傍釈三蔵生滅因縁教也。弥勒菩薩造地持処論、即是用二番悉檀、釈華厳方等般若諸大乗所明円別二教也。無著菩薩造摂大乗論亦復如是。龍樹菩薩用三番悉檀造大智度論、釈摩訶般若波羅蜜経。天親菩薩用一番悉檀造法華論、釈法華経。有人言、大涅槃論龍樹天親各造、未度此土。懸準可知。(同前・五二二下—五二三上)

すなわち、智顗(灌頂)は、菩薩は仏の滅後の衆生には根縁に大小の違いがあることを観じ、四悉檀を用いてそれらの根縁に適合するよう論を作成し、経典を解釈するといって、諸論を次のように分類しているのである。

①龍樹は（蔵・通・別・円の）四番の四悉檀を用いて『正観論』（『中論』）を造った。このうち、三番は正しく諸の大乗経に通じて解釈しており、一番は傍らに三蔵教に通じている。

②弥勒は（別・円の）二番の四悉檀を用いて『地持論』を造り、華厳・方等・般若等の諸大乗経典に明かすところの別・円教を解釈している。無著の造った『摂大乗論』も同様である。

③龍樹は（通・別・円の）三番の四悉檀を用いて『大智度論』を造り、『摩訶般若波羅蜜経』を解釈している。

④天親は（円の）一番の四悉檀を用いて『法華論』を造り、『法華経』を解釈している。

述べられている内容は、前の『維摩経玄疏』巻第四の記述と大意において相違はないが、ここでは諸論が四悉檀と関連づけられて分類されていることに特色がある。[12] ここでは『法華論』は一番の四悉檀に配当されているのであるが、このことから直ちに『法華論』が最も重視されている（内容的にすぐれたものである）と見るのは早計であろう。なぜなら、『摩訶止観』巻第六下には、こうした諸論と四悉檀の関係について、さらに次のように述べる興味深い一段があるからである。

諸菩薩等或偏申一門。如天親明阿梨耶識為世諦、別有真如、此是論之正主。禅定助道皆是陪従荘厳耳。如中論申畢竟空、空為論主、其餘亦是助道耳。餘門亦応有菩薩作論申之。作論異説、豈離四門。因門有殊、契会不異。若得此意、何所乖諍苦興矛盾。若用四門修観者、或楽或宜或対或入。一門既爾、餘門亦然。観行雖別、得道何異。経論為縁不同。古来諍競難可通処、用此解釈、氷冶雲銷。如此観行契教根理、印会允合有何是非。明眼之人依義不依語、有智之者必不生疑、無目無解徒労、慜怪詎可益乎。（大正蔵四六・八二下）

すなわち、智顗（灌頂）は、菩薩たちはひとえに一種の教えを説くのであり、（菩薩たちがこうした教えを説くことによって）種々の論が生まれ、異なった教えが説かれることになるが、それらはいずれも四門（四悉檀）の教えの範疇を出るものではないと述べていることがわかる。そして、さらに、もしこの点を理解することができるならば、（経論の所説が違うといって）お互いに論争することもないし、また経論が縁にしたがって説かれたものと理解するならば、（経論間に見られる矛盾点に対して）古来からなされてきた論争も、あたかも氷が解けるように、雲が消えてなくなるように解決するといっているのである。(13)

さらに、『摩訶止観』巻第五上には、

天親龍樹内鑒冷然、外適時宜各権所拠。而人師偏解学者苟執、遂興矢石各保一辺、大乖聖道也。（同前・五五上）

とあり、世親（天親）や龍樹の教えは、それぞれに相応の根拠はあるものの、それらの理解にとらわれて、一片の教説に固執する非が戒められている。前後の文脈から判断すると、この記述も四悉檀との関連においてなされていることは明らかなことである。(14)

このように見てくると、智顗（灌頂）においては、諸論は四悉檀の名の下に、それぞれが相互に有機的に連関してとらえられるべきであり、たとえそれが世親や龍樹といった大論師の著作になる論であっても、その説にのみ固執してはならないとされていることがわかる。『法華論』もそうした範疇の埒外にあるものでないことはいうまでもないことであろう。(15)

ところで、四悉檀によって、さまざまな教えを会通していこうとする立場は、吉蔵においても同様のことであった。例えば、吉蔵の『法華遊意』には、次のような記述がある。

七者智度論云、解四悉檀則知十二部経八万四千法蔵無相違背。今常行慈忍謂三悉檀、知畢竟空是第一義悉檀。為物弘経則識一切教無相違背。謂無諍法師。（大正蔵三四・六四九中）

すなわち、ここで吉蔵は、『大智度論』にもとづいて、(16)四悉檀によって衆生のために経を弘めるならば、あらゆる教えは相い矛盾するものではないといい、このような立場から法を説くのが「無諍法師」であるといっているのである。(17)つまり、この記述から吉蔵も諸経を会通する視点として四悉檀に着目していたことが理解されるのである。(18)

では、一見矛盾するとも思えるさまざまな教説が、四悉檀の名の下になにゆえ会通されるかといえば、『法華玄論』巻第十に「仏及弟子説経造論。唯令人悟而教無有定」（大正蔵三四・四四九中）とあるように、吉蔵は仏やその弟子が経を説き、論を造るのは、人を悟らせることに目的があるのであり、経論の教えにはある一定の決まりがあるわけではないとするからである。[19] さらに前の『法華玄論』巻第十の後文において吉蔵は、

唯以悟人故教則不定。如大経云、三十餘事諍論門皆是如来就根縁説。以此衆生非一国土一種根性一善知識。是故如来不作一説。但令取悟耳。（同前・四四九中—下）

といって、『涅槃経』に見られるようなさまざまな諍論[20]も如来が衆生の根縁にしたがって説いたものと見るならば、それは（第一義悉檀に導くための方便として）それなりの有効性があると見ていることがわかる。

このようにさまざまな諸（経）論を四悉檀によって会通していこうとする両者の姿勢には、ある種の共通性が感知されるが、ただ智顗（灌頂）は吉蔵の経論に対する特徴的な考えと目される「唯悟為宗」を『法華玄義』巻第九下において、[21]

有人言、若稟斯異説、各蒙益者、衆釈無可為非。聞而不悟、衆師無可為是。一師之意、唯貴在悟。宜以悟為経宗。（中略）私謂、若悟為宗、乃是果証、非謂行因。問南指北。方隅料乱。又定以悟為宗、是為定定。何謂不定。（大正蔵三三・七九五上）

と批判していることも事実である。この点も含めた両者の経論に対する詳しい比較研究は他日を期すことにし、[22] ここでは『法華論』のみに焦点を絞ってさらに論述を続けてみたい。

三　天台における『法華論』依用

さて、智顗（灌頂）や吉蔵が法雲の法華解釈を批判する際、その最大のテーマとしたものが「仏性」と「仏身の常住」の問題であったことは上来述べてきているところであり、そして吉蔵が『法華論』を自説の有力な論拠の一つとして、

法華解釈を展開したこともすでに述べてきたところである。そこでここでは、智顗（灌頂）においても『法華経』に「仏性」と「仏身の常住」が説かれていることを主張する際、吉蔵同様『法華論』が重要な指針となっていたことを確認し、あわせて智顗（灌頂）と吉蔵に共通する法華解釈の背景といったものを探ってみたい。

『摩訶止観』巻第七上には、

常途云、法華不明仏性。経明一種是何一種。卉木叢林種種喩七方便、大地一種即是実事、名仏種也。（大正蔵四六・八八中）

という一文がある。ここで智顗（灌頂）は、特に「常途云」と断っているが、こうした記述からも推知されるように、当時の仏教界においては『法華経』には「仏性」が明かされていないとする説が一般的だったのである。こうした見方は、智顗（灌頂）に先立つ浄影寺慧遠が『大乗義章』巻第一において、

第四階云、四十年後宣説法華、破三帰一、未明仏性。又説如来前過恒沙未来倍数。猶是無常。是故与彼涅槃為漸。経中実説、仏成道已過四十年説法華経。（大正蔵四四・四六六上）

と証言し、これを智顗（灌頂）が『法華玄義』巻第十上で、

次難第四時同帰教、正是収束万善入於一乗、不明仏性神通延寿、前過恒沙後倍上数。亦不明常。此不応爾。（大正蔵三三・八〇二下）

と批判していることからも明らかなように、すべて『法華経』を『涅槃経』より下位の同帰教と規定する五時教判に起因するものであったのである。[23][24]

吉蔵も智顗（灌頂）同様こうした五時教判を著書のいたるところで厳しく批判しているが、例えば『三論玄義』では次のようにいっている。[25]

次別難五時。問。若立五時有何過耶。答。五時之説非但無文。亦復害理。（中略）

次法華為同帰、応無所疑。但在五時之説。雖辨同帰、未明常住。而天親之論釈法華初分、有七処仏性之文。解後段寿量品、辨三身之説。斯乃究竟無餘。不応謂為不了之教。（大正蔵四五・五下―六上）

ここで吉蔵は、『法華経』にも「仏性」と「仏身の常住」が説かれていることを主張し、五時説の不当性を強調して見せているのであるが、吉蔵はその論拠として『法華経』を注釈した天親の『法華論』には七処に仏性を明かしているといい、(26)同じく「寿量品」の釈にも三身の説を弁じているといっている。(27)同様の主張は他の吉蔵著書中にも散見するが、(28)実はこのように『法華論』を論拠に『法華経』に「仏身の常住」と「仏性」が説かれていることを主張しようとする手法は、智顗（灌頂）においても見ることができるものなのである。

例えば、前に引いた『法華玄義』巻第十上の後文には、

文云、世間相常住。又云、無量阿僧祇劫寿命無量、常住不滅。伽耶城寿命及数数示現等、是応仏寿命。阿僧祇寿命無量者、是報仏寿命。常住不滅者、是法仏寿命也。三仏宛然、常住義足。**法華論云**、示現三種菩提。一者応化仏菩提。随所応見而為示現。謂出釈氏宮去伽耶城不遠、坐道場得三菩提也。二報仏菩提。謂十地満足得常涅槃。文云、我実成仏已来、無量無辺百千万億那由他劫也。三法仏菩提。謂如来蔵性浄涅槃、常清浄不変。文云、如来如実知見三界之相。不如三界見於三界。謂衆生界即涅槃界。不離衆生界即如来蔵。又云、我不敢軽於汝等。汝等皆当作仏。即正因仏性。又云、為令衆生開仏知見。即了因仏性。又云、仏種従縁起。即縁因仏性。法華論亦明三種仏性。**論云**、唯仏如来、証大菩提。究竟満足一切智慧、故名大。言我不敢軽於汝等、汝等皆当作仏者、示諸衆生皆有仏性也。経論明拠。云何言無。又涅槃云、是経出世、如彼果実。多所利益。安楽一切、能令衆生見如来性。**如法華中八千声聞得受記莂成大果実。如秋収冬蔵更無所作。**若八千声聞、於法華中不見仏性、涅槃不応懸指。明文信験。何労苟執。（大正蔵三三・八〇二下―八〇三上）

とあるが、傍線を付した部分に明らかなごとく、ここでも『法華論』を論拠の一つとして『法華経』にも「仏身の常

住」と「仏性」が説かれていると主張されていることがわかる。また、『法華玄義』巻第五下には、

碌碌之徒随名異解。譬聞天帝不識憍尸。唯知涅槃仏性之文、不見双樹有一乗之旨。彼文親説仏性亦一、一即一乗。而人云、此乃涅槃一乗是仏性、法華一乗非仏性。若言法華不明仏性者、**涅槃不応遙指云八千声聞、於法華中得受記莂、如秋収冬蔵、見如来性更無所作**。而人云、涅槃有遙指之文、此中無仏性之語。今拠此文、種種性相義而我皆已見。既言種種、何独簡於仏性耶。又世間相常住。於道場知已、導師方便説。豈非仏性之文耶。論云、仏性水、常不軽知衆生有仏性。（同前・七四六上）

とあり、論旨の展開の仕方には明らかに前の巻第十上のそれと共通したものがあることがわかる。

さらに、智顗説とはされるものの、実際には灌頂単独の撰述の可能性が濃厚とされる『四念処』巻第四には、[29] 次のような記述がある。

法華経中八千声聞得見仏性。大経云、為諸声聞開発慧眼。天親以七種仏性釈法華。当知二経仏性理同、同円同妙同大、更不異也。而法華以一乗為宗。約智明法相。涅槃以常為宗。約定明法相。智定左右之異耳。（大正蔵四六・五七八上）

引用文に明らかなように、ここでも『法華経』と『涅槃経』の同致性が強調されているのであるが、特にここでは「天親以七種仏性釈法華」と述べられている点が大いに注目される。[30] また、引用される『涅槃経』の一文も前の『法華玄義』と共通している点が注意される。管見の限り「天親以七種仏性釈法華」という記述は、他の天台の著作には見られないもので、これは南地においておそらく最初に『法華論』を発見した吉蔵が、その著書中において繰り返し述べる「七処仏性」に関する主張と同工異曲のものと判断されるのである。筆者は、このことから性急に『四念処』や前の『法華玄義』等の記述が吉蔵のそれを受けてなされたものであると主張するつもりはないが、[32] ただ上記からいえることは、当時の仏教界にあっては、三論とか天台という枠組みを超えて、共通した問題意識の下に同じような議論

を展開し得る土壌があったのではないかということである。

ところで、極最近、「天台智顗の『法華経』解釈――如来蔵仏性思想の視点から――[33]」という論文を発表された藤井教公氏は、智顗の名が冠せられる著作中における『法華論』の引用状況を精査され、次のように指摘された。[34]

①前期時代に属する智顗の直接撰述した書、あるいは智顗存命中にその形が確定しているものには引用が見られないこと。

②後期の著作に属し、智顗が講述し、灌頂がそれを修治添削して完成したものの中に引用が見られること。

③それらの中で最も成立の遅い『法華文句』に引用が最も多く見られること。

藤井氏は、こうした指摘からさらにもう一歩踏み込んで、次のようにも推定しておられる。

それぞれの著作の性格の相違を考慮に入れたとしても、智顗在世時代に灌頂の聴記本や修治本が存在していたと考えられている『法華玄義』や『摩訶止観』、智顗が晋王廣のために著した『維摩経疏』などにはその引用が少なく、智顗没後最も遅く成立した『法華文句』になぜ論の引用が最も多いのかという疑問がなお残る。引用状況だけからの憶測は危険であるが、右の状況からすると、『法華経論』は智顗の与り知らぬところで、灌頂の手によって吉蔵の疏を指南にしながら引用されたのではないかという疑念をどうしても拭い去ることができないのである。もしそうであれば、天台における『法華経論』の重視は智顗でなく灌頂より始まるということになる。[35]（傍線＝奥野）

かかる藤井氏の指摘は、智顗（灌頂）と吉蔵の『法華論』の依用関係を考える上で、極めて重要な問題提起を孕む貴重な指摘であったものと思われる。

さて、それはともかく、『法華経』本文そのものに「仏性」という言葉が見られないことは、厳然とした事実であり、この点は智顗（灌頂）や吉蔵も承知していたことでもあった。吉蔵は『法華玄論』巻第三において、

法華無仏性文。而天親釈法華論有七処明仏性。故知一乗仏性異名。謂論主知名雖異而体是同故、就法華中明有仏性義。浅識之流、迷名喪実、聞名異故謂実亦異。便言一乗非是仏性。（大正蔵三四・三八八下）

と述べて、確かに『法華経』には「仏性」という言葉はないが、しかし天親の『法華論』には七処に仏性を明かしているという例の一文を論拠に、「一乗」は「仏性」に他ならないから『法華経』にも「仏性」が説かれていると主張している。それを浅識の流は（仏性という言葉がないという）表面上の名相にとらわれて、（経の奥深いところで仏性が説かれているという）実を喪っていると批判するのである。(36)

智顗（灌頂）も、前に見た『法華玄義』巻第五下において、譬えば帝釈天の名を聞いてもその本姓までは知ることのない、名相だけにとらわれた理解をなす「碌碌之徒」(37)を批判し、『法華経』に説かれる「一乗」が『涅槃経』にいう仏性と異ならないことを主張していたが、ここにいう「碌碌之徒」が『法華玄論』にいう「浅識之流」とその内容において等しいものであることは容易に推測されるところである。

智顗（灌頂）によれば、「明眼の人は義に依って語に依らない」（『摩訶止観』巻第六、大正蔵四六・八二下）のであり、「明者は其の理を貴び、暗者は其の文を守る」（『法華文句』巻第九下、大正蔵三四・一二七下）のである。これはすでに見たように、吉蔵においても同様だったわけで、(38)それゆえに彼らは表面上の文々句々にとらわれることなく、『法華経』に「仏性」を読み込んでいったのである。しかし、繰り返し述べるように、事実問題としては『法華経』には「仏性」という言葉はないのであり、この点が智顗（灌頂）や吉蔵にとっては最も気にかかることであったに相違ない。そうした彼らにとって、明確に「仏性」を説く『法華経』の注釈書である世親の『法華論』は、まさに打ってつけの論書だったわけである。

智顗（灌頂）や吉蔵の前代にあたる梁の江南の仏教界では、武帝（五〇二—五四九在位）が『大般涅槃経集解』七十一巻を撰していることからも明らかなように、「如来蔵・仏性思想」を説いた経典として有名な『涅槃経』に対する研究がその主流をなしていた。そうした時代的、思想的背景を背負って登場した智顗（灌頂）や吉蔵が、『法華経』に「仏性」を読み込んでいこうとしたのは、いわば時代の必然であり、要請だったのである。かかる彼らにとって、明確に「仏性」と「仏身の常住」を説いた『法華論』は、大きな自信を与えるものであったに相違ない。したがって、彼らの諸論に対する基本的な大前提はそれはそれとして、やはり『法華論』が彼らの教学に果たした役割は過少に評価されるべきものではないと考える。

智顗（灌頂）以後、『法華論』は湛然を経て、我が国の最澄、円珍、源信（九四二—一〇一七）によって研究が進められたが、それらの問題については、節を改めて論究することにしたい。

注

（1）安藤俊雄『天台学——根本思想とその展開——』第二章第二節「天台教学の組織」（平楽寺書店、一九六八年、三二頁）参照。

（2）近年、智顗説とされる現行の『法華玄義』や『法華文句』等は、弟子の章安灌頂（五六一—六三二）が吉蔵の『法華玄論』や『法華義疏』等を参考に大幅な修治を施して成立したものである、との指摘がなされた（平井俊榮『法華文句の成立に関する研究』春秋社、一九八五年）。そこで本章では、智顗の著作と呼ばれるものは、一応、智顗（灌頂）の表記をもって記すこととした。

（3）前注（1）所掲の安藤書参照。

（4）本書、第一篇第一章（七—八頁）参照。

（5）今日の学界では、『法華義記』は法雲の講説をその弟子が筆録したものと見なされている。菅野博史『法華義記』（法華経注釈書集成2、大蔵出版、一九九六年、二〇頁）参照。

（6）本文の引用文後半に傍線を付した、「法雲を批判すれば、法雲以外のものはそれによって（その風を望んで）自らの非を自覚するであろう」という記述からも、当時における法雲の法華学の地位が容易に理解されるであろう。

（7）本書、第一篇第一章（八頁）参照。

（8）本書、第一篇第二章参照。

（9）天台教学と『法華論』の関係について論じた先行論文には、以下のようなものがある。

①佐々木憲徳「天台の天親法華論採用依準を論ず」（『六條学報』第一二五号、一九一二年二月）

②同「天台の天親法華論採用依準を論ず（続）」（『六條学報』第一八九号、一九一八年四月）
③日下大癡「法華論に就て」（『龍谷大学論叢』第二六九号、一九二六年八月、後に『台学指針――法華玄義提綱――』百華苑、一九七六年複刊に再録）
④清水梁山「天親の法華経観」（『大崎学報』第三八号、一九一四年十二月）
⑤同「天親の法華経観・承前」（『大崎学報』第三九号、一九一五年二月）。なお、④・⑤の清水論文は、後に清水博士が『法華論』を国訳するにあたって、『国訳大蔵経』論部第二十巻（一九二一年、国民文庫刊行会）に「解題」として付された。
⑥塩田義遜「法華論の研究」（『棲神』第二八号、一九四三年六月）
また、関連する先行業績として、横超慧日「世親の法華経論」（横超慧日編『法華思想』所収、平楽寺書店、一九七六年）、丸山孝雄「法華経論の立場」（講座大乗仏教第四巻『法華思想』所収、春秋社、一九八三年）等がある。ところで、かつて智顗、吉蔵、基の『法華論』に対する姿勢を比較された横超慧日博士は、次のように述べている。「次に［基は］どこまでも法華論に準拠して法華経を解釈しようとし、その姿勢をあくまでも固持していることが特色である。法華論を知らなかった法雲は別として、智顗と灌頂はすべて論というものに重きをおかぬ。法華経本迹の十妙を論ずることは天竺の大論（龍樹）でさえその類ではないと評し、摂大乗論などは界外一途の法門に過ぎぬといい、法華論についても、それが自説に合しているといって自説の証拠にするかもしくはその説は自説の中の一部分にすぎぬと評するのみであって、それが権威になるとは考えていない。吉蔵に至っては法華論疏を作っているほどであるから論を重視したことはもちろんであるが、それにしても中観系の龍樹・提婆に比較すれば、唯識系の世親の作である法華論はおのずから従たる地位におかねばならなかった。これに反して窺基はまさしく唯識学を正系とする立場にあるから、どこまでも法華論に準拠する。たとい現実にはそうばかりでなくて随分主観的見解が多くあるにしても、姿勢としては法華論をはなれず正しくその指示に従うという方針を守っているのである」（横超慧日「中国における法華経研究」前掲『法華思想』三〇六頁参照。なお、引用文中の［　］内は行文の理解を考えて奥野が補った。傍線も奥野）。こうした横超説に影響を受けたものか、最澄の撰述になる『法華論科文』の解題をなした高崎直道博士は、「『法華論』は『法華経』の注釈の漢訳としては唯一の貴重な論書であるが、最澄が指針とした智顗（五三八―五九七）の教学ではさほど重視されていない」（日蔵九七「解題一」、三四三頁下）と述べられる。こうした見解に対する筆者の意見は、本章で述べる通りである。
(10)　諸論を通論と別論とに分類する仕方は、吉蔵の場合も同様である。例えば、『法華玄論』巻第一に「序其評意略有五焉。一依大乗論。以通方等。蓋是釈経之弘軌。通教之本宗也。大乗論者凡有二種。一通解大乗。謂中百十二門地持摂大乗論等。二別釈一部。謂大智度論地論金剛波若論法華論等。具解通別二論者。始鑒大乗旨趣。可講大乗経也。（以下略）」（大正蔵三四・三六四上）とあるを参照。本文に引く『維摩経玄疏』巻第四（大正蔵三八・五四四下）の記述と基本的には一致することが知られるであろう。

(11) 『法華玄義』巻第一下にも「菩薩住是禅観衆生。於仏去世後。根縁不同作論通経。（中略）龍樹用四番四悉檀造中論。三番正通大乗。一番傍通三蔵。弥勒用二番四悉檀。造地持通華厳。無著亦用二番四悉檀。造摂大乗。龍樹用三番四悉檀。造大智度通大品。天親用一番四悉檀通法華。世人伝。天親龍樹各作涅槃論。未来此土準例可知」（大正蔵三三・六八九上）とほぼ同趣旨の文がある。

(12) 管見に触れた、天台教学と四悉檀義について論じた論文には以下のようなものがある。小野島護城「四悉檀管見」（『伝道新誌』第一四巻第一〇号、第一五巻第一号、一九〇一年、一九〇二年）、川勝守「天台四悉檀義の一側面」（奥田慈応先生喜寿記念『仏教思想論集』平楽寺書店、一九七六年）、川勝守（賢亮）「四悉檀義と教相論——天台三大部について——」（関口真大編『仏教の実践原理』山喜房仏書林、一九七七年）、十川昭仁「天台における四悉檀について」（『大谷大学大学院研究紀要』第一四号、一九九七年十二月）、藤井教公「天台智顗における四悉檀の意義」（『印度学仏教学研究』第四七巻第二号、一九九九年三月）

(13) 『摩訶止観』巻六上には、求那跋摩（三七七—四三一）の偈を引いて、「跋摩云。諸論各異端。修行理無二。偏執有是非。達者無違諍。于時宋家盛弘成実。異執競起作偈譏之。然真諦寂寥実非一四。身子曰。吾聞解脱之中無有言説。豈可四門標牓。若生定執悉不得道何独有門。若祛見思四門皆得何独空門。不応独言論主義成。数人義壊。若得四悉檀意論数倶成。若不得意論数倶壊。乃至非有非無門亦如是」（大正蔵四六・七四上）と述べて、四悉檀を理解することの重要性を強調した段があるが、趣旨は同じであろう。また、同じく『摩訶止観』巻第八上には、「若不得四悉檀意。若住不住自織愛網起他譏慢。自礙礙他非無礙也」（同前・一〇四上）という記述がある。

(14) 本文に引いた『摩訶止観』巻第六下（大正蔵四六・五五上）の特に前の部分の記述を参照。

(15) 池田魯参氏は、「『起信論』などの新しい論は勿論のこと、三論や『法華論』などの根本の教説でも、その理解に際しては是々非々の態度で望む」のが天台学の伝統であると指摘している（池田魯参「湛然の三大部注書にみる三論教学」、平井俊榮監修『三論教学の研究』春秋社、一九九〇年、三六三頁参照）。

(16) 『大智度論』巻第一（大正蔵二五・五九中）を参照。

(17) この点については、拙稿「吉蔵のいう「無諍」について」（『日本仏教学会年報』第六一号、一九九六年五月）を参照。なお、本書、第二篇第三章（三三九頁以下）参照。

(18) 『二諦義』巻下には「一者不識四悉檀故。不解二諦相即。言二諦相即。是何物悉檀耶。四悉檀是通経之要術。解四悉檀。則一切経可通。若不解四悉檀。一切経即不可通。（中略）以彼不識四悉檀故。不解二諦相即義也」（大正蔵四五・一〇六上）とあり、吉蔵も四悉檀を通経の要術としていたことがわかる。このような見方は、必然的に「論」に対する態度にもつながるものであろう。

(19) この点については、末光愛正「吉蔵の「唯悟為宗」について」（『駒澤大学仏教学部論集』第一五号、一九八四年十月）、同「吉蔵の

「無礙無方」について」(『駒澤大学仏教学部論集』第一六号、一九八五年十月)を参照。

(20)『大般涅槃経』巻第三十一「迦葉品」(大正蔵一二・八一一上—八一五下)を参照。

(21)『法華玄義』のこの記述は、『法華玄論』巻第二の「問。已聞異説未見今宗為異衆師。為同諸匠耶。答。若以悟而言稟斯異説。各蒙益者。則衆師釈無可為非。若聞而不悟。則衆師無可為是。一師之意唯貴在於悟耳。宜以悟為経宗。無論同異也」(大正蔵三四・三八一上)を受けたものであることは明らかである。なお、この点に関しては、佐藤哲英『天台大師の研究』(百華苑、一九六一年)三二一—三二四頁、および前注(2)所掲の平井書、一一三—一一七頁を参照。

(22)吉蔵は経典には傍、正の二義があるとする(『法華玄論』巻第三、大正蔵三四・三八八中参照)。こうした考え方は、『法華玄義』巻第五下の「但涅槃以仏性為宗。非不明一乗義。今経以一乗為宗。非不明仏性義」(大正蔵三三・七四六上)、『法華文句』巻九下「涅槃以未来常住為宗。其文則多。不以過去久成為宗。其文則少。(中略)此経以過去久成為宗。点塵数界其文則多。未来常住其文則少」(大正蔵三四・一二七下)と趣旨において一致するように思われるが、今後の検討課題としたい。

(23)『法華玄義』巻第十上には「若言第四時同帰之教。唯得万善同帰一乗之名。不得万善同帰一乗之所。所者即仏性。同帰常住等也」(大正蔵三三・八〇五下)ともある。なお、伊藤隆寿博士は、『法華経』を万善同帰教と捉える先蹤は、竺道生(三五五—四三三)にあることを指摘している。伊藤隆寿『中国仏教の批判的研究』(大蔵出版、一九九二年)二二四頁参照。なお、関連する智顗(灌頂)の『涅槃経』受容の問題に関しては、藤井教公「天台智顗における『涅槃経』の受容」(『大倉山論集』第二九輯、一九九一年三月)を参照。

(24)本文の引用文に明らかなように、『大乗義章』『法華玄義』では「仏性」の問題に加え、「仏身常住」に関しても問題とされていることがわかる。

(25)『三論玄義』における五時説批判は「総難」と「別難」からなり、本文の引用文は「別難」に相当する。

(26)この点に関しては、本書、第一篇第二章第二節(五八頁以下)を参照。

(27)『法華論疏』巻下に「釈三菩提即三。一釈化身菩提。二釈報身菩提。三釈法身菩提」(大正蔵四〇・八二〇中)とあるを参照。

(28)例えば、『勝鬘宝窟』巻下末には「法華論云。此経正明因辨果。因則七処仏性。果則三仏菩提」(大正蔵三七・八〇上)とある。

(29)佐藤哲英博士は『四念処』の智顗撰述に疑問を呈し、これを灌頂の作と見ている(前注(21)所掲書、九九—一〇二頁参照)。

(30)この『四念処』の記述は、円珍によって着目され、円珍は『授決集』巻下において「天親七種仏性決」なる一項を設けている(智全、巻上・三六八下)。なお、この点については、本章第三節で後述する(二四九頁以下参照)。

(31)『大般涅槃経』巻第九「菩薩品」(大正蔵一二・六六一中)参照。また、本文で引用した『四念処』巻第四の連文にも、「今円顕仏法。大益衆生。夫有心者。皆当作仏。八千声聞得見仏性。如秋収冬蔵。成大果実」(大正蔵四六・五七七中)とある。

(32)『法華文句』と『法華玄論』の引用経論を精査された平井俊榮博士は、両者にはその引用の頻度や言及の仕方に共通した傾向が認められるとし、本節の課題である『法華論』の引用傾向についても、「『文句』の文中に引かれた『法華論』は、決して論自体から引用したものではなくて、むしろ『玄論』から直接孫引いた形跡が濃厚である」といっている(前注(2)所掲書、三五二頁)。

(33) 藤井教公「天台智顗の『法華経』解釈――如来蔵仏性思想の視点から――」(勝呂信静編『法華経の思想と展開』平楽寺書店、二〇〇一年)

(34) 前掲、藤井論文三五九頁。藤井氏は、筆者が藤井論文から本章本文中に引用させていただいた三点のほかに、第四点目として、「④その『法華文句』中の二十三度の引用のうち、六回が吉蔵の『法華玄論』からの援用であることが確認されていること。また、『法華玄義』に見える八回の引用のうち、半分の四回の引用は同様に灌頂が『法華玄論』から引用したものであることが確認されていること」を指摘している。

(35) 前掲、藤井論文三五九頁。また、藤井氏は、「しかし、『法華玄義』におけるその引用の果たしている役割を見ると、それなくしては主張が成り立たないというほどの重い論拠になっているというわけでは決してない。このことを先に検討した引用状況と重ね合わせると、智顗においては『法華経論』は与り知らぬものであったか、あるいは知っていてもさほど重視されなかったのではないか、これを重視したのは吉蔵疏の中にそれを発見し、援用した灌頂ではなかったのか、という疑念が再び浮かび上がってこざるを得ない。今後さらに検討すべき問題である」(三六三―四頁)とも述べておられる。

(36)『勝鬘宝窟』巻上本に「第五言無言者。無言而言。故言有十五。言而無言。故不吐一字。此如空中種樹。華菓宛然。虚裏織羅。文綵不失。肇公云。釈迦掩室於摩竭。浄名杜口於毘耶。須菩提無言而顕道。釈梵絶聴以雨華。若留意此言。則小参聖旨。其守著文字。則是堅執妄談」(大正蔵三七・一四上)とあるを参照。

(37) 湛然はこの語を『法華玄義釈籤』巻第十二において、「碌碌者多石貌也。亦凡石也」(大正蔵三三・八九九下)と注釈している。また、癡空の『法華玄義釈籤講義』は「此斥光宅也」(『仏教大系』「法華玄義第三」六七二頁)といって、「碌碌之徒」とは光宅寺法雲を指すとしている。

(38)『法華玄論』巻第一には「深悟者愛義。浅識者好文」(大正蔵三四・三六四下)の語がある。

〔追記〕 天台と三論の関係を論じた論文として、藤井教公氏に次の二つの論文があるので参照されたい。
①藤井教公「天台と三論の交流」(鎌田茂雄博士還暦記念論集『中国の仏教と文化』大蔵出版、一九八八年)
②藤井教公「天台と三論――その異質性と類似性――」(『印度哲学仏教学』第一五号、二〇〇〇年十月)(二〇〇二年九月二十日記)

第二節　最澄の授記思想――『大乗十法経』を中心として――

一　問題の所在

副題にいう『大乗十法経』(略して『十法経』)とは、『大宝積経』の第九経として収められている経典で、現在二種の漢訳とチベット訳が知られている。(1) 二種の漢訳は、次の通りである。

①『大宝積経』巻第二十八「大乗十法会第九」、元魏・仏陀扇多訳(大正蔵一一、№三一〇(九))

②『仏説大乗十法経』、梁・僧伽婆羅訳(大正蔵一一、№三一四)

本経は、浄無垢宝月王光菩薩(漢訳②は浄無垢妙浄宝月王光菩薩)の「大乗に住する比丘は、どのようにして大乗に安住するのか、如来はそれをどうして大乗にひきとめるのか。なぜ、大乗は〈大乗〉と呼ばれるのか」(2)との問いに答えて世尊が、菩薩が大乗に安住するために成就すべき十項(十法)を順次解説するという構成をとっている。『大乗十法経』という経名が、こうした本経の内容に由来することは明らかなことであろう。いま、その十項を示せば、次の如くである(カッコ内は漢訳②による)。

(1)信成就(成就正信)
(2)行成就(成就行)
(3)性成就(成就性)
(4)楽菩提心(楽菩提心)
(5)楽法(楽法)

(6)観正行法（楽観正法）
(7)行法順法（行於正法及順法）
(8)捨慢大慢（遠離慢我慢等事）
(9)善解如来秘密之教（善好通達諸微密語）
(10)心不怖求声聞縁覚乗（不楽声聞及縁覚等）

管見の限り、この経典を初めて詳細に分析、研究されたのは高崎直道博士であった。[3] 高崎博士は、前記十項の中、『大乗十法経』の思想的立場を示すものとして特に重要な項は、「声聞授記」を論じた第九「善解如来秘密之教」であると指摘されたほか、本経の作者が瑜伽行派に属する人々と関係があったことを明らかにされた。しかし、結論としては、本経の立場は「唯識説」でも「三乗説」でもなく、あくまで「如来蔵説」であり、「一乗説」であると強調されたのである。[4]

かかる高崎博士のご研究を受けて、唯識派の声聞授記の解釈について考察を加えられた松本史朗博士は、『大乗十法経』が一乗真実説、三乗真実説、双方の典拠となり得ることをカマラシーラ（Kamalaśīla、約七四〇―七九七）の『中観光明論』（Madhyamakāloka）上において示された。[5]

さて、筆者はまったく別な興味から、かつて最澄の諸著作を一瞥する機会をもったが、その際、『大乗十法経』が最澄と徳一（生没年不詳）との間に交わされた、いわゆる三一権実論争においてもそれぞれの立場の経証として用いられていることを知ったのである。そこで、本節では上述のような思想的立場が指摘されている『大乗十法経』が最澄および徳一においてどのように依用されていたのかを、最澄の『法華論』依用の問題にも絡めながら、少しく考察してみたいと思うのである。

二　最澄と『大乗十法経』

まず、最初に『大乗十法経』が収められる『大宝積経』を麁食者（徳一）が五姓各別説の典拠として、最澄が一乗説の典拠として見ていた事実を確認しておこう。

『守護国界章』巻下之上「麁食者、謬りて一切有情の皆な悉く成仏するを破するを弾ずる章」第一において徳一は、『大宝積経』巻第三八「菩薩蔵会第十二」（大正蔵一一・二一九上―中）を引いて、

此意説言、五乗種性、有情各的其根、修方便時、当得自果。若不的当其根性、而修行方便者、徒尽劬労、都不得果。（伝全二・五三三）

といい、さらに後文では、

①明知。本有五種性差別。（中略）

②明知。有定性二乗、終不成仏。（中略）

③明知。本有無仏種性有情、終不成仏。（後略）（同前・五三四）

といっているので、徳一が『大宝積経』を五姓各別説の一つの根拠と見ていたことは明らかなことであろう。一方、最澄はこうした見解を「すべて理に応ずるものではない」といって一蹴しているから(6)、最澄がこの経を一乗説の根拠として見ていたことも明らかなことであると思われる。

ところで、『法華秀句』巻上本には、次のような記述がある。

麁食者、**第七謗法華文云**、**七大乗十法経云**、善男子、何等是為如来秘密教。善男子、我記声聞得阿耨菩提者、此不応爾。如言阿難、我患背病、此不応爾。乃至広説是秘密教［已上麁食者取意所引経文］。**麁食者**、**取此意云**、此意説言、我法華会中、説声聞得阿耨菩提者、此約不定性説得仏道。不記決定性。而摠含言唯有一乗無有二乗。故

法華名密意教、名権教［已上麁食者語］。（伝全三・一九、カッコ内は割注、以下同）

ここで麁食者（徳一）は、『大乗十法経』（『大宝積経』巻第二十八「大乗十法会第九」、大正蔵一一・一五四下）を引いて、『十法経』の意を取っていうならば、経に「我れ法華会中に声聞も阿耨菩提を得と説く」とあるのは、これは『十法経』と同様、不定性のものだけが仏道を得ることができるといっているに過ぎないのであり、けっして決定性のものまでが授記されるわけではないと主張している。それなのに『法華経』は全体を含んだ形で「唯有一乗、無有二乗」といっているから、『法華経』は密意の教であるに過ぎないとして、これを激しく誹謗しているのである。これに対して、最澄は次のように反論する。

弾曰、此文不爾。定有不解密義失故。**其大乗十法経**、**有十種密義**。一記密、二病密、三老密、四問密、五論密、六身密、七怨密、八乞密、九謗密、十食密。此十種密、其義各異。今麁食所引文、取此不応爾、不記定性。此亦不爾。其十法経文、不簡定不定故、其密大意、約時徳密。所以者何。此声聞等、未見仏性、未具功徳、未到記時、不可授記。雖然世尊、見仏性故、密意授記。夫非時授記、名為密教。不謂雖記不成名密意。**故其経云**、仏言、善男子、我記声聞得阿耨菩提者、以見声聞有仏性故。乃至言、如是世尊、我昔不見若人若天、若魔若梵、是等衆中、而有能説声聞不得成正覚者、若有能説、無有是処。引法華論破、如別章具説。（伝全三・一九―二〇）[7]

つまり、最澄は、麁食者の見解は『十法経』がいう「密義」を誤解したものであり、とうてい受け入れることができないというのである。その上で最澄は、『十法経』においても定・不定（定性・不定性）が分け隔てなく授記されていることを主張していることがわかる。そうした理由について、最澄は、（定性等の声聞は）いまだ仏性を見ていないから、いまだ功徳を具足していないから、そしていまだ授記の時期ではないから、一見（明確には）授記は与えられていないのであるが、世尊は（それらの声聞にも本来的に）仏性があることを見通しているがゆえに密かに授記は与えられている、と主張するのである。さらに最澄は、（『十法経』にいう）密教とは、（本来は）授記する時期ではないが密かに授記することをいうのであり、授記しても成仏することがないことを密教と名づけるのではないと定義していることがわかる。そして、かかる自身の見解は、『法華論』[8]を根拠としているものであって、「別章」に詳しく述べたことであるとして、その詳述を「別章」、すなわち『守護国界章』に譲っているのである。[9]

こうした最澄の見解は、彼の『十法経』に対する基本的な見解となっている如くである。なぜなら、例えば『守護国界章』巻下之中の「偽りて教の権実を破するを弾ずる章」第七にも、次のような記述を認めることができるからである。

妙法華経方便品、正法華云善権品。依此等文、明知是権。今依此義、若四十年後、為引不定説一乗者、是権不了。若前若後、対決定性説四乗者、是実顕了。何以得知。法華是密意教。**大宝積経大乗十法会云**、善男子、何等是為如来秘密教。善男子、我記声聞得阿耨菩提者、此不応爾。如言阿難我患背病。此不応爾。乃至広説。是正会法華会中、授二乗成仏記意。非会餘教。若謂此会四十年前教、非会法華者、此亦不爾。以前教中、未授二乗成仏記故。即依此経、明知。決定趣寂声聞、終不成仏。若定性二乗、亦当成仏者、何故云秘密教、亦何云此不応爾。若不爾者、我患背病、亦応顕了真実之法。彼既不爾。此云何然。是故、為引不定、不簡別定性声聞授記。不解教意、謬定権実、誑後学徒。莫錯信学［已上麁食者語］。

山家弾曰、此破非理。所以者何。一類不定、二周領解、後周説三、都不経意。今法華専意、穿性水於高原、洽甘雨於敗種。乾地普洽、薬木並茂。何麁食者、対法華経固執定無哉。餘章已破定無、更不繁述。品名方便。已違不知。宝積秘密、専背経旨。何得会法華哉。見石不知珠、非麁食者誰哉。**又彼十法会経**、法華経後、都不違法華。未到早授記。是名為秘密。**天親論**有義。努力莫帰麁食偽会。（伝全二・五九五―五九六）

ここで引用文後半の傍線を付した部分を見ると、その理解は前の『法華秀句』のそれと完全に符合するものであることが理解される。さらに自説を補強する意味で天親論（『法華論』）に関説している点も『法華秀句』と共通している。

また、引用文に明らかなように鹿食者（徳一）が問題の『十法経』を引いて、『十法経』を『法華経』の「授二乗成仏記」の意味を会通した経典であると規定した上で、『十法経』を「決定趣寂の声聞」が最終的に成仏できないとする一つの論拠としていることも前の『法華秀句』の理解と軌を同じくするものである。麁食者が『十法経』を「決定趣寂の声聞」が最終的に成仏できない一つの論拠としているのは、前に見た『法華秀句』の記述を参考にすれば、麁食者は『十法経』では「決定性」の声聞は授記されないと考えているからである。ただ、ここで注意しておきたいのは、確かに麁食者は上述のように『十法経』を論拠に『法華経』は「決定趣寂の声聞」の成仏を説かないと考えてはいるが、けっして『法華経』において「定性の声聞」が授記を与えられないとは見ていないということである。引用文にいう「為引不定。不簡別定性声聞授記」（不定を引かんが為に、定性の声聞を簡別せずして記を授く）という一文がそのことを明示していよう。つまり、麁食者は『十法経』では「決定趣寂の声聞」は授記されないから、これらの声聞は不成仏であると主張するものの、『法華経』においてはこれらの声聞も授記はされていると見ているということである。それでは、なにゆえ麁食者は『法華経』において「決定趣寂の声聞」は授記されているにもかかわらず、不成仏であると主張するのであろうか。この点については、次の『法華秀句』巻上本の一文が参考となろう。

麁食者、**第十謗法華文云**、**十菩提資粮論云**、問。若焼煩悩衆生、不生菩提心種子者、何故、法華経、与焼煩悩諸声聞等授記。答。記彼諸衆生、此記有因縁。唯是仏巧方便。而彼不生菩提心種子者、以入無為正定位故。如経説。如迦柘珠、諸天世間雖善修理、彼迦柘珠終不能為鞞瑠璃。如是、声聞雖復具諸戒、学頭多功徳、三摩提等、終不能坐道場証無上覚。以如是等経故。当知。声聞得無為法已、不生菩提之心［已上論文］。

麁食者結云、此即指十法経授声聞作仏記、名秘密教。準此等文知。法華会中、授記声聞、通定性不定性。及応化声聞［已上麁食者語］。

弾曰、此説不爾。此資粮論、約位往復。麁食者、約種性所立、定性声聞之義、不相応此論故。（伝全三・三〇―三一）

ここで飽食者は、『菩提資粮論』巻第四（大正蔵三二・五三三中）を引いて自説を展開しているが、詰まるところの主張は「飽食者結云」に見られる、次のような主張である。

すなわち、『菩提資粮論』では「若し煩悩を焼きて衆生、菩提心の種子を生ぜずんば、何が故に法華経に煩悩を焼く諸の声聞等に授記を与うるや」との問いに対して、「彼の諸の衆生に記するは此れ因縁有るに記す。唯だ是れ仏の巧方便なり」と答えているが、これは『十法経』に声聞に作仏の記を授けるのを指して秘密教といっているのと同じであって、これらの『菩提資粮論』や『十法経』等の文に準じて知るならば、法華の会座の中で声聞に授記するのは定性・不定性・応化声聞のすべてに対してであることがわかる、というものである。つまり、これによって、飽食者は法華の会座においては不定性や応化の声聞のみならず、定性の声聞にも授記が与えられると考えていたことは明らかであろう。

これに対して、最澄は「約位」「約性」の立場から反論を加えている。

すなわち、最澄は飽食者が「約性」の立場に立って、すでに固定した種性を想定している点を厳しく批判するのである。前に筆者は、飽食者の「不定を引かんが為に、定性の声聞を簡別せずして記を授く」という一文に注意していたが、以上を勘案すると、飽食者の主張は次のように要約することができるものと思われる。すなわち、飽食者の主張は、不定性の者を一乗に誘引するために、いかにも一応は法華の会座において定性の声聞も授記が与えられるとするが、これらの声聞には本来、成仏するための種性がないので（＝成仏のための基本的因を欠くので）結局は成仏できないというものであろう。飽食者はこれを敷衍して、それはあたかも『十法経』において「決定趣寂の声聞」が授記されず不成仏に終わるのと不成仏という点では同じなのであり、『十法経』が秘密の教えであるのと同じように『法華経』も秘密教であるとして、これを激しく非難するのである。これに対して、最澄は飽食者が「決定趣寂の声聞」は授記されないとする『十法経』そのものが「定・不定」を簡ぶことなくすべての衆生に授記する経典であると断じ、麁食者の立論そのものに疑義を呈して、麁食者の見解を批判している。ただ、最終的に両者の議論は、両者の基本的な種性観（＝真如観）の相違に帰着しており[10]、議論そのものとしては、やはり嚙み合っていないという印象がどうしても否めない。

三　『十法経』依用の先蹤

では、最澄はどのような先行する学説にもとづいて『大乗十法経』を一乗説の典拠と見なしたのであろうか。そうした先蹤を求めてみると、われわれは唐・法宝の『一乗仏性究竟論』に行きつく。すなわち、『究竟論』巻第三に次のような記述を認めることができる[11]。

問。若爾与声聞授記、即是了義。何故**十法経**等、説与声聞授記為密意邪。

答。**法華論云**、彼声聞等、為実成仏、故与授記、為不成仏、与授記邪。若実成仏者、菩薩何故、於無量劫、修集無量種種功徳。若不成者、云何虚妄、与之授記。彼声聞等、得授記者、得決定心、非成就法性故。如来依彼三種平等、説一乗法故、以如来法身、与彼声聞法身。平等無異。故与授記。非即具足修行功徳故。是故菩薩功徳具足、声聞生功徳未具足。准此論文。得決定心、信定成仏也。功徳未具。同菩薩記、名為密意。非不当得功徳具足。**大般若三百三云**、仏言、善現菩薩、未入正性離生、不応授彼大菩提記。乃至仏言、善現菩薩、未授大菩提記、法爾不応記説名字。准此経文。与声聞記、名密意也。又法華経第四云、新発意菩薩、咸作是言。我等尚不見諸大菩薩、得如是記。有何因縁、而諸声聞、得如是決。又**十法経下文云**、以仏性故、与声聞授記。**法華論云**、決定声聞菩薩記者、即是以有仏性因也。以未有必定持、円満持故、雖得近於発心、無二種持、及未見理与一切衆生無別。而別記故、名為密意。又指化土故、記応化声聞故、皆是密意。如羅睺羅、已得羅漢記。当来世為仏長子等。**然十法経**、仏性因記。如不軽品。必成仏也。楞伽亦准此釈。又**十法経下文云**[12]、若不信入無餘界、声聞成仏、過桃一切衆生眼

罪。准此、豈欲説声聞不成仏邪。（卍続蔵九五・三七四右上―下）

すなわち、問者のもし声聞授記が（あなたのいうように）了義であるとするならば、どうして『十法経』では声聞授記を密意といっているのかとの問いに対して、法宝は本書でもしばしば問題にしている『法華論』（大正蔵二六・八下―九上）の文や、『大般若波羅蜜多経』巻第三百三（大正蔵六・五四二上）を引いて答えている。『大般若経』の引用は最澄には見られなかったものであるが、『法華論』の引用が最澄においても重要なものであったことは、本節でもすでに述べた通りである。そして、法宝はすべての声聞に授記が与えられる経証として、『十法経』の「世尊、何故記諸声聞、得阿耨多羅三藐三菩提、仏言、善男子、我記声聞、得阿耨多羅三藐三菩提者、以見声聞有仏性故」（『大宝積経』巻第二十八「大乗十法会第九」、大正蔵一一・一五四下）と『法華論』[13]に言及している。さらに法宝は『十法経』の声聞授記を『法華経』における常不軽菩薩の授記[14]に配当していることもわかる。

以上のような法宝の記述を見る限り、最澄のそれに通ずるものがあることは明らかであろう。したがって、最澄の『十法経』に対する理解の先蹤は法宝であると筆者は考える。ただ、すでに指摘されているように、最澄はある面では法宝の学説を受け継ぎながらも、法宝の教学に対しては批判的な側面も有していたとされるから、[15]最澄と法宝の声聞授記に関する詳しい比較考察はなお慎重でなければならない。

それはともかく、最澄の『法華論』と『十法経』に拠った声聞授記に対する見解は、以下に示すように源信にも確実に受け継がれ、以後一乗側の主張を支える重要な論拠となったのである。『一乗要決』巻上には、次のようにある。

第二料簡者、問。**法華論云**、彼声聞等、為実成仏故与授記、為不成仏与授記耶。若実成仏者、菩薩何故、於無量劫、修集無量種種功徳。若不成仏者、云何虚妄与之授記。彼声聞等、得授記者、得決定心、非謂声聞、成就法性。故如来、依彼三種平等、説一乗法。以如来法身、与彼声聞法身、平等無異故、与授記。非即是具足修行功徳故。是故菩薩功徳具足、諸声聞人、功徳未具足［已上］。此義云何。答。**山家云**、論主答文、得決定心者、謂成仏決定心。功徳未具足者、謂必当具足。不久故、平等故、授記。法身流転故、定当得成仏。仏無虚妄記。今**麁食者**、未了此密意、仏雖記不成、同体故説一、惣合説一乗。故法華名密。是則怨嫉詞耳［云云］。**十法経云**、吾記諸声聞得無上正真道者、以有性故。浄無垢妙宝月王光菩薩、白仏言、云何諸無漏声聞、断諸有習煩悩、設有性而成阿耨菩提。仏言、先除諸煩悩障、後成阿耨菩提。云何可説不成正覚［云云］。非時授記、名為密教。雖記不成、非名密意［已上。**叡山伝教大師製三巻章名守護国界章**。其中広破一師三乗五性義、助成宝公一乗仏性義］。十法経秘密文、至下第五門当知。（恵全二・九―一〇）

かかる『一乗要決』の一文を中心とした、源信における『法華論』解釈の一端については本章第四節で考察したいと考える。

注

（1）チベット訳は、北京版 No. 760(9) Vol. 22 に収められる。また、二種の漢訳の中、最澄の依用は、例えば『守護国界章』巻下之中に「大宝積経大乗十法会云」（伝全二・五九五）とあるところから、元魏・仏陀扇多訳『大宝積経』巻第二十八「大乗十法会第九」であったことがわかる。

（2）『大宝積経』巻第二十八「大乗十法会第九」に「爾時会中。有一菩薩摩訶薩。名浄無垢宝月王光。即従坐起整服右肩。右膝跪蓮花台上。至如来所合掌向仏。白言世尊。行大乗住大乗比丘。云何行大乗。云何住大乗。世尊。以何義故。此大乗名為大乗。復以何義名為住大乗」（大正蔵一一・一五一上）とあるを参照。

（3）高崎直道『如来蔵思想の形成――インド大乗仏教思想研究――』（春秋社、一九七四年）三〇二―三二三頁参照。

（4）高崎博士は前注（3）所掲書中において、次のように述べられる。「この経は、〈菩薩〉を主題とし、その〈種姓〉を論じている点において、それらの如来蔵系経典よりも古い層と考えられる『宝積経・迦葉品』や『維摩経』、もしくは、『華厳経・入界品』や『十地経』の菩薩論ないし、種姓論に近いのではないか、という印象をもつ」（三一五頁）、「筆者の感じとしては、『瑜伽論』的な〈三乗〉の立場を、如来蔵説によって〈一乗〉の方向に修正しようとの意図のもとに作られた経典ではないかと思われる。（中略）おそらくは、『宝性論』と同様、瑜伽行派に所属する人によって、作られたのであろう。だからといって、本経が〈唯識説〉でも〈三乗説〉でもないことは、『宝性論』の場合と同断である」（三一八頁）。

（5） 松本史朗「唯識派の一乗思想について――一乗思想の研究（II）――」（『駒澤大学仏教学部論集』第一三号、一九八二年十月）三〇五―二九四頁（横）参照。なお、松本論文を受けた、『大乗十法経』の「声聞授記」に関説した論文として、中井本秀「『法華経』「声聞授記」の受容と変容――『中観心論註思択炎』をめぐって――」（田賀龍彦編『法華経の受容と展開』平楽寺書店、一九九三年）がある。

（6） 『守護国界章』巻下之上に「**弾曰**。麁食者。引宝積経。立五乗性。都不応理。何者。其宝積経。約随根門。説五乗教。若約随機教。立五乗性。有立已成失。我約法華之前。法華之後教随機門故。方便之故。立五乗種性故。若約随法教。立五乗性。有違至教失。（以下略）」（伝全二・五三四）とあるを参照。

（7） 『法華秀句』の原文には「聞密」とあるが、対応する『守護国界章』巻下之下（伝全二・六三七）によって「問密」と訂正する。『法華秀句』の引用文に明らかなように最澄は『十法経』の特色を（一）記密（二）病密（三）老密（四）問密（五）論密（六）身密（七）怨密（八）乞密（九）謗密（十）食密の十種密義とするが、これは『十法経』のそれぞれ（一）「我記声聞得阿耨多羅三藐三菩提」（二）「言阿難。我患背痛」（三）「語諸比丘。我今老弊。汝可為何推覓侍者」（四）「語目連言。汝可往問耆婆医王。我所有患。当服何薬」（五）「如来処処。逐諸外道。論義捔勝」（六）「佉陀羅刺。刺如来足」（七）「如来又説。提婆達多是我宿怨。常相随逐求覓我便」（八）「如来昔日。入舎衛城。於耆犁耶婆羅門村。周遍乞食。空鉢而出」（九）「旃遮摩那毘。孫陀梨。木器合腹。以謗如来」（十）「如来昔在毘蘭多国。受毘蘭若婆羅門請。三月安居而食麦」（大正蔵一一・一五四下）を踏まえたものである。原文に照らしても「問密」が適切であろう。

（8） 『妙法蓮華経憂波提舎』巻下に「問曰。彼声聞等。為実成仏故与授記。為不成仏与授記耶。若実成仏。菩薩何故於無量劫修集無量種種功徳。若不成仏云何与之虚妄授記。答曰。彼声聞等得授記者。得決定心非謂声聞成就法性。如来依彼三種平等。説一乗法。以仏法身声聞法身平等無異故与授記。非即具足修行功徳。是故菩薩功徳具足。諸声聞人功徳未足」（大正蔵二六・八下―九上）とあるを参照。なお、この『法華論』の文については、本章第四節（二六二―二六三頁）参照。

（9） 『守護国界章』巻下之下に「**麁食者云**。**五大乗十法経云**。善男子。何等是為如来秘密教。善男子。我記声聞得阿耨菩提者。此不応爾。如言阿難。我患背痛。此不応爾。乃至広説。是名秘密教。**麁食者**。**此意説**言。我法華会中。記声聞得阿耨菩提者。此約不定性説得仏道。不記決定性。而経総含言唯有一乗無有二乗。故法華名密意教。名権教。**弾曰**。此釈不爾。違密義故。其経十密。其義各異。記密。病密。老密。問密。論密。身密。怨密。乞密。謗密。食密。此声聞記。初授記密。其密大意。約時徳密。所以者何。此声聞等。未見仏性。未具功徳。未到記時。不可授記。雖然。世尊密意。見仏性故。与成仏記。夫非時授記。名為密教。非難記不成名密意。**故其経云**。爾時浄無垢宝月王光菩薩白仏言。世尊。此向所説。当云何取。世尊何故。記諸声聞得阿耨菩提。仏言。善男子。我記声聞得阿耨菩提者。以見声聞有仏性故。乃至云。善男子。於意云何。彼諸声聞。以此因緣。得成正覚。豈可得言声聞不得成正覚耶。乃至言。如是世尊。我昔不見若人若天若魔若梵。是等衆中。而有能説声聞不得成正覚者。若有能説。無有是処。今麁食者。説密記声聞。不得成正覚。堕無有是処。何可会釈。又法華論下巻云。問曰。彼声聞等。為実成仏故与授記。不成仏与授耶。若実成仏。菩薩何故。於無量劫。修集無量種種功徳。若不成仏。云何与之虚妄授記。答曰。彼声聞等。得授記者。得決定心。非謂声聞成就法性。如来依彼三種平等。説一乗法。以仏法身声聞法身平等無異故与授記。非即具足修行功徳。是故。菩薩功徳具足。諸声聞人。功徳未具足［已上論文］。論主答文。得決定心者。謂成仏決定心。功徳未具足者。謂必当具足不失故。平等故授記。法身流転故。定当得成仏。仏無虚妄記。今麁食者。未了此密意。仏雖記不成。同体故説一。総含説一乗。故法華名密。是則怨嫉常詞耳」（伝全二・六三七―六三九）とあるを参照。本文で引用した『法華秀句』とほとんど同文であることが知られるであろう。

（10）　筆者のいう「種姓観」＝「真如観」の相違ということについては、本書、第一篇第四章注（75）を参照していただきたい。

（11）　本文で指摘する『究竟論』に対応する文章が、同じく法宝の『一乗仏性権実論』に見られる。『権実論』の原文および訳注が久下陞氏によって発表されているので参照されたい。久下陞『一乗仏性権実論の研究（上）』（隆文館、一九八五年、二三九―二四六頁）参照。本文では便宜的に卍続蔵経の『究竟論』の原文そのままを指摘しておいたが、『究竟論』と『権実論』を対照してみると、文脈において基本的な相違はないが、相互の文字の出入りがあり、やはり詳しく対照してみる必要を感ずる。

（12）　法宝の引く以下の文は、現行の元魏・仏陀扇多訳『大宝積経』巻第二十八「大乗十法会第九」（大正蔵一一、№三一〇（九））、梁・僧伽婆羅訳『仏説大乗十法経』（大正蔵一一、№三一四）いずれにも見あたらない。法宝の所依本が現行本と異なるというよりは、おそらくは法宝の取意ではないかと考える。

（13）　『妙法蓮華経憂波提舎』巻下に「菩薩記者。如下不軽菩薩品中示現。応知。礼拝讃歎作如是言。我不軽汝。汝等皆当。得作仏者。示現衆生皆有仏性故。言声聞人得授記者。声聞有四種。一者決定声聞。二者増上慢声聞。三者退菩提心声聞。四者応化声聞。二種声聞如来授記。謂応化者。退已還発菩提心者。若決定者増上慢者二種声聞。根未熟故不与授記。菩薩与授記者。方便令発菩提心故」（大正蔵二六・九上）とあるを参照。

（14）　『妙法蓮華経』巻第七「常不軽菩薩品」（大正蔵九・五〇下）参照。

（15）　例えば、田村晃祐博士の次の論文を参照のこと。田村晃祐「最澄の法宝批判」（塩入良道先生追悼論文集『天台思想と東アジア文化の研究』山喜房仏書林、一九九一年）

第三節　円珍と吉蔵――その『法華論』解釈をめぐって――

一　はじめに

天台宗寺門派の祖として知られる智証大師円珍の『授決集』巻下には、「天親七種仏性決二十六」と題する決がある。[1]いま、その冒頭を示せば、次のようである。

天親七種仏性決二十六（此條非切要。或除去也得。或云七処仏性。大経疏十云、[2]仏性有七事。一常二我三楽四浄五真六実七善。此迦葉品中五種性異中第一七種）円教四念処云、法華中八千声聞得見仏性。大経云、[3]為諸声聞開発慧眼。天親以七種仏性釈法華経。当知二経仏性理同。同円同妙同大更不異也。而法華以一乗為宗、約智明法相。涅槃以常住為宗、約定明法相。智定左右之異耳。（智全、巻上・三六八下。カッコ内は割注）

この「天親七種仏性決」冒頭の一文は、円珍自らが「円教四念処云」と断わっているように、そのまま全文を『四念処』に検出することができる。[4]すなわち、『四念処』巻第四には、次のようにある。

法華経中八千声聞得見仏性。大経云、為諸声聞開発慧眼。天親以七種仏性釈法華。当知二経仏性理同。同円同妙同大、更不異也。而法華以一乗為宗、約智明法相。涅槃以常為宗、約定明法相。智定左右之異耳。（大正蔵四六・五七八上）

つまり、『四念処』のいうところに従えば、天親（世親）は七種仏性をもって『法華経』を解釈し、『法華経』は仏性を説くという点において『涅槃経』と同致であるというのである。ここに見られる「天親以七種仏性釈法華」という一文を見ると、筆者には本書第一篇第二章第二節で問題とした吉蔵の「『法華論』にいう「七処仏性」」の一文が想起されて少なからず興味を覚えるのであるが、(5)『四念処』には具体的に『法華論』の七処を特定した文言は見当たらず、また管見の限り智顗（灌頂）の法華疏にも「天親七種仏性」に関する言及はないように思われる。

ところで、周知のように吉蔵には論の注釈である『法華論疏』三巻（大正蔵四〇、No.一八一八）があり、円珍には『法華論記』十巻という大部の著作がある。(6)そこで本節では、冒頭で指摘した『授決集』の一文に関連して、円珍と吉蔵の『法華論』に対する解釈について少しく論及し、以て将来の比較研究の端緒としたいと思うのである。

二　円珍の『法華論』依用

本節冒頭に引いた『授決集』の一文に続いて、円珍は勒那摩提訳の『法華論』を引いて、(7)次のように『法華論』が「仏性」を説いたとする箇所、七箇所を指摘している。(8)

①十二名堅固舎利者、所謂如来真如法身。於此修多羅不壊故。
②二者同義以声聞辟支仏仏法身平等故。如経欲示衆生仏知見故出現於世故。法身平等者、仏性法身更無差別故。
③是無煩悩人染慢見彼此身所作差別、以不知彼此仏性法身平等故。
④菩薩記者、如不軽菩薩品示現。礼拝讃歎言、我不軽汝、汝等皆当作仏者、示現衆生皆有仏性故。
⑤亦無在世及滅度者、謂如来蔵真如之体不即衆生界不離衆生界故。不如三界見三界者、如来能見能証真如法身。凡夫不見。是故経言如来明見無有錯謬。
⑥言阿耨多羅三藐三菩提者、以離三界中分段生死、随分能見真如仏性名得菩提。非謂究竟満足如来方便涅槃故。
⑦其心決定知水必近者、受持此経得仏性水、各成阿耨多羅三藐三菩提故。（同前、三六八下―三六九上）

すでに述べたように、円珍が依った『四念処』にはこのような七処の特定の意識はなく、智顗（灌頂）の法華疏にも

「天親七種仏性」に関する記述は見られない。また、前に筆者がその特定を試みた吉蔵のいう『法華論』の七処とも円珍がいう七処は合致していない。[9] したがって、かかる七処の特定は円珍独自の見識によるものと推定されるのである。[10]

ところで、尊通（一四二七―一五一六）が編した『智証大師年譜』の大中七年（仁寿三年、八五三）の条には、

寓居開元寺、便就其寺伝教大徳存式、聴嘉祥慈恩法華疏華厳涅槃疏及律倶舎等義。（智全、巻下・一三八五下）

という記述があり、これによってわれわれは、円珍が入唐後まもなく吉蔵の法華疏ないし『法華論疏』を参照していたことはほぼ疑いのない事実であることを知ることができる。しかし、すでに先学が指摘しているように、円珍が『法華論記』の述作にあたってもっぱら依用したのは、智顗（灌頂）の『法華文句』や『法華玄義』、およびそれらを注した湛然の『法華文句記』『法華玄義釈籤』、東春智度（生没年不詳）の『法華経疏義鑽』等であって[11]、特に吉蔵の注釈書が参照された形跡は認められないのである。逆に先学も指摘しているように、円珍は吉蔵および吉蔵門下に対してはすこぶる批判的な態度をとっていることがわかる。

すなわち、『法華論記』巻第八末には、次のような記述がある。[12]

復吉門徒瞋、今本迹自立本迹、曾不及今家六種本迹中一重一双。汝未曾読法華、如嗅鼻人不復旃檀、盲不見日、蛙不知海。不識仏化之始終、永迷本迹之深理。汝尚如此。況餘黨乎。可憐可憐。汝本師吉焼却旧章帰依天台、伏膺頂戴円頓之旨。汝須共吉先習我道。（同前、巻上・二六〇下）

つまり、円珍は吉蔵門下は『法華経』を読まないから、妙なる香りをかぐこともなく、また目の不自由な人が日の光を見ることがないように、あるいは井の中の蛙が大海を知らないように、仏の教化の始終を知らないで、ついには永く本迹の理に迷っていると厳しい調子で吉蔵およびその門下を批判しているのである。さらに円珍は語を継いで、かつて師である吉蔵が旧章を焼いて、天台に帰依したのと同じように、吉蔵門下も師吉蔵とともに天台の円頓の旨を

学ぶべきであるといっている。このように、円珍は吉蔵ならびにその門下にことのほか厳しい態度で接していることがわかる。前に見た円珍のいう『法華論』の七処が吉蔵のいうそれと合致していないのは、あるいはこうした事情を反映したものなのかも知れない。

ところで、円珍が前述のように吉蔵に対してすこぶる批判的であるのは、おそらく最澄の次のような見解を踏まえたものであろうと推測される。[13]『法華秀句』巻下には、次のようにある。

①「仏説諸経校量勝五」

又三論宗人雖造法華疏、其義未究竟。是故、嘉祥大徳、帰伏称心。**案高僧伝第十九云**、灌頂晩出称心精舎、開演法華。跨朗以籠基、超於雲印。方集奔随、負篋書誦。有吉蔵法師。興皇入室、嘉祥結肆、独擅浙東。聞称心道勝、意之未詳。求借義記、尋閲浅深、乃知体解心酔有所従矣。因廃講散衆、投足天台、餐稟法華、発誓弘演也。当知、雖有法華疏、不如天台釈。(伝全三・二五二)

②「普賢菩薩勧発勝十」

無相之家、求借義記、尋開浅深、投足天台、餐稟法華。然公云、嘉祥身沾妙化、儀已灌神、旧章先行、理須委破。識此大旨、師資可成、準此一途、餘亦可了。乃至云、若依旧立、師資不成、伏膺之説靡施、頂戴之言奚寄。無相之家、改旧玄疏帰仰天台。其文不墜、何不信者哉。何不信者哉。(同前・二七八—九)

ここで、最澄は無相の家(吉蔵)が天台に法華疏を借り求め、深く悟ることがあって足を投じ、天台の法華解釈を受け入れたことを述べているのであるが、このように述べる直接の典拠は文例①に明らかなように『続高僧伝』巻第十九の「灌頂伝」(大正蔵五〇・五八四中)である。また、灌頂の編纂になる『国清百録』の巻第四には吉蔵が智顗に法華の講説を請うた四通の書簡が収められているが、[14]文例②において最澄が前記「灌頂伝」を下敷きとした一文の後に「然公云」として引証する湛然の『法華文句記』(大正蔵三四・二一三上—中)の「若依旧立。師資不成。伏膺之説圧靡施。

頂戴之言奚寄」という記述は、『国清百録』の記述を受けたものと思われる。(15) つまり、ここで湛然ないしそれを受けた最澄がいわんとしていることは、従来の講説を捨てて天台の教えを請い師資の関係をもった吉蔵が、依然として天台とは違う旧説に固執しているとするならば、師資の関係は成立せず「伏膺」「頂戴」するという言葉にも反することになるというのである。したがって、前に見た円珍の『法華論記』における記述が、こうした最澄の見解を踏まえていることは明白であろう。

さらに円珍の撰述とされる『諸家教相同異略集』(16) には、

問。古人亦云、嘉祥受法天台。即為師資、身沾妙化、義已灌神。今此事実爾歟。

答。実爾。此事具出国清百録並進僧都沙弥威儀経疏及妙楽法華記等也。(智全、巻中・五八五下)

という記述があるが、かかる記述は円珍が最澄の見解を受け継いでいるという事実を裏書きするものであるといえよう。

三　円珍と吉蔵の『法華論』解釈の一例

さて、すでに述べたように『授決集』において円珍が指摘する『法華論』の七処は、かつて筆者が推定した吉蔵のいうそれとは必ずしも一致していない。(17) 一致するのは、わずかに次の二例だけである。すなわち、経の「常不軽菩薩品」の一文を注した、

①菩薩記者、如下不軽菩薩品中示現。応知。礼拝讃歎作如是言、我不軽汝、汝等皆当、得作仏者、示現衆生皆有仏性故。(大正蔵二六・九上、一八中)

と「法師品」の一文を注した、

②法力如経応知。其心決定知水必近者受持此経、得仏性水成阿耨多羅三藐三菩提故。(同前・一〇上、一九中)

とあるものがそれである。したがって、円珍は吉蔵とは違った見識をもって『法華論』の七処に仏性の義を認めたのであった。しかし、より重要なことは、円珍も吉蔵も『法華論』によって『法華経』が仏性を説くと主張した事実である。

周知のように、先引の「常不軽菩薩品」の一文を釈した記述①に続いて『法華論』には有名な「四種声聞授記」に関する記述がある。したがって、記述①はいうまでもなく「四種声聞授記」の問題と一具のものとして考察されるべきものといえよう。吉蔵の「四種声聞授記」に関する問題はすでに本書第一篇第三章において考察した通りであるが、円珍のこの問題に対する解釈はどのようなものであろうか。

当該問題に関する円珍の解釈は、『法華論記』巻第七末に見られるが、同処における円珍の釈も、『法華論記』全体の特徴として指摘される傾向を出るものではなく、その大半の記述が智顗（灌頂）の『法華文句』と湛然の『法華文句記』からの引用によって占められている。[18] それらの引用はいずれも重要なものと思われるが、その中でいま筆者が特に注目してみたいのは、湛然の『法華文句記[19]』を引いた次のような記述である。

論許此菩薩知一切衆生悉有仏性。故凡見者皆往礼之。此四衆中豈無滅種而妄説之。若具有者。論文不説。則過在天親。若唯識説正乃過在不軽及在於仏。而不先責不軽之過。猶却以為弘経之人。豈有誤宣誤記之失。令現生後浄六根耶。（智全、巻上・二二七上）

すなわち、『法華文句記』によれば「常不軽菩薩があらゆる衆生を礼拝するのは、一切衆生に悉く仏性があることを知らせるためである」という。続けて『法華文句記』は「(常不軽菩薩が礼拝する)比丘等の四衆の中には滅種のものがあるかもしれない。もしそれらの中に滅種のものがあったとすれば、『法華論』ではその点について触れていないので、その過失は天親にあるということになる」といっている。さらに「若し(五姓各別を主張する)唯識の説が正しいとするならば、すなわち誤りは常不軽菩薩や仏にもあることになる」といって、結論として『法華文句記』は唯識説の解釈の不当性を主張していることがわかる。つまり、最終的に『法華文句記』は、天親、常不軽菩薩、仏の過失を指弾することはないのである。なお、この『法華文句記』の一文は、次節でも述べるように我が国におけるいわゆる三一権実論争に終止符を打ったとされる恵心僧都源信の『一乗要決』大文第一でも相当の重きをもって引用されている。[20] この他、『一乗要決』には数多くの『法華論』からの引用が認められるが、ここでは源信以前に円珍がすでにこの『法華文句記』の記述に着目していたという事実のみを指摘しておきたい。

さて、それはともかく、当該問題における円珍の見解は、当然のことながら基本的に前の『法華文句記』やそれに連なる智顗の解釈を踏襲したものであることがわかる。なぜなら、『法華論記』には円珍自身の言葉として、次のような記述があるからである。

①論菩薩授記者下、第六明菩薩与記。是過去事非現在事。過去不軽即今釈尊。故往結縁成今当機。今日結縁成後当機。三世化導常恒如是。不合疑之。（同前、二二六下）

②今按昔日上慢。今為当機受菩提記。豈非決定上慢得記乎。約位約時於理易通。今論合於現五過一為六。示現若得此意。諸疑永釈。具如下文。（同前、二二七下―二二八上）

これらの円珍自身の言葉により、ここでの円珍の基本的立場は最終的に「四種声聞」すべてが授記されるという立場にあることは明らかであろう。

円珍が指摘する『法華論』の七処と吉蔵の指摘するそれとの解釈上の詳細な比較考察は今後に待たなければならないが、筆者の管見する限りにおいて、円珍は『法華論記』の所々で吉蔵および吉蔵門下に激しい批判的言辞を投げつけているにもかかわらず、いまのところ筆者はこと七処仏性に関しては具体的な批判の素材を検出できていないのである。円珍の三論批判が何にもとづくものであるのか、その吉蔵批判の具体相、さらに円珍と吉蔵の仏性義解釈の異同および『法華論』解釈の全体的比較など詳しい検討は後考を待たなければならないのであるが、概していえば円珍の吉蔵に対する批判は思想的な面からなされたというよりはむしろ、最澄の三論に対する批判的見解が基底となったものと思われるのである。(21)

注

（1）『授決集』全般にわたる開題をなしたものに、島地大等「日本天台教籍の開題（六）」（『大崎学報』第三二号、後に『教理と史論』明治書院、一九三一年に再録）がある。

（2）灌頂『大般涅槃経疏』第十には同文を見出し得ない。同書巻第二十二に「一者仏仏性有七事。一常。二我。三楽。四浄。五真。六実。七善」（大正蔵三八・一六八上）とあるを参照。

（3）大正蔵一二・六六〇下。

（4）大正蔵四六・五七八上。但し、『四念処』には具体的に『法華論』の七処を特定した文言は見られない。また、管見の限り、智顗の法華疏にも「天親七種仏性」に関する言及はないように思う。したがって、後注（8）に見る『授決集』における七処の特定は円珍自身の見識によるものであろう。なお、佐藤哲英博士は『四念処』の智顗撰述に疑問を呈し、これを灌頂の作と見ている（佐藤哲英『天台大師の研究』百華苑、一九六一年、九九一―一〇二頁参照）。

（5）この点については、本書、第一篇第二章第二節（五八頁以下）参照。

（6）近年の『法華論記』に対する研究には以下のようなものがある。
①池田魯参「円珍『法華論記』における天台研究の特質」（『駒澤大学仏教学部論集』第九号、一九七八年十月）
②同「円珍の『法華論記』について」（『印度学仏教学研究』第二七巻第一号、一九七八年十二月）
③河村孝照「『法華論記』に関する一考察」（『法華文化研究』第一五号、一九八九年三月）
④同「智證大師法華論記にみえる仏身観」（『智証大師研究』同朋舎出版、一九八九年）
本文でも記すように、本稿は両氏の研究に多くの裨益を受けた。記して謝意を表したい。

（7）円珍は『授決集』において、「一巻法華論云」（智全、巻上・三六八下）としているから、その依用が勒那摩提訳であることは明らかである。なお、現行の『授決集』には「一巻法華論」の下に「勒那」の割注がある。

（8）円珍が指摘する次の①～⑦は、勒那摩提訳『法華論』ではそれぞれ次の箇所に相当する。①（大正蔵二六・一二中）、②（同前・一六中）、③（同前・一八上）、④（同前・一八中）、⑤（同前・一八下―一九上）、⑥（同前・一九中）、⑦（同前・一九中）

(9)　吉蔵のいう「七処」の特定については、本書、第一篇第二章第二節（五八頁以下）参照。

(10)　参考までに、円珍のいう「七処」の『法華論記』における釈文の箇所を以下に掲げておく。①巻第二（智全、巻上・六七―六八）、②巻第五（同前・一六三）、③巻第七本（同前・二一九）、④巻第七末（同前・二二六―二二七）、⑤巻第九本（同前・二六六―二六九）、⑥巻第十本（同前・二九六―二九七）、⑦巻第十本（同前・三〇六―三〇八）

(11)　池田魯参氏は、前注（6）所掲①論文において、「本書は、世親の『法華論』（二巻本《ママ》）を註解するにあたって、逐次に天台の祖文、祖釈を相当量で忠実に引用していることが知られるから、円珍自身の独自の学説をみようとすれば、それら引用文の相応の分量を差引かなければならないというような見方もできようが、彼の当時にあっては、自らの教学理解の正しさを証明するために、当該個所の祖師の解釈を、大部な祖典のなかで読み取り確証する仕方は、方法論的に明確に意識されていたし、現代の研究情況からは想像を絶する質的に重い根拠があったことを想い合せるなら、本書にみられるそういう引用態度をも含めて、すでにそれも円珍のものである、といわなければならないであろうから、円珍教学における法華論研究の意味は、質量共に大きなものがあることに相違なく、今日改めて研究されなければならないものと信ずる」と述べておられる。河村博士も、③論文において、この立場を追認されておられる。

(12)　この点については、前注（6）所掲の河村孝照「『法華論記』に関する一考察」参照。また、前注（6）所掲の池田①論文において、『法華論記』における吉蔵および吉蔵門下に対する言及箇所が概括的に提示されており、有益である。

(13)　この点については、拙稿「最澄の三論批判」（『印度学仏教学研究』第四二巻第一号、一九九三年十二月）参照。

(14)　『国清百録』巻第四（大正蔵四六・八二一下―八二二上）参照。なお、平井俊榮博士は、吉蔵と智顗の交流を記した『国清百録』の記事の信憑性について疑義を呈しておられる。平井俊榮「吉蔵と智顗」（『東洋学術研究』第二〇巻第一号、一九八一年四月）を参照のこと。なお、『法華論記』に見られる「吉焼却旧章」という記述は、『国清百録』や『続高僧伝』巻第十九「灌頂伝」（大正蔵五〇・五八四中）には見られず、宋の咸淳五年（一二六九）成立の『仏祖統紀』巻第十の「禅師吉蔵伝」になってからである。『仏祖統紀』以前に円珍が本文引用の記事に見るような証言をしていることは、別な意味から注目してよいであろう。円珍の証言は、当時すでに天台家において吉蔵に対するそのような評価が一般的であったことを思わせる。

(15)　『国清百録』巻第四に「吉蔵啓景。上至奉師慈旨不勝踊躍。久願伏膺甘露頂戴法橋。吉蔵自顧慵訥不堪指授」（大正蔵四六・八二一下）とあるを参照。

(16)　『諸家教相同異略集』については、末木文美士「『諸家教相同異略集』について」（『智証大師研究』同朋舎出版、一九八九年）参照。

(17)　本書、第一篇第二章第二節において、その特定を試みた吉蔵のいう「七処」と本論中で指摘した円珍のいう「七処」を比較されたい。

(18) 引用順に『法華文句』巻第十上（大正蔵三四・一四〇下）、『法華文句記』巻第十中（同前・三四八上―中）、『法華文句』巻第十上（同前・一四一上）、『法華文句記』巻第十中（同前・三四八下）。なお、『法華論記』巻第七末の原文そのものの該当個所は、前注（10）を参照。
(19) 大正蔵三四・三四八上。
(20) 恵全二・七一八頁。
(21) 最澄の三論批判については、前注（13）所掲の拙稿参照。この論文の中で、筆者は最澄の三論批判の基底となったのは、思想的に見れば、湛然による吉蔵の三種法輪説批判であったことを少しく指摘しておいた。

第四節 『一乗要決』における『法華論』解釈について——特に声聞授記を中心として——

一 問題の所在

『往生要集』三巻をもって日本浄土教史上に燦然と輝く恵心僧都源信[1]は、またその著述量が極めて多いことでも知られている。[2] しかし、それらの著作の真偽関係については定かでない部分が多く、[3] 今後の研究に待たなければならない問題が数多く残されていることも事実である。

そうした中で、『一乗要決』三巻は、『往生要集』とともに、古くから諸学者によって源信の真撰が確実視され、源信研究の基本的資料と見なされてきた重要な著作である。[4] しかし、『往生要集』のそれに比して、その研究が立ち遅れてきたという事実は否定のしようがなく、[5] 近年になってようやく『一乗要決』に対する訳注研究が刊行されて、[6] 今後の研究に新しい地平が開かれたというのが実情である。

三巻八門[7]よりなる本書は、古くから、最澄・徳一以来の、いわゆる三一権実論争に一乗の側から終止符を打った著作として名高いが、[8] 源信は本書撰述の理由を、その序文において次のように記している。

諸乗権実古来諍也。倶拠経論、互執是非。余寛弘丙午歳冬十月、病中歎曰、雖遇仏法、不了仏意、若終空手、後悔何追。爰経論文義、賢哲章疏、或令人尋、或自思択、全捨自宗他宗之偏党、専探権智実智之深奥、遂得一乗真実之理、五乗方便之説者也。既開今生蒙、何遺夕死之恨。（恵全二・一）

これによれば、『一乗要決』は源信が病床にあった寛弘三年（一〇〇六）十月、つまり源信六十五歳のときに撰述されたものであることがわかる。したがって、この記述を信用すれば、本書は源信の比較的晩年の著作ということになる。また、源信自らが「全く自宗他宗の偏党を捨てて、専ら権智実智の深奥を探り」、一乗・三乗（五乗）について考究した結果、一乗が真実の理であることに達したと述べていることからも知られるように、本書撰述にあたっての源信の手法は、本節における後の論述にも明らかなように、客観的に多くの経論を引用して論述を進めるという著述態度を採用している。こうした源信の博引傍証の手法を、末木文美士博士は「冷静な学者的な論証態度」と評している。(9)

ところで、こうした源信の多くの経論の依用状況については、つとに八木昊恵博士によって概括的な調査がなされており、(10)後学の者を裨益している。それによれば、『一乗要決』における引用は、『瑜伽師地論』、法宝『一乗仏性究竟論』(11)の一一四回を筆頭に、淄州大師慧沼（六五〇—七一四）の『能顕中辺慧日論』五七回、『仏性論』五三回、『涅槃経』五〇回、『大智度論』四一回、『法華経』、『摂大乗論』の二八回などが知られ、これに二四回の『法華論』が続いている。(12)

すでに述べたように、本書は三巻八門よりなるが、田村晃祐博士によれば、(13)八門はさらに、①一乗思想についての経文を中心として教理を論ずる部分と、②理論を中心としてその証文を集める部分に大別されるという。(14)

本書中、『法華論』の引用は全篇にわたって満遍なく見られるが、その引用頻度にはかなりのばらつきがある。すなわち、八木博士のいう二四例のうち、その大半は前記①の「一乗思想についての経文を中心として教理を論ずる部分」の中の、大文第一「依法華立一乗」に集中している。(15)この大文第一は、章題からも明らかなように、『法華経』を根拠として一乗思想が真実の仏教であることを主張した章であるが、経の注釈である『法華論』はそのことを論証するための重要な論拠として用いられていたことが推知されるのである。本来ならば、『一乗要決』全篇に見られる『法華論』の引用すべてについて考察を加えるのが建前であるが、ここでは筆者の関心のありかである「声聞授記」の問題を中心として論述を進めていくことにしたい。

二　『一乗要決』に見る『法華論』解釈

源信に先立つ日本天台、とりわけ最澄教学において『法華論』がすこぶる重要な位置を占めていたことについて、浅井円道博士は、次のように指摘しておられる。(16)

最澄にとって世親の法華経論は徳一との論争の死命を制する鍵であった。勿論その他の非常に多くの経論章疏を引いて法身平等論を展開し、一切皆成を強調したのであるが、最終的には、天台宗の教学が法華経論に違背していないことを論証することによって、その正当性を主張するにある。(中略) 徳一との論義では到る処に法華経論を引用して自説の根拠とし、また天台教学を支える柱とした。(傍線＝奥野)

最澄教学における『法華論』の具体的依用の状は、それ自体、今後の大きな研究上のテーマとなり得るものであるが、われわれはこの浅井博士のご指摘によって、最澄教学における『法華論』の地位の一端を窺い知ることができるのである。

また、『一乗要決』における源信の最澄観について論じられた浅田正博氏は、源信は「宗祖最澄の思想を承けつぎ、それを出発点として一切衆生悉有仏性説を確立させていき、最澄（の思想）を咀嚼・展開させ」ていったことを論証されている。(17) これらの浅井博士、淺田氏それぞれのご指摘は、いま源信の『法華論』の依用およびその解釈という問題を当面の課題とする筆者にとって、極めて貴重な指針となりうるものである。こうした先学の研究成果も予め念頭に置いた上で、以下に具体的文脈を検討していきたいと思う。

さて、『一乗要決』大文第一には、次のような記述がある。

十不軽品云、凡有所見、若比丘比丘尼優婆塞優婆夷、皆悉礼拝讃歎、而作是言、我深敬汝等、不敢軽慢。所以者何。汝等皆行菩薩道、当得作仏。**論云**、我不軽汝等皆作仏者、示諸衆生皆有仏性。故**文句記云**、論許此菩薩知、一切衆生悉有仏性。故凡見者皆往礼之。此四衆中豈無滅種、而妄記之。若其有者、論文不説。則過在天親。若唯識説正、乃過在不軽。及在於仏、而不先責不軽之過、則却以為弘経之人。豈有誤宣誤記之失、令現生後浄六根耶[已上]。当知、行因無謬、得果清浄。是故経論倶讃不軽為弘経人。若不爾者、便有因果不斉之過、又有妄讃不軽之過[上約果位明一乗。此約因行明一乗]。(恵全二・七―八、カッコ内は割注、以下同)

これは大文第一において、源信が『法華経』から十文を引いて、一乗の正当性を主張する箇所の十番目にあたる部分であるが、前に示した引文に明らかなように、ここでは『法華経』「常不軽菩薩品」[18]の一文がその主題となっていることがわかる。この「常不軽菩薩品」の一文は、これを注釈した『法華論』[19]のそれとともに、主として「如来蔵・仏性思想」との関連[20]から、多くの仏教者が着目した有名な箇所である。[21]

ここで源信は、経文と『法華論』の文を引用した後、湛然の『法華文句記』[22]を引証しているが、すでに前節でも見たように[23]、この『法華文句記』は源信に先立つ智証大師円珍の『法華論記』においても着目されていたものであった。[24]円珍や源信の拠った『法華文句記』によれば、常不軽菩薩があらゆる衆生を礼拝するのは、一切衆生に悉く仏性があることを知らせるためであるという。そして、『法華文句記』は結論として唯識説の解釈の不当性を強調し、『法華論』の著者である天親(世親)や常不軽菩薩、仏の正当性を主張しているのである。源信は基本的にこうした『法華文句記』の解釈を踏まえて、自説を展開していることがわかる。

ところで、この「常不軽菩薩品」をめぐる記述に続いて、大文第一は「第二料簡」となるが、[25]「第二料簡」の冒頭には『法華論』に関わる次のような問答がある。

第二料簡者。問。**法華論云**、彼声聞等、為実成仏故与授記、為不成仏与授記耶。若実成仏者、菩薩何故於無量劫修集無量種種功徳。若不成仏者、云何虚妄与之授記。彼声聞等得授記者得決定心、非謂声聞成就法性。故如来依彼三種平等、説一乗法。以如来法身与彼声聞法身平等無異故与授記。非即是具足修行功徳故。是故菩薩功徳具足。

諸声聞人、功徳未具足〔已上〕。此義云何。（同前・九）

すでに論じているように、この『法華論』の文も比較的有名なものであるが、[26]その大意を再説すれば、その意味はおおよそ次のようなものとなるであろう。すなわち、論は、「(仏が声聞に授記するのは）声聞が実際に成仏するから授記するのであるか、成仏しないのに授記するのであるか。実際に成仏するから授記するのであれば、なにゆえ菩薩は無量劫の功徳を修するのか、もし成仏しないのに授記するならば、虚妄の授記となるのではないか」との問いに対し、「声聞が授記を得るというのは、決定心を得ることをいうのであって、声聞が法性を成就したことをいうのではない。如来は仏と声聞との法身が平等であることをもって一乗を説き、授記を与えるのであって、衆生が修行の功徳を具足したからではない。だから菩薩は功徳を具足しているが、声聞は具足していない」と答えているのである。つまり、問者はこのような『法華論』の解釈に対する源信の見解を求めていることがわかる。これに対して、源信は次の引文に明らかなように、「山家」の見解を引いて答えとしている。

答。山家云、論主答文、得決定心者、謂成仏決定心。功徳未具足者、謂必当具足。不久故、平等故授記。法身流転故、定当得成仏。仏無虚妄記。今麁食者、未了此密意、仏雖記不成。同体故説一、惣合説一乗。故法華名密、是則怨嫉詞耳〔云云〕。（同前・九）

この「山家云」[27]とは、『一乗要決』後文の割注[28]にもいうように、最澄の『守護国界章』を指示するが、[29]『守護国界章』は決定心とは成仏の決定心をいうのであり、功徳を未だ具足していないというのは後に必ず具足することを意味すると規定している。そして、仏が声聞にも授記を与える根拠として、やはり「法身の平等」に着目していることが注意される。[30]ここで最澄が声聞授記の根拠として「法身の平等」を指摘していることは、『法華論』の理解とも相応するものがあるといえようが、果たして前半の理解は『法華論』そのものから導けるか否かは疑問である。筆者には、この『守護国界章』の理解にはやや論理的な飛躍があるようにも思われるが、いまそのことは問わない。

こうして、最澄は、麁食者（徳一）が『法華経』を密意とする説を斥けているが、後にも触れることがあるように、源信はここで示された「未だ具足していないというのは将来具足することがあるということを意味する」という最澄の見解を基本的に受け容れて、後の声聞授記の問題を処理していく。

これに続いて源信は、『大乗十法経』[31]を引証して自説を補強しているが、『十法経』に対する源信の見解は、彼自らがこの段の後の記述で「十法経秘密文。至下第五門。当知」（恵全二・一〇）といっているように、大文第五においてさらに広説されている。[32]

さて、声聞授記に関して、大文第一には次のような興味深い問答があるので、以下にこの点を考察しよう。

問。**法華論云**、二種声聞、如来与授記。謂応化声聞、退已還発菩提心者。決定、増上慢二種声聞、根未熟故、如来不与授記。菩薩与授記。[33]菩薩与授記者、方便令発菩提心故。**玄賛云**、正義応言趣寂根未熟、仏不与記。菩薩与記、令発信解大乗。故増上慢者、根未熟故。仏不与記。菩薩与記、令発起大乗心。**故沼法師云**、発信大心、成不遇法［云云］。此義云何。（同前・一七―一八）

ここに引かれている『法華論』は、いうまでもなく有名な「四種声聞授記」に関する記述であるが、[34]周知のようにここで『法華論』は、如来は「応化声聞」と「退菩提心声聞」には授記を与えるが、「増上慢声聞」と「決定声聞」は根未熟であるが故に授記されないことを主張している。この『法華論』の一文について、問者は慈恩大師基の『法華玄賛』[35]や慧沼の『能顕中辺慧日論』[36]を引いて、仏は趣寂の声聞や増上慢声聞は根未熟であるが故に授記を与えないが、常不軽菩薩が「趣寂の声聞」（＝決定声聞）に授記したのはせめて大乗を理解することのできるようにとの配慮からであり、また「増上慢声聞」に授記したのは大乗を信ずる心を起こさせるためであるといわれるが、このことについてはどう思うかと問うている。これに対する、源信の答えは次のようである。

答。未言多兼当。即顕当熟也。況復論文、決定、上慢二人、合説発菩提心。何言一人信解大乗、一人発起大心。

又一既当熟、一何不熟、種種劬労、此文難消。**然天台言**、論拠在座得記、今拠通途被開〔云云〕。又彼所言、令趣寂人、信解大乗者、其意未了。若実作仏令信可然。若実不作、妄信何益。不遇法名微詰亦爾。（同前・一七一―一八）

ここではまず源信が冒頭に、「未言多兼当。即顕当熟也」と答えている点が注意される。すなわち、源信の意図するところは「未だ～しない」ということは、最終的には「～することがある」ということであるから、「未熟」は「当熟」に通ずるという論法であると思われる。これはすでに見た『守護国界章』が決定心とは成仏の決定心をいうのであり、功徳を未だ具足していないというのは後に必ず具足することがある、と規定していたのと軌を一にするものといえよう。

冒頭で源信は以上のようなこの問題に対応する基本的立場を開陳した後、『法華論』では（問者がいうように決定声聞、増上慢声聞というような区別はつけておらず）二人に菩提心を起こさせるといっているのであり、どうして一人が「当熟」で一人が「不熟」であるということができようかと難じている。そして、このような解釈は種種劬労しても理解することができない[37]と語を継ぎ、さらに湛然の『法華文句記[38]』を引用して自説に正当性を付与していることがわかる。

このように見てくると、源信の『法華論』解釈の一つの特色として、宗祖最澄の見解を基本としながらも、その見解を主として湛然の『法華文句記』によってさらに補強しながら自説としているという点を指摘することができるかと思う。

さて、いまこの問題はひとまず措くとして、上記の「声聞授記」にも関連した記述として、大文第二「引余教二乗作仏文」の末尾には、次のような問答があって、さらに源信の見解を窺うことができる。

問。**唐朝翻経沙門神昉云**、三蔵解云、決定声聞義亦有二。一者本姓決定、本来唯有二乗種性、無菩提性。二者方便決定、亦有菩提性。而於此会、根未熟故、定無発心之義。如来不与授記、亦令発心、由此道理。決定声聞、亦通不定。**義林章第三云**。然決定声聞、凡有二種。一畢竟決定、瑜伽所説四声聞中趣寂声聞、拠此説也。二暫時決定、法華論説、四声聞中決定声聞、拠此説也［已上。二文意同］。此義云何。（同前・四二―四三）

これは、いま示した引文の前段に源信自身が「山家云」と断っていることからも明らかなように、(39) 最澄の著作を下敷きとしてなされたものである。そして、その直接の典拠が、『守護国界章』巻下之下(40)および『法華秀句』巻上末(41)に求められることは、つとに八木昊恵博士によって指摘されている。(42) そこで、まず検討の最初として、『一乗要決』が拠った最澄の見解を、前二著の中では説明の詳しい『法華秀句』に代表させて見ておくことにしたい。

さて、問題の『一乗要決』に対応する記述とは、『法華秀句』巻上末の「短翮者、第五死法華心腑証文」にいう、次のような記述である。

短翮者、第五死法華心腑証文云、法華論中四種声聞、不為趣寂受記故［已上短翮取意文］。法華宗通曰、此証最非也。所以者何。唐三蔵、並神昉師、義寂師、義一師等諸法相宗師皆云、法華論中、決定即為方便決定、或名暫時決定。彼土迴心故、為未来決定。**具如神昉師集中巻、大乗義林章第三**。義一師法華論述記下巻説［已上法華宗通之文］。（中略）法華宗、霜雹妄破邪苗云、（中略）唐朝翻経沙門**神昉法師種性集中巻云**、三蔵解云、決定声聞、義亦有二。一者本性決定、本来唯有二乗種性、無菩薩性。二者方便決定、亦有菩薩種。而於此会、根未熟故、定無発心義、如来不与授記。故名決定。於後根熟、菩薩授記。亦令発心。由此道理、決定声聞、亦通不定。彼論且拠方便決定令発心。非約本性。故無違失［已上神昉法師種性集文］。（中略）**義林章第三云**、然決定声聞、凡有二種。一畢竟決定、本来唯有声聞性故、永無発趣大之義。瑜伽所説四声聞中趣寂声聞、拠此説也。二暫時決定、以一化中、根未熟故、不能迴趣。名為決定。非於後時、畢竟不迴。法華論中、四種声聞中決定声聞、拠此説也［已上義林章文］。（中略）又義寂師、義一師同云、然決定者、謂釈迦一化不迴心故、名為決定。非謂後時畢竟不迴。此論所説決定声聞、与彼瑜伽趣寂声聞義有差別。謂決定有二種。一暫時、二畢竟。此論決定、就暫時説。瑜伽論云趣寂声聞、拠畢竟説。何以得知此論決定、拠暫時説。論云根未熟故、望後可熟名未熟故。又可瑜伽一向趣寂、即是此説決定声聞。彼就権説、此約義実。故不相違。（伝全三・八八―八九）

ここで、最澄はまず『法華論』の四種声聞中、趣寂の声聞は授記されないとする短翮者（徳一）の見解を、短翮者のさまざまな見解の中で最も非なるものであるとして強く批判している。(43) そして、引用文に明らかなように、最澄はその根拠を唐三蔵（玄奘、六〇二―六六四）、神昉（生没年不詳）、義寂（生没年不詳）、義一（生没年不詳）等の諸師の説に求めていることがわかる。その中の一つに『一乗要決』のいう神昉の『種性差別集』と義寂の『大乗義林章』があるのである。しかし、残念ながら『種性集』も『義林章』も現在欠本となっており、その原文を確認することはできない。

さて、『種性集』も、『義林章』もここで決定声聞をそれぞれ「本性決定と方便決定」・「畢竟決定と暫時決定」に分類し、『法華論』のいう決定声聞はそれぞれ「方便決定」と「暫時決定」にあたるから、最終的には成仏することが可能であることを主張していることがわかる。また、特に『義林章』が、『法華論』が「未熟」といっているのは「後可熟」を意味すると述べているのは、すでに見た最澄のこの議論に対する基本的見解とも通底するものであるといえよう。このように『種性集』も『義林章』も、「方便決定」と「暫時決定」という名称こそ異なるものの、その主張には根本的差異のないことがわかる。

『一乗要決』中の問者は上述のような議論を踏まえて、それでは源信はこうした『種性集』や『義林章』の議論をどう思うか、と問うているのである。これに対する源信の答えは次のようである。

答。二種決定性、出何典拠耶。又彼宗依証成道理、決断是非。今試立云、瑜伽所説趣寂声聞、応非畢竟決定声聞。論決定言無差別故。如法華論決定声聞。（恵全二・四三）

ここでは、源信がまず冒頭に「二種決定性。出何典拠耶」と述べて、そもそも（『種性集』や『義林章』のように）

決定声聞を二種に分類することに疑問を呈している。そして、源信自身は、『瑜伽論』に説かれる趣寂の声聞は畢竟の「決定声聞」ではないのであり、したがって『法華論』にいう決定声聞はもとより、最終的にはすべての声聞が成仏できることを主張していることがわかる。こうした源信の主張は、ある意味では『種性集』や『義林章』に拠って『法華論』にいう「決定声聞」の成仏を会通しようと試みていた最澄説に対する批判とも受け取れるものがあり、また別な観点からいえば最澄説をさらに徹底させた理解ということができるかと思う。

三　おわりに

以上、論述不足の譏りは免れ得ないが一応、本節でなした筆者の所論を要約して本節の結びとしておきたい。

源信の『法華論』解釈、特に声聞成仏に関しては、考察の当初より当然予測されたことではあったが、徹底したいわゆる一乗説に立っていたということを窺い知ることができた。そして、その解釈上の基点となったのが、宗祖最澄の解釈だったのであり、その解釈を湛然の『法華文句記』、すなわち中国天台の祖文に対する祖釈で補強しようという姿勢が窺われた。こうした姿勢は、文献学的に極めて正当な手法といえるものであり、その学風は近代的とすら評することができる。

また、源信の『法華論』解釈の中には宗祖最澄に対しても批判的と思えるようなものもあり、源信は必ずしも最澄の解釈に盲従するばかりではなかったようである。これは淺田正博氏がすでに指摘していたように(44)、源信は「宗祖最澄の思想を承けつぎ、それを出発点として一切衆生悉有仏性説を確立させていき、最澄（の思想）を咀嚼・展開させ」ていったとする説とも相い通ずるものがあると思われる。また、特に『法華論』の四種声聞授記をめぐる記述を瞥見した限り、源信の解釈は最澄のそれを一歩進めた感があり、すでに述べたようなより徹底した一乗説を主張していたことが推知された。しかし、このことを積極的にさらに論証するためには、別な角度からの源信研究とともに必然的に最澄教学の研究を果たさなければならず、この点は筆者自身の今後の大きな課題としておきたいと思う。

注

（1） 源信の伝記については、速水侑「源信伝の諸問題」（田村圓澄先生古稀記念会編『東アジアと日本』宗教・文学編、吉川弘文館、一九八七年）が源信伝の各種基本史料を網羅しており、有益である。また、周知のように、源信の師は第十八代天台座主良源（九一二―九八五）である。

（2） 佐藤哲英・八木昊恵・合阪逸朗「源信和尚撰述著作解題」（『龍谷学報』第三一七号、一九三六年十二月）によれば、源信の著作は『恵心僧都全集』に収録されているものだけで八五部、全集所収以外の著作を合わせると一六〇部に達するという。なお、田村晃祐博士は後注（4）所掲論文の中で、『恵心僧都全集』五巻には一一一部の著作が収められているといっている。また、奈良弘元博士は論文「源信の著作目録」（『日本大学人文科学研究所研究紀要』第一七号、一九七五年三月）において、一七一部の源信の著作を指摘している。このように、源信の著作数については、その真偽の判定とも相俟って、諸学者の見解が必ずしも一定していない。

（3） 前注（2）所掲の奈良論文において、おおよその真偽関係が推定されているので参照されたい。また、同博士「源信の著作について」（『宗教研究』第四九―三輯、通巻二二六号、一九七六年三月）も参照のこと。ところで、末木文美士博士は、源信の著作の真偽の判定は今後に待つ問題であるとされながらも、「真撰であることが確実なものには本覚思想的な傾向が極めて薄い」ことを指摘している（後注（6）所掲の末木訳書、三三一頁参照）。

（4） 『一乗要決』三巻に対する従来の研究で、管見に触れたものには以下のようなものがある。

①椎尾辨匡「一乗要決に就て」（『山家学報』第二号、一九一六年十二月）
②常盤大定「慧心僧都の「一乗要決」」（『仏性の研究』、丙午出版社、一九三〇年、国書刊行会、一九七三年再刊）
③吉田魚彦「一乗要決の研究序説――一乗家・三乗家の系譜――」（『宗学院論集』第四一号、一九七三年六月）
④神戸和麿「源信における仏性観（上）――「第七辨仏性差別」を中心にして――」（『同朋大学論叢』第二八号、一九七三年七月）
⑤神戸和麿「源信における仏性観（中）」（『同朋大学論叢』第三五号、一九七六年十二月）
⑥淺田正博「『一乗要決』の引文態度より見たる源信の最澄観」（『宗学院論集』第四九号、一九七九年三月）
⑦田村晃祐「源信『一乗要決』について――最澄・徳一論争との比較を通して――」（田村芳朗博士還暦記念論集『仏教教理の研究』春秋社、一九八二年）
⑧根無一力「無性有情考――「一乗要決」における慧沼批判――」（『天台学報』第二六号、一九八四年十一月）

⑨ロバート・F・ローズ "Genshin's Criticism in the *Ichijō yōketsu* of Hossō Proofs for the Existence of Icchantikas"（『仏教学セミナー』第五六号、一九九二年十月）
⑩道元徹心「『一乗要決』における『一乗仏性究竟論』の引用態度」（『印度学仏教学研究』第四七巻第二号、一九九〇年三月）
因みに、源信教学全般を扱ったものとして、八木昊恵『恵心教学の基礎的研究』（永田文昌堂、一九六二年）がある。また、近時、立正大学の関戸暁海氏は日蓮教学の立場から、『一乗要決』に照明を当てられ、その成果を『日蓮教学の基礎的研究』（山喜房仏書林、一九九二年）として上梓された。

（5）この事実は、往生要集研究会編『往生要集研究』（永田文昌堂、一九八七年）に付された源信に関する研究文献目録中の『往生要集』に対する研究成果と、前注（4）に指摘した『一乗要決』のそれを比較してみれば、一目瞭然であろう。

（6）大久保良順『一乗要決』（仏典講座三三、大蔵出版、一九九〇年）、末木文美士『安然・源信』（大乗仏典〈中国・日本篇〉第十九巻、中央公論社、一九九一年）。このうち、大久保書には『要決』大文第一、第四、第七の全訳と注記、第二、第三、第五、第六、第八の要点摘録が収められている。また、末木書には、同博士と蓑輪顕量博士の共訳になる大文第七の抄訳と注記が収められている。本節では両著に多くの裨益を受けた。記して学恩に深謝したい。また、これらの訳注研究に先行する成果として、田島徳音博士による『一乗要決』の全文訓読がある（『国訳一切経』諸宗部十八、一九三八年、一九七九年再刊）。

（7）『一乗要決』三巻八門の構成は、次の如くである。
「巻上」
①大文第一「依法華立一乗」
②大文第二「引余教二乗作仏文」
③大文第三「辨無余界廻心」
「巻中」
④大文第四「引一切衆生有性成仏文」
⑤大文第五「斥定性二乗永滅計」
「巻下」
⑥大文第六「遮無性有情実有執」
⑦大文第七「辨仏性差別」
⑧大文第八「明諸教権実」

(8) 一般にいわゆる三一権実論争は、本書をもって終焉を迎えるとされる。こうした事情について根無一力氏は、前注(4)所掲論文において、源信以後、法相宗が『一乗要決』に反駁を加えなかった理由として、貞慶(一一五五—一二一三)、良遍(一一九四—一二五二)による法相宗の一乗化があったことを指摘している。
(9) 前注(6)所掲の末木訳書、三三四頁参照。
(10) 前注(4)所掲の八木書参照。
(11) 法宝『一乗仏性究竟論』は長らく卍続蔵経九五冊に収録された巻三のみが伝わるだけであったが、近時、龍谷大学の浅田正博教授によって石山寺より古写本が発見され、ようやくその全貌を窺い知ることができるようになった。同写本の翻刻は、浅田教授によって、巻一と巻二が『龍谷大学論集』第四二九号(一九八六年十二月)に、巻四と巻五が『龍谷大学仏教文化研究所紀要』第二五集(一九八六年十月)においてなされている。本文中において前述したように、『一乗要決』には一一四例にも及ぶ『究竟論』からの引用が見られることが報告されている。浅田教授による『究竟論』古写本の発見によって、『一乗要決』に与えた『究竟論』の影響もようやく全貌が解明されることとなろう。なお、前注(4)所掲の道元論文を参照。
(12) このうち、特に『法華論』の引用に関しては、前注(4)所掲の八木書、一〇三—一〇五頁参照。
(13) 前注(4)所掲の⑦田村論文参照。
(14) 田村博士は前注(4)所掲論文において、①一乗思想についての経文を中心とする部分に含まれるものとして大文第一、二、四があり、残りは②理論を中心としてその証文を集める部分に含まれるとしている。
(15) 正直のところ現在まで筆者は、八木博士のいう二四例すべての『法華論』引用箇所を確認し得ていない。筆者の検索する限りにおいて、『一乗要決』には二二回の『法華論』への関説があり、このうち一五回までが大文第一においてなされている。
(16) 浅井円道『上古日本天台本門思想史』(平楽寺書店、一九七三年)一二二頁参照。
(17) 前注(4)所掲の⑥浅田論文、八九頁参照。本文引用の浅田論文のカッコ内の語句は、行文の理解を考えて筆者(=奥野)が補ったものである。
(18) 大正蔵九・五〇下。
(19) 大正蔵二六・九上。
(20) 例えば、高崎直道博士は「そもそも如来蔵思想というものは、すべての衆生に対して、一種、授記したものとも言えるもので、このことは『法華経論』が経中の授記の場面六種を取出した末尾に、会う人ごとに、あなたは必ず仏になれると言って、かえって人に侮辱された常不軽菩薩の行為を、万人に対する授記と解し、その理由としていみじくも「示現衆生皆有仏性故」と説明しているところに示されている」（高崎直道「大乗の諸仏と如来蔵思想」『如来蔵思想』I、法蔵館、一九八八年、八三頁。但し、この論文の初出は玉城康四郎博士還暦記念論集『仏の研究』春秋社、一九七七年）と述べて、『法華経』「常不軽菩薩品」の一文はそれを解釈した『法華論』の文に照らして、万人に対する授記であることを述べている。こうした高崎博士の理解と対立する見解として、松本史朗博士に次の論文があることは、本書でもしばしば指摘してきたところである。松本史朗「唯識派の一乗思想について」（『駒澤大学仏教学部論集』第一三号、一九八二年十月）

(21) 例えば、浄影寺慧遠『大乗義章』巻第一（大正蔵四四・四六六中）、智顗（灌頂）『法華文句』巻第十上（大正蔵三四・一四一上）、吉蔵『法華義疏』巻第十一（同前・六一六中）、元暁『法華宗要』（同前・八七一中）等を参照。

(22) 大正三四・三四八上。

(23) 本章第三節「円珍と吉蔵――その『法華論』解釈をめぐって――」参照。

(24) 円珍『法華論記』巻第七末（智全、巻上・二二七上）

(25) 八木昊恵博士は、前注（4）所掲書、一六四頁において「世親の論釈を重視せる恵心は、ここに、天台・荊渓の指南を経て、同じく世親を奉ずる唯識法相家への批判を設定し、更に、次の第二料簡の第一問答に先ず法華論を出すので、首尾起尽あって、照応の妙を見るべきである」（傍線＝奥野）といっている。

(26) 『法華論』（大正蔵二六・八下―九上）。なお、この『法華論』の記述に対する解釈としては、勝呂信静「法華経の成仏思想――二種の成仏観――」（『法華経のおしえ日蓮のおしえ』大東出版社、一九八九年、一三〇―一四〇頁）参照。なお、本篇第二章第三節（八七―八八頁）をあわせて参照。

(27) 浅田正博氏は前注（4）所掲の⑥論文において、「源信は最澄の著作を引用するときは、その著作名を出さず、敬意を表してか「山家云く」として本文を出してくる」（七七頁）と指摘している。

(28) 『一乗要決』の後文の割注に「已上。叡山伝教大師製三巻章名守護国界章。其中広破一師三乗五性義助成宝公一乗仏性義」（恵全二・一〇）とある。

(29) 『守護国界章』巻下之下（伝全二・六三九）参照。

(30) 前注（16）所掲の浅井書参照。

(31) 大正蔵一一・七六七中。

(32) 『一乗要決』大文第五の「第三私引八文」の五番目に、「五十法経云。何者是秘密之教。如来記諸声聞於阿耨菩提者。非如所説。仏語阿難。吾患背痛。不随説取。退老患朽敗。為我訪覓侍者。不随説而取。汝目連。往至耆婆医王所。取諸妙薬。不応如説取［広説云云］。

此経云何（以下略）」（恵全二・一一六—一一七）とあるを参照。なお、『大乗十法経』については、本章第二節「最澄の授記思想——『大乗十法経』を中心として——」を参照。

(33) 前注（6）所掲の大久保書は、この前後の文章を「決定と増上慢との二種声聞は、根いまだ熟さざるが故に、如来は記を与え授けたまわず。菩薩には記を与え授く。菩薩に記を与え授くとは方便して菩提心を発せしむるが故なり」（一三三頁、傍線＝奥野）と訓じている。『国訳一切経』、『恵心僧都全集』、さらに同様の引用のある『伝教大師全集』の訓みもすべて大久保書と同様の訓みである。しかし、『法華論』の「言授記者六処示現。五是仏記一菩薩記。（中略）菩薩記者。如下不軽菩薩品中示現。応知。礼拝讃歎作如是言。我不軽汝。汝等皆当得作仏者。示現衆生皆有仏性故」（大正蔵二六・九上）という原文を重視するならば、菩薩（常不軽菩薩）は授記を与える主体でなければならない。この点、前注（20）に見た高崎博士の解釈は『法華論』の原文に忠実なものといえる。したがって、この箇所の傍線部は「菩薩が記を与え授く。菩薩が記を与え授くとは」と訓むべきであろう。筆者の理解が誤りであって、上記が日本天台の伝統的な訓みであるとするならば、それはそれで今後の課題となり得る。上記に対する訓じ方の相違によって、解釈にも相違が出てくることは自ずから理解されるであろう。なお、本節における以下の筆者の解釈は、いうまでもなく筆者の訓みにもとづく。

(34) 大正蔵二六・九上。なお、後続の『一乗要決』大文第五「斥定性二乗永滅計」の「枢要者有六文一量」の第五番目に「五法華論中。四種声聞。不為趣寂授記故［已上二文並会釈等。具如第一門問答料簡］」（恵全二・一〇三）とあるのは、大文第一におけるこの問答を踏まえる。引用文の割注にいう二文とは、前引の文とその直前にある「四又摂大乗論為十義。故説一乗。引接不定性故」を指す。

(35) 『法華玄賛』巻第一（大正蔵三四・六五三上）

(36) 『能顕中辺慧日論』巻第四（大正蔵四五・四四三下）

(37) 前注（6）所掲の大久保書は、この箇所を「しかも増上慢は当熟であり、決定は不熟であるとするわけにはいかず、さまざまなこじつけに苦労しても、法華論の文は理解できない。法華論の説そのものにも無理があろう」（一三六頁、傍線＝奥野）と訳出している。しかし、この箇所は法相家の解釈を難じているだけであって、『法華論』の説自体までにことを波及させて読むのは適当ではないように思われる。しかし、筆者の理解が誤っていて、大久保博士のいわれるように源信が『法華論』の論説自体にも疑義を抱いていたとすれば、この指摘は『法華論』の思想史的問題を見る上からも重要な指摘を孕んでいるように思われる。今後の検討課題としておきたい。

(38) 『法華文句記』巻第四中（大正蔵三四・二二六下）

(39) 恵全二・四二参照。

(40) 伝全二・六六四参照。

(41) 伝全三・八八参照。

(42) 前注（4）所掲の八木書、二八五―二八六頁参照。

(43) 最澄『通六九証破比量文』にも、「通法華経論決定証第五。又法華論中。四種声聞。不為趣寂受記故。通曰。此証最非也。所以者何。唐三蔵並神昉師。義寂師。義一師等。法相宗師。皆云。法華論中決定。即為方便決定。或名暫時決定。彼土迴心。故為未来決定。具如神昉師集下巻。大乗義林第三。義一師法華論記下巻説」（伝全二・七二七）とあるを参照。なお、この『通六九証破比量文』の記述については、田村晃祐『最澄教学の研究』（春秋社、一九九二年）一三七頁参照。

(44) 前注（17）参照。

付録一　『涅槃経』をめぐる最近の研究について——一闡提論を中心として——

一　はじめに

「一切衆生悉有仏性」という人口に膾炙した言葉をもって知られる『涅槃経』は、[1]また「扶律談常」を説いた経典としても知られている。[2]そして、『涅槃経』が『法華経』と並んで中国・朝鮮・日本の仏教思想に大きな影響を与えたことは周知の通りである。

すなわち、中国では竺道生（三五五—四三四）による「一闡提成仏説」の主張以来、[3]本経に対する考究が進められ、「涅槃宗」と称される学派の形成を見るに至ったし、[4]以後も多くの仏教者がいわゆる教相判釈を行なうにあたって、本経をいかに位置づけるかに腐心してその教学を形成していった。また、日本では最澄（七六七—八二二）、源信（九四二—一〇一七）等をはじめとし、道元（一二〇〇—一二五三）、親鸞（一一七三—一二六二）、日蓮（一二二二—一二八二）等の鎌倉仏教の祖師方が本経を依用して、その思想を構築していったことが報告されている。[5]それゆえ、本経をめぐってのこれまでの研究成果は、おそらく枚挙に遑がないといっていいほどであるに違いない。

かかる研究状況の中、筆者ごとき門外漢が本稿のような一文を草することは、それこそ蟷螂の斧のようなもので、正直のところ筆者自身、何をいまさらという感があり、また自ら進んで恥をかく必要もあるまいという思いもあるが、今後の筆者の研究の指標という思いを込めて、以下に「『涅槃経』をめぐる最近の研究について」まとめて見ることにしたい。その際、現在の筆者の研究上の関心のありかは、一闡提をめぐる問題にあるので、当然のことながら本稿もその点を中心に論述することになるであろう。

二　近年の『涅槃経』に対する研究

さて、最近これまでになく、『涅槃経』に関する出版が続いていると感ずるのは筆者だけであろうか。以下に管見に触れたものだけを列挙すれば、次の如くである。

①高崎直道『和訳涅槃経』（東京美術、一九九三年）
②下田正弘『大乗涅槃経（Ⅰ）』（山喜房仏書林、一九九三年）
③高崎直道『涅槃経を読む』上・下（日本放送出版協会、一九九六年）
④田上太秀『ブッダ臨終の説法（完訳大般涅槃経）』全四巻（大蔵出版、一九九六年〜一九九七年）
⑤下田正弘『涅槃経の研究――大乗経典の研究方法試論――』（春秋社、一九九七年）
⑥望月良晃『大乗涅槃経入門――ブッダ最後の教え――』（春秋社、一九九九年）

①の『和訳涅槃経』は、如来蔵・仏性思想研究の第一人者、高崎直道博士による抄文和訳で、第一部として曇無識訳『涅槃経』の最初の十巻（但し、抜粋を含む）、第二部として「聖行品」の「施身聞偈の話」、「梵行品」の「阿闍世王の話」、「迦葉菩薩品」の「迦葉が仏の慈悲を讃える話」が収められている（巻末に付された原典・出典対照表によって訳出された箇所を容易に知ることができる）。

「はしがき」において高崎博士は、本書執筆の動機について、「この経典（『涅槃経』＝奥野補）は名前が知られている割にはその全貌はあまり知られていない」ことを挙げ、その理由として「何しろ四十巻という長大な経典であり、『法華経』のように日頃読誦されていない」ことを指摘している。また、本書のような構成にしたことについて博士は、法顕訳六巻『泥洹経』やチベット訳『涅槃経』との関係から『涅槃経』は、「前十巻までで経典が完結していた時期があったと考えられる」こと、および「内容的にみて、この前十巻で、大乗の『涅槃経』が意図した主要な教理、すなわち、如来は永遠の存在であるが、方便によって入滅のすがたを示現するのだという如来常住の教えと、その如来と同じ本性がすべての衆生にあるという「一切衆生悉有仏性」の教えも、また、仏性を顕わし出すためには戒律を守って修行すべきだという主張も、すべて含まれている。そして第十一巻以降は、ある意味では、そのような基本的な教理、とくに仏性の問題についての繰り返し的説明にすぎない。そこで、第十一巻以後については、第二部として、二、三の有名な話題を取り上げるだけにした」といっている。

③の『涅槃経を読む』上・下は高崎博士が一九九六年四月から一九九七年三月まで講師をつとめられた、NHKラジオ第二放送の「宗教の時間」の講義用テキストで、その構成は概ね①に準じているものの（③の方が①に比して取り上げられている品数は多い）、①ではなされることのなかった高崎博士の平易な本文解説が加えられていて有益である。その記述はさすが如来蔵・仏性思想研究の第一者によるものだけに平易な中にも含蓄に富んでおり、初学者のための格好の「涅槃経入門書」となっている。

②の『大乗涅槃経（Ⅰ）』は下田正弘博士によるチベット訳『涅槃経』の和訳で、「名字功徳品」までが収録されている。また対応する箇所については、法顕訳と曇無讖訳との対応関係が示されており、後学の者を裨益すること多大である。本書の「まえがき」において下田博士は、「伝統的な関心に端を発する興味の深さとは対照的に、もう一つの主資料であるチベット訳を使った、インド仏教としての『涅槃経』の文献的な基礎研究は、ごく最近まで驚くほど進んでいなかった。これほど著名な経典でありながら長く放置されたままだったのは、おそらくはサンスクリット原典が存在しないために、研究対象の文献として諸学者の興味を今一つ惹き付けきれなかったことが原因したものと思われる」と述べ、チベット訳『涅槃経』研究の意義と本書出版の動機を記されている。この記述からも明らかなように、下田博士の『涅槃経』研究の姿勢は、中国や日本における仏教教理学の研究から切り離した、インド仏教としての独

立した『涅槃経』研究にあるのであり、下田博士の姿勢はたえずこの立場で一貫している。博士は後に「東アジアに流布した『涅槃経』——仏性の背景にある世界——」（シリーズ・東アジア仏教第二巻『仏教の東漸——東アジアの仏教思想I——』春秋社、一九九七年）という論文の中で、

仏教伝播の過程において、ある特定の経典が何ゆえに受容され、他のあるものがどうして人気を博さなかったのか、その理由は研究者たちの興味をそそるところである。しかしこうした研究を志す場合、研究者たちは無意識にある錯覚に陥ってしまうことがある。つまり、流伝の結果として手にした経典から、流伝の必然性をもとめて歴史を遡ろうとするとき、その経典に「現在」担わされているもろもろの価値を、「過去」の歴史の中に無造作に設定してしまう危険があるのである。簡単に言えば、現在の日本の、ある特定の団体や個人において認められた経典の意味を、時と空間とを隔てた経典成立の地点に、そのまま移し変えてしまおうとする。しかしこの態度は、すでに自己の手中にある結果を過去に推しつけるものであるから、その研究成果によって、現在が反省され、自己が問い直されるという、貴重な果実をもたらすことはない。

と述べておられるが、この記述は下田博士の研究姿勢を知る上で極めて重要な文章であると思われる。

こうした研究姿勢と②のような地道な基礎的研究からもたらされた浩瀚な大著が⑤の『涅槃経の研究——大乗経典の研究方法試論——』である。序章を含め全六章よりなる本書は、内外の先行研究成果を殆ど網羅した上で、これを批判的に紹介し、大乗仏教の教団起源に関する問題などに斬新な見解を披瀝している。また、『涅槃経』の形成過程の解明を通して、『涅槃経』を仏塔信仰の流れの中で捉え、『涅槃経』をインド仏教という土俵の上に初めて明確に位置付けた画期的研究である。なお、本書に対しては、すでに藤井教公氏による書評があるので詳細は同書評を参照されたい。(6)

④の『ブッダ臨終の説法〔完訳大般涅槃経〕』全四巻は、曇無識訳『涅槃経』四十巻の本邦初の全訳で（但し、著者自

身が第一巻の凡例で断っているように厳密な意味では完訳ではない[7]、第一巻の「まえがき」によれば、還暦を迎えた著者が発心されて取り組まれたのが本書であるという。著者は次のようにいう。

漢訳『涅槃経』は大部な経典で、全訳するには多くの時間と労力を必要とするので、したがって抄訳ですませるということになるのだが、それでも『涅槃経』の思想を知るには十分事足りる。ただ考えてみると、これほど有名な経典が現代語に全訳されていないというのは不思議議である。この経典に対する研究は数えきれないほどあり、そしてこの経典に満載されている譬喩説法は多くの人々に説法やエッセイに数多く利用されて来たにもかかわらず、多くの仏教徒はこの経典の全体像を知らないというのが実情ではないかと考える。あれこれ考えて、私は六十歳になったら、研究生活と年齢の区切りに、この経典の現代語訳を完成したいと発心した。

この田上博士の偉大なる発心によって、曇無讖訳『涅槃経』四十巻の全訳が初めて提示され、『涅槃経』が広く一般の読者にも開放されたことは、今後の『涅槃経』研究にとって画期的なことであったといえよう。

⑥の『大乗涅槃経入門——ブッダ最後の教え——』は、その「はしがき」によれば、「元原稿は、宗教文化誌『法華』に十九回にわたって連載された」もので、それに今回、加筆がほどこされ、さらに新たに結論部分が書き下ろされて一書になったものである。著者の望月良晃博士は、周知のように「一闡提」に関する研究者としてつとに令名が高く、すでに教団史的観点からその実態の解明を試みた、『大乗涅槃経の研究——教団史的考察——』（春秋社、一九八八年）なる研究書があることは広く知られたところである[8]。そして後に見るように同書こそ、最近の『涅槃経』をめぐる研究に先鞭をつけたものといえるものである。この『大乗涅槃経の研究』を平易にコンパクトにまとめて出版されたのが、実は今回の『大乗涅槃経入門——ブッダ最後の教え——』にほかならない。このことは、両者の目次を対照させてみれば一目瞭然である。

さて、本書には『大乗涅槃経の研究』には見られなかった望月博士の見解が披瀝されていて興味深い部分もあるが[9]、やはり全体としては『大乗涅槃経の研究』の要約であることは明白である。そして、その中心になっているのがほかならぬ「一闡提」の問題なのである。[10]一闡提の問題はさらに次の二点に集約される。すなわち、第一は「一闡提とは何か」という問題であり、第二は「一闡提成仏説」に関する問題である。そこで以下では、この点に関して論述を続けてみたい。

三 「一闡提」とは何か

「一闡提とは何か」という問題について、望月博士は前の『大乗涅槃経の研究』において、これまで定義不能とされてきたこの問題に対し、従来の「思想的・教義的」考察からではその意味は解明されないとし、これを教団史的な観点から究明して、「利養に貪著するもの」と定義づけられた。[11]その際、博士はまず『法華経』「勧持品」に説かれる「濁世の悪比丘」（大正蔵九・三六下）と曇無讖訳『涅槃経』「如来性品」における「一闡提」の記述の類似性に着目され、『法華経』「勧持品」に説かれる「悪比丘」を『涅槃経』のいう「一闡提」の原型とし、さらに両経に見える「利養」という語をキーワードに、一闡提を「利養貪著者」と定義したのである。また、博士は前の「勧持品」を注釈した荆渓湛然（七一一—七八二）の『法華文句記』巻第八（大正蔵三四・三一五上）を参照し、湛然のいう「僣聖増上慢」が一闡提の具体的存在にあたるとされた。これを今回出版された『大乗涅槃経入門』では、

一闡提とは、「利養」を貪求する者であって、しかも「利養」ということと最もかけ離れてあるべき阿蘭若住というポーズをとって、聖なることを僣称する、僣聖増上慢あるいは、似非阿蘭若住者であって、同時に似非沙門と呼ばるべき者であると考えられる。（七九頁）

といっている。[12]このように望月博士は、一闡提とは実態をもたない仮定的な存在ではなく、「利養に貪著するために涅槃経徒の教団をおびやかした者、この経の立場からいえば、似非大乗の人たち、すなわち、その身近にいる他の菩薩

乗を指していると考えられる」（『大乗涅槃経の研究』一〇七頁、『大乗涅槃経入門』八四頁）と結論している。
かかる望月博士の「一闡提」に関する定義が公にされると、これに触発されて下田正弘博士、藤井教公氏が次のような論文を発表された。
下田①「大乗涅槃経の思想構造——一闡提の問題について——」（『仏教学』第二七号、一九八九年九月）
下田②「一闡提——教団史と思想史の交錯点の映像——」（前掲⑤『涅槃経の研究——大乗経典の研究方法試論——』第四章第五節、春秋社、一九九七年）
藤井①「一闡提について」（『印度学仏教学研究』第三九巻第二号、一九九〇年三月）
藤井②「六巻泥洹経における一闡提の諸相」（『印度学仏教学研究』第四〇巻第二号、一九九二年三月）
下田①において、下田博士は、「「一闡提」が「教団史的意味での外的な他者」を指しているという（望月博士の＝奥野補）意見には承服しがたいものがある」とされ、[13]さらに「一闡提が生み出された最初期の段階においては「利養」は一闡提と関わりを持ってはいないのである」と述べて望月説を批判し、結論として「「一闡提」とは、『涅槃経』の如来蔵思想が「悉有仏性」と共に生み出した双子のかたわれと言えるのであって、決して如来蔵思想と無関係な「外的な第三者」ではない」（傍線＝奥野）と述べられた。
これが下田②では、「如来蔵思想の文脈で確認される一闡提は、悉有仏性とともに働く双子の片われであって、如来蔵・仏性思想と無関係な存在などではない」という①の結論は保持しつつも、①の立場を若干修正されて、「涅槃経の中では、一闡提はけっしてその思想から切り離して明らかになるような教団的姿を持っているものではないし、教団的姿と関連のない思想を表明したものでもない。その両者の交錯点に浮かび上がる映像なのである」といい、「本書は望月の言う「一闡提とは利養貪著者を指す」との理解を支持することになる。しかしそれは相当の限定を施して後のことである」と述べるに至っている。[14]

藤井氏は藤井①において、まず望月博士と下田①の所論を検討し、下田博士の説を、「一切衆生悉有仏性」というテーゼが説かれる時のみ、必ずセットで説かれるという点に着目して、一闡提は教団史的な観点から解明されるのではなく、仏性思想と密接に関わったものとして考えられるべきだとする。そして、一闡提とは、経が一切衆生に仏性ありとした時に、法身と衆生との間の断絶が失われ、衆生と仏とが本質において連続させられるために失われた修行の契機をとりもどすべく、新たに要請された仮定上の存在であるとする。そして、それは特定の悪を持つものでなく、あらゆる悪を背負う存在で、したがって定義不能なものであり、経の如来蔵思想が「悉有仏性」とともに生み出した、双子のかたわれであるとするのである。

と要約する。つまり、氏は下田博士が一闡提は「悉有仏性説」が産み出した双子のかたわれであり、実態をもたない仮定的な存在であるとした説を批判し、氏自身は「一闡提は、下田説のいうような施設としての悪なる存在という仮定的なものでなく、涅槃経自体に対する誹謗者という現実の存在を指す特殊な呼称であったといい得よう」とし、さらに「またその具体像として、「利養に貪著して」ということを除いては、「涅槃経教団の身近にいて涅槃経徒をおびやかす他の大乗教徒」」とする望月説とほぼ同意見であるとしている。

藤井②において、藤井氏はまずその冒頭で、論文①の結論と論文②の方法論を記して、次のようにいう。

筆者は、さきに法顕訳六巻泥洹経（以下、六巻本と略す）を中心にして一闡提について検討を加え、以下のような結果を得た。すなわち、一闡提とは、経が施設し創造した実体を有しない仮定的存在ではなく、大乗涅槃経に対する誹謗者、特にその経説の中心である如来常住説と仏性如来蔵説に対する誹謗者のことであって、具体的現実を有する存在である、という結果である。本稿では右の成果にもとづいて、六巻本中に説かれている涅槃経集団に対する他者からの誹謗迫害の記述を検討し、それによって一闡提の具体像について求めようとするものである。

そして、上記のような方法によって得られた結論として、次のように述べる。

六巻本中に見える涅槃経及びその教団に対する誹謗攻撃の記述のうち、明らかに一闡提にかかわるものを抽出して、提示した前提条件のもとで検討した結果、一闡提の具体像は、阿蘭若住を行ずる従来からの出家修行者で、涅槃経の戒律説にはかかわらずに、その中心経説である仏常住説、及びそこから導き出された仏性・如来蔵説に非難攻撃を加えた一群の人々であり、又おそらくは大乗非仏説を唱えていた人々である、という結論を得た。それは従来指摘されていた湛然のいう僭聖増上慢とほぼ同じものであるが、この結果は経に忠実にこれまでの肥大化した一闡提像を削ぎ落としていった結果であり、これ以上でもなくこれ以下でもないものである。

さらに藤井氏は、この一文に注記して、「筆者は先に一闡提について、望月氏の「涅槃経教団の身近にいて涅槃経徒をおびやかす他の大乗教徒」とされる意見にほぼ同意見であるとしたが（拙論「一闡提について」『印仏研』第三十九巻第二号、一九九一年三月）、今はこれを訂正せざるを得ない。」といっている。

このように下田博士、藤井氏の所説はともに（両氏とも望月博士の取られた方法論の細部には疑義を呈しているのであるが、その当否はともかくも）、望月博士の所論を軸に展開されていることがわかる。前の望月博士の『大乗涅槃経の研究』の影響がことのほか大きかった何よりの証左といえよう。

四　「一闡提成仏説」をめぐる問題

さて、『涅槃経』の「一闡提」に関するいま一つの重要な問題は、その成仏不成仏をめぐる問題である。これについては経自身に揺れがあることがこれまでに指摘されている。例えば、高崎直道博士は、次のようにいう。(15)

如来蔵説に関連してより重要な関心事は一闡提（icchantika）の扱いであろう。一闡提とは「世俗のことにのみ欲望をもっているもの」の意と解せられているが、具体的には大乗の法を誹るものである。そのような人びとにも仏性が有るといえるのかということで、経中しばしば「一切衆生に悉く仏性有り。但し一闡提を除く」という表現が見られ、一闡提は断善根のものと説明される。しかし、それに仏性を認めるかどうかについては経自身にゆれがあり、翻訳によってもニュアンスの相違がある。概していえば法顕訳は一闡提について厳しく、曇無讖訳の相当部分の方がやや条件が緩和されているが、さらにその巻一一以後になると、一闡提といえども終局的には成仏できるという、いわゆる闡提成仏論に変わってくる。しかしながら、この増広部分については漢訳のみ現存し（チベット訳もあるが漢訳からの重訳）、インドにおいて正確にどのようであったかは断言できない。（傍線＝奥野）

ここに見られる高崎博士の所説は、おそらく現在の学界を支配する一般的なもので、「一闡提」は経のいう「一切衆生悉有仏性」から除外される唯一の存在であり、法顕訳ではそれが厳格に保持されていたのに対し、経が増広されるにしたがって、「一闡提有仏性」の立場に変わり、巻十一以降では一闡提成仏説が説かれるに至ったというものであろう。つまり、「有仏性」が「成仏」につながるという理解である。望月博士の「一闡提成仏説」も基本的には、この理解の延長線上にあるものと思われる。(16)

こうした立場に真っ向から反対されたのが松本史朗博士である。博士は法顕訳においても「一闡提」は「有仏性」とされていることを鋭く指摘し、「有仏性」であっても必ずしも「皆成仏」とはならないことを強調された。(17) こうした松本説に対する積極的反論を筆者は寡聞にして知らないが、(18) 今後の「一闡提成仏説」に関する議論においては、松本説は避けては通れない問題であるように思われる。

ところで、松本博士はさらに、「『涅槃経』とアートマン」（前田博士還暦記念論集『〈我〉の思想』春秋社、一九九一年）なる論文において、「『涅槃経』とは、〝涅槃〟をテーマとして説く経典であると考えられる。この点において、二種の『涅槃経』すなわち、原始仏典の『涅槃経』と大乗の『涅槃経』に、何等の区別もないであろう。しかるに、〝涅槃〟とは、「アートマンの非アートマンからの離脱」を意味すると考えられるから、二種の『涅槃経』がいずれも我論（ātma-vāda）に立脚して、アートマンの実在性を主張していることは、明らかなように思われる」と述べ、こうした「我論に対する明確で根本的なアンチテーゼとして成立したものが、仏教の縁起説」であり、逆に我論に極端に傾斜した仏教が如来蔵思想であったといっている。そして松本博士は、藤井教公氏が経の前十巻部分と以後では「我」という言葉に対する扱いが違うことに着目し、後半では前半のゆきすぎた「我」の主張を是正している、と述べられたことにもとづいて、[19]

〝アートマン論のゆきすぎの是正〟は、一闡提について、(一)の部分(曇無識訳前十巻の部分＝奥野補)の〝不成仏〟が(二)の部分(曇無識訳の十一巻以降＝奥野補)で〝成仏〟に是正されたことにも認められる。〝一闡提不成仏〟こそが、『涅槃経』のアートマン論(dhātu-vāda)の本来の立場だからである。(中略)このような〝是正〟の立場からなされた文言をもって如来蔵思想を理解することは、その論理性を見失うことになる。(松本前掲論文、注(24))

と述べ、たとえ『涅槃経』後半の十一巻以降で「一闡提成仏説」が展開されていたとしても、あくまで経の本意は前半の「一分不成仏説」にあったことを強調している。

このような説は、これまでにない松本博士の独自の見解といえるもので、今後の諸学者の対応が注目されるところである。

ところで、経の前半と後半において、「一闡提成仏説」に対する経の態度が異なることについて、早くに横超慧日博士は次のような会通的見解を示されていた。[20]

(前略)即ち一闡提の成仏は徳王品以後において明白に確立せられたのである。ただ誤解してならぬことは一闡提の成仏が認められたからといって、一闡提の不成仏が否定せられたというのではないことである。成仏と同時に不成仏ということも、共に真実であるとせられ相並んでそれが主張せられているのである。

しかしこのように眺めて来ると、これはまた不可解千万なことになったと思われるかも知れない。一には前には不成仏と説かれたことが後には成仏と説かれるようになったので、前後何れの教えが真意かということが疑問になるであろう。一には徳王品以後の成仏不成仏共に真実とした相互矛盾が解決されねばなるまい。これが前後別個の経典ならばまだよい。同じ涅槃経の中であるから互いに矛盾した教説の並在は何としてもそのままに放置しておくことが出来ぬ。もしも徳王品以後において成仏不成仏の並在が可能であり理由あることであるならば、初めの如来性品等においても一闡提の不成仏が力説せられる反面、その成仏がまた許されていたのでなければならぬ。たとえ表面的には表明せられていなくとも、暗黙の中に仏意にあってはそれが承認せられていた筈である。宋の竺道生は六巻泥洹経を読んで闡提成仏の説を唱え、当時の教界に囂々の論を捲き起した。しかしやがて大本涅槃経が伝わり、その説が経旨と合致することが知られ、誉れを一世に挙げたといわれる。道生説の詳細は今知る由もないが、大本涅槃経自体の中でも、一闡提の成仏不成仏二説を矛盾なく調和して解釈することは残された課題である。

さてこの問題に関し、私はここに一つの解答を試みたい。その私の見解を結論的に単的《ママ》にいうならば、次のようなことになる。即ち、涅槃経の初めの部分が、一闡提の不成仏を説いたのは誤っていない。それは不信の罪を鳴らして、信ずる心が仏教に入る不可欠の関門であることを力説したのである。決してこれによって不成仏の機が存在し、仏の教化に漏れる者の残存を説こうとしているのではない。また涅槃経の徳王品以後の部分が、一闡提の成仏を明言するのは正しい。如何に罪深き一闡提とはいえ仏性のあるものが成仏するのは当然で、縁起無自性を説く仏教の根本義よりして、如何なる意義でも絶対不成仏の機ありとすることは許されぬ。且つそのような機の存在は大慈悲心をもって仏の本質と見る大乗精神よりして到底黙認さるべきでない。しかも前の信なき者が成仏し得ぬという説は、悉有仏性の故に一人残らず成仏するとなす後の説が説かれた時においても、やはり否定せられぬ真実であるといわねばならぬ。同様にして信なき者の成仏を拒んでいた初めの部分にあっても、それは信なきが故に発心成仏を拒んだまでであって、彼が発心以後の成仏までを拒否する理由はないのである。かくて、涅槃経は初めに信の重大な意味を力説し、後には成仏の普遍を説いたのであったが、その成仏の普遍が徳王品等では縁起無自性を根拠としているに対し、梵行品にあってはひとえに仏菩薩の大慈悲心に由来するものとなされているから、この点からいえば、梵行品が一闡提に対して成仏不成仏の両面的傾向を示しているのは、仏力による一闡提の成仏と同時に無信者の罪をも切実に知らせようとしているといってよいであろう。（傍線＝奥野）

長文に亘る引用となってしまったが、重要な見解と思うゆえご容赦を乞う次第である。筆者よりすれば、かかる横超博士のご意見は極めて常識的なもののように映ずるが、[21] 前の松本博士の見解が提出されたことにより、『涅槃経』、なかでも「一闡提成仏説」をめぐる研究は新たな局面を迎えたといえよう。その意味でも、その基礎的研究となる、田上博士による曇無讖訳の全訳、下田博士によるチベット訳からの現代語訳、高崎博士による抄訳等が示されたことは大きな意義があったといえるであろう。今後はこれらの基礎的研究を踏まえて、諸学者の活発な対応が期待されるところである。

注

（1） 周知のように『涅槃経』には小乗『涅槃経』と大乗『涅槃経』があるが、本稿でいう『涅槃経』とは大乗『涅槃経』を指す。大乗の『涅槃経』としては、二種のチベット訳と以下の漢訳が知られている。

①法顕訳『大般泥洹経』六巻（四一七―八年訳）

②曇無讖訳『大般涅槃経』四十巻（四一四―四二一年訳、北本）

③慧厳・慧観・謝霊運等再治『大般涅槃経』三十六巻（南本）

④若那跋陀羅訳『大般涅槃経後分』二巻（七世紀前半訳）

（2） この点に中心を据えた研究としては、土橋秀高博士に『戒律の研究』（永田文昌堂、一九八〇年）、同『戒律の研究第二』（永田文昌堂、一九八二年）がある。

（3） 竺道生の一闡提成仏説については、古田和弘「中国仏教における一闡提思想の受容」（『大谷学報』第五二巻第一号、一九七二年六月）が要領よく問題点をまとめているほか、小林正美博士に「竺道生の大乗小乗観と一闡提成仏義」（『フィロソフィア』第六七号、一九七九年二月、後に『六朝仏教思想の研究』創文社、一九九三年に「竺道生の仏教思想」として加筆されて再録）という論文がある。

（4）涅槃宗については、布施浩岳『涅槃宗の研究』前・後篇（国書刊行会、一九七三年復刻、初版は一九四二年）を参照。

（5）道元の『涅槃経』依用については、石川力山「道元禅における『涅槃経』の依用について」（『印度学仏教学研究』第四一巻第一号、一九九二年十二月）を参照。親鸞および日蓮と『涅槃経』に関する従来の先行業績についても、石川氏が前掲論文においてその代表的なものを指摘しているので参照されたい。

（6）藤井教公「下田正弘著『涅槃経の研究――大乗経典の研究方法試論』」（『宗教研究』第七二巻第一輯、通巻三一六号、一九九八年六月）参照。

（7）第一巻の「凡例」に「本書は厳密にいうと四十巻本『涅槃経』の完訳ではない。文中、前後の文章のつながり、あるいは文体の流れなどの上から、どうしても誰かが説明のために挿入したとしか考えられない部分、あるいは現代人が読んでもまったく意味がないと思われる部分、また、会話体でやりとりする部分で同人物が何度もくり返される部分などは原文の数行を割愛したところがある」（八―九頁）とある。

（8）本書に対しては、早くに下田正弘博士が書評をなしている。下田正弘「望月良晃著『大乗涅槃経の研究――教団史的考察――』」（『宗教研究』第六三巻第一輯、通巻二八〇号、一九八九年六月）参照。

（9）例えば、「曇無讖という男」という章において、博士は、「しかし、『涅槃経』の伝訳については、彼は熱心に「一闡提成仏説」を追い求めた。かの提婆達多にも通ずる自らの性格について考えざるをえなかったのではないか。すなわち、「名声や利養」に貪著する悪業の者が救われる道を探していたにちがいない。彼には、常に自らの心を満たさざるものがあった。言わば、幻の「後分」を求めていたと思われる。さて、ひるがえって、『大乗涅槃経』の構成をみる時、『大本涅槃経』四十巻のうち前半の二十巻は、まさしく「経典」の体裁をなしているが、後の二十巻は、阿毘達磨的な叙述に終始している。すなわち、あえて言うならば、この部分は、曇無讖の註釈あるいは創作ではなかったかと思われる」（一三六―一三七頁、傍線＝奥野）と述べて、「一闡提成仏説」を明確にした経の後半二十巻は曇無讖の注釈あるいは創作ではなかったという注目すべき見解を提出しておられる。

（10）前注（8）所掲の書評において下田博士は望月書を評して「「一闡提論」と言い換えてもよいであろう」といっているが、筆者もまたこのご意見に賛成である。

（11）今回出版された『大乗涅槃経入門』「はしがき」において、望月博士はご自身のこれまでの研究を要約されて、次のようにいっている。「筆者は、長年、大乗経典を教団史的視座から分析する研究を続けているが、とりわけその中で、この『大乗涅槃経』を教団史の観点から読み解くと、以前にはわからなかった問題が見えてくる。例えば、従来、正体不明とされていた「一闡提」の存在などが、教団を取り巻く現実の問題の中に立ち現われる。すなわち、〈四重禁・五逆罪の者も救われるが、一闡提は救うことができない〉といわれ、仏教徒として極重悪の者とも見られるが、一闡提を「利養」を貪求する者と規定すれば、犯罪の系列ではなく、経済上の問題と見ることができ、この事ははっきりしてくる。すなわち、一闡提とは、教団の利権をおびやかし、教団の経営基盤をゆるがす存在である。教団内の一闡提は、まさに「獅子身中の虫」であり、外部からの侵害者としての一闡提は、「当面の敵」であって、教団が常に苦慮して争った邪悪な教団であったろう」

(12) 『大乗涅槃経の研究』には、次のようにある。「妙楽大師湛然は、その『法華文句記』の中で、この勧持品偈を三つに分けて、一、俗衆増上慢、二、道門増上慢、三、僣聖増上慢を明かしていると分類して註釈しているが、この第三に挙げられた「僣聖増上慢」こそ、一闡提の具体的な姿を描いたものであって、大乗の出家菩薩の真摯な修行である阿蘭若住に名を仮りて、却って阿蘭若住の秩序を乱すという、「似非阿蘭若住者」である」(第二篇第一章「一闡提とは何か」九八—九九頁)

(13) 下田博士は前注(8)所掲の書評でも、「評者自身は一闡提の解釈について著者とは全く別の立場を取るものである」といっている。

(14) 下田博士の著書における「一闡提論」については、藤井教公氏が前注(6)所掲の書評の中でこれを批判的に論評している。

(15) 高崎直道「如来蔵思想の歴史と文献」(講座・大乗仏教第六巻『如来蔵思想』春秋社、一九八三年)の中の「『涅槃経』の闡提成仏説」(二九頁)。

(16) 筆者よりすれば、望月博士の「一闡提成仏説」は基本的には常盤大定『仏性の研究』上篇第一章「北涼曇無讖訳「大般涅槃経」」(丙午出版社、一九三〇年、一九七三年国書刊行会より再刊)の説を踏襲したものと思われる。

(17) 松本史朗「如来蔵思想は仏教にあらず」(『縁起と空——如来蔵思想批判——』大蔵出版、一九八九年、所収。初出は『印度学仏教学研究』第三五巻第一号、一九八六年十二月)参照。

(18) 現在における『涅槃経』研究の第一人者である下田正弘博士も、論文①の冒頭において、「最近、如来蔵思想の解釈を巡っての議論がとみに高まりはじめ、ことはいきおい、その是非を問うまでに発展している」と述べて、松本説を意識しつつも、「一闡提とはあらゆる定義を拒みながら、ただ「悉有仏性」から徹底して除かれることのみ明らかな存在」、「「悉有仏性」は説かれながらも同時にそこから外される「一闡提」」といい、従来の理解に従って論を進めている。本稿本文においてすぐ後に触れる松本博士のご意見も含めて、下田博士には松本説に対するご意見を聞かせて欲しかったと願うのは筆者ばかりであろうか。なお、管見の限り、一闡提を「有仏性」と捉え、「一闡提不成仏」を主張する学者は他には後注(21)に見るように田上太秀博士だけのようである。

(19) 藤井教公「『涅槃経』における「我」」(『仏教学』第一六号、一九八三年三月)参照。なお、藤井氏には「大乗『涅槃経』におけるアートマン説」（前田博士還暦記念論集『〈我〉の思想』春秋社、一九九一年）なる論文もある。

(20) 横超慧日「親鸞聖人の読経眼——涅槃経の三病人について——」（『親鸞聖人論攷』第三号、一九五四年三月、『涅槃経と浄土教』平楽寺書店、一九八一年に再録、引用は同書一八五頁による）

(21) 横超博士が問題とされている「徳王品」の記述に関して、筆者はかつて「吉蔵の授記思想——末光愛正氏の批判に応えて——」（『駒澤短期大学仏教論集』第一号、一九九五年十月）なる論文において、次のように述べたことがある。筆者の見解は基本的には当時と変わらないので、そのまま引用しておく。「『大般涅槃経』巻第二十「光明遍照高貴徳王菩薩品」（南本、以下「徳王品」と略す）には、次のような記述がある。「世尊、犯四重禁名為不定。謗方等経作五逆罪及一闡提悉名不定。如是等輩若決定者、云何得阿耨多羅三藐三菩提。得須陀洹乃至辟支仏亦名不定。若須陀洹至辟支仏是決定者、亦不応成阿耨多羅三藐三菩提。（以下略）」（大正蔵一二・七三六下—七三七上、対応する北本は巻二十二、四九三中—下）。この一文を勝呂信静博士は次のように解説される。『涅槃経』は古来言われているように、『法華経』の思想と密接な関係があり、それを一層発展させたものと見られるものであるが、「一切衆生悉有仏性」を説き、その根拠として「不定」の教説を説いている（中略、前に掲げた『涅槃経』「徳王品」の文を取意して引用している＝奥野補）。右のように、仏をはじめとして一切衆生は、不定であるから、成仏することができるのである。すなわち不定は、衆生の普遍的な在り方である。ゆえに一闡提が一闡提を除くように、衆生はみずからの人格を転換（廻心）することによって成仏を達成するというのが、この場合の仏性の理論であると見られる。この不定の思想は大乗仏教の空・無自性の思想と同じであって、一切諸法は無自性・空であることを、衆生にあてはめて、一切の衆生は不定であると説かれるのである」（勝呂信静「法華経の成仏思想——二種の成仏観——」『法華経のおしえ日蓮のおしえ』大東出版社、一九八九年、一三七頁、傍線＝奥野）。なお、勝呂博士は「（書評）苅谷定彦著『法華経一仏乗の思想——インド初期大乗仏教研究——』」（『法華文化研究』第一一号、一九八五年三月、二六頁）でもほぼ同様の見解を述べておられる。また、望月良晃博士も同じ「徳王品」の一文を解釈して、「一闡提と言っても永久に善根を断じるのではなくて不決定のものである。従って成仏の可能性は残されているというのである」（『大乗涅槃経の研究』第二篇第二章「一闡提成仏説の展開」春秋社、一九八八年、一一五頁、傍線＝奥野）と述べて、やはり「不定」のゆえに一闡提も成仏できるという立場に立っている。これに対して、田上太秀博士はやはり同じ「徳王品」の一文を解釈し、次のように述べて一闡提不成仏説に立たれるようである。「しかし一闡提といえども人間である。心のある人間である。そこで経典は前述のように心は無常であると説いたところから、心は不決定といい、そこで一闡提は不決定の人と述べた。不決定であるから一闡提といえども成仏の可能性はあるはずと述べる。しかしこれは決して一闡提の成仏を肯定するものではない。たしかに心不決定を考えれば成仏の可能性はありうるだろうが、経典は一闡提を命尽之人、必死の人と現実的に把え、いくらも生きる可能性のない人に譬えている。いかなる手段をもってしても助からない病人に譬える。薬を服する力さえもない、注射の針の痛みに反応する感覚もなくなった病人に譬えられるのが一闡提である。その一闡提にさえも心はある。だがその心が発心する力をもっているのだろうか。実際にはもっていないというべきである」(『菩提心の研究』第六章第六節「『大乗涅槃経』における菩提心思想」東京書籍、一九九〇年、三五三頁、傍線＝奥野)。この田上博士のご研究が、従来の一闡提研究において、あまり顧みられることがなかったのは筆者にとっては不思議なことである(田上博士の論文の初出は、「大乗涅槃経における仏性・菩提心・一闡提の問題」『駒澤大学宗教学論集』第六輯、一九七三年八月)」(同論注(4)、五二—五三頁)。筆者はいま、『涅槃経』の全訳を終えられた田上博士のご意見を改めてお聞きしたいという気持ちをいかんともしがたい。

〔追記〕田上博士は、近年、「一闡提とは何者か」(『駒澤大学仏教学部論集』第三一号、二〇〇〇年十月)という論文を発表され、ここでは「一闡提成仏説」の立場をとっておられるようである。

付録二　最澄撰とされる『三平等義』について

一　はじめに

日本仏教思想史上、伝教大師最澄（七六七—八二二）と徳一（生没年不詳）がいわゆる三一権実なる論争を激しく展開したことは周知の通りであり、『法華論』が最澄の側からも徳一の側からもその論争を支える重要な論拠として用いられたことは、これまでも述べてきたところである。[1]

いま、その著作のほとんどが失われてしまった徳一の具体的な『法華論』依用の状はしばらく措かざるを得ないが、最澄の著作中には枚挙に暇がないといってよいほどの『法華論』からの引用を認めることができるし、[2]そして何よりも『法華論科文』（伝全三）のような『法華論』にかかわる著作が現存していることは、最澄の『法華論』に対する関心の高さを雄弁に物語るものといえよう。[3]

さて、論題にいう『三平等義』は、『伝教大師全集』第三巻および『日本大蔵経』第七七巻（新版、天台宗顕教章疏三）に収められた文献で、全集本にしてわずか三四頁、一巻からなる短編の著作である。[4]書名となっている「三平等義」とは本書の冒頭に、

問。三平等者其名不審。

答。一乗平等、二世間涅槃平等、三身平等。（伝全三・四五三）

とあるように、『法華論』巻下（大正蔵二六・八下）に説かれる（一）乗平等（二）世間涅槃平等（三）身平等のことを

いう。[5]本書はこの「三平等」について、問答形式で解説をなした著作である。したがって、本書は日本天台における『法華論』研究の一つの成果と見なし得る著作といえるものである。

伝教大師全集本によれば、全集本が底本としたのは比叡山実蔵坊所蔵の康和年間の写本であったというが、[6]全集本の編者も所々で「有欠文不可考」などと指摘しているように底本となった写本は必ずしも善本とはいえなかったもののようである。[7]また、本書は『伝教大師全集』に収録されてはいるものの、題下には「沙門千心記」とあるのみで、これを最澄の真撰に帰することができるかどうかは古くから疑問視されてきた問題の著作とされるものである。もとより、現在の筆者には最澄の著作に関してのテキスト論や著者性を論ずる力はないが、本稿はそうした問題にも関わるものではある。ただ、筆者は日本天台に関する知識をまったく持ち合わせていないため、文献の扱い方や先行業績の検索などには多くの過誤や不備があることと思われる。こうした点については、専門の諸先学のご批正を仰いで将来補正したい所存である。

二　従来の見解

まず各種目録によって、『三平等義』を調べて見ると、江戸時代中期の学僧可透による『伝教大師撰集目録』（『可透録』）が本書を最澄撰とするほかは、[8]最澄の撰述目録としては最古の『伝教大師御撰述目録』（『修禅録』）にはその名が見えず、[9]その他多くの目録はこれを円仁（七九四―八六四）の撰述として扱っている。[10]つまり、古くから本書の撰述をめぐっては問題があったことがわかる。『伝教大師全集』の編者は、『可透録』によってこれを最澄の真撰と見なし、全集に所載する旨を明記している。[11]

次に近代の諸学者の見解を見てみると、まず塩入亮忠博士は、[12]「伝教大師撰述現在目録」の中で本書を偽撰と判じている。ただ、博士自らが「この中著作年代及び真偽の推定については、各々その論拠を有してゐるが、今はただ簡明にその結論を表記するに止めておいた」[13]と述べているように、残念ながら塩入博士が偽撰と判じた論拠は示されていない。続いて塩田義遜博士は、各種目録を検討された上に内容上も円仁の著作であると主張されておられる。[14]次いで浅井円道博士は、本書について「真歟」とし、その根拠として『可透録』を指摘している。そして、さらに博士は、渋谷亮泰編『昭和現存天台書籍綜合目録』に拠って、本書の題下に「沙門千心記」とあるのは「沙門円仁記」の意であるかもしれないとして、本書の最澄談・円仁記であった可能性を指摘している。[15]多田孝文氏は、こうした浅井博士の見解を踏まえた上で、「後世、智証大師円珍（八一四―八九一）の『法華論記』（『仏全』一七No. 75）の六―七巻に七喩・三平等・十無上義が述べられている。本書はこれを経過した後世の成立とも考えられる」といって、本書の円珍以後の成立を示唆している。[16]

このように、本書の著者性をめぐる諸学者の見解を一瞥して見ると、必ずしもその見解が一定していないことが理解される。加えてその主張の具体的根拠も明らかではないように思われる。そこで次にいささかこの問題に対する私見を提示してみたいと思うのである。

三　「品配」

さて、本書『三平等義』は科段をもって示せば、次のような構成となっている（カッコ内は全集本の頁数を意味する）。

一、初品配（四五三）
二、次所被人（四五四）
三、次所起病（四五四）
四、次明病因（四五六）
五、次明能治（四五七）

1乗平等（四五八）

a 一正明破執（四五八）

b 二辨記虚実

c 三指示文処（四六〇）

d 四受人差別（四六八）

e 五授記差別（四七〇）

2世間涅槃平等（四七四）

3身平等（四七五）

このうち、筆者はまず本書冒頭の「品配」に注目してみたいと思う。いま、着目する「品配」の記述を示せば、次の通りである。

問。此三平等、幾何品説耶。

答。九品説之也。

問。九品者其名云何。

答。九品者、譬喩品、受記品、五百弟子授記品、学無学人記品、法師品、持品、提婆達多品、常不軽品、見宝塔品。頌曰。譬受五授法、持提不軽見。

問。配九品何耶。

答。八品説一平等。謂乗平等。一品説二平等。謂世間涅槃及身平等也。

問。八品及一品者、為何品耶。

答。一品者、見宝塔是也。八品者、譬受等是也。（伝全三・四五三）

つまり、述べられていることは明瞭で、『法華論』のいう「三平等」は経では何品に説かれているかという問いに対し、「三平等」は九品に述べられていると述べ、これを次のように対配している。

1乗平等――「譬喩品」「受記品」「五百弟子授記品」「学無学人記品」「法師品」「(勧)持品」「提婆達多品」「常不軽(菩薩)品」

2世間涅槃平等――「見宝塔品」

3身平等――「見宝塔品」

そもそもこうした品配は論自体には見られないもので、[17] 中国撰述で唯一現存する『法華論』の注釈書である吉蔵の『法華論疏』(大正蔵四〇)にもかかる意識は見られないように思う。[18] したがって、このような品配といった仕方はあるいは我が国における『法華論』研究の所産なのであるのかもしれない。では、最澄は他の著作中において、いま問題としている品配を含め、『法華論』のいう「三平等」に対してどうような見解をもっていたのであろうか。次にこの点を見てみよう。

まず、最澄は『法華論』のいう「三平等」に対して、『法華秀句』巻上末において『法華論』の原文を引用して見せた後、「其三平等者法華大義」(伝全三・六五)と述べている点が注目される。つまり、この一文だけをもってしても、最澄が「三平等」をその法華解釈上非常に重要視していたことが理解されるのである。事実、『法華秀句』だけに限って見ても、「三平等」に関する言及はしばしばこれを検出することができるし、[19] しかもそれらがすべて重要な自説の論拠として用いられているのである。

ところで、最澄には『法華経』全体を『法華論』に従って分科した『法華論科文』があることはすでに述べたが、『法華論科文』では品配についてどのように述べられているのであろうか。結論より先に言えば、最澄自身の言葉として「乗平等」が説かれていることが明言されている品としては「受記品」「五百弟子授記品」「受学無学人記品」「法師品」「提婆達多品」「勧持品」である。[20] また、「見宝塔品」についても、最澄はこれに「世間涅槃平等」と「身平等」が説かれている旨を記している。[21] しかし、前に本書の品配で「乗平等」が説かれていると指摘されていた「譬喩品」と「常不軽菩薩品」については特に最澄自身の明言は見られない。[22] したがって、『法華論科文』の品配は概ね本書のそれと一致するものの、完全に一致しているかどうかはなお明確に判断できないことも事実なのである。ところで、『法華論科文』の冒頭には、内容を見易くすることを意図したと思われる「科文図」が載せられているが、「科文図」は「三平等」について次のように品配している。[23]

1乗平等――「譬喩品」「授記品」「五百弟子授記品」「学無学人記品」
2世間涅槃平等――「提婆達多品」「常不軽菩薩品」「見宝塔品」
3身平等――「見宝塔品」

一見して明らかなように、これは前に見た『法華論科文』の品配とはまったく一致していない。[24] こうした事実は、すでに高崎直道博士が示唆していたように「科文図」と『法華論科文』は本来別々に成立したものであることを裏付けるものであるといえよう。[25]

ところで、最澄は『守護国界章』巻下之下において、麁食者（徳一）に反論した一文の中で、いま問題としている「三平等」の品配に関して、次のような興味ある見解を示している。

是故方便品中、約乗平等、云唯一仏乗、無有餘乗。薬草喩中、約小乗、領三草二木、各得生長。（以下略）（伝全二・六七二）

この文章を虚心に読めば、最澄は「方便品」の中にも「乗平等」の義を認めていたと判断して誤りはないように思われる。なぜなら、『法華論』の原文には次のようにあるからである。

一者乗平等。謂与声聞授菩提記。唯一大乗、無二乗故。是乗平等無差別故。（大正蔵二六・八下）

いま示した『法華論』の原文の傍線部と前に示した『守護国界章』の傍線部をよく比較していただきたいと思う。もしこのように見る筆者の判断に誤りがないとすれば、わずか一例ではあるが、本書の品配とは異なる理解が最澄の主著『守護国界章』にはあったということになるであろう。なお、管見の限り、最澄の他の著作に「三平等」の品配に関する言及は見られないようである。

さて、この点はしばらく措くこととして、次に視点を変えて円珍の「三平等」の品配に関する見解をうかがってみたい。円珍の見解は、『法華論記』巻第七本に次のように見える。

三平等、一即一切無有妨礙。二別指十品。謂譬・授・五・学・法・宝・提・持・分・常。或指九品不入分別。今為十品。（智全、巻上・二一八）

つまり、ここで円珍は、「三平等」は「譬喩品」「授記品」「五百弟子授記品」「授学無学人記品」「法師品」「見宝塔品」「提婆達多品」「勧持品」「分別功徳品」「常不軽菩薩品」の十品に説かれていることを主張していることがわかる。ただ、円珍にはこれらの諸品が具体的に「三平等」のいずれに配当されるかという言及は見られない。ところで、円珍の指摘する十品は「分別功徳品」を除けば、前に見た本書のそれと完全に一致していることは一目瞭然である。さて、ここで円珍自らが「或は九品を指す。分別を入れず」と明言していることは十分に注意されてよいであろう。なぜなら、筆者はかかる円珍の品配は、円珍が本書の品配を承知していた上でこの説は採らずに、本書のそれに「分別功徳品」を加えた十品の品配を採用したと見るのが常識的に考えて自然だと思うからである。つまり、筆者はこれを本書の撰述が『法華論記』のそれに先行する一つの証左と見たいのである。本書にはいま問題としている品配を含め『法華論記』から影響を受けたと思われる記述は、筆者の検索する限りにおいてまったく見られなかった。もしかりに本書が円珍の『法華論記』の影響下に成立したものとするならば、なにゆえ本書には円珍説に対する言及が見られないのであろうか。筆者には、本書が『法華論記』以後の成立を示唆する証拠はどこにもないように思われるのである。

むしろ、逆にわずか一例ではあっても『法華論記』に本書が先行することを思わせる内容の記述がある以上、『法華論記』は本書以後の成立と見る方が自然ではないかというのが筆者の意見である。しかし、現在の筆者にはこの問題をこれ以上追究する材料を持ち合わせていないことも事実なので、いまは一つの問題提起に止めておきたい。

四　著者性について

さて、次に本書が少なくともある特定の人物によって書き下ろされたものではないという私見を提示してみよう。本書を通読してみると、本書には六例ほど「私謂」という表現が見られることに気がつく。「私謂」とは、周知のように智顗説・灌頂記とされる天台の『法華玄義』などにもしばしば見られる表現で、『法華玄義』ではこれが灌頂の私釈を指すということはもはや自明のこととされている。(26) 本書においても例えば次に掲げる用例を見ると、「私謂」は明らかに問答の「答」に対する私釈として用いられていることがわかる。

問。得決定心、非謂声聞成就法性者、其意如何。

答。彼身子等、若得授記、即於同義得決定心。為得此心故与授記。非謂声聞已入初地成就法身故与授記。**私謂、**若準宗意云、与物未結縁。是故云非謂成就。（伝全三・四五九）

すなわち、この「私謂」という語があることによって、われわれは本書には少なくともこの問いに対する「答」をなした人物と、「私謂」という私釈をなした人物、二人の見解が見られるということを知るのである。この事実は、別な言葉で言えば、本書がある特定の人物の書き下ろしによって成立したものではないということを示唆することになろう。つまり、ことは「智顗説・灌頂記」といわれる『法華玄義』の場合と同様なのである。ところで、本書に見られる「私謂」の残りの用例は、(27) 例えば、

①問。若声聞有五種者、何故、論主但立四種耶。

答。**私謂**、仏道与応化。雖新旧異、利他義同。故論主更不立也。

②問。新旧既異。云何不別立。

答。**私謂**、雖新旧異、而応化現利物同故。（同前・四七三）

などといったように、すべてある問いに対する「答」として用いられている。すなわち、「私謂」を上述のように筆録者の見解と見る筆者の理解に誤りがないとするならば、本書では「私謂」は単なる私釈という領域を超えて、本書自身の見解として用いられているといっても過言ではないのである。

このように見てくると、本書の題下に「沙門千心記」とあったのは、にわかに得心のいくことである。すなわち、本書はあたかも天台の著作が「智顗説・灌頂記」といわれるのと同じような背景の下で成立したと見るならば、すべては氷解するのである。したがって、それは裏を返せば本書は少なくともある特定の人物（具体的には最澄）の「真撰」ではないということを意味することになると思われるのである。

五 「四種声聞授記」の問題

最後に本書に見られる思想内容ついて少しく言及しておこう。『法華論』の提供する重要な思想的問題に「四種声聞授記」、すなわち声聞成仏の問題があることは周知の通りであり、これまで本書でも考察してきたところであるが、ここではこの問題にのみ焦点を絞り論述してみたい。

この問題は、前に示した科段でいえば「五、次明能治」の「d四受人差別」以下で集中的に論じられているが、その中「身平等」の段には次のような問答がある。

問。先所言未廻心決定、根未熟故、如来不与記者、不可云定性二乗成仏。

答。未熟可必有当熟故、云定性二乗可成仏。（伝全三・四八二―三）

つまり、ここで問者は先に言う所[28]の未廻心の決定は根未熟の故に如来は授記を与えないというならば、定性の二乗が成仏するとはいうべきではないのではないかということを問うているのである。これに対して、答者は「未熟」は「当熟」に通ずるから[29]、定性の二乗もついには成仏することを主張している。これに対し問者はさらに続けて、

問。於未学有二意。於増上慢、可云未熟、於決定可云不熟。如何云於決定可有当熟耶。（同前・四八三）

と述べて、未学には二つの意味があり、増上慢は「未熟」の意であるが、決定声聞は「不熟」といわなければならない。であるならば、どうして「不熟」の決定声聞に「当熟」ということがあろうか、と問うている。こうした問いは、例えば『法華秀句』巻上末に、

釈法華論正文云、若決定者、増上慢者、二種声聞、根未熟故。不与授記（已上論文）。大唐賛師、不改未字、為上慢故。但於趣寂、含用不訓。況餘諸疏師、都不改未字。（同前・六八）

とあるのと基本的には一致するものであろう。ただ、『法華秀句』では後文に「今麁食者、輒糅論文、死法華文、礙後生智。其糅論文云、決定二乗、根不熟故、仏不授記」というように、麁食者が『法華論』の「未熟」という言葉を「不熟」に勝手に変えていることを激しく非難しており、より進んだ見解を示していることが注意される。

本書の問者は、前のような問答を踏まえた上で、今度は次のように問うのである。

問。於決定猶云未熟必亦有当熟者、寿量品所成寿命、今猶未尽、是亦可有当尽耶。（同前・四八三）

つまり、問者は、答者があくまで決定声聞において「未熟」が必ず「当熟」することがあるということを主張するならば、それでは「寿量品」にいう有名な「所成寿命。今猶未尽」（大正蔵九・四二下）という一文の「未尽」も「当尽」を意味することになるのかと鋭く問うのである。こうした問者の問いに対して、答者は最終的に「未」には「対当の未」と「不対当の未」があり、「今猶未尽」の未は「不対当の未」、「根未熟」の未は「対当の未」にあたるから、「未尽」といっても尽きるということはないし、「未熟」は「当熟」となる旨を主張している。こうしたやりとりには興味

の尽きないものを覚えるが、客観的に見るならば答者のそれはやや詭弁に類した苦しい弁明のようにも思われる。

さて、決定声聞の授記に関して、本書の後文には、次のような問答がある。

問。若依此論意、退大与応化与授記、決定増上慢終不与授記耶。

答。於決定有二種。已迴心決定、摂退大与記。未迴心決定、根未熟故、如来不与授記也。

問。退大与決定、其性已異。云何摂決定於退大与記。

答。約決定、有種子決定、約位決定。今家立約位決定故。故云摂於退大与記。（伝全三・四八四）

この問答から明らかなように、答者は決定には「已廻心決定」と「未廻心決定」、さらに「種子決定」と「約位決定」があることを主張していることがわかる。しかし、すでに指摘したことがあるように[30]、最澄の他の著作における二種決定といえば、「本性決定・方便決定」あるいは「畢竟決定・暫時決定」の用例が一般的なのであり、管見の限り「已廻心決定・未廻心決定」にしろ「種子決定・約位決定」にしろ本書以外の最澄の他の著作にその名を見出すことができないのはどうしたことなのであろうか。

概して本書に見られる用語には最澄の他の著作のそれに比べると特殊なものが多く、たとえ本書が筆録者によってまとめられたものであるとしても、実際どの程度まで最澄自身が関わっていたのであろうかという印象は否めない。ただ、いま見た『法華論』の核心ともいうべき、そして最澄と徳一の論争の中心的課題でもあった声聞授記の問題などを見ると、その考え方は基本的なラインでは最澄説と合致する部分があるところから、ある人々は本書を最澄の「真撰」と主張するに至ったものと推量されるのである。

注

（1）本書、第一篇第五章第四節（二六一頁）参照。

(2) 例えば、『守護国界章』巻中之上に「今麁食者。闕論荘厳。不了他宗。向資狂言。天台不帰法華論釈。吠影吠声。往代難免。自今以後。莫道天台背法華論」(伝全二・三六九)とあるを参照。

(3) 『山家祖徳撰述篇目集』巻上(龍堂録、仏全九五、No. 855)は、『法華論』に関わる最澄の著作として次のようなものがあったことを指摘している。「法華論略頌一巻」「法華論鈔一巻」「法華論集解一巻」「法華論誦図二巻」「法華論定性文一巻」「法華論釈科文一巻」「注法華論一巻」「三平等義」「法華論決定諍抄」。かかる例をもってしても、最澄の『法華論』に対する関心の高さは知ることができよう。但し、『三平等義』の著者性をめぐっては、本稿において指摘する通りである。

(4) 多田孝文氏による「三平等義解題」がすでに指摘しているように、『日本大蔵経』では『伝教大師全集』に見られる錯簡を補正している(日蔵九八・三一七—三一八参照)。

(5) これら「三平等」の区別について、本書『三平等義』では「問。此三平等有何差別。答。初乗平等是一乗自性。後二平等是一乗之差別。問。何故辨此差別。答。若不辨差別。則一乗義。不得円満。若一乗義。不得円満者。則遺病不尽故。辨乗平等已。更辨後二平等」(伝全三・四七六)といっている。

(6) 伝全三・四八六。

(7) 全集本も『日本大蔵経』も指摘していないが、全集本四八〇頁後ろから三行目には明らかに欠落した部分があると思われる。

(8) 伝全五・附録一六九。

(9) 伝全五・附録一五一—一五八。

(10) この点に関しては、前注(4)所掲の多田氏の「解題」参照。但し、ここで多田氏が『修禅録』(仏全九五 No. 856)には円仁撰とあるとするのは、後述する理由から適切ではないであろう。多田氏が指摘する仏全九五 No. 856『本朝台祖撰述密部書目』が『修禅録』をそのまま収録していることは事実である。しかし、本文でも記したように『修禅録』には『三平等義』の名前は見えない。第一よく考えて見れば伝教大師の撰述目録である『修禅録』に円仁撰という記載があるということ自体おかしなことであろう。『本朝台祖撰述密部書目』(二〇七下)には、確かに多田氏ご指摘のように『三平等義』が慈覚大師円仁の撰述である旨の記載はある。しかし、これは『本朝台祖撰述密部書目』の認定なのであって『修禅録』の説ではない。したがって、『修禅録』の名をもって『本朝台祖撰述密部書目』の所説を呼ぶことは適切ではないであろう。

(11) 伝全三・四八六。

(12) 塩入亮忠「伝教大師撰述現在目録」(『伝教大師』、名著出版再刊、一九八三年)五〇三頁。

(13) 塩入前掲書四九七頁。

(14) 塩田義遜「法華論の研究」(『棲神』第二八号、一九四三年六月)四〇―四八頁参照。
(15) 浅井円道『上古日本天台本門思想史』(平楽寺書店、一九七三年)五五頁参照。
(16) 前注(4)所掲の多田「解題」参照。
(17) 大正蔵二六・八下。高崎直道博士は『如来蔵思想の形成』「『法華経論』の解釈」(春秋社、一九七四年、四一七頁)において、乗平等については特に具体的な品名を指摘されず、世間涅槃平等、身平等については、前者は「見宝塔品」、後者は「従地涌出品」「如来寿量品」の所説の内容がこれにあたるといっている。論自体には特に具体的な品名の指示はないが、内容上は筆者も高崎博士のご指摘が妥当であると思う。特に乗平等については、博士も具体的品名を指摘されていないように、簡略な論の記述からそれを特定することは極めて困難なことで、本書に見られるような品配は明らかに何人かの主観によるものであろう。
(18) ところで、本書には吉蔵の『法華論疏』の影響はほとんど認めることができなかった。しかし、わずかに一例吉蔵疏の引用と思われる次のような例を検出することができた。すなわち「**他云**。問法華中。不見天女記。何云与天女記耶。答可即諾龍女。以為天女」(伝全三・四六七)がそれである。これは明らかに『法華論疏』巻下にある「法華文中。不見天女得記。但有龍女。或可即諾龍女以為天女」(大正蔵四〇・八一八下)を受けたものであろう。なお、本書には 他に「他云」として引用される例はなく(但し四六二の割注部分に一例「他云」とあるがこれは『法華玄賛』巻第五本、大正蔵三四・七四一中を指すものと思われる)、また円珍の『法華論記』が用いられた形跡も認められなかった。なお、本書が吉蔵疏を引用することについては、すでに前注(14)所掲の塩田論文がこれを指摘している。
(19) 例えば、伝全三・二一、二二、三二等を参照。
(20) 伝全三・七五八―七六一参照。
(21) 伝全三・七六一。
(22) 但し、「譬喩品」に関しては割注にて乗平等を明かしているとの指摘がある(伝全三・七五七)。
(23) 伝全三・七四一参照。「科文図」では具体的品名を挙げているわけではないが、記載されている内容を判断すると本文で指摘したような品配になることに誤りはないと思われる。
(24) したがって、「科文図」は最澄説を反映したものでないことは明らかであり、この「科文図」をもって『法華論』の綱格を示している清水梁山博士の「国訳法華論解題」(『国訳大蔵経』論部第五巻、第一書房、再刊)、およびそれを踏襲したと思われる塚本啓祥博士の解説(講座日蓮第一巻『日蓮と法華経』春秋社、一九七二年、一二九―一三二頁)は最澄説からも『法華論』の原文の上からも(前注(17)参照)問題があるであろう。

(25) 高崎直道博士「法華論科文解題」(日蔵九七・三四三―三四四) 参照。

(26) 佐藤哲英『天台大師の研究』第三篇第二章第五節「聴記者灌頂の私記の部分」(百華苑、一九六一年) を参照。

(27) 他の用例は伝全三・四五七、四六七、四六九にある。

(28) 本書前述部分に「問。若爾何故。過八万劫。聞法華経。趣入大乗耶。答。文句云。今開三顕一正意。為決定退大記。云生滅度想決定性也。今準此等意。於決定有両種。今所言過八万劫者。已入滅決定也。言此会得益者。未入之決定也」(伝全三・四六九―四七〇) とあるを指す。

(29) こうした考えは、例えば最澄『法華秀句』巻上末に「論云根未熟故。望後可熟名未熟故」(伝全三・九〇) などと軌を一にするものといえよう。

(30) 本書、第一篇第五章第四節 (二六七―二六八頁) 参照。二種声聞の用例は上記で言及したもの以外には、例えば『再生敗種義』(伝全三・七五二) 等にも見られる。

〔追記〕 多田孝文氏が指摘されていた東大寺図書館所蔵の『七喩義三平等十無上義』を、同図書館のご好意によって閲覧することを得たが (正直のところよく判読できなかった)、直接本稿に関わるような問題点は見出すことができなかった。

〔追記二〕 本論に関係する論文として、桑谷祐顕氏に次の論考があることを最近知った。桑谷祐顕「干心記『三平等義』について」(『天台学報』第三九号、一九九七年十月)、同「最澄の『法華論』研鑽について」(『天台学報』第四〇号、一九九八年十一月)

(二〇〇二年八月三十日記)

第二篇　吉蔵の思想形成についての考察

第一章　吉蔵における「決定業転」をめぐって

一　問題の所在

我が国、室町時代の天台宗の学僧、貞舜（一三三四―一四二二）[1]が編した『宗要柏原案立』巻第六には、「決定業転」と題した次のような問答が収められている。[2]

問。決定応受業為転為不転耶。

答。経論釈義蘭菊雖難定、任円実大旨可転決定業也、可答申。付之、凡定業者名無改転義。若夫転云者、不定業有何別耶。爰以経除前定業現世応受申、釈唯除業報必応受者判。如文理者、無定業転義被得。

答〔云云〕。可転定業云事、任円実大旨。所以一家意、三道三徳体達不論業惑浅深故也。爰以今経深達罪福相説、**普賢経**衆罪如霜露宣。但至定業不転難者、是権教附傍意。経文釈義、又可権門意可存也。約一家実義者、若其機感厚定業亦能転故、定業転義不可相違。

難云、凡定業不定業相分改転不改転義必然也。若夫転定業云、定不定不同無之者耶。依之**大経云**、犯四重禁五無間罪一闡提等、必死不可治〔矣〕。**大般若経**除前定業現世応受〔矣〕。既決定業者、倶知常住座被斥、畢竟空寂益漏見。次**天親菩薩論判**、一感報定、二作業定。諸仏威神所不能転〔矣〕。作業感報二決定諸仏捨之、菩薩不度之見。依何定業転義可論耶。其上弥陀超世悲願難化衆生雖不簡、唯除五逆誹謗正法斥、観音若有罪若無罪悲願、若過現縁浅、微苦亦無徴非判耶。但至**法花普賢観等文者**、或罪福説、或衆罪宣。定業不説故。非講答潤色。誰知、指不定業有。次定業不転者、権教意也云事、難思。円教意而二不二二門有之。不二門時中中定業不定業不同無之。仍不及転不転沙汰処也。去而二門時、不定業微弱如春氷易。解云、定業堅氷難解者也。尤可論転不転異者耶。去業力仏力勝云事、経論所定也。依之**大論云**、犯十善戒、雖復懺悔三悪道罪不除〔矣〕。**十輪経云**、造十悪輪罪、一切諸仏之所不救〔矣〕。所以釈尊双林背痛、浄名病床定業不転義顕歟。法華開悟目連蒙竹杖外道害、四智究竟花色比丘尼為調達被害見。之依**嘉祥大師釈云**、衆生業有定不定。不定可救、定不可救〔矣〕。次般若経等説権門意歟云事、既究竟大乗説文、畢竟空寂法門也。定業可転理、尤転可説処不転義分明故、尚是講答違文也。（以下略）（大正蔵七四・五六一下―五六二上。カッコ内は割注、以下同）

冒頭より長文にわたる引用となってしまったが、いうところの意味は比較的明瞭であると思われる。すなわち、決定応受の業は転ずるのか、転じないのかという問者の問いに対して、経論の釈義は定め難いけれども、天台の円実の大旨によれば決定業は転ずると解釈すべきことを天台家が主張しているのである。これに対して難者は、もし決定業が転ずるというならば、定・不定（といった言葉）の違いはなくなってしまうであろうといって、天台家の解釈を難じていることがわかる。そして、難者はその論拠としてさまざまな経論を引証しているのである。(3)

ところで、ここで筆者が興味を覚えるのは、難者が決定業は転じないとする自説を補強するために、「嘉祥大師釈云、衆生業有定不定。不定可救、定不可救〔矣〕」と述べて、嘉祥大師吉蔵（五四九―六二三）の文言を引用していることである。ここにいう吉蔵の言とは、『法華義疏』巻第十二の「観世音菩薩普門品」の釈に「衆生業有定不定。不定可救、定不可救」（大正蔵三四・六二六上）とあるものがそれであるが、(4)果たして吉蔵の立場を、この難者がいうように「決定業不転」と見なすのが妥当なのかどうか、本章ではこの問題を中心に、関連する諸点について若干の考察を行なうことを目標とする。

さて、問題となる吉蔵の文言を検討する前に、すでに見た難者のように、この問題に対する吉蔵の立場は「決定業不転」であるとする見方が、広く一般的に行なわれていたと思われることについて簡単に触れておきたい。

三論宗の学僧として名高い珍海（一〇九一―一一五二）の『三論玄疏文義要』巻第五には、次のような記述がある。

法華普門品疏并玄論、念観世音不能免難者、是定業也［取意］。人依此文云、定業不能転也。今云、此拠愚者不至心中、不定得滅、定業不能滅、非云、定業実不滅也。（大正蔵七〇・二八六中）

これによれば、引用文中に傍線を付したように、珍海当時の人々は問題となっている吉蔵の「法華普門品疏」（『法華義疏』「観世音菩薩普門品」の釈）と「玄論」（『法華玄論』）の一文によって、「定業は転ずることがない」と理解していたことが推知されるのである。もっとも、『三輪玄疏文義要』の著者珍海の立場がそうしたものでなかったことは、引用文結尾に「非云定業実不滅也」とあることからも明らかであり、この点については本章後文においてさらに明らかにしたい。それはともかく、上述の珍海の証言によっても、「決定業不転」が吉蔵の基本的立場であるとする見方が広く行なわれていたことは十分に予測されるところである。

では、こうした見方が吉蔵の著作に照らして見たとき、果たして妥当なものといえるのであろうか。われわれはその点を吉蔵の著作そのものに遡って検討してみる必要があるであろう。

二 「決定業」の転不転

『宗要柏原案立』における難者が問題としている吉蔵の文言とは、すでに簡単に見たように、『法華義疏』巻第十二「観世音菩薩普門品」の一文である。ここでは前後の文脈が見易いよう、以下に関連する全文を掲げよう。(6)

問。称名何故有脱苦不脱者。

答。一意如上。有至心不至心故有脱不脱。二者脱有利益是則救之。脱無利益故不救也。三者与観音結縁有厚薄。薄者善少故不脱。厚者善多。是故得脱。四者衆生業有定不定。不定可救、定不可救。所言定者、一重心作已心無

慚愧。二者覆蔵。三者作已更作。四起願扶之。故決定得報。不可救也。（大正蔵三四・六二六上）

引用文に明らかなように、この問答は「南無観世音菩薩」と名号を称えたとしても、どうして苦を脱することができる者とできない者がいるのかとの問いに対して、四点にわたって吉蔵が答えているものである。問題となっている一文は、その四番目の答えで、衆生の業には「定」と「不定」とがあり、「不定」は救われることができるが、「定」は救われることはできないとするものである。そして吉蔵は、さらに「定」の具体相として四点を指摘していることがわかる。なるほど、この一文だけを素直に読めば、「定」（決定業）は転ずることがないとする解釈は至極当然なもののように思われる。(7) 引用文中の「決定得報。不可救也」という一文は、まさしくそのことを裏書きして余りある表現のように感ぜられる。しかし、いま筆者があえて問題としたいのは、この一文に続く次の問答の部分なのである。

問。若不可救、応称名無利益耶。

答。今雖無益作後世因。（同前）

この問答は、「もし救われることができないのであれば、決定業のものが「南無観世音菩薩」と称えることに何の利益もないのか」という問いに対して、吉蔵が「いまは確かに利益はないけれども、後世の因とはなり得る」と答えているものである。ここで、吉蔵がその答えとする「今雖無益作後世因」という一文は、『法華義疏』そして同文のある『法華玄論』(8)、ともにその典拠を明かすことはないが、実はすでに珍海が指摘しているように、(9)『涅槃経』巻第十八「梵行品」の次の一文を下敷きとしたものなのである。

すなわち、『涅槃経』「梵行品」には、次のようにある。

大王、世尊亦爾。於一闡提輩善知根性而為説法。何以故。若不為説、一切凡夫当言如来無大慈悲。有慈悲者名一切智、若無慈悲、云何説言一切智人。是故如来為一闡提而演説法。大王、如来世尊見諸病者常施法薬。病者不服非如来咎。大王、一闡提輩分別有二。一者得現在善根、二者得後世善根。如来善知一闡提輩、能於現在得善根者、則為説法。後世得者亦為説法、今雖無益作後世因。是故如来為一闡提演説法要。一闡提者復有二種。一者利根、二者中根。利根之人於現在世能得善根、中根之人後世則得。諸仏世尊不空説法。大王、譬如浄人墜堕圊厠。有善知識見而愍之尋前捉髪而抜出之。諸仏如来亦復如是。見諸衆生堕三悪道、方便救済令得出離。是故如来為一闡提而演説法。（大正蔵一二・七二五中）

上記の文章が説かれる『涅槃経』「梵行品」は、周知のように阿闍世王の説話が説かれ、とりわけ「阿闍世王入信帰仏」の次第が詳しく語られることで有名であるが、(10) 吉蔵が下敷きとした部分は、一闡提には二種類があるとした上で、「世尊はよく一闡提（の性質や気質）を知った上で説法するのであり、現世においては善根のない者にも説法することによって後世の因となるよう説法するのである」とする箇所である。そしてこの箇所は、実は一闡提の成仏不成仏の問題をめぐって、近代の諸学者が等しく注目する有名な箇所なのである。それら諸学者の成果によれば、この一連の文脈は「一闡提成仏」を明確に説いた箇所と理解するのが穏当であるという。(11) 筆者の理解もこれに同ずるものであるが、筆者は前に問題にした『法華義疏』の記述は、この問答と一具のものとして読まれるべきものであると主張したい。

すなわち、筆者が問題としたいのは、「決定業」が転ずることがないという立場が吉蔵の最終的立場であったとするならば、ではいったい吉蔵はどのような意図があって、前のような紛らわしい内容を地にもつ『涅槃経』の一文をわざわざ援用して、問題の一文に続けたのかということなのである。筆者よりすれば、上述の『涅槃経』「梵行品」の一文は、やはり常識的に考えて、これまで不成仏の烙印を押されてきた「一闡提」にも成仏への希望を与えた記述と読むしかないように思われるのである。もし吉蔵が「決定業不転」をその最終的な立場としたならば、前述のような内容をもつ一文をわざわざ最後に吉蔵が援用した意図が、筆者にはまったく理解できないのである。(12)

この場合そうではなくて、吉蔵は決定業もやはり終局的には転ずると理解していたからこそ、これまで否定され続けてきた一闡提の成仏に道を開くような『涅槃経』の一文を援用したのではなかろうか。そして、それはまさしく『涅槃経』が意図したところとその趣旨において完全に一致するものであったと思われるのである。『宗要柏原案立』の難者は、故意にか誤ってかは定かではないが、筆者が問題とする問答の部分を見落としたがゆえに、吉蔵は「決定業不転」を説いたと誤解したのではないであろうか。

三　「決定業転」と「懺悔滅罪」

さて、『法華義疏』巻第一「序品」には、吉蔵が阿闍世王の「入信帰仏」に言及した、次のような記述がある。

> 阿闍世者、此云未生怨。以母標之者、爾時以害父竟故不標父也。又言擲之於地遂折其指故名折指。阿含経云、世王懺悔竟猶堕拍掬地獄、後従地獄出成辟支仏。**涅槃経云**、阿闍世王不値耆婆、来月七日当堕地獄。而懺悔竟不復堕。又経云、懺悔竟得柔順忍。所以大小乗経不同者、以小乗経力劣故重罪微薄猶堕軽地獄。大乗経力勝、重罪都滅。所以不堕。又闍王害父身瘡未発故来聴法華。至涅槃時身瘡発者、涅槃経既唱当滅五逆之罪。(大正蔵三四・四六六上)

すなわち、ここで吉蔵は、『涅槃経』「梵行品」の一文を引いて、[13]阿闍世王は懺悔することによって地獄に堕することを免れたことを述べ、さらに小乗経は経力が劣であるから重罪が微薄になることはあってもすべて消えるということはなく、したがって軽微な地獄に堕することは免れ得ないが、大乗経は経力が勝れているので重罪もすべて滅すると述べていることがわかる。[14]したがって、吉蔵は、『涅槃経』「梵行品」に説かれる阿闍世王の説話に、明確に「懺悔滅罪」の思想を読み取っていたのである。[15]

ところで、「決定業転」と「懺悔滅罪」に関して、珍海の『三論玄疏文義要』巻第五には、次のような興味深い問答がある。

問。依方等懺悔滅五逆等決定業耶。

答。若依浄影、但可令軽、未可全尽。今嘉祥義宗、一往応云定業不能全滅、但得軽受。若究竟尋之、亦得都尽。

然亦研二師義、其意則通。（大正蔵七〇・二八三下）

すなわち、ここで珍海は、「方等懺悔することによって五逆等や決定業は滅するのか」との問いに対して、浄影寺慧遠（五一三―五九二）と吉蔵の言をもって答えているのであるが、慧遠は方等懺悔したとしても五逆や決定業は軽くなるだけであって、すべてが滅するわけではないとし、[16]吉蔵も一見、慧遠と同様の立場を取っていたと思われなくもないが、[17]もし究竟じてその意味するところを尋ねるならば、すべては滅するというのが吉蔵の最終的な立場であると珍海は結論づけている。そして、さらに続けて珍海は、自説を正当化するために、吉蔵の「観業品疏」を引用している。[18]珍海の引用する「観業品疏」とは、『中観論疏』巻第八本「業品」に、

諸大乗経皆明懺悔転業障義。**如涅槃師子吼云**、一切諸業無有定性、唯有愚智。愚人則以軽為重、無而成有。智者転重為軽、転有令無。今明若執業決定、則是愚人。如今品観之、名為智者。**普賢観云**、一切業障海、皆従妄想生。若欲懺悔者、端坐念実相。衆生無始已来、起六道業。深而且大。故喩之如海。非実相観、無由滅之。今此品観業即是実相、故能滅業障。故説此品。（大正蔵四二・一一六上）

とあるものがそれであるが、ここで吉蔵は、諸大乗経には皆な懺悔すれば、業障を転ずることが明かされているとして、『涅槃経』「師子吼菩薩品」[19]と『普賢観経』[20]を引証し、その結論として業障は消滅することを主張していることがわかる。[21]

さらに、吉蔵は『中観論疏』巻第五本「染染者品」において、

遍釈諸大乗経方等懺悔義。**如普賢観云**、十方諸仏説懺悔法。菩薩所行不断結使不住使海。了此煩悩即是実相無煩悩可住、亦無惑可断。令此心与実相相応、於一弾指頃、能滅百万億阿僧祇劫生死之罪、況復多時。（同前・七四上）

と述べ、「染染者品」はあまねく「諸大乗経の方等懺悔の意味」を解釈するために説かれるとした上で、やはり『普賢観経』を引用し、(22)煩悩が即ち実相であると了解するならば、(23)煩悩の住すべきところも、惑を断ずることもなく、この実相と心を相応することができれば、わずか「一弾指」のうちに百万阿僧祇劫の生死の罪を滅することができるといっている。では、なぜ「一弾指」のうちに生死の罪を滅することができるのかといえば、『中観論疏』の後文には次のようにある。

問。何故爾。

答。夫乖理故為罪。罪即虚妄。若与実相相応、即便符理。理是真実。以実治虚故滅衆罪。論主無縁大悲、愍末世重罪衆生、示真実方等大懺速滅三障法門。故説此品。(同前)

すなわち、吉蔵によれば、「理」に乖くがゆえに罪が生じるのであるが、罪は本来虚妄なものであるから、もし実相を観じ、「理」を悟るならば、たちどころにその罪は滅するというのである。『法華義疏』巻第十二「勧発品」に、

問。修何法耶。

答。**今依普賢観経**、略明六法。(中略)六端坐思惟第一義甚深空法、達此六根如幻如夢従因縁生、因縁生即是寂滅相、寂滅相即是実相。実相即是法身。作此観時念念見十方仏法身及普賢菩薩。於一弾指頃能滅百万億阿僧祇劫生死之罪。(大正蔵三四・六三二中―下)

とあるのも、趣旨は前の『中観論疏』と同じであろう。かかる吉蔵の主張の背景には、これまでの文例からも明らかなように「懺悔滅罪」の思想があり、(24)またその経証としての『普賢観経』の強い影響があったことは疑いのないところであるが、『普賢観経』の経説をもって懺悔すれば滅罪すると説くことは、例えば『摩訶止観』巻第二上にも、「観経明無相懺悔。我心自空罪福無主。慧日能消除。豈非理耶」(大正蔵四六・一四上)とあるように、当時の仏教界ではいわば常識的なことであったと思われるのである。(25)

さて、上記のような吉蔵の思想の根底には、やはり吉蔵の空観理解があることはいうまでもないことであろう。すなわち、吉蔵は『中観論疏』巻第四末「六情品」において、

又説此品者、法華明六根清浄、**普賢観経懺六根罪**。**彼経云**、若有眼根悪業障不清浄、当誦大乗経思念第一義。是名懺悔眼能尽諸悪業。故知、欲為真実懺悔、当依此品観六根畢竟空。（大正蔵四二・六三上）

と述べ、同巻第四末「五陰品」では、

世間問答尚須依空、況求至道而存有耶。非但求道、凡欲坐禅礼仏懺悔、並須依無所得也。(26)（同前・六九中）

といっている。すなわち、吉蔵の立場からすれば、真実に懺悔しようと思うならば、また坐禅礼仏懺悔しようと思うならば、畢竟空を観じ、無所得によるべきことが強調されているのである。つまり、阿闍世王が滅罪可能なのは一切法に「定相」がないからであり、(27)懺悔すれば業障を空ずることができるのは諸法が「空」だからなのである。(28)しかし、かかる吉蔵流の主張に対しては、最近厳しい批判が提出されているので、(29)ここでは章を改め、「決定業転」に関連する問題を吉蔵のいう「空観」に絡めながらさらに別の角度から考察してみることにしたい。

注

（1） 貞舜の伝記は、『本朝高僧伝』巻第十七（仏全六三・一一五上）にある。

（2） 江戸時代中期、天台宗の学僧智周によって著された『台宗二百題』は、『宗要柏原案立』を全面的に承けて成立したものとされている。『台宗二百題』「決定業転（仏土義）」には、次のようにある。「問。決定応受業。為転為不転耶。答。経論釈義不一準。任円実大旨可転之也。就之凡定業者名無改転義。若転之者何異不定業耶。是以**大般若経**宣除先定業現世応受。**婆沙論**判唯除業報必応受者。可知不転之。答。一家円実意三道即三徳。業無定実体。縦決定業能治行業重厚。何不転之耶。是以**普賢覚**《ママ》**経**宣衆罪如霜露慧日能消除。**荊渓**判若其機感厚定業亦能転。但至難勢文理者約行業経薄。可意得也。**難**云。凡衆生造業不一。定不定業相分転不転義必然。若転定業者非無定不定不同耶。依之**大般若経**云。除先定業現世応受。**十輪経**云。造十悪輪罪一切諸仏之所不救。**文殊問経**云。悪業深重決定受報。**無量寿経**云。唯除五逆誹謗正法。又**大論四十六**云。犯十善戒雖復懺悔三悪道罪不除。**十地論第一**云。一感報定。二作業定。此二種定諸仏威

神所不能転。猶又一家解釈中。**輔行第二引婆沙云。**唯除業報必応受者。文義明白。誰疑之耶。**又嘉祥法華疏云。**衆生業有定不定。不定可救。定不可救。非他師亦不許此義耶」（藤谷恵燈編『冠導台宗二百題』巻第七、五六六—五六八頁、法蔵館、一八八九年）。なお、『宗要柏原案立』には硲慈弘氏による国訳（『国訳一切経』「諸宗部」十九）が、『台宗二百題』には古宇田亮宣氏による国訳（古宇田亮宣編『和訳天台宗論議二百題』隆文館、一九六五年）がある。ただ、本章で問題とする当該箇所に限っていえば、古宇田氏の訳には従えないところがある。

（3）　筆者が確認し得た範囲において、以下に『宗要柏原案立』の挙げる引用文献の典拠を列記しておきたい。

①『大般若経』巻第十一（大正蔵七・一五六下）

②『観普賢菩薩行法経』（大正蔵九・三九三下）

③『大般涅槃経』巻第十（大正蔵一二・六七三上、取意）

④『十地経論』巻第一（大正蔵二六・一二九下）

⑤『大智度論』巻第四六（大正蔵二五・三九五下）

⑥『十輪経』（大正蔵一三・六九九下）

（4）　前注（2）にも示したように、『宗要柏原案立』を全面的に承けて成立した『台宗二百題』には、「嘉祥法華疏云。衆生業有定不定。不定可救。定不可救。非他師亦不許此義耶」（『冠導台宗二百題』五六八頁）とある。これにより、われわれはこの一文が吉蔵の「法華疏」にもとづいたものであることを容易に知ることができる。事実、吉蔵の『法華義疏』巻第十二には、『宗要柏原案立』や『台宗二百題』そのままの「衆生業有定不定。不定可救。定不可救」（大正蔵三四・六二六上）という記述を認めることができる。なお、『法華義疏』と同一の文脈を記した『法華玄論』巻第十には、「業有定不定。定者不脱。不定者脱」（大正蔵三四・四四九中）とあり、趣旨は完全に一致していることがわかる。

（5）　前注（4）を参照。

（6）　因みに『法華義疏』と同一の文脈のある『法華玄論』巻第十「論脱難不脱難」には、次のようにある。「問。称菩薩名何故有脱苦不脱苦耶。答。至心則脱。不至心故不脱。問。菩薩自応救之。何須至心。答。以至心故則罪滅。菩薩方得応之耳。故須至心。二者罪軽則脱苦。罪重則不脱苦。三者習因有厚薄。薄者脱苦。厚者不脱苦。四者業有定不定。定者不脱。不定者脱。問。不定者可称名。定者応不用称名。答。今雖無益作後世因也。五者有密益顕益。則脱苦者謂顕益。則不脱者謂密益。六者有利益者脱苦。無利益者不令脱也」（大正蔵三四・四四九中）。また、珍海の『三論玄疏文義要』巻第五には、「新撰疏云。所言定者。一重心作。二作已心無慚愧。三者作已更作。四起願扶之文。餘文同義疏」（大正蔵七〇・二八四中）とあり、「新撰疏」なる吉蔵の著作に『法華義疏』と同様の文があったことを伝えている。ここにいう「新撰疏」とは、安遠（生没年不詳）が編した『三論宗章疏』に「法華新撰疏六巻〔分本末為十二巻吉蔵述〕」（大正蔵五五・一一三七中）とあるものがそれであろう。こうした珍海の証言により、珍海の頃まで南都の三論宗に吉蔵の『法華新撰疏』なる著作が伝承されていたことがわかるが、以上から『法華義疏』『法華玄論』『法華新撰疏』は少なくともいま当面の課題としている問題に対しては共通の認識を示しており、その意味でこの問題に対する吉蔵の立場は一貫していたといえよう。なお、藤井正雄『日本人とご利益信仰』（講談社もんじゅ選書22、一九八六年、一六六―一六九頁）に、本文に示した『法華義疏』巻第十二（大正蔵三四・六二六上）の一文に関わる解説があるので参照されたい。

（7）『法華義疏』巻第十「安楽行品」の釈文に、「問。現見読法華人憂悩疾病。云何言読是経者常無憂悩耶。答衆生有二種。一定報業。二不定報業。不定可転。定不可転。二者転重為軽。故読経之人横羅殃咎。三者不如説行故病不除。如不依方服薬。四者衆生有無量劫罪漸得微薄」（大正蔵三四・五九八下）とある傍線部分なども一見すれば、やはり定業は転じないと解釈するのが妥当であるようにも思われる。おそらく、こうした点にも吉蔵に対する解釈の誤解の素地があったものと思われる。なお、塩入法道氏は、論文「『観音経』の成立と中国における展開」（『観音経事典』柏書房、一九九五年）の中で、本章で問題としている『法華義疏』巻第十二「観世音菩薩普門品」の「問。称名何故有脱苦不脱者。答。一意如上。有至心不至心故有脱不脱。二者脱有利益是則救之。脱無利益故不救也。三者与観音結縁有厚薄。薄者善少故不脱。厚者善多。是故得脱。四者衆生業有定不定。不定可救。定不可救。所言定者。一重心作已心無慚愧。二者覆蔵。三者作已更作。四起願扶之。故決定得報。不可救也。問。若不可救。応称名無利益耶。答。今雖無益作後世因」（大正蔵三四・六二六上）を評して、「吉蔵の解釈は、定・不定のところはやや難解であるが（これはすでに果報が決定しており観音の力でも変えられないということであろう）、あとは具体的でわかり易い。しかし何か言いわけのようでもある」（同書、二八四頁。傍線＝奥野）といっている。傍線部に明らかなように、塩入氏の見解も吉蔵は「決定業不転」を基本的立場としていたというものであろうと思われる。ただ、塩入氏がやはり本章で問題とした『法華義疏』中の「今雖無益作後世因」について、何ら言及されていなかったことは筆者よりすれば極めて残念なことであった。

（8）前注（6）にも示したように、『法華玄論』の当該箇所は「問。不定者可称名。定者応不用称名。答。今雖無益作後世因也」（大正蔵三四・四四九中）となっている。なお、吉蔵の『涅槃経』依用の特色と実態については、平井俊榮『中国般若思想史研究――吉蔵と三論学派――』第二篇第三章第四節「吉蔵における『涅槃経』引用の形態と特質」（春秋社、一九七六年、三八二頁以下）参照。

（9）『三論玄疏文義要』巻第五に問題の『法華義疏』「観世音菩薩普門品」の釈文を引き、これに続けて「問。若不可救応称名無益耶。答。今雖無益作後世因。今雖無益等者。涅槃経説。大涅槃経於一闡提人猶為作。作利益事也」（大正蔵七〇・二八四上）といっている。

（10）周知のように親鸞（一一七三―一二六二）は、その著『教行信証』「信巻」において長文にわたって「梵行品」の一文を引用して、阿闍世王、一闡提の成仏の問題に言及している。このことについて、横超慧日博士は、「闍王入信の文を梵行品より長々と引用しておられるのは、ひとえにこれ、如来は一闡提のために法を演説するということがその中で繰り返し繰り返し説かれているからに外ならぬのである」と述べておられる（横超慧日「親鸞聖人の読経眼――涅槃経の三病人について――」『涅槃経と浄土教』平楽寺書店、一九八一年、一八四頁）。また、親鸞と『涅槃経』については、横超慧日「親鸞聖人と『涅槃経』」（前掲『涅槃経と浄土教』所収）も参照されたい。なお、道元（一二〇〇―一二五三）の『涅槃経』依用の問題に関しては、石川力山「道元禅における『涅槃経』の依用について」（『印度学仏教学研究』第四一巻第一号、一九九二年十二月）参照。この論文の中で石川氏は、「道元にとって『涅槃経』は、「続善根」の経証でもあった」と指摘している。道元もまた『涅槃経』によって一闡提成仏を認めていたとの示唆であろう。なお、親鸞と『涅槃経』に関する従来の先行業績については石川論文がこれを精査している。

(11) 管見に及んだものを列記すれば、次のようである。

①常盤大定『仏性の研究』上篇第一章「北涼曇無讖訳「大般涅槃経」」（国書刊行会再刊、一九七三年、五〇頁）

②横超慧日『涅槃経と浄土教』「悪人成仏の信が成り立つまで――一乗思想の系譜――」（平楽寺書店、一九八一年、二三〇―二三二頁）

③望月良晃『大乗涅槃経の研究――教団史的考察――』第二編第二章「一闡提成仏説の展開」（春秋社、一九八八年、一一三―一一四頁）、同第三章「阿闍世王説話の意味するもの」（一四九―一五一頁）

④高崎直道『涅槃経を読む（下）』「第十一講　阿闍世王の救い」（日本放送出版協会、一九九六年、一一一―一二四頁）

特に③望月「阿闍世王説話の意味するもの」は、「従って、この説話の説かれた意味は、やはり、一闡提成仏に対する巧みな配慮であって、阿闍世王の重罪も、心に慚愧をいだき、発露懺悔することによって、罪が消滅することを、雄大な文学的構想と深遠な哲学をもって説いたところに大きな意義があると思われる」（一五一頁）と述べる。これに対して、

⑤田上太秀『菩提心の研究』第六章第六節「『大乗涅槃経』における菩提心思想」（東京書籍、一九九〇年、三五四頁）は「一闡提不成仏説」に立つようである。

なお、当該「梵行品」の和訳は、前掲④高崎書をはじめ、

⑥定方晟『阿闍世のすくい――仏教における罪と救済――』（人文書院、一九八四年）

⑦田上太秀『ブッダ臨終の説法』第三巻（大蔵出版、一九九七年）

に見られる。いまは因みに高崎博士の訳を次に掲げ、読者の参考に供したい。

「大王よ、如来は一闡提のものたちの根性をよくご存知の上で、かれのために法をお説きになるのです。そのわけは、もし説かなければ凡人たちは、如来を一切智とお呼びできるが、慈悲に欠けるところがあれば一切智ではない、というでしょう。それ故、如来は一闡

提にも法を説かれるのです。如来はどんな病人に対しても、法の薬を施されます。その法薬を服用しないのは、病人の罪であって如来の咎ではありませぬ。大王よ、一闡提には二種あります。一つは現世の善根を得るもの、二つには後世の善根を得るものです。如来は現世の善根のないものにも、後世の善根を得させるために法を説かれるのです。それはちょうど、肥溜に落ちた人を無理にでも髪を摑んで引き上げるようなものです。如来は三悪道に堕ちた衆生をごらんになると、方便をめぐらして先ず引き上げようとなさるのです」

(④高崎書一一三頁、傍線＝奥野)

(12) 吉蔵の立場が一闡提成仏説に立つのではないかということについては、拙稿「吉蔵と一闡提」(『印度学仏教学研究』第四六巻第一号、一九九七年十二月)を参照していただきたい。

(13) 『大般涅槃経』巻第十八「梵行品」に「阿闍世王若不随順耆婆語者。来月七日必定命終堕阿鼻獄」(大正蔵一二・七二五下)とある。

(14) 『法華義疏』中に見られる「阿含経云」「経云」の典拠は、それぞれ『増一阿含経』巻第三十二(大正蔵二・七二五下)、『文殊師利普超三昧経』巻下(大正蔵一五・四二二中の取意)である。なお、珍海は『三論玄疏文義要』巻第五において、「今意。大乗経力。五逆都滅。五逆定業。既許都滅。況餘業哉。又五逆人由念仏力。滅罪往生。豈不滅定業耶」(大正蔵七〇・二八四下)といっている。明らかに珍海は「定業滅」の立場に立っていることがわかる。

(15) 珍海はその著『三論名教抄』巻第五において、散逸した吉蔵の『大般涅槃経疏』の逸文を引いて、「故涅槃疏一云。欲顕般涅槃慈悲実益故。所以不来。実益者。即如梵行滅於四重五逆。闍世王如此重罪得聞梵行即滅」(大正蔵七〇・七三四中)といっている。これによっても、吉蔵が阿闍世王の滅罪を認めていたことは明らかであろう。

(16) 慧遠の『大乗義章』巻第七には、「次明五逆可尽不尽。五逆之罪。是定報業。仮修対治。但可令軽。不可令尽。故成実云。五逆之罪。但可令滅。不可都尽。如王法中有重罪者。但赦令軽不可全放。故彼闍王殺父之愆。諸仏懺悔。如来但言阿闍世王重罪微薄。不言滅尽。五逆之業。略之云爾」(大正蔵四四・六一〇中)とある。

(17) 珍海もこのように述べるように、筆者から見てもやはり吉蔵の立場には曖昧さは見受けられる。この点に関しては、前注(7)を参照。なお、本文で引いた『三論玄疏文義要』巻第五の後文には、問題の『法華義疏』「観世音菩薩普門品」の釈文に関連する次のような問答がある。「問。雖言転有令無。不言定業。故知此文且約不定言耳。答。既言一切諸業無有定性。何得定言有決定業。問。釈観世音称名脱苦云。衆生業有定不定異。不定可救。定不可救〔云云〕。今何云定業滅耶。答。約不至心及結縁薄者。更分別之。有定業不滅。此是多義相成。非云定業全不滅也。意云不可救者。有一類不可救耳。非一切定業不可救脱。今云方等懺悔滅定業者。約懺悔成者論。亦非一切人皆滅定業。又称名軽故定業或有不滅者。正観深名諸業障滅」(大正蔵七〇・二八三下―二八四上)。珍海は明らかに「滅定業」の立場に立っているが、やはりその応答には歯切れの悪さが残るようにも思われる。

（18）『三論玄疏文義要』巻第五（大正蔵七〇・二八三下）

（19）『大般涅槃経』巻第二十九「師子吼菩薩品」（大正蔵一二・七九五下）の取意引用。なお、『国訳一切経』「論疏部七」では北本『涅槃経』をもって典拠を指示しているが、吉蔵の『涅槃経』依用が南本であることは、前注（8）所掲の平井書、三八七頁参照。

（20）『観普賢菩薩行法経』に「一切業障海。皆従妄想生。若欲懺悔者。端坐念実相。衆罪如霜露。慧日能消除。是故応至心。懺悔六情根」（大正蔵九・三九三中）とある。

（21）この『中観論疏』の一文については、すでに松本史朗博士によって批判的考察がなされている。これについては、後注（29）参照。松本史朗「三論教学の批判的考察——dhātu-vādaとしての吉蔵の思想——」（平井俊榮監修『三論教学の研究』春秋社、一九九〇年、後に松本『禅思想の批判的研究』大蔵出版、一九九四年に再録）参照。

（22）『観普賢菩薩行法経』に「十方諸仏。説懺悔法菩薩所行。不断結使不住使海」（大正蔵九・三九二下）とある。なお、『中観論疏』巻第九末にも「今初章求煩悩生不得釈不倶義。次章辨煩悩不滅明不断義。普賢観云。十方諸仏説懺悔法。不断結使海。不住結使海。亦与此同耳。此二章即是方等大懺悔」（大正蔵四二・一四五下）と同文の引用がある。

（23）『中観論疏』巻第五本「染染者品」の前文にも「今此品観煩悩畢竟皆空」（大正蔵四二・七三下）とある。

（24）懺悔について、吉蔵の『金光明経疏』には、「言懺悔品者。外国云懺摩毘。此云厭離。亦云改悔。胡漢具存故云懺悔」（大正蔵三九・一六二中）とある。また、同書には、「離過行体不出五種。五種者何。所謂懺悔勧請随喜迴向発願。菩薩何故行此五法者。欲反起悪根本心故。起罪根本亦有五種。一者無慚愧心。二者不楽仏法心。三者嫉妬心。四者三有取著心。五懈怠心也。菩薩懺悔以慚愧心為体。故対翻第一心」（同前・一六三中）ともある。これによれば、懺悔は無慚愧を対翻するものとされている。さらに『三論玄疏文義要』巻第五には、吉蔵『大般涅槃経疏』の逸文を引いて、「**涅槃疏十云**。昔教所明四重五逆謗法之罪。猶如折石断多羅樹。畢竟不可懺悔。此人即不得近無上道。今明開懺悔四重等三種罪。即令此三種罪人及以二乗得近無上道也。**又云**。明有六種薬。所以能治此三種重罪。一者発菩提心。二者生慚愧。深自考責。三者建立正法。種種方便護持正法。為人解説。四者見有護法之人。随喜讃歎。五者深識罪相。如浄名云。罪相不在内乃至。六者読誦大乗経典受持。為人解説。有此六事。罪即当消滅」（大正蔵七〇・二八五中—下）といっている。これからも吉蔵が「懺悔滅罪」を説いていたことは明らかであろう。なお、「懺悔滅罪」を批判的に考察した論文に、袴谷憲昭「十二巻本『正法眼蔵』と懺悔の問題」（鏡島元隆・鈴木格禅編『十二巻本『正法眼蔵』の諸問題』（大蔵出版、一九九一年、後に袴谷『道元と仏教——十二巻本『正法眼蔵』の道元——』大蔵出版、一九九二年に再録）がある。

（25）天台においては、例えば『法華三昧懺儀』（大正蔵四六、№一九四一）がとりわけ『普賢観経』を重視し、法華の読誦に懺悔の儀制を加えた。この点については、佐藤哲英『天台大師の研究』第二篇第三章「法華三昧懺儀」（百華苑、一九七九年、第二刷、一二七—一三六頁）参照。

(26) ここに「坐禅」とあるのは、前に本文で引いた『法華義疏』巻第十二「勧発品」に「端坐思惟第一義甚深空法」（大正蔵三四・六三二下）とある「端坐」と同様の意味であろう。

(27)『大般涅槃経』巻第十八「梵行品」に「仏告大王。一切諸法性相無常無有決定。王云何言必定当堕阿鼻地獄。阿闍世王白仏言。世尊。若一切法無定相者。我之殺罪亦応不定。若殺定者一切諸法則非不定。仏言。大王。善哉善哉。諸仏世尊説一切法悉無定相。王復能知殺亦不定。是故当知殺無定相」（大正蔵一二・七二六中）とあるを参照。

(28)『法華義疏』巻第四に「問。既是有所得善根。云何能生無所得耶。答。有所得若決定性者。不能生無所得。良由諸法無決定性故。値仏菩薩悟此有所得本無所有便生無所得也」（大正蔵三四・五〇五中）というように、諸法には決定した自性がないから仏説を聞き、有所得から無所得に転換することができるのだとするのも、空観思想家としての吉蔵の同じ立場の変奏といえる。なお、この点については、梶山雄一『「さとり」と「廻向」』（講談社現代新書、一九八三年）の一九―二〇頁の記述を参照（上記はそのまま同名の書名の梶山博士の『「さとり」と「廻向」』人文書院、一九九七年、五八―六一頁に再録されている）。

(29) 松本史朗博士は、前注（21）所掲論文において、「ここで吉蔵は、二種の人々を区別している。則ち、〝業が決定している〟と考える人は「愚人」であり、業は「本性空」であるという「実相」を観じて、業障を消滅させる人は「智者」であると言うのである。「本性空」を観ずれば、業障が消滅するというのは、誠に便利で楽天的な考え方であるが、道元がこのような考え方を外道の見解であるとして最も嫌ったことは、よく知られている」（松本書、五七一頁）と述べ、さらに「業障は本性空なりという実相を観ずれば、業障は消滅すると説く吉蔵は、単に楽天的とか浅薄とか評されるべきではなく、仏教そのものである縁起説を否定したと言えるのである」（松本書、五七一―五七二頁）といって吉蔵の理解を厳しく批判している。石井修道博士はこの松本博士の批判を道元の「三時業」理解の立場から、その著書『道元禅の成立史的研究』（大蔵出版、一九九一年）第十章注（46）において長文にわたって引用し、「この問題提起は「仏教とは何か」を考える時に、極めて重要な発言を含んでいるといってよいであろう」といっている。また、かつて石井博士より恵まれた「道元禅師の意味する非仏教的なもの」には、「「因果」を深く信ずることによって、「業報」を明らかにし、業は消えることがないと自覚し、「三世」を知らねばならないのです。業が消えることがないとは、現代的受け取り方でいえば、自己のいかなる行為に対しても責任をもつことです」（『文明のクロスロード九州～仏教の源流をたずねて～』九州曹洞宗青年会・福岡曹洞宗青年会、一九九七年六月、五二頁）とあり、興味がもたれる。ところで、筆者は最近、前注（27）に示した『涅槃経』「梵行品」の一文を解説したと思われる定方晟博士の「では、善も悪もない、一切が無差別なのだ、というならば、なにをしてもよいということになるのだろうか。答えは「なる」である。「それは大変なことだ！」と非難の声をあげるひとが必ずいるだろう。だが、それが真実である以上、やむをえない」（前注（11）

所掲の⑥定方書、二二四頁）という解説を読んで所感が少なくなかった。定方博士の真意も『涅槃経』の真意も上記にないことは容易に想像のつくところであるが、解釈上の問題はつねにつきまとうわけで、そこに『涅槃経』の経説の限界があるようにも感じているが、いましばらく熟慮してみたいと思っている。

第二章　吉蔵における「有所得」と「無所得」

――有所得は無所得の初門――

一　問題の所在

周知のように吉蔵を大成者とする三論宗は、一般に「無所得正観」「無得正観」の名をもって知られている。[1] 事実、例えば『三論玄義』には「通論大小乗経同明一道、故以無得正観為宗」（大正蔵四五・一〇下）なる一文があるし、また『涅槃経遊意』において吉蔵は、「無所得」がすべての大乗経典の正意であるとして、次のようにいっている。[2]

今明諸法未曾常無常、或説常或説無常、諸法実相行常無常也。然無所得非但是此経宗、通是一切大乗之正意也。（大正蔵三八・二三二下）

しかし、三論宗が「無所得正観」「無得正観」の名をもって呼称されるようになるにあたっては、吉蔵の著作そのものによるというよりはむしろ凝然（一二四〇―一三二一）の『八宗綱要』の次の記述の影響が大きかったものと思われる。[3]

此宗所顕、即此無得正観而已。故古人云、八不妙理之風、払妄想戯論之塵。無得正観之月、浮一実中道之水［已上］。（仏全二九・二〇中。カッコ内は割注）

それはともかく、すでに指摘されているように、[4] 吉蔵は『勝鬘宝窟』巻上本において、

家師朗和上、毎登高座、誨彼門人、常云、言以不住為端、心以無得為主、故深経高匠、啓悟群生、令心無所著。所以然者、以著是累根、衆苦之本以執著故三世諸仏敷経演論、皆令衆生心無所著。以執著故、起決定分別。定分

別故、則生煩悩、煩悩因縁。即便起業。業因縁故、則受生老病死之苦。有所得人未学仏法。従無始来任運於法而起著心。今聞仏法更復起著。是為著上而復生著。著心堅固、苦根転深。無由解脱。欲令弘経利人、及行道自行勿起著心。此叙説教之大意也。（大正蔵三七・五下）

と述べ、「無所得」の教えが師である興皇寺法朗（五〇七―五八一）に由来するものであることを強調している。すなわち、この『勝鬘宝窟』の記述によれば、法朗はつねに門人に「言は不住を以て端と為し、心は無得を以て主と為す」といい、衆苦の本は執著することにあるのであるから、心に執著をなくすことが大切であり、けっして執著心を起こしてはならないと誡めていたことがわかる。つまり、無得（無所得）、無執著こそが法朗の教えだったのである。吉蔵はその著作の随所において「無所得」を強調しているが、こうした吉蔵の姿勢は確実に法朗のそれを継承したものであった。

さて、「無所得」の対極にあるのは、いうまでもなく「有所得」である。したがって、よく知られているように、吉蔵は「無所得」を標榜する一方、他方では「有所得」を破斥の対象として、これを厳しく批判している。例えば『三論玄義』において吉蔵は、心に所著があればどのような過があるのかという問いに対して、「若有所著便有所縛、不得解脱生老病死憂悲苦悩」（大正蔵四五・七上）と答え、さらにその結論として「故有依有得為生死之本、無住無著為経論大宗」（同前）[5]といっているが、ここでは「有所得」と「無所得」が対置されているばかりか、その主張が前の法朗の言と見事に符合していることに気づくであろう。[6]

また、『法華遊意』には、

若有因果等見、即是有所得。有所得名之為麁、不名為妙。有所得名為非法、不名為法。有所得即是不浄染著、非是蓮花。今息因果等見即是無所得。無所得故名曰妙法、称為蓮花。故是経宗。（大正蔵三四・六三七下）

とあり、ここでは「無所得」が「妙法」「蓮華」とされる反面、「有所得」は「麁」「不浄染著」とされていることがわかるが、(7)これなども「無所得」と「有所得」が対置されている好例といえよう。(8)かかる例を待つまでもなく、ともかく「有所得」は吉蔵においては徹底して破斥されるべき対象なのである。

ところで、吉蔵はその著作中でしばしば特に「釈論云」と断った上で、「有所得は是れ無所得の初門」となることを主張している。(9)「有所得」と「無所得」というまったく対極にあるものの一方が、他方の「初門」になるとはどういうことなのであろうか。本章では、この一見奇異に感ぜられる吉蔵の主張を手がかりとして、吉蔵の空観理解の一端を考察してみたいと思う。

二　吉蔵における「有所得」

ここでいましばらく吉蔵のいうところの「有所得」と「無所得」について瞥見しておきたい。このうち吉蔵のいう「無所得」については、前に注記において示したように、すでに平井俊榮博士によって詳細な論及がなされており、(10)筆者に博士以上の見解を加える用意はないので、以下では主として「有所得」について論述することにしたい。

さて、『涅槃経』巻第十五「梵行品」には、次のように説かれる箇所がある。

①善男子、菩薩摩訶薩実無所得、無所得者名四無礙。善男子、以何義故、無所得者名為無礙。若有得者則名為礙、有障礙者名四顛倒。善男子、菩薩摩訶薩無四倒故、故得無礙。是故菩薩名無所得。

②復次善男子、無所得者則名為慧。菩薩摩訶薩得是慧故名無所得。有所得者名為無明。菩薩永断無明闇故、故無所得。(以下略)

③復次善男子、無所得者名為大乗。菩薩摩訶薩不住諸法故得大乗。是故菩薩名無所得。有所得者名為声聞辟支仏道。菩薩永断二乗道故得於仏道。是故菩薩名無所得。(以下略)

④善男子、汝之所問亦無所得、我之所説亦無所得。若説有得是魔眷属非我弟子。(大正蔵一二・七〇六下―七〇七上)

中略をはさみながらも掲示した文①～④は、接続して説かれる一連の文脈なのであるが、この『涅槃経』の一連の文を吉蔵はその著作中において、次のように集中的に引用している。もっとも以下に示す例は、筆者が今回気づいた範囲内のものであり、およそ網羅的とは呼べないものである。したがって、吉蔵の著作を丹念に検索すれば、おそらくもっと多くの例を検出し得ることは疑いない。ただ、以下の例だけでも、吉蔵がいかに『涅槃経』のこの部分に注目していたかは十分に窺い知ることができるであろう。(11)

①の部分

(a)『維摩経略疏』巻第三「又大経云、無所得者有四無礙、有所得者無四無礙」(卍続蔵二九・一二六左上)

②の部分

(b)『法華義疏』巻第九「有所得者即無明、非平等大慧。有所得者無道無果、不能行於仏因得仏果也。有所得者名之為麁非是妙法、有所得者即是染著、不名蓮華」(大正蔵三四・五八〇下)

(c)『法華遊意』「経云、有所得者無道無果。以何為宗。又有所得者、経云、不動不出。都非乗義。云何用為経宗。涅槃経云、有所得者名為無明」(同前・六三七中)

③の部分

(d)『法華玄論』巻第三「二乗有二病。一者住著空有。故大経云、二乗人名有所得。波若多破其住著之心、辨無住無得」(大正蔵三四・三八七上)

(e)『法華義疏』巻第二「如涅槃経、有所得是二乗、無所得為菩薩」(同前・四六八中)

(f)『法華義疏』巻第七「涅槃経云、有所得者名為二乗。猶未領悟。何名信解。又若有所得、則無道無果」(同前・五四三上)

(g)『勝鬘宝窟』巻中末「又仏性論云、二乗住安立諦、故不能断、仏住非安立諦、故能断。安立是二諦観、無安立諦

是中道観。又云、安立者名有所得、無安立者名無所得。故涅槃云、有所得者名為二乗、無所得者名為菩薩」（大正蔵三七・五三上）

(h)『浄名玄論』巻第七「問。大経云、有所得者名二乗、無所得者名菩薩。若爾有所得大乗亦属声聞蔵。答。亦得。如此有所得若大若小皆名大乗蔵。有所得無所得、拠禀教有得失。今立二蔵。正叙仏説無所得教為大乗説、有所得教為小乗説也」（大正蔵三八・九〇一下）

(i)『中観論疏』巻第一本「故涅槃云、二乗之人名有所得也」（大正蔵四二・一〇中）

(j)『十二門論疏』巻下本「性是小乗人義、以小乗人既名有所得。如涅槃云、有所得者名為二乗、故名為性。性即執著義。猶是有所得異名耳」（同前・二〇五上）

(k)『法華統略』巻中末「涅槃経云、有所得者名為二乗。有所得即是有所愛著。故名愛」（卍続蔵四三・六一左下）

④の部分

(l)『法華玄論』巻第一「如涅槃云、有所得者是魔眷属」（大正蔵三四・三六二中）

(m)『勝鬘宝窟』巻下本「若言実有隠有顕、有迷有悟、還是有所得義。涅槃経云、有所得者、是魔眷属、非仏弟子」（大正蔵三七・六八中）

(n)『三論玄義』「大品云、諸有二者無道無果。涅槃云、明与無明愚者謂二。又若実有大乗者名有所得、有所得者為魔眷属、非仏弟子。又有所得者不動不出無有乗義。不名為乗」（大正蔵四五・五中）

「有所得」の「所著」「執著」という側面を除いて、ここに説かれる「有所得」の相をかなり恣意的に要約すれば、「有所得」とは「無明」であり（b、c）、「無道無果」（b、f）であり、「魔眷属」（l、m、n）であり、「非仏弟子」（l、m、n）とされていることがわかる。

このうち（c）の『法華遊意』に「経云」として引かれる「無道無果」は、（n）の『三論玄義』の記述より『大品経』からの引用であることが知られるが、[12]『三論玄義』の例のように吉蔵の著作にあっては、『涅槃経』の「明与無明愚者謂二[13]」とセットで言及される場合が多い。以下にその若干の例を示したい[14]。

(o)『中観論疏』巻第一本「故大品云、諸有二者無道無果。涅槃云、明無明愚者謂二」(大正蔵四二・九上)

(p)『中観論疏』巻第一本「二者善有二門。有所得善不動不出名為戯論。無所得善能動能出故非戯論。三者得無得二名為戯論。如云明与無明愚者謂二。諸有二者無道無果。若有得無得平等不二者名不戯論。智者了達其性無二、無二之性即是実性」(同前・一二下)

(q)『中観論疏』巻第二本「故大品経云、諸有二者無道無果。涅槃経云、明与無明愚者謂二。亦真之与俗愚者謂二」(同前・二六下)

(r)『勝鬘宝窟』巻上本「大品云、諸有二者無道無果。涅槃云、明与無明愚者謂二」(大正蔵三七・五中)

また、(c)の『法華遊意』が「経云[15]」としていう「不動不出」も(n)の『三論玄義』や(p)の『中観論疏』に明らかなように「有所得」の特徴として吉蔵がしばしば言及するものである[16]。

三　「有所得」は「無所得」の初門

さて、以上から吉蔵のいう「有所得」がどのようなものであったかが理解されたと思うが、すでに述べたように吉蔵にはこの「有所得」を、特に「釈論」からの引用と断った上で[17]、「有所得は無所得の初門」と主張する例がある。以下にやや煩瑣にわたるが、筆者が気づいている範囲においてその文脈を示してみよう。

(イ)『法華玄論』巻第十

問。大品何故開得無得、而法華不開耶。

答。波若為破有得住著、故明無得随喜。有所得不動不出不能至仏。故非波若也。法華合取者、此叙諸仏出世大意、説一切教。皆為開一正道故低頭挙手之善皆入一乗也。又五乗人謂四乗善根不作仏、仏乗善根方作仏。為破此病故明一切善皆作仏也。

問。若一切善法作仏者、一切善皆能動出耶。

答。一切善亦能動出。所以然者、由有所得善相資故然後生無所得善。**有所得善是無所得遠縁**。以此言之亦有動出之義也。

問。若爾与大品相違。

答。波若明不動不出者、但取近縁不取遠縁。何以知之、動為順忍、出為無生忍。有所得非此二忍耳。亦得是二忍之前遠縁也。

問。二経得相成不。

答。正相成也。大品雖明無所得善、要須藉有得為遠縁。法華雖明得無得皆入一乗、若欲出三界至仏道、要須無得也。

又大品雖用無所得、要須識三乗是権、一乗為実。故求仏之心、乃得堅固。法華雖知一乗為実三乗為権、要須破有所得心学無所得観、方能動出以成仏道也。（大正蔵三四・四四五中―下）

(ロ)『法華義疏』巻第四

問。低頭挙手善云何成仏。

答。昔竺道生著善不受報論、明一毫之善並皆成仏不受生死之報。今見瓔珞経亦有此意。成論師云、一念善有習報両因、報因則感於人天、習因牽性相生作仏。今明此義並成難解。経云、有所得善不動不出。凡夫習因之善既有所得、云何得成仏耶。則以此言還責生法師也。今明善因有受報不受報義。有所得善受有所得報、無所得善受無所得報。謂受報義也。有所得善不受無所得報、無所得善不受有所得報。謂不受報義。故大品云、有所得善不動不出、無所得善能動能出。即是証也。
問。人天善根既是有所得。云何此経明皆成仏耶。
答。人天善根蓋是得仏之遠縁。故云成仏耳。大品明其近不取其遠。故無所得善能動能出、有所得善不動不出。此経近遠通説故並云成仏。
問。人天善根云何遠成仏耶。
答。人天善根有二種。一者習因、二者報因。報因則感人天身。以有習因値仏菩薩。聞説大乗生一念無所得信。此無所得信是仏道種子。藉前有所得生後無所得。故**智度論云、有所得者是無所得初門。故云是遠縁**。
問。此習報二因与成論師解何異。
答。彼明一念善具二因。今明有所得善前後相生義自是習因感報之義是報因。此之習報並是不成仏。故法華論釈、童子聚沙為仏塔皆已成仏者、要是発菩提心方得成仏、非謂凡夫善根及決定声聞善根得成仏也。中論云、雖復懃精進修行菩提道、若前非仏性終不得成仏也。
問。既是有所得善根、云何能生無所得耶。
答。有所得若決定性者不能生無所得。良由諸法無決定性故、値仏菩薩悟此有所得本無所有便生無所得也。（同前・五〇五上―中）
（八）『法華義疏』巻第七
人天善雖非本善、而善力冥資大機、故言遇向。**釈論云、有所得善者是無所得初門。即其事也**。（同前・五四六上）
（二）『百論疏』巻上之中
問。竺道生云、善不受報一向鍾仏。成実師云、一念之善有於二義。一者報因感人天之果、二者習因相生得仏。今云捨福為同此二義。為異彼両師。

答。今所明者有二種善。一有所得、二無所得。此之二善具有受報不受報義。若有所得善不動不出、但受有所得報不受無所得報。無所得善能動能出、不受有所得報而受無所得報也。

問。若有所得之善不受無得報者、何得法華明一念善根皆成仏道。

答。**有得之善是無得初門**。因人天善根値仏菩薩、破有得心習無得観、方乃成仏。非起有得之善而成仏也。(大正蔵四二・二四〇上—中)

(ホ)『法華統略』巻上末

論二経同異。旧云、大品経明無得六度能動能出故成仏、有得六度不動不出不得成仏。故大品明乗義狭。斯経善無大小、並至菩提。則一乗義広。今前難之。若法華云、一豪之善、皆成仏者、則一豪之善、皆応動出。而大小乗明一切取相有所得善、皆不動出。則知大品是実説也。而法華挌其遠縁甚遠経。故一切善、並至菩提、所以然者、仏見衆生、起一豪善、終因此善、遂致成仏。故遠近通説、大品云、無得善成仏、此是説近、不説遠。若遠近通説者、一切善並皆成仏。**智度論云**、**有得是無得初門**。即其事。故二経倶実。

問。若爾法華大品、有何異耶。

答。若以近遠論之、両経異無。非但二経。仏法大意、悉如此也。但大品菩薩根熟。明菩薩近遠之善悉皆成仏、四乗根性未熟故、未辨成仏。至於法華、五乗之縁並熟、故皆成仏。以此為異耳也。(卍続蔵四三・三三左下)

(ヘ)『大品経義疏』巻第六

釈白仏下、第三明得失。上既歎菩薩具自行化他等法倶行。此四法有有所得、得行無所得、故須簡其方便無方便也。然得無得可具三者、得無得二者教有得無得縁得無得者如一六度未曾得無得。但於有得縁成有得、無得縁成無得也。教得無得者為有得世間根縁説有得、為無得出世善根縁説無得。故**論云有得是無所得初門**。今文是教有得無得、亦有具縁義也。(卍続蔵三八・八〇左上)

このうち（イ）の『法華玄論』と（ニ）の『百論疏』は、正確には『釈論』からの引用であることを明示していないが、述べられている趣旨から推して、これらも『釈論』からの援用と見て誤りはないであろう。そして一見して明らかなように（イ）～（ヘ）の記述にはある種の共通性が看取される。それは一言でいえば、「万善成仏」ということである。

また前に見た吉蔵が「有所得」の特色として述べていた「不動不出」ということも共通して説かれていることがわかる。つまり、吉蔵がいわんとしているところは「有所得」は「不動不出」であるから、「有所得」では悟りに至れないが、「無所得」は「能動能出」であるがゆえに悟りに至ることができるというものである。この点を吉蔵は前に掲げた文例（c）の『法華遊意』では「有所得者、経云、不動不出。都非乗義」（大正蔵三四・六三七中）といい、（n）の『三論玄義』では「有所得者不動不出無有乗義。不名為乗」（大正蔵四五・五中）といっていた。

ところで、『法華義疏』の記述（ロ）に着目して、この文脈を詳細に検討されたのが末光愛正氏である。[18] それゆえ、その詳細は末光論文に譲るとして、筆者なりに記述（ロ）における要点を述べるとすれば、ここで吉蔵は竺道生（三五五―四三四）の『善不受報論』等を批判した上で、[19]「有所得の善」も成仏に対して間接的な助縁、すなわち遠縁となることを主張している。では、なぜ「有所得の善」も「無所得」への遠縁となり、「無所得の初門」となるのかといえば、文末に「諸法無決定性」とあるように、諸法には「決定した性」というものがないから、「有所得」も「無所得」に転ずることができると吉蔵が見るからである。[20]

記述（ニ）の『百論疏』は、記述（ロ）の『法華義疏』とパラレルになるもので、その主張に大きな相違はない。ただ、記述（ニ）では「破有得心習無得観、方乃成仏。非起有得之善而成仏也」といって、「有所得の善」が「無所得の初門」になるとはいっても、「有所得の善」がそのまま「無所得」につながるわけではなく、「有所得心」を破し、「無所得観」を習ってはじめて成仏が可能とされている点が注意される（同様の主張は記述（イ）の『法華玄論』にも見られる)。ただ、あくまで「有所得の善」は「無所得の初門」なのであってみれば、「有所得の善」は決して無意味なものとはいえないのであろう。したがって、これを敷衍していけば、結局「有所得の善」も最終的には「成仏」につながるという素地を残してしまうように思われる。もしそうであるとするならば、いくら前述のような限定を設けたとしても、吉蔵においてはやはり悪い意味で、詰まるところ「すべてが肯定される」という側面が強いということもまた事実であろうかと思われるのである。[21]

記述(イ)と記述(ホ)は『般若経』と『法華経』を比較した立場からの論述であり、これも筆者の問題とする当面の課題からすれば両者に大きな主張の相違はないと判断される。そこで、いまは記述(ホ)によって吉蔵の立場を窺ってみたい。

これによれば、旧説では『大品経』の説く「乗」は狭、『法華経』の説く「乗」は広とされていた。それは前者が「無所得」の成仏のみを明かし「有所得」の成仏を明かしていないのに対し、『法華経』は「善に大小無く並びに菩提に至る」とされるからである。吉蔵はこうした広狭という見解が起こるのは、成仏に対する視点が違うからであり、時間的な「遠」「近」という視点から見るならば、法華・般若両経とも実説であることを述べている。ただ、『大品経』は四乗はいまだ根性が熟していないから、菩薩の成仏のみを説き、『法華経』は五乗の縁がすべて熟したので、五乗すべての成仏を説くのだという。吉蔵はこの点に両経の違いを認めているようである。そして、ここでも「法華は其の遠き縁に拠るが故に、一切の善は並びに菩提に至る」ことの論拠として、問題の『大智度論』の一文が引証されているのである。

上述のような「有所得」「無所得」の議論は、筆者よりすればすべては次に示す『法華玄論』の記述に集約されるように思われるのである。すなわち、同論の巻第四には、「三論の学者は、恒に有所得の義を破斥しているが、どうしていま、多くの異説を用いるのか」という問いに対して、吉蔵が師である法朗の言を引用して答える、次のような有名な一文がある。

答。興皇大師製釈論序云、領括群妙申衆家之美、使異執氷銷同帰一致。以此旨詳之、無執不破無義不摂。巧用無非甘露、拙服皆成毒薬。若専守破斥之言、斯人未体三論意也。（大正蔵三四・三九一中）

平井俊榮博士は、ここに見られる『涅槃経』にもとづく「巧用無非甘露、拙服皆成毒薬」という一句に、「三論の破邪即顕正の真意をうかがうことができ」るとされ、[23]さらに三論のいう「破邪即顕正」を説明されて、次のようにいっている。[24]

三論でいう破邪は、不正や誤りであるから破して省みないというのではなくて、学説の善悪、不正そのものよりも、それを固執する有所得の立場での物の見方、考え方を破斥するところにその特徴がある。もし、無所得の立場に立ってその考え方が転換されるならば、邪はそのまま正となり得るので、そういう意味での破邪即顕正が吉蔵教義の特徴である。

筆者はこれ以上に「破邪即顕正」を説明した見事な文章を知らないが、ではなぜ「有所得が無所得の初門」となり、「有所得」が「無所得」に転換されるのかといえば、それはやはり諸法の性には「決定」したものはないという空観仏教者としての吉蔵の基本的姿勢にその理由を求めるしかないであろう。万一、この原則に一つでも例外があるとするならば、筆者は吉蔵のいう「空観」というものに重大な疑義を抱かざるを得ないとともに、[25]吉蔵のいう「空観」が改めて厳しく再考される必要を強く感ずるのである。

最後は論述が急ぎがちとなり、必ずしも十分に論じ尽くせたとはいいがたい結末となってしまったが、ひとまず上記のことを指摘して本章を結ぶことにしたい。

注

（1）平井俊榮『中国般若思想史研究――吉蔵と三論学派――』第二篇第一章第一節「無得正観の根本基調」（春秋社、一九七六年、四〇六―四一八頁）参照。宇井伯寿博士もその著『仏教汎論』（岩波書店、一九六二年）において、三論宗の教理を述べるにあたって、その章立てを「無得正観の法門」としている。これは本文において後に指摘するように、多分に凝然の『八宗綱要』の影響を受けたものと思われる。

（2）『涅槃経遊意』において、吉蔵は他に「我今依経文自云。無得者名大涅槃。故無所得此経宗也」（大正蔵三八・二三二中）ともいっている。また、『大品経義疏』巻第一には「無依無得。一無所住即是波若之玄宗。有所依住皆非波若宗也」（卍続蔵三八・一二右上）とある。

（3）吉蔵の著作中には「無所得正観」あるいは「無得正観」といった表現は意外と少ないように思われる。管見の限りにおいては、次のような用例を見るだけである。すなわち、『法華義疏』巻第四に「久習大乗無所得正観。無復愛見及凡夫二乗之垢。故云清浄」（大正蔵三四・五一一上）とあり、『涅槃経遊意』に「只起一有得断常之心。無得正観便断則凡始為聖終。若無得正観不観。有得虚妄便起則聖終為凡始也」（大正蔵三八・二三二上―中）とある。

（4）前注（1）所掲の平井書、四〇六―四〇七頁参照。

（5）『法華遊意』には、「有所著不名妙法。無所著即是経宗。三者関中肇公百論序云。蕭焉無寄理自玄会。儻然靡拠事不失真。変本之道著乎茲矣。故知心無所依著即是妙法。為此経宗也」（大正蔵三四・六三七下―六三八上）とある。

（6）正確には文中には「無所得」の語は見られないが、ここで「無住無著」を「無所得」に置き換えることに大きな誤りはないであろう。

（7）『法華義疏』巻第九には、「有所得者名之為麁非是妙法。有所得者即是染著」（大正蔵三四・五八〇下）とある。

（8）筆者は、例えば『中観論疏』巻第十本の「有所得涅槃是無所得之生死。有所得仏是無所得罪過衆生」（大正蔵四二・一五七中）なども「有所得」と「無所得」を対置させた好例と考えている。

（9）例えば『法華義疏』巻第七に「釈論云。有所得善者是無所得初門即其事也」（大正蔵三四・五四六上）とある。その他の文例については、後に本章本文において論及する。なお、筆者の知る限り、吉蔵のいう「有所得善者是無所得初門」ということに初めて論及したのは、末光愛正氏の「吉蔵の「一大事因縁」について」（『駒澤大学仏教学部論集』第一七号、一九八六年十月）であったように思う。末光氏は後に論文「吉蔵の成仏不成仏観（三）」（『駒澤大学仏教学部研究紀要』第四六号、一九八八年三月）においてもこの点について関説している。但し、これも後に本章において触れるように末光氏と筆者とには、その理解に相違がある。この点に関しては、本書第一篇第三章「吉蔵の声聞成仏思想」（九五頁以下）を是非とも参照していただきたい。

（10）前注（1）参照。

（11）なお、吉蔵の『涅槃経』依用については、前注（1）所掲の平井書、第二篇第三章第四節「吉蔵における『涅槃経』引用の形態と特質」を参照。

（12）『摩訶般若波羅蜜経』巻第二十六「平等品」に「是人得是法。是為大有所得。用二法無道無果（以下略）」（大正蔵八・四一四中）とあるを参照。なお、『大智度論』巻第九十五「釈平等品」の「是為大有所得。用二法無道無果（以下略）」（大正蔵二五・七二四下）、および同じく『大智度論』巻第八十七「釈一心具万行品」に「有所得者無道無果無阿耨多羅三藐三菩提」（大正蔵二五・六七四上）とあるを参照。

（13）『大般涅槃経』巻第八「如来性品」に「凡夫之人聞已分別生二法想。明与無明。智者了達其性無二。無二之性即是実性」（大正蔵一二・六五一下）とあるを参照。

（14）なお、『勝鬘宝窟』巻上末には「経云、諸有二者無道無果。又若言有色有心。則名有所得。有所得者無四無礙」（大正蔵三七・一六上）とある。ここにある「有所得者無四無礙」は本文で言及した『涅槃経』の①の部分を援用したものであろう。

（15）吉蔵は『法華玄論』巻第六において、「大品有所得善不動不出不名為乗。無所得善方名為乗」（大正蔵三四・四一五上）といい、この句を『大品経』からの引用であるといっているが、『大品経』には直接該当する箇所は見当たらないように思う。なお、『大智度論』巻第五十三「釈無生品」に「生憍慢等諸煩悩。是名世間不動不出」（大正蔵二五・四四〇下）とあるを参照。この『大智度論』に対応する『大品般若経』の箇所は巻第七「無生品」（大正蔵八・二七二中—下）。なお、『十二門論疏』巻下末には「有所得雖行万行不動不出。不成乗義。今正欲釈大乗行無所得万行能動能出」（大正蔵四二・二一〇下）ともある。

（16）例えば、前注（15）の例の他に『法華玄論』では巻第四（大正蔵三四・三九二上）、巻第八（同前、四二九中）、巻第十（同前、四四五下）において「不動不出」に関説する。

（17）『大智度論』には吉蔵のいう文は直接には見当たらない。巻第八十七「釈一心具万行品」に「若人不分別是有所得是無所得。入諸法実相畢竟空中。是亦無所得」（大正蔵二五・六七四上—中）、および巻第五十六「釈滅諍乱品」に「問曰。若世間波羅蜜等非是正道。是般若波羅蜜中仏何以説。答曰。此是行者初門。与正道相似。故先行相似法後得真道」（大正蔵二五・四六三中）とあるを参照。

（18）前注（9）所掲の末光「吉蔵の「一大事因縁」について」参照。

（19）この部分の解釈をめぐっては、伊藤隆寿「竺道生の思想と〝理の哲学〟」（『中国仏教の批判的研究』大蔵出版、一九九二年、二二二頁以下）を参照のこと。また、竺道生の善不受報義を扱った論文に、古田和弘「竺道生の善不受報義」（『大谷学報』第五一巻第二号、一九七一年十月）がある。この論文の中で古田博士は、「善は如何なる善も仏慧と平等でなければならないというのであるから、仏慧と平等なる善は相対を離れた無執着の善でなければならない。無執着の善はもはや「善」と称するべきではなくて仏慧そのものというべきである」とし、「もう少し云えば、万善成仏であるからこそ善不受報でなければならない」といっている。

(20) この点も前注（9）所掲の末光論文において確認されている。ただ、最終的に末光氏と筆者の間に解釈上の齟齬がある点については、本書第一篇第三章「吉蔵の声聞成仏思想」を参照していただきたい。

(21) こうした側面から吉蔵の教学を批判した論文に、松本史朗「三論教学の批判的考察――dhātu-vāda としての吉蔵の思想――」（平井俊榮監修『三論教学の研究』春秋社、一九九〇年、後に松本『禅思想の批判的研究』大蔵出版、一九九四年に再録）がある。

(22) 『大般涅槃経』巻第八「如来性品」（大正蔵一二・六四九下―六五〇上）参照。

(23) 前注（1）所掲の平井書、第二篇第四章、序「吉蔵における三論教義の枠組み」五五六頁。

(24) 平井前掲書、第二篇第四章、序「吉蔵における三論教義の枠組み」五五五頁。

(25) 筆者はかつて、吉蔵は法相宗と同様「一分不成仏説」を説いていたとする末光氏の見解に疑義を呈して次のように述べたことがある。筆者の考えは現在も当時と変わらないので、長文になるがその注記の一部を以下に再録しておきたい。「吉蔵において、「無有定性」「根性不定」ということが一般的な大原則であるとしたら、当然その適用範囲は決定声聞や五千の増上慢にも及ぶはずである。だとしたら、なにゆえこの二人のみが永遠に転根の機会から漏れると確定できるのであろうか。漏れることが確定しているならば、「根性不定」ではなくて、もはやそれは「定性」というべきであろう。（中略）ところで、末光氏は第七論文において、次のようにもいっている。「吉蔵が五千の徒でも略説を聞き未来に得度の因縁の可能性を残すのは、既に論じたごとく、空の立場にある以上、定性と云うことは理論上云えない事にある」（第七論文、三五四頁上、傍線＝奥野）。また、この文に注記して、「尚、吉蔵の場合、理論の上では根性不定となるが、しかし現実には定性の様な衆生が存在することを認める為、歯切れの悪い表現が残ると思われる」（注（28）、三五六頁上―下、傍線＝奥野）とも述べる。吉蔵のいう「空」が氏のいわれるようなものであるなら、それは最悪の現実肯定思想であろう。なぜなら、見せかけだけは可能性をいいつつ、あらかじめそうした可能性が実現されることを拒否しているからである。そうした空理解の欺瞞性については、松本史朗「空について」（『縁起と空――如来蔵思想批判――』（大蔵出版、一九八九年）を参照」（拙稿「吉蔵の授記思想――末光愛正氏の批判に応えて――」『駒澤短期大学仏教論集』第一号、注（4）五一頁下―五二頁下）。ここにいう第七論文とは、末光愛正「吉蔵の成仏不成仏観（七）」（『駒澤大学仏教学部論集』第二二号、一九九〇年十月）を指す。なお、上記の点については、本書第一篇第三章「吉蔵の声聞成仏思想」および第四章「吉蔵と仏性思想」もあわせて参照していただきたい。

＊本章における吉蔵の著作の配列は概ねその著作年代に拠った。

第三章　吉蔵のいう「無諍」について

一　問題の所在

三論学派の大成者である吉蔵が、毘曇や『成実論』の教えを厳しく批判したことは周知の通りであるが[1]、陳代に『無諍論』を著したと伝えられる大心暠法師は、

無諍論言、比有弘三論者。雷同訶詆、恣言罪状、歴毀諸師、非斥衆学。論中道而執偏心、語忘懐而競独勝。方学数論、更為讎敵、讎敵既搆、諍闘大生。（『陳書』巻第三十、列伝第二十四「傅縡伝」）

と述べて、法朗門下の摂山三論学派が数（毘曇）と論（成実）を讎敵として激しく批判していたことを指摘し、こうした法朗門下の攻撃的姿勢を非難する一方、

摂山大師（＝僧朗）誘進化導則不如此、即習行於無諍者也。（同前）

といって、僧朗の教化のあり方はそのようなものではなく、「無諍」を立場とするものであったとして僧朗を称賛している[2]。これによって、われわれはまず、一般に破邪をもって知られる三論学派の系譜の中にも、「無諍」を立場とする人びとが存在したことを知るのである[3]。

吉蔵が毘曇や『成実論』の教えを厳しく批判することはすでに述べたが、吉蔵は『三論玄義』において、『成実論』が小乗の論であることを十点にわたって論証して見せたあと、『成実論』が小乗であるとすると、毘曇との優劣はどのようになるのかとの問いに答えて、次のようにいっている。

答。求那跋摩遺文偈云、諸論各異端、修行理無二。偏執有是非、達者無違諍。又釈論云、有四種門。一者阿毘曇門、二者空門、三者昆勒門、此云篋蔵、四者非空非有門。不得般若方便学毘曇門、則堕有見、学於空門、則堕空見、学昆勒門、則堕亦空亦有見、学非空非有門、則堕愚癡論。若得般若心無染著、随機適化、通道利人、無相違背。而成実毘曇各執空有、互相排斥、障道増見、皆失仏旨也。（大正蔵四五・四下）

ここで吉蔵は、求那跋摩（三七七―四三一）の説いた「無諍偈」[4]と『大智度論』の一文を引用したあと[5]、成実や毘曇は各の空有に執著して、互いに排斥し合い、これらは仏の教えをさえぎって邪見を増長し、仏の教えの本旨を失うものであると述べていることがわかる。ここに見られる成実も毘曇もそれぞれ定んで空、定んで有に執著して仏の教えに背き、無意味な諍論をなしているので徹底的に破斥されなければならないという主張は、吉蔵の著書中一貫して見られるものであるが、いまその例の一端を示せば、次の通りである。

①『中観論疏』巻第一末「因縁品」

如薩婆多之流執於因縁定是有為、毘婆闍婆提等定執無為、遂成諍論。涅槃云、以是諍論名為執著、如是執著名為能断善根。（大正蔵四二・一九上）

②『中観論疏』巻第十末「十二因縁品」

問。論主今明小乗観行因何部。

答。前之三部各執一辺、互興諍論。論主知仏方便適化不同、悉可随時而用。如大集云、雖有五部不妨法界。文殊問経十八及本二皆従大乗出。涅槃経三十諍論。論主申仏方便、並須用之。皆是執著応須破。（同前・一六〇下）

文例②における「前の三部」とは、この文例直前の文より、「犢子部」「薩婆多」「成実」を指すことは明らかであるが[6]、それらは互いに一辺に執著して諍論を起こしていると吉蔵は批判するのである。さらに吉蔵は別処でこのように定んで一辺に執著すれば、それは一闡提に堕することとなり[7]、煩悩の因縁ともなって生死憂悲の苦悩が生ずる原因と

なるともいっている。(8)

ところで、前に見た求那跋摩の偈は、多くの論書はそれぞれ異なったことを説いているが、修行すれば理は一つなのであり、一方に偏執するから是非が生ずる、しかし（理に）到達した人には争いが生じることはないというものであり、結果的に「理の無二」なることを強調した内容となっている。この偈を吉蔵は『法華義疏』巻第十「如来寿量品」の釈文でも、

有所諍競者誡令不応偏有所執。求那跋摩遺文偈云、諸論各異端、修行理無二。偏執有是非、達者無違諍也。（大正蔵三四・五九七下）

と引用して、偏執して諍論にはしることを戒めている。その他、吉蔵は『法華遊意』において、三世の諸仏菩薩が経を説き、論を造る際、その意は衆生が悟りを得ることを根本とするのであり、教えに固定したものはないということ、すなわち「唯悟為宗」をいう一つの論拠としてこの偈に言及している。(9)

ところで、求那跋摩のこの偈は、例えば智顗の『摩訶止観』巻第六上にも、

跋摩云、諸論各異端、修行理無二。偏執有是非、達者無違諍。于時宋家盛弘成実、異執競起作偈譏之。然真諦寂寥実非一四。身子曰、吾聞解脱之中無有言説。豈可四門標牓。若生定執悉不得道、何独有門。若祛見思四門皆得、何独空門。不応独言論主義成、数人義壊。若得四悉檀意論数俱成、若不得意論数俱壊。乃至非有非無門亦如是。

（大正蔵四六・七四上）

と引用されるほか、『法華玄義』にもその引用が見られるから、(10)吉蔵当時よく知られていたものであったことが推測される。特に『摩訶止観』では成実論師や数論師がそれぞれ空門と有門に執われて偏執していることを難じ、四悉檀の意を得れば「論」（成実）・「数」（毘曇）とも成立し、その意を得ることができなければ「論」・「数」ともに壊われると述べている点は、後に見る吉蔵の立場とも通底するものがあるように思われる。

二 「四悉檀義」との関係

さて、吉蔵が諍論についていう場合、前の文例②に見られたように著書中、「涅槃経の三十の諍論[11]」としてこれに関説する場合が多い。いまその文例を示せば、次の通りである。

③『法華玄論』巻第四

十二部経八万法蔵皆是随順俗、故有此言説。若不随俗則一無言無不言。故有所言皆随俗説。謂世界悉檀。十二部八万法蔵言並相違。或三或一、或無常或常、或仏出二諦外、或二諦内、或三世有、或一世有。**如大経三十餘諍論門**。無智之者各執一意互相是非。現世起諍論増長煩悩、乃至断善根堕墜悪趣。似増地獄正擬斯人。欲勉斯過者須用第二悉檀。所以八万法蔵及塵沙法門並相違者、此是如来各各為人悉檀。故不相違背。如大経云、以此衆生非一根性、非一善友、非一国土、是故如来不得一向定説。以此義観之、於一切法門無所違諍、不起煩悩勉於似僧也。

(以下略)(大正蔵三四・三九一中—下)

④『法華義疏』巻第十「如来寿量品」第十六

欲令衆生種善根者、上明知機、今辨応機授薬。広而言之応八万四千病授八万四千薬。略授四悉檀。応以世界門得道為説世界、乃至応以第一義門得道而説第一義悉檀。然一一悉檀中有無量門。如世界悉檀有無量世界。如華厳云、十仏国土乃至無量浄穢不同。各各為人悉檀亦有無量。**如涅槃経三十餘諍論也**。対治中亦有無量対治。謂有対治門、増治門、転治門、総治門。第一義悉檀亦有無量。如浄名経三十餘菩薩説入不二法門也。所作仏事未曾暫廃者根性万差教門無数。総而論之為令悟入仏道。故云所作仏事。(同前・六〇六中)

⑤『中観論疏』巻第八末「法品」

迷此実相、便有六道生死紛然。故浄名経云、従無住本立一切法。然実相体含衆徳。無有出法性外。用窮善巧、備一切門。今略挙其二。一者約人明体用。二者約法明体用。人明体用者、下偈云、諸法実相中非我非無我。此就人明実相体。諸仏或説我、或説於無我。我無我体用既爾。常無常真俗三乗一乗五部十八部**涅槃経三十餘諍論**乃至五百部八万四千法門皆是実相用。以四門通之無相違背。一者随世界故説。二対治故説。三各各為人説。四依第一義門説。故学此論者遍悟一切仏教。（大正蔵四二・一二四上）

⑥『法華玄論』巻第十「妙荘厳王品」

問。亘有定義以不。

答。如前云、唯以悟人故教則不定。**如大経云**、**三十餘事諍論門**皆是如来就根縁説。以此衆生非一国土一種根性一善知識、是故如来不作一説。但令取悟耳。（大正蔵三四・四四九中―下）

文例③の『法華玄論』にいう「無智の者は、各の一意を執して互いに是非す。現世には諍論を起こして煩悩を増長し、乃至善根を断じて悪趣に堕墜す」という一文が、すでに見た定んで有、定んで無と偏執すれば一闡提に堕することになる等と吉蔵によって批判されていた立場と一致することは改めて述べることでもないであろう。

ところで、これらの文例を見て気がつくことは、『涅槃経』の三十の諍論等が文例⑥を除いていずれも四悉檀と関連づけられて説明されていることである（文例③・④により各各為人悉檀に配当されていることが理解される）。また、文例⑤では体用論によって説明がなされ、さまざまな諍論は「我・無我」、「常・無常」、「真・俗」、「三乗・一乗」等とともに「実相の体」に対する「実相の用」として位置づけられていることがわかる。

ところで、吉蔵の『法華遊意』には慈悲、忍辱、空の三つをさまざまに組み合わせて十種の法師について述べた段があるが、[12] その七番目として吉蔵は「無諍法師」の名を挙げ、次のようにいっている。

七者智度論云、解四悉檀則知十二部経八万四千法蔵無相違背。今常行慈忍謂三悉檀、知畢竟空是第一義悉檀。為物弘経則識一切教無相違背。謂無諍法師。（大正蔵三四・六四九中）

すなわち、ここでも吉蔵は、やはり『大智度論』の四悉檀の説にもとづいて、[13]つねに慈悲と忍辱を行ずることが三悉檀であり、畢竟空を知ることが第一義悉檀であると述べ、この四悉檀によって衆生のために経を弘めるならば、あらゆる教えは相い矛盾するものではないといっていることがわかる。そして、吉蔵はこのような立場から法を説くのが「無諍法師」であるというのである。上記から、吉蔵は諸経を会通する視点として『大智度論』にもとづく四悉檀を用い、四悉檀を会得することができれば、一見矛盾するとも思えるさまざまな経説や学説も会通することができるとして、このような状態を「無諍」(争いのない、争わない)というのである。

では、一見矛盾するとも思えるさまざまな教説が、四悉檀の名の下になにゆえ会通されるかといえば、それは前に挙げた文例⑥に見えるように、教えというものは衆生を悟らせるためにあるものであり、一定の決まった説き方があるわけではないとする吉蔵独自の考え方があるからである。[14]

すなわち、『涅槃経』に見られるようなさまざまな諍論も如来が衆生の根縁(機根や境遇)にしたがって説いたものと見るならば、それは(第一義悉檀に導くための方便として)それなりの有効性はあると吉蔵は見るのである。しかし、無智の者はこれらを絶対視して固執してしまうので諍論が起こると吉蔵は考えるのである。吉蔵が文例②の『中観論疏』で『涅槃経』の三十の諍論に言及した後、「論主は仏の方便を申ぶる、並びに之を用いるべし。皆な是れ執著せば、応に破を須いるべし」(大正蔵四二・一六〇下)といっていたのは、この間の事情をよく伝えたものであろう。

三　おわりに

以上のように、吉蔵は四悉檀の名の下にすべての教説や諍論も会通できると理解していたことが明らかとなったが、こうした吉蔵の姿勢が必然的に彼の経典観である[15]「諸大乗経典、顕道無異」へと通じていくことは容易に予測されるところである。ところで、「諸大乗経典、顕道無異」の考え方は、次に掲げる『百論序疏』の

一切論通明中道明正観、故一切論皆是一論。一切経亦通明中道通明正観。則一切経是一経。又一切経猶是一切論。以経論皆為顕道。道既無二。豈有経論異哉。然本有於二可言有一。竟未曾二、何有一耶。如是亦一亦二非一非二。故言亡慮寂矣。（大正蔵四二・二三二下）

という一文を見るとき、大乗経典ばかりでなく一切経、一切論までに敷衍されたものであったことを知るのである。『百論序疏』ではこれに続けて、次のような問答を設けている。

問。一切経皆是一経、何故有多経多論耶。

答。蓋是諸仏為縁転勢説法故有多経。四依転勢説法故有多論。猶如一食将適病人迴変食味也。（同前）

すなわち、前文の記述を受けて、吉蔵は一切経が一経であるならば、どうして多経多論があるのかとの問いに対して、諸仏は衆生のために様々に説法するから多経があるのであり、四依の菩薩も様々に説法するから多論があるのである、それはあたかも（医者が）病人に応じて食事を調整するようなものであるといっている。その意味は、同様の譬えのある『勝鬘宝窟』巻上本の「又雖復至道唯一、転勢説法、故有多門。如将適病人、迴変食味」（大正蔵三七・四下）という一文を見るとき、より明瞭なものとなる。すなわち、吉蔵は至道（＝理）は唯一であるが、あたかも（医者が）病人に応じて食事を調整するように、（仏菩薩も）衆生に応じて経や論を説くから、多門（多経多論）があると主張するのである。(16) こうした立場は、すでに見た吉蔵が偏執して諍論にはしる徒を戒める際、しばしば引用していた求那跋摩の「無諍偈」のそれと、趣旨において一致するものであることは明らかなことであろう。

このように吉蔵は、四悉檀の名の下にすべての教説や諍論も会通できるとし、このような状態を「無諍」としていることが明らかとなった。そこで次には、吉蔵がすべての教説や諍論が会通される視点とした「四悉檀」に対する吉蔵の見解を章を改めて考察してみることにしたい。

注

(1) 例えば『三論玄義』の「排成実」(大正蔵四五・三中―五上)の項を参照。

(2) 周知のように『金剛般若経』(大正蔵八・七四九下)、『維摩詰所説経』巻上「弟子品」(大正蔵一四・五四〇下)には「無諍三昧」の語があり、吉蔵もそれぞれの注釈書である『金剛般若経疏』巻第三(大正蔵三三・一一一上)、『維摩経義疏』巻第三(大正蔵三八・九四一下)においてこの語を解釈しているが、目立った解釈は見られないので、本章では一応考察の範囲外におくこととする。なお、吉蔵のいう無諍について関説した先行論文には、石井公成「朝鮮仏教における三論教学」(平井俊榮監修『三論教学の研究』春秋社、一九九〇年)がある。この論文の中で、石井博士は無諍には次のような二つの意味があるとしている。(一)「諸経に見える異説は矛盾しない(aviruddha)」、(二)「特定の経の説や自らの解釈に執着して争わない(araṇā)」。

(3) 平井俊榮『中国般若思想史研究――吉蔵と三論学派――』(春秋社、一九七六年)二七六頁参照。

(4) 『梁高僧伝』巻第三「求那跋摩伝」に「諸論各異端。修行理無二。偏執有是非。達者無違諍」(大正蔵五〇・三四二上)とある。この偈の持つ思想的意味について、最近、袴谷憲昭氏によって新しい見解が示された。袴谷憲昭「「善悪不二、邪正一如」の思想的背景に関する覚え書」(『駒澤短期大学研究紀要』第三〇号、二〇〇二年三月)参照。

(5) 『大智度論』巻第十八(大正蔵二五・一九二上―中)参照。

(6) 『中観論疏』巻第十末「十二因縁品」(大正蔵四二・一六〇下)を参照。

(7) 『法華義疏』巻第二「序品」(大正蔵三四・四七四下)を参照。

(8) 『中観論疏』巻第一末「因縁品」(大正蔵四二・一八下)を参照。

(9) 『法華遊意』(大正蔵三四・六三八上)参照。なお、『法華玄論』巻第四(同前・三八一上)に同趣旨の文がある。

(10) 『法華玄義』巻第一下(大正蔵三三・六九一下)、巻第八下(同前・七八四上)を参照。

(11) 『大般涅槃経』巻第三十一「迦葉品」(大正蔵一二・八一一上―八一五上)を参照。但し、『涅槃経』に見られるのは二十一の諍論である。吉蔵は著書中一貫して「三十の諍論」といっているが、これが吉蔵の誤解にもとづくものなのか、あるいは吉蔵独自の数え方によるものなのかはわからない。

(12) この『法華遊意』に対応する文が、『法華玄論』巻第一(大正蔵三四・三六一中、以下)にある。なお、『法華遊意』と『法華玄論』とでは十種法師の名称は完全に一致するが、順序に若干の出入りがある。

(13) 『大智度論』巻第一(大正蔵二五・五九中)参照。

(14) 末光愛正「吉蔵の「唯悟為宗」について」(『駒澤大学仏教学部論集』第一五号、一九八四年十月)、菅野博史「吉蔵における法華経の宗旨観について」(『仏教学』第一二号、一九八一年十月、後に菅野『中国法華思想の研究』春秋社、一九九四年に再録)参照。

(15) 前注(3)所掲の平井書、第二篇第三章第一節「吉蔵の経典観」、伊藤隆寿「吉蔵の経典観と時機観」(『日本仏教学会年報』第四九号、一九八四年五月)参照。なお、湛然(七一一―七八二)、およびその見解を受け継いだ最澄(七六七―八二二)が、かかる吉蔵の経典観を批判していることについては、拙稿「最澄の三論批判」(『印度学仏教学研究』第四二巻第一号、一九九三年十二月)参照。また、日蓮もそうした見解を受け継いでいることについては、小松邦彰「日蓮聖人引用の中国選述書の考察」(『日蓮教学研究所紀要』第二一号、一九九四年三月)参照。

(16) 吉蔵が「理」を強調することは、例えば『中観論疏』巻第四末「六情品」(大正蔵四二・六二上)の記述を参照。および伊藤隆寿『中国仏教の批判的研究』(大蔵出版、一九九二年)を参照。

第四章　吉蔵における四悉檀義

一　問題の所在

『大智度論』巻第一冒頭には、仏が般若波羅蜜経を説く因縁の一つとして第一義悉檀の相を説示するとして、

復次仏欲説第一義悉檀相故、説是般若波羅蜜経。有四種悉檀。一者世界悉檀、二者各各為人悉檀、三者対治悉檀、四者第一義悉檀。四悉檀中一切十二部経、八万四千法蔵皆是実無相違背。（大正蔵二五・五九中）

と説く有名な一文がある。(1) これによれば、仏の教説はすべて真実であって、一見矛盾するとも思われる一切十二部経、八万四千の法蔵、すべての教説が四悉檀の名の下に矛盾なく会通されると主張されていることがわかる。

続いて同論は、四悉檀の各々、すなわち世界悉檀、各各為人悉檀、対治悉檀、第一義悉檀について説明を加えているが、いまそれらを略示すれば、以下のようになる。

世界悉檀…………世間一般の認識に随順して説いた、世俗における真実を表す教説。
各各為人悉檀……衆生の機宜に応じて説かれた教説で、例えば衆生の心のあり方によって或いは有、或いは無と説くような教説。
対治悉檀…………衆生の煩悩の病を対治するために、病に応じて薬を施設するような教説。
第一義悉檀………言語表現を超越した究極的真実、すなわち諸法実相の世界。

さて、かかる四悉檀義は、中国仏教においては地論、三論、天台、華厳などの各宗教理に取り入れられ、依用され

てきたことが報告されている。[2] なかでも天台教学ではその教理思想の中核に及ぶ重要な解釈規範として採用されていることが指摘されている。[3]

ところで、吉蔵の著作における引用経論を精査された平井俊榮博士は、吉蔵著書中では経典では『涅槃経』、論書では『大智度論』からの引用が圧倒的に多いことを報告され、さらにその上で吉蔵の『涅槃経』と『大智度論』の引用態度を分析されて、『涅槃経』の引用は単なる聖言量的な権威や荘厳として用いられたのではなく、空観と仏性の融即といういわば吉蔵教学の本質にかかわる重要な問題を孕んでいたのに対し、『大智度論』のそれはどちらかといえば主要な大乗仏教教義の術語を説明する際の辞書的な性格が強いものであったと述べられたのである。[4]

上述のような平井博士の説を受けて、吉蔵における『大智度論』の依用の問題について考察された吉津宜英博士は、平井説を継承しつつも、「ただ大論（『大智度論』＝奥野補）の同じ場所が何回、何十回と、同じ目的のために引用されている用例が数例存在していることは、吉蔵の教学にとって大論が単なる百科事典以上の存在であったのではないかと思わせる」と述べ、こうした例の一つに四悉檀義があるといっておられる。[5] ただ、吉津博士の論究は、吉蔵教学全般における『大智度論』の依用について考察を試みられたものの一部であり、特に四悉檀義について集中的に論じられたものではない。[6] そこで本章では、前章での考察を踏まえ、吉津博士の驥尾に付して改めて吉蔵における四悉檀義の依用の状とその思想的意味を考察してみたいと思うのである。

二　吉蔵著書中に見る「四悉檀義」

四悉檀義に関して、『法華玄論』巻第四には次のような記述がある。[7]

十二部経八万法蔵皆是随順俗、故有此言説。若不随俗則一無言無不言。故有所言皆随俗説。謂世界悉檀。

十二部八万法蔵言並相違。或三或一、或無常或常、或仏出二諦外、或二諦内、或三世有、或一世有。如大経三十余諍論門。無智之者各執一意互相是非。現世起諍論増長煩悩、乃至断善根堕墜悪趣。似増地獄正擬斯人。欲勉斯過者須用第二悉檀。所以八万法蔵及塵沙法門並相違者、此是如来各各為人悉檀。故不相違背。**如大経云**、以此衆生非一根性、非一善友、非一国土、是故如来不得一向定説。以此義観之、於一切法門無所違諍、不起煩悩勉於似僧也。

第三名為対治悉檀。如来所以説各各為人、説八万法蔵及塵沙法門、皆為対治衆生煩悩故也。**如大経云**、譬如大地諸山薬草能為衆生病之良薬、我法亦爾。能令衆生煩悩病薬。是故一切教門無有定性。但令病息。病息故無非薬、病不息無是薬也。既為息病。病息薬廃。不応復執著之也。

第四名為第一義悉檀者、前来三門皆是為衆生故有如此方便。若論正道即不曾有一言。況有八万耶。尚非有言、況是無言耶。故過一切言語、滅一切戯論。如大炎四辺不可触以焼手故。

用此四門可通貫一切義及文。以得此四門故一切経可講。一切病可治。不得四門一句経不可尋。一煩悩不可破也。

（大正蔵三四・三九一中―下）

一見して明らかなように、ここには『大智度論』の名こそ見えないものの、その論旨の展開が『大智度論』のそれを受けたものであることは明白である。文末に見られる「此の四門（四悉檀）を用いて一切の義及び文を通貫すべし。此の四門を得るを以ての故に一切の経を講ずべし。一切の病を治すべし。四門を得ずんば、一句の経をも尋ぬべからず。一の煩悩をも破すべからざるなり」という考えも、経典解釈法としての『大智度論』の四悉檀の意味を的確に捉えたものといえよう。そしてこうした姿勢は、後に明らかになるように、吉蔵に一貫したものなのである。

さて、この『法華玄論』の記述中の特に第一義悉檀については、『金剛般若疏』巻第一にも、

復次為欲説第一義悉檀故説是経。第一義悉檀者所謂諸法実相。滅一切戯論過一切言語。亦無所過亦無所滅。譬如火炎四不可触的無所依止。如経不可取不可説。謂不可取心行断。不可説言語滅。即是第一義悉檀。（大正蔵三三・

八四中―下）

とほぼ同一の文脈を見出すことができるので、[8] 吉蔵においても第一義悉檀は『大智度論』と同様、一切の戯論を滅し、言忘慮絶した諸法の実相とされていたことがわかる。こうした第一義悉檀を吉蔵は、さらに「八不」であるとして、『中観論疏』巻第一本において、次のようにいっている。[9]

欲明八不言約意包総摂衆教。故標在初。智度論云、四悉檀摂十二部経八万法蔵。三悉檀可破。第一義悉檀不可破。雖説三悉檀為顕第一義悉檀。第一義悉檀是八不。今欲明八不摂四悉檀及十二部経八万法蔵。故標在初。（大正蔵四二・一〇上）

文中に見られる「三悉檀は破すべし、第一義悉檀は破すべからず」という記述は、前の『法華玄論』の「前来の三門は皆な是れ衆生の為の故に此くの如き方便有り」に呼応しよう。したがって、「三悉檀を説くと雖も第一義悉檀を顕わさんがためなり」と主張されることになるのである。同様の主張は、吉蔵の著書中においてしばしば見出されるが、いまそうした文例の二、三を例示すれば次の通りである。[10]

①『中観論疏』巻第三本

問。何故偏明第一義悉檀耶。

答。三悉檀可破可壊。第一義不可破不可壊。今欲明究竟不可破不可壊最上無過法。故明第一義悉檀也。又第一義悉檀是本。由第一義悉檀故発如実観。故有三世仏。為衆生如実而説。故有十二部経及八万法蔵。今欲令末世衆生棄末尋本。是故偏明第一義悉檀也。（大正蔵四二・三四下）

②『浄名玄論』巻第四

問。般若何故為体。方便何故為用。

答。実相為本。般若照実相。故般若亦為本。所以為体。諸法為末。方便照諸法。故方便為用。

問。以何知実相為本。

答。論初巻云。三悉檀可破。第一義悉檀不可破。壊滅一切言語。過一切戯論。第一義悉檀即是実相。（大正蔵三八・八八二下）

③『法華玄論』巻第三

四悉檀摂十二部経八万法蔵。前三悉檀猶可破可壊。第一義悉檀不可破不可壊。最上無過者此経正明第一義悉檀故。云故説第一義悉檀故説是経。即知波若盛明実相証。初境大義也。又云前三悉檀皆帰第一義。（大正蔵三四・三八四下─三八五上）

文例①、②より第一義悉檀は本・末の「本」に相当することが知られ、③の「前の三悉檀は皆な第一義に帰す」は前の『法華玄論』の記述に相応させれば、三悉檀が方便、第一義悉檀が究極的真実であることを示している。

ところで、『法華玄論』巻第四では、各各為人悉檀を説明して、

此是如来各各為人悉檀。故不相違背。**如大経云**、以此衆生非一根性、非一善友、非一国土、是故如来不得一向定説。以此義観之、於一切法門無所違諍。（同前・三九一下）

といい、『涅槃経』「迦葉菩薩品」の一文を引用して、[11]如来は衆生の根性が不同だから一向に定説しないのだと述べ、この義をもって諸経を見るならば、一切の法門は違諍するところがないといっていたが、如来が一向に定説しないことについて、『法華玄論』巻第十および前に引いた『金剛般若疏』巻第一の後文では、同じ『涅槃経』「迦葉菩薩品」の一文を援用して、次のようにいっている。

④『法華玄論』巻第十「妙荘厳王品」

問。叵有定義以不。

答。如前云、唯以悟人故教則不定。如大経云、三十餘事諍論門皆是如来就根縁説。以此衆生非一国土一種根性一

善知識、是故如来不作一說。但令取悟耳。（大正蔵三四・四四九中―下）

⑤『金剛般若疏』巻第一

問。経論何故言語或出或没。乍合乍開。不分明一途示人合分明得解耶。

答。聖人非不能一途分明示人。而今有出没言者、此有深意。以衆生本来有取著之心、以是因縁繫属於魔。生死不絶。若輪常転。不悟中道仏性正観般若。今若復作一途実説、則更増其依著之心。所以不定出没。動其生死根識令迴悟正法。故不定之説為益深矣。若学者定執経論一文以成一家之義者、皆是繫属魔人耳。又衆生非一国土一根性一善知識。是故諸仏種種説法也。（大正蔵三三・九〇上）

すなわち、文例④の『法華玄論』[12]では如来が一説だけを作さないのは、唯だ人をして悟らしめんがためであるとする、いわゆる「唯悟為宗」が強調され、[13]⑤の『金剛般若疏』では如来が一途の実説をなしてしまうと、衆生はそれに依著の心をおこしてしまい、結局は中道仏性・正観般若を悟ることができなくなってしまうことが強調されていることがわかる。そしてこうした考え方が、実は吉蔵教学の基調をなしているのであるが、そのことについては本章の最後においていま一度触れよう。

三　「四悉檀義」と「二諦思想」

さて、吉蔵が「二諦即是四悉檀。三悉檀即是世諦、第一義悉檀即是第一義諦[14]」と述べて、四悉檀を彼の基本思想ともいうべき二諦説と関連づけて論じていることは、すでに先学によって指摘されており[15]、またこうした先蹤が浄影寺慧遠（五二三―五九二）にあることもすでに指摘されている[16]。事実、『二諦義』巻下には、四悉檀は通経の要術であり、四悉檀を理解することができれば一切経を会通することができるが、逆にこれを識らなければ一切経を会通できないばかりか、「二諦相即」の意味も理解できないとし、さらにこれを興皇寺法朗（五〇七―五八一）の説いたとされる「四仮」に関連づけて論じた、次のような記述がある。[17]

然原由来人不解二諦相即者、凡有両失故不解。一者不識四悉檀故、不解二諦相即。言二諦相即、是何物悉檀耶。四悉檀是通経之要術。解四悉檀、則一切経可通。若不解四悉檀、一切経即不可通。大師約四悉檀明四仮義。四仮者、因縁仮、対縁仮、就縁仮、随縁仮。彼尚不識四悉檀。豈解四仮。以彼不識四悉檀故、不解二諦相即義也。(以下略)(大正蔵四五・一〇六上)

法朗が「四仮」を説いたということについては、天台の『(大本)四教義』巻第一にも、「如開善光宅五時明義、荘厳四時判教、地論四宗五宗六宗、摂山単複中仮、興皇四仮並無明文[18]」という記述があるから、事実としてこれを認定してよいものと思われる。

では、吉蔵のいう「二諦相即」とはどのようなものであったのかといえば、吉蔵は前に引いた『二諦義』巻下の直前において、法朗の言としてこれを次のように定義している。

次明今釈。要須弾他尽浄乃得出今時解也。

大師旧云、仮名説有、仮名説空。仮名説有為世諦、仮名説空為真諦。既名仮有、即非有為有。既名仮空、即非空為空。非有為有、非異空之有。非空為空、非異有之空。非異空之有、有名空有。非異有之空、空名有空。有名空有故、空有即有空。空名有空故、有空即空有也。師釈相即義、方言如此。(同前・一〇五下)

すなわち、有を世諦、空を真諦となすとはいっても、その有は空が有、つまり空に基礎づけられた有であり、その空は有が空、つまり有に基礎づけられた空であるから、有は宛然として空なのであり、空は宛然として有なのである。したがって、二諦は相即しているというのが吉蔵の論法である。そして、こうした彼の二諦思想が「約教の二諦説」と呼ばれるものであることは、すでに広く知られているところである。[19]

ただ、ここで注意しておきたいことは、こうした二諦相即思想、約教の二諦説が、「大師旧云」といって、法朗の言として述べられていることである。筆者がいまこのことを注意する理由は以後の論述において明らかにしたい。

それはともかく、いま問題としている四仮について、『三論玄義』には次のような記述がある。[20]

次明四論用仮不同門。一切諸法雖並是仮、領其要用凡有四門。一因縁仮、二随縁仮、三対縁仮、四就縁仮也。一因縁仮者、如空有二諦、有不自有、因空故有。空不自空、因有故空。故空有是因縁仮義也。二随縁仮者、如随三乗根性説三乗教門也。三対縁仮者、如対治常説於無常、対治無常是故説常。四就縁仮者、外人執有諸法、諸仏菩薩就彼推求検竟不得、名就縁仮。此四仮総収十二部経八万法蔵。(同前・一三上)

ここに説かれる因縁仮が前に見た法朗のいう二諦相即思想と同致のものであることは見易いことであろう。ところで、この四仮と四悉檀との対応関係について、『二諦義』に注釈した我が国の西大寺実敏(七八八―八五六)は、その著『二諦義私記』巻下において、

問。以興皇師四仮、相配四悉旦何。

答。就縁仮是世界悉旦、随縁仮是為人悉旦、対縁仮是対治悉旦、因縁仮是第一義悉旦。[21]

といい、世界悉檀を就縁仮に、各各為人悉檀を随縁仮に、対治悉檀を対縁仮に、第一義悉檀を因縁仮に対配しているが、その意味するところを考慮すれば、この対配は妥当なものであると思われる。[22]

また、法朗が四仮を説いた理由について、同書は、

問。興皇師立四仮之所以何由。

答。有二意。

問。何。

答。一為釈仏経故立四仮。二為対破他四仮故立四仮也。[23]

と述べて、これが仏経を解釈せんがためと、他の四仮説を破斥せんがためであるとし、さらにこうした破斥が光宅寺法雲（四六七―五二九）に代表される成実家に向けられたものであったことを述べている。[24] こうした見解が吉蔵の著作に照らして正鵠を射たものであったか否かは、成実論師が説いたとされる学説そのものの検討とともに今後の課題としなければならない。[25]

ところで、吉蔵が前の約教の二諦説をさらに重層的に展開し、三重の二諦、四重の二諦として説いていることはよく知られたところであるが、[26]『法華玄論』では三重の二諦を説く理由として六義、『中観論疏』では四重の二諦を説く理由として四義を数えている。このうち『法華玄論』が三重の二諦を説く理由とした第一義が各各為人悉檀であり、第三義は仏教の不同を解釈せんがためであるとされる。そして、これらは次のように明らかに『中観論疏』の第一義と第二義に対応するのである。

法華玄論巻第五	中観論疏巻第二末
問。何故用三種二諦耶。 答。略明六義。是故説之。 一者謂各各為人悉檀。自有聞初得道。自有聞後受悟。是已根性不同二諦非一。 （中略） 三者為釈仏教不同。経辨二諦雖多不出三也。如経云、菩薩住二諦中、	問。何故作此四重二諦耶。 答。利根聞初即悟正道、不須後二。中根聞初不悟、聞第二方得入道。下根転至第三、始得領解也。 又為釈於経論。経論之中或言、有是世諦、空為第一義。如大品云、

為衆生説法。釈論云、為著有衆生説空、為著空者説有。此説初門二諦也。又云、若有若無皆是世諦、故説非第一義。華厳云、一切有無法、了達非有無。如此等経是第二重二諦也。又華厳云、不著不二法、以無一二故。此第三重二諦也。用此三門於一切経無所違諍。是故説此三種二諦。(大正蔵三四・三九六中)

菩薩住二諦中、為衆生説法。為著有者説空、為著空者説有。即初重意。大品又云、若有若無世諦故説、非有非無第一義諦。即第二重意。華厳云、不著不二法、以無一二故。即第三重意。華厳又云、諦了分別諸法時無有自性仮名説、悉欲分別世諦義。菩薩因此初発心。一切諸法語言断心行寂滅如虚空。悉欲分別真諦義。菩薩因此初発心。此以一切言説為世諦。言妄慮絶為第一義諦。即第四重意也。(大正蔵四二・二八中)

このうち、仏教(経論)の不同を釈せんがためと述べる『法華玄論』の第三義では、経は二諦を弁ずるとはいっても三を出ないといい、『大品経』[27]、『大智度論』[28]、『華厳経』[29]を引いて、この三門(三重の二諦)を用いれば、一切経において違諍するところがないと述べられているが、これが意味するところにおいて四悉檀義と通底するものがあることは自ずと了解されることであろう。そして、こうした三重の二諦説も、次の『二諦義』巻上の記述によって、われわれはこれがやはり法朗に由来するものであることを知るのである。

次明、所以大師明此三種二諦者有数意。両意已如前説。一者為釈諸仏所説常依二諦。亦是明諸仏所発言不出三種二諦也。二者為釈経論。経論復有此三種二諦。文如前所引云云。然経中所以有此三種説者、竝是赴縁不同。即是各各為人悉檀。或有聞説有無二諦悟即為説之。乃至聞説二不二為世諦。非二非不二為第一義諦故説之也。(以下略)

(大正蔵四五・九〇下)

四　おわりに

以上の論述によって、吉蔵の二諦説、四仮説そして四悉檀義というものに、師である興皇寺法朗が少なからず関わっていたことが理解されたことと思うが、最後にこうした事実を、本章の主題に絡めながらいま一度別な角度から論じて結びとしたい。

さて、吉蔵の立宗宣言の書とも目される『三論玄義』の冒頭が、次の有名な言葉で始まることは周知の通りである。

夫適化無方、陶誘非一。考聖心、以息患為主、統教意、以通理為宗。(大正蔵四五・一上)

そして、この言葉もまた法朗に由来するものであることは、『中観論疏』に「師云」といって、ほぼ同文の引用が見られるところから明らかなことである。[30] ここに見られる「適化無方」について、『法華遊意』には「良由機悟不一故適化無方」[31] とあり、ここではより明瞭に衆生の機が悟ることが同じではないから、適宜な教化[32]にも一定したものはないことが強調されている。また、『勝鬘宝窟』巻上本には、

適機前後門者、夫根性不同、法無定相。如来善巧非一、故教門無定前後。(大正蔵三七・一三下)

とあり、衆生の機根が同じではないから、教えには定相がないことが強調されているが、これなども同工異曲の表現と判断して差し支えないであろう。

また、『法華義疏』巻第三には、

又衆生悟入不同故適化多種。（中略）又初説上根人得悟、次説中根人得悟、後説下根人得悟。所以然者、上根人一聞則解、中根人再説方悟、下根人三説始解也。（大正蔵三四・四九三上）

という記述があるが、これが前に見た『中観論疏』巻第二末の、

問。何故作此四重二諦耶。

答。利根聞初即悟正道、不須後二。中根聞初不悟、聞第二方得入道。下根転至第三、始得領解也。（大正蔵四二・二八中）

と軌を同じくするものであることは明白である。そして、これが前の『法華玄論』では各各為人悉檀として説かれていたこともすでに見た通りである。

ところで、吉蔵は『中観論疏』巻第二本において、法朗の言として次のような興味深い言葉を紹介している。

師又云、凡有所説皆為息病。病息則語尽。如雹摧草、草死而雹消。不得復守言作解。守言作解還復成病。無得解脱。（同前・二七中）

すなわち、法朗によれば、仏教のさまざまな教説はすべて衆生の病を息めんがためのものであり、病が癒えてしまえば言説（教え）は無用になってしまうものであるという。それは喩えていえば、雹が降って草を打てば、草は枯れて雹も消えてしまうようなものである。だから、言説にとらわれて理解を遂げようとしてはならない。あくまで言説によって理解を得ようとするならば、またそこで病を得ることになってしまい、結局けっして解脱を得られないこととなる、と法朗は戒めていることがわかる。このような法朗の立場は、同様の喩えのある『法華玄論』巻第二の、

有病既息、無亦不留。釈論云、如霜雹草死、草死而雹消。若能遠離二辺、乃称妙悟也。（大正蔵三四・三八一下）

という記述や、[33]『百論疏』巻中之中の、

但為衆生偏著有病是故明空。有病若除空義亦捨。適化所宜教無定相。（大正蔵四二・二七一上）

という記述を見るとき、確実に吉蔵に受け継がれていたことを知るのである。そして、このような吉蔵の主張は、結局のところ「唯悟為宗」という彼の立場に行き着くことになる。「唯悟為宗」についても、吉蔵は『法華玄論』巻第二において、

一師之意、唯貴在於悟耳。宜以悟為経宗、無論同異也。（大正蔵三四・三八一上）

と述べて、これがやはり「一師」すなわち興皇寺法朗に由来するものであることをいい、[34] さらに語を継いで、

以此而推用悟為宗。斯判宜允。此非但欲通一教。乃総貫衆経也。（同前・三八一中）

といって、「唯悟為宗」は衆経を貫くものであることを強調している。

つまり、吉蔵にとって、衆生をこうした「悟り」に導くための解釈法として四悉檀義は極めて有効だったのであり、さらにいえば二諦説も四悉檀義も、「適化無方」の名の下に「唯悟為宗」を強調する吉蔵にあっては、いわば同じ事柄の変奏に過ぎなかったものと思われるのである。[35] また、「二諦説」、「四悉檀義」（＝四仮説）、「適化無方」、「唯悟為宗」といった事柄すべてに法朗が関わっていたことは、単なる偶然とは思えない必然性が感じられる。[36] 法朗の著作は散逸して現在に伝わらないため、法朗の思想そのものを明かすことは極めて困難なことであるが、法朗の学説が吉蔵教学の中核をなしていたということだけは疑いようのない事実として、ここに改めて銘記されて然るべきであろうと思われるのである。法朗の思想が吉蔵教学に与えた影響については、他日これを詳細に論じてみたいと思っている。

注

（1） 四悉檀は、『大智度論』中では他に巻第十五（大正蔵二五・一七〇下）、巻第十八（同前・一九三中）、巻第九十六（同前・七二九上）でも説かれるが、集中的に説かれるのは巻第一（同前・五九中—六一中）においてである。

（2） 坂本幸男「経典解釈の方法論の研究（下）」（『支那仏教史学』第一巻第四号、一九三七年十二月）、小林圓照「シナ思想における四悉檀義」（『印度学仏教学研究』第一〇巻第二号、一九六二年三月）参照。このうち、小林論文は中国仏教における各宗の四悉檀義の依

用の状を略説していて有益である。

(3) 管見に触れた、天台教学と四悉檀義について論じた論文には以下のようなものがある。

①小野島護城「四悉檀管見」(『伝道新誌』第一四巻第一〇号、第一五巻第一号、一九〇一年、一九〇二年)

②川勝守「天台四悉檀義の一側面」(奥田慈応先生喜寿記念『仏教思想論集』平楽寺書店、一九七六年)

③川勝守(賢亮)「四悉檀義と教相論――天台三大部について――」(関口真大編『仏教の実践原理』山喜房仏書林、一九七七年)

④十川昭仁「天台における四悉檀について」(『大谷大学大学院研究紀要』第一四号、一九九七年十二月)

⑤藤井教公「天台智顗における四悉檀の意義」(『印度学仏教学研究』第四七巻第二号、一九九九年三月)

また、周知のように『法華文句』には因縁釈、約教釈、本迹釈、観心釈の四種釈が説かれ、この中の因縁釈は『大智度論』の四悉檀義にもとづいて説かれたものである。これについて、『文句』の四種釈は吉蔵の四種釈義(依名釈義、理教釈義、互相釈義、無方釈義)を承けたものであるとする平井俊榮博士の説があるが(平井俊榮『法華文句の成立に関する研究』第二篇第四章「『文句』四種釈と吉蔵四種釈義」春秋社、一九八五年)、本章ではこの点については論及しない。なお、多田孝文氏は、論文「法華文句四種釈考」(『大正大学研究紀要』(仏教学部・文学部)第七二輯、一九八六年十月)において平井説に反論している。また、本書第一篇第五章第一節「天台における『法華論』受容――吉蔵との比較において――」において、天台の四悉檀と吉蔵の説く四悉檀との関係について若干関説しておいたので、あわせて参照されたい。

(4) 平井俊榮『中国般若思想史研究――吉蔵と三論学派――』第二篇第三章第三節「吉蔵著作の引用経論、四『涅槃経』と『智度論』」(春秋社、一九七六年、特に五二六―五二七頁)を参照。

(5) 吉津宜英「吉蔵における『大智度論』依用と大智度論師批判」(平井俊榮監修『三論教学の研究』春秋社、一九九〇年)参照。本文における引用は、同論一四五―一四六頁。

(6) 吉津博士は前注(5)所掲論文において、「この四悉檀の教理は従来天台の教学の研究ではよく取り上げられているが、三論教学においても優るとも劣らぬほどの比重を有していると考えられ、さらに細かな検討が必要となろう」(一五六頁)といっている。

(7) 「又破洗一切有所得大小病。然後於一一義中宜用四悉檀貫之。今当略挙一意」として以下、本文に引用する記述となる。

(8) 引用文にある「譬如火炎四不可触的無所依止。如経不可取不可説」は、『大智度論』巻第十一の「譬如火焔四辺不可触以焼手故。般若波羅蜜相亦如是。不可触以邪見火焼故」(大正蔵二五・一三九下)の援用であろう。

(9) 本文に引く『中観論疏』の後文には、「問。何以知八不即是第一義悉檀。答。智度論引中論八不釈第一義悉檀。故知八不是第一義悉檀也」(大正蔵四二・一〇上)とあり、同巻第三本にも「此八不正是第一義悉檀。故名第一。智度論釈第一義悉檀。而引中論八不。故知

八不是第一義悉檀」（同前・三四下）とある。ここで吉蔵は「智度論引中論八不釈第一義悉檀」といっているが、『大智度論』に『中論』の八不を引用した箇所は見当たらず、おそらくこれは吉蔵の取意であろう。

(10) 以下、文例の配列は筆者の恣意によるものであり、吉蔵の著作年代などは一切考慮していない。なお、文例②に見える「論初巻云」の引用は、『大智度論』巻第一に「除第一義悉檀。諸餘論議諸餘悉檀皆可破」（大正蔵二五・六〇下）とあるものであろう。

(11) 『大般涅槃経』巻第三十一「迦葉菩薩品」に「善男子。是諸衆生非唯一性一行一根一種国土一善知識。是故如来為彼種種宣説法要。以是因縁十方三世諸仏如来。為衆生故開示演説十二部経」（大正蔵一二・八一一上）とあるを参照。

(12) 『法華玄論』巻第十のこの箇所は、「二種次第義釈妙荘厳等品。三世諸仏唯有二種次第。一根縁次第。二随義次第」とある部分の「根縁次第」を説いた箇所である。

(13) 「唯悟為宗」については、末光愛正「吉蔵の「唯悟為宗」について」（『駒澤大学仏教学部論集』第一五号、一九八四年十月）、菅野博史「吉蔵における法華経の宗旨観について」（『仏教学』第一二号、一九八一年十月、後に菅野『中国法華思想の研究』春秋社、一九九四年に再録）を参照。

(14) 『二諦義』巻上（大正蔵四五・八一中―下）

(15) 前注（2）所掲の小林論文、および前注（5）所掲の吉津論文を参照。

(16) 小林前掲論文参照。また、『大乗義章』巻第二（大正蔵四四・五〇九中―五一〇中）を参照。

(17) 鎌田茂雄博士は、この『二諦義』の一連の文脈が元暁の空有相即の思想に影響を与えたことを示唆しておられる。鎌田茂雄「『十門和諍論』の思想史的意義」（『仏教学』第一一号、一九八一年四月）参照。

(18) 大正蔵四六・七二三中。

(19) 吉蔵の約教二諦説については、前注（4）所掲の平井書、第二篇第二章第三節「約教二諦の根本構造」を参照。

(20) 『大乗玄論』巻第五「論迹義」にも、「第五明用仮不同。仮乃衆多。略明四種。一因縁。二随縁。三就縁。四対縁。若辨甚深因縁義。即是因縁仮。随縁所宜而説。即是随縁仮。就縁撿責。即是就縁仮。若一一須対破。如対常説無常等。即是対縁仮也」（大正蔵四五・七一下）という記述がある。なお、本文に引いた『三論玄義』の後文には、「然四論具用四仮。但智度論多用因縁仮。以釈経立義門故。中論十二門多用就縁仮。百論多用対縁仮」（同前・一三上―中）とあり、『大智度論』は因縁仮を、『中論』と『十二門論』は就縁仮を、『百論』は対縁仮を説いたものであるといっている。『大乗玄論』「論迹義」も同様の主張をなす。

(21) 引用は、伊藤隆寿「実敏『二諦義私記』の本文紹介（下）」（『駒澤大学仏教学部研究紀要』第三八号、一九八〇年三月）一七五頁による。

(22)『三論玄義検幽集』巻第七にも、「裏書云。四仮本説事。二諦章下巻云。大師約四悉檀明四仮義。四仮者因縁仮。対縁仮。就縁仮。随縁仮。彼尚不識四悉檀。豈解四仮。中論疏記云。問。四悉檀配四仮云何。述義云。世界悉檀即就縁仮。各各為人即随縁仮。対治悉檀即対縁仮。其第一義即因縁仮。同述義上云。興皇師四仮義中云。三悉檀言可破。故皆迷。第一義悉檀内具二諦。二諦名第一者。世諦離性生。真諦離仮生故〔文〕。四論玄第十一。四悉檀義云。問。三論朗師立四仮義釈経論意。（中略）又三論師四悉檀与四仮結会。彼云世界悉檀即是就縁仮。各各為人悉檀即是随縁仮。対治悉檀即是対縁仮。第一義悉檀即是因縁仮。通称仮者用法雲師語。不自為義也〔文已上／裏書〕」（大正蔵七〇・四八一中―四八二上）とある。

(23) 引用は前注（21）所掲の伊藤論文、一七六頁による。

(24) 伊藤前掲論文、一七六―一七七頁参照。

(25) 実敏は、「又開善荘厳立三仮。云因成仮。相続仮。相待仮。光宅師。云前三是。第四因成仮。以為四仮也」（伊藤前掲論文、一七六頁）といっている。しかし、管見の限り吉蔵が紹介する成実師の説は因成仮、相続仮、相待仮の三仮であり（例えば『二諦義』巻下、大正蔵四五・一一三上以下）、こうした点も含め、成実論師の仮説の検討は他日を期したい。

(26) 三重の二諦、四重の二諦説については、前注（4）所掲の平井書、第二篇第三章第三節「吉蔵二諦説の発展的構造」を参照。

(27)『大品般若経』巻第二十五（大正蔵八・四〇五上）参照。

(28)『大智度論』巻第九十一（大正蔵二五・七〇三中）参照。

(29)『華厳経』巻第五（大正蔵九・四二六下）、および巻第三十三（同前・六一〇上）参照。

(30)『中観論疏』巻第一本に「師云。夫適化無方。陶誘非一。考聖心。以息病為主。縁（統カ）教意。以開道為宗」（大正蔵四二・七下）とある。また、『法華義疏』巻第一にも「夫適化無方。陶誘非一。考聖心。以息患為主。統教意。以開道為宗」（大正蔵三四・四五二中）と同文がある。その他、『維摩経義疏』巻第一には「第二次釈本名。由体不二之理。故起無二之智。由無二之智。故能適化無方。以適化無方。故施教非一。施教非一。故称謂不同。則知不二之理為立名之本」（大正蔵三八・九一三中）とあり、『浄名玄論』巻第二には「論曰。由体不二之理。故有無二智。由無二之智。故適化無方。適化無方則施教不一。施教不一故称詔不同。是知不二之門為名本也」（同前・八六三上）とある。

(31) 大正蔵三四・六四四上。

(32) 適化について、『法華義疏』巻第三には「衆生所縁之域為方。如来適化之法称便。蓋欲因病授薬。籍方施便。機教両挙。故名方便」（大正蔵三四・四八二下）とある。なお、『維摩経義疏』巻第二にも「方便之名。有離有合。所言離者。衆生所縁之域曰方。至人適化之法称便。蓋因病授薬。藉方施便。機教両挙。故称方便」（大正蔵三八・九三一中）とある。

(33) 文中にある『釈論』の引用は、『大智度論』巻第四十三(大正蔵二五・三七二上)を参照。なお、『十二門論疏』巻上本にも、「但対破凡夫二乗生滅故云無生耳。生既去無生亦尽。如雹摧草。草死則雹消」(大正蔵四二・一八五下)とある。なお、『大般涅槃経』巻第一「序品」に「猶如雹雨摧折草木」(大正蔵一二・六〇七中)とあるをあわせて参照。

(34) 吉蔵著作中にいう「一師」について、これが必ずしも興皇寺法朗を指すものではないという泰本融博士の傾聴すべきご意見がある。筆者も泰本博士が論じられた範囲においてはこれを肯うものであるが、本文にいう「一師」とはやはり法朗と見て誤りはないであろう。泰本融「八不中道の根源的性格——吉蔵『中観論疏(因縁品)』を中心として——」(『空思想と論理』山喜房仏書林、一九八七年、五四八頁注(15))を参照。

(35) 袴谷憲昭氏は、こうした吉蔵の「適化無方」や「唯悟為宗」の思想を非仏教なるものとして厳しく批判する。袴谷憲昭「教外別伝と教禅一致」(『本覚思想批判』大蔵出版、一九八九年、三七八—三七九頁)、および「偽仏教を排す」(『批判仏教』大蔵出版、一九九〇年、三〇八—三〇九頁)を参照。また、「適化無方」や「唯悟為宗」を強調する吉蔵の思想が必然的に「理」を重んずる思想になることについては、伊藤隆寿「三論教学の根本構造——理と教——」(平井俊榮監修『三論教学の研究』春秋社、一九九〇年。後に伊藤『中国仏教の批判的研究』大蔵出版、一九九二年に再録)を参照。

(36) 最近、龍谷大学大学院の米森俊輔氏は、吉蔵の三種法輪説研究において、長らく等閑に付されてきた前田慧雲博士の説を改めて検証し、吉蔵の三種法輪説の祖型も法朗にあることを報告された。詳しくは米森俊輔「『四論玄義』逸文に見る法朗の教判について」(平成十四年度発行の『印度学仏教学研究』に掲載予定)を参照されたい。なお、吉蔵と法朗の関係については、佐々木憲昭(憲徳)「興皇法朗の教学所説を論ず」(『六條学報』第九九号、一九一〇年一月)を参照。

(追記) 本章脱稿後、天台の「四悉檀義」と吉蔵の「四悉檀義」を比較考察した論文として、藤井教公氏に「天台と三論——その異質性と類似性——」(『印度哲学仏教学』第一五号、二〇〇〇年十月)という論文があることを知った。示唆に富んだ議論が展開されているので参照されたい。

(二〇〇二年九月十一日記)

第五章　吉蔵教学と『華厳経』をめぐって

一　はじめに

かつて、その著『中国華厳思想史の研究』の中で、「華厳と三論との交流」について論じられた鎌田茂雄博士は、(1)吉蔵の思想の中には、のちに法蔵（六四三―七一二）によって大成されることになる、華厳の相即思想の原型が認められることを鋭く指摘し、かかる吉蔵の思想形成の基盤には僧肇（三七四―四一四）の『注維摩詰経』の「本迹殊なりと雖も、不思議一なり」（大正蔵三八・三二七中）の思想があることを示唆された。(2)その上で、さらに鎌田博士は、

華厳思想史の理解に僧肇の影響を考えることによって、僧肇―三論―華厳に一つの思想の流れを認めることができる。さらに僧肇の背後にある荘子を考えることにより、中国的思惟の基盤のうえに、インド思想が受容され、変容されて、新たな華厳的世界観が形成されたことも理解できるであろう。(3)

と述べて、僧肇―三論―華厳の思想的流れを強調されたのである。

吉蔵の教学と『華厳経』の関係については、(4)その後も木村清孝博士等(5)によって解明が進められてきたが、筆者には前の鎌田博士のご指摘ほど重要なものはないように思われる。本章では、鎌田博士のご研究を指針としつつ、筆者なりに改めて吉蔵教学と『華厳経』に関わる問題について若干の考察をなしてみたいと思うのである。

二　三論学派と『華厳経』

中国三論学派における『華厳経』の講説が、興皇寺法朗（五〇七―五八一）の代に至って隆盛を見たことはよく知られた事実である。(6) 吉蔵は、その著『華厳遊意』冒頭において、江南における『華厳経』の講説の歴史を述べて、次のようにいっている。

江南講此経者、亦須知其原首。前三大法師不講此経。晩建初彭城亦不講。建初晩講就長干法師借義疏、彭城晩講不聴人問未講之文。前三大法師、後二名徳、多不講此経。講此経者、起自摂山。時有勝法師、為檀越教化、得三千餘解未凡経七処徒八過設会、始自慧荘厳終帰止観、一会則講一会経文。爾時実為隆盛。後興皇継其遺蹤大弘斯典。講因縁如此也。（大正蔵三五・一上）

すなわち、この吉蔵の証言によれば、梁の三大法師といわれた開善寺智蔵（四五八―五二二）、荘厳寺僧旻（四六七―五二七）、光宅寺法雲（四六七―五二九）は『華厳経』を講ずることがなく、建初、彭城も最近まで講説することはなかったが、ごく最近になって建初は長干法師に『義疏』を借りて講説を初め、彭城も同様に講説を開始した。しかし、まだ講義の終わらない部分については（経文に対する）質問を許さなかったというのである。続いて吉蔵は、それにしても梁の三大法師が『華厳経』を講ずることはなく、建初、彭城による講説もけっして多いものとはいえず、『華厳経』の本格的講説は摂山の勝法師が(7)檀越を教化するために開始したことを嚆矢とし、これを法朗が受け継いで大いに『華厳経』を弘めることになったといっている。

ここにいう長干法師とは、法朗等とともに止観寺僧詮門下の四友（四哲）といわれた長干寺智弁のことで、建初はこの長干寺智弁に『義疏』を借りたというのであるから、建初、彭城とはそれぞれ揚都の建初寺、彭城寺に住した僧で、しかも文脈から考えてそれは止観寺僧詮、ないし興皇寺法朗の前後周辺の人を指すものと思われる。(8) また、建初が長干法師より借りた『義疏』とは、やはり文脈から考えて『華厳経』のそれと見て誤りはないであろう。

僧詮は、周知のように「華厳三論最所命家」[9]といわれた摂嶺相承の始祖僧朗を師としているところから、その習学時代に『華厳経』に対する素養は十分に身につけていたに相違ない。事実、僧詮門下である法朗の伝記中には、

乃於此山、止観寺僧詮法師、飡受智度中百十二門論並花厳大品等経。(大正蔵五〇・四七七中)

とあり、僧詮がいわゆる「四論」や『大品経』とともに『華厳経』を講じていたことを伝えている。また、僧詮門下の四友の一人である慧勇(五一五―五八三)は、『華厳経』を講ずること二十遍であったといわれるし、[10]やはり僧詮門下の四友である慧布(五一八―五八七)に学んだ慧覚(五五四―六〇六)もしきりに『華厳経』を講じていたというから、[11]師である慧布もまた『華厳経』と何らかの関係を有していたことは十分に考えられることである。

このように見てくると、僧詮門下の四友はすべて何らかのかたちで『華厳経』と関わりをもっていたといえるのであり、このことはとりもなおさず師である僧詮の門下に対する『華厳経』講説の実態と経に対する理解を窺わせるに十分なものである。[12]

ところで、吉蔵が二諦を真理の形式とみる成実学派の「約理の二諦説」[13]に対抗して、二諦を教化の手段とし、因縁有無の相即を旨とする「約教の二諦説」を説いたことはあまりにも有名なことであるが、『二諦義』巻下には次のような興味深い記述がある。

雖有三経文、諸師多就大品経、明色即空空即色也。然此義難解。大忍法師云、我三十年、思此義不解。値山中法師得悟。此師既悟、始信三論云云。由来釈相即義者、有三大法師、光宅無別釈。此師法華盛行成論永絶也。(大正蔵四五・一〇五上)

ここで吉蔵は、二諦相即の典拠には三文があるとした上で、諸師は多く『大品経』によって「色即空、空即色」を明かしているが、この義は難解であり、大忍法師は三十年間、[14]その意味を理解することができなかったが、山中法師

（僧詮）にめぐり会って、はじめて「相即」という意味を理解することができたと証言している。さらに吉蔵は『二諦義』巻上において、

次明二諦是教義。摂嶺興皇已来、並明二諦是教。所以山中師手本二諦疏云、二諦者乃是表中道之妙教、窮文言之極説。道非有無、寄有無以顕道。理非一二、因一二以明理。故知二諦是教也。（同前・八六上―中）

と述べて、因縁有無の相即を説く「約教の二諦説」が僧詮、法朗に由来するものであることを強調している。[15]また、このように吉蔵教学の根幹ともいうべき二諦相即思想の淵源が僧詮、法朗に求められ、しかも因縁の有無の定型句である三因縁の有無は三論初章義とも称され、「初章」の語は『華厳経』にもとづくものであることが指摘されている。[16]このように三論初章義が『華厳経』によるという事実は、前に見た江南における『華厳経』の講説が僧詮およびその門下である法朗に至って高まりを見せたという事実と無縁ではないように思われる。資料の限定もあって詳しく論証することはできないが、吉蔵教学における『華厳経』の影響を考える場合、前に示したわずかな文例から垣間見ても、筆者には僧詮やその下で『華厳経』を大いに弘めたという法朗の影響はやはり無視しえないものがあるように思われるのである。[17]法朗が吉蔵教学に与えた影響はしばしば指摘されるところであるが、いまここで筆者が改めて僧詮のことを持ち出す理由は、本章の最後においていま一度触れよう。

三　吉蔵と『華厳経』

さて、『華厳経』巻第十「夜摩天宮菩薩説偈品」に「心仏及衆生、是三無差別」（大正蔵九・四六五下）という有名な句のあることは周知の通りであるが、この句は同じく「十地品」の「三界虚妄、但是一心作」（巻第二十五、同前・五五八下）という句とともに『華厳経』の経説の中でも名所をなすものといわれている。この句が「唯心偈」と称されて、後世、多くの仏教者に依用されたことは改めて指摘するまでもないであろう。そこで、次にこの句を吉蔵がどのよう

に依用していたかを見ることによって、吉蔵教学に果たした『華厳経』の役割と関連する諸問題について少しく論述を続けてみたい。

この句を鎌田博士は、次のように解説される。

ほとけというとなにかわたしたちと別なものであるというように考えるが、ほとけとはわたしたちの心と同じであり、心の持ち方によってほとけになりうるのだという。現に苦しみ、悶え、悩んでいるわたしたちを離れて、ほとけというものはありうるのではない。[18]（傍点＝鎌田博士、傍線＝奥野）

ここで傍線を付した部分を読むと、筆者にはすぐさま『維摩経』の「煩悩即菩提」[19]や僧肇の「触事而真」（大正蔵四五・一五三上）、「不動真際為諸法立処」（同前）、「不動等覚而建立諸法」（一五三中）といった言葉が想起されるが、そのことはここではひとまず措くこととしよう。

ところで、吉蔵の『浄名玄論』巻第一「迷悟門」には、次のような記述がある。

問。息何二見、強名不二。

答。欲明一切衆生本来是仏。顕斯不二、泯於二見、故明不二。所以経云、心仏及衆生、是三無差別。観身実相、観仏亦然。涅槃論云、衆生即是仏、故名為密。正観論云、生死涅槃本無二際。蓋是方等之良津、還源之要術。大士興于世者、在斯一門。（大正蔵三八・八五九上）

これは、失道の流は多く二見に滞るものであり、この二見を泯ぼさんがために強いて（無名相のところを）二とは名づけず、不二と名づけるのであるという吉蔵の見解を受けて、[20]それではどのような二見を息めんとして強いて不二と名づけるのであるかという問いに吉蔵が再び答えているものであるが、[21]ここで吉蔵は仏と衆生は本来別のものであるとする失道の流に対して、一切衆生は本来仏であることを強調し、仏と衆生は異なったものではないことを主張している。そして、その経証として『涅槃論』[22]、『中論』[23]等とともに前の『華厳経』の「夜摩天宮菩薩説偈品」の一文が引証されていることがわかる。また、文中にある「観身実相、観仏亦然」という句は、吉蔵自身『勝鬘宝窟』巻下本において、経の「聖諦者説甚深義」（如来蔵章、大正蔵一二・二二二中）を釈して、

言甚深者、此蔵中出如来法身、微妙難知。又如来蔵為煩悩所隠、非二乗所知、故言甚深也。又三義故甚深。一生死即如来蔵故甚深。如華厳云、心仏及衆生、是三無差別。法華論云、衆生界則涅槃界、不離衆生界有如来蔵性故。二衆生身即法身故甚深。如中論、如来身絶四句、衆生身亦絶四句。維摩云、観身実相、観仏亦然。是故衆生身即法身故甚深。（大正蔵三七・六七下）

といっていることからも明らかなように、『維摩経』巻下「見阿閦仏品」[24]に出る有名な一文である。この文を釈した、『維摩経義疏』巻第六には「是故此章明観身実相、観仏亦然。衆生与仏無二也」（大正蔵三八・九八六中）とあり、ここでも仏と衆生の無二なることが強調されている。さらに吉蔵はこの『維摩経義疏』の後文においてやはり問題の「唯心偈」に言及している。[25]一見して明らかなように、『勝鬘宝窟』の記述は前に見た『浄名玄論』とまったく同じ趣旨を説いたものであることが理解されるであろう。

また、『勝鬘宝窟』巻下末には、大乗仏教の究極ともいわれる「生死即如来蔵」「生死即涅槃」であることを説いた、次のような記述があるが、

是如来蔵者、明生死即是如来蔵也。就理而言。若体性者、知生死即是涅槃。仁王経云、菩薩未成仏時、以菩提為煩悩。菩薩成仏時、以煩悩為菩提。故肇法師云、道遠乎哉、触事而真。聖遠乎哉、体之即神。華厳云、心仏及衆生、是三無差別。中論云、生死之実際、及以涅槃際、如是二際者、無毫釐差別。法華経云、如来如実知見三界之相。天親釈云、衆生界即涅槃界。不離衆生界有如来蔵性也。（大正蔵三七・八二中）

これも経証として引用されている経論を含め、[26]その趣旨が前の『浄名玄論』や『勝鬘宝窟』巻下之本のそれと完全に一致していることに気づくであろう。ただ、ここで吉蔵が「肇法師云」として、僧肇の「不真空論」の結尾の有名な

一文を引用していることは十分に注意されてよいであろう。なぜなら、ここに見られる「触事而真」という言葉は、現実重視の傾向を有する中国仏教展開の上で、極めて重要な役割を果したものであったことが鎌田博士によって指摘されているからである。(27) さらに鎌田博士はかかる考え方が、「華厳においては、「事事無礙」なる現象絶対論、現象円融論を成立させるにいたったもののようである」(28)と指摘されているが、この指摘は極めて重要である。

さて、吉蔵が『大乗玄論』巻第三において「草木成仏説」を説いたことは広く知られているが、ここでもさまざまな経論とともに前の僧肇の一文が引用され、(29)さらに吉蔵は「草木成仏説」が成立する根拠として、『唯識論』(30)を引証して、次のようにいっている。

唯識論云、唯識無境界。明山河草木皆是心想、心外無別法。此明理内一切諸法依正不二、以依正不二故、衆生有仏性則草木有仏性。(大正蔵四五・四〇下)

ここに見える「心外無別法」の語は、のちに前の『華厳経』の「夜摩天宮菩薩説偈品」の「心仏及衆生、是三無差別」と合揉されて、(31)主として禅関係の典籍において重用されるようになるものであるが、(32)その意味するところは「心仏及衆生……」の句と大きな相違はない。このように吉蔵が「一切衆生本来是仏」「生死即涅槃」「生死即如来蔵」「草木成仏」を論証するにあたって、僧肇の「不真空論」の一文や『維摩経』等とともに『華厳経』の「唯心説」に着目したことは注目に値しよう。「草木成仏説」が明確に打ち出されるのは、確かに『大乗玄論』においてであるが、引証されている経論や論述の運びを子細に検討してみると、その理論的素地は『浄名玄論』や『勝鬘宝窟』において十分形成されていたといえる。「生死即如来蔵」「生死即涅槃」「煩悩即涅槃」といった命題は、すぐさま因縁有無の相即を説いた「約教二諦説」を想起させるし、これが敷衍されれば「草木成仏説」に結びつくものであることは容易に推知されるところである。

ところで、最近、吉蔵の「草木成仏説」を批判的に考察された松本史朗博士は、吉蔵の「草木成仏説」とは、〃全肯定〃の論理を用意する、博士の命名によるところの「仏性顕在論」という極端な如来蔵思想の帰結にほかならず、かかる吉蔵の思想が牛頭宗や南陽慧忠（?—七七六）の「無情有仏性」説へとつながると指摘された。(33) 松本博士も注意しておられるように、牛頭や慧忠の「無情有仏性」説を特徴づける言葉として、「青青翠竹尽是法身、鬱鬱黄華無非般若」という有名な句があることは周知の通りであるが、(34) これを『祖堂集』巻第十五の「帰宗智常章」では僧肇に典拠を求め、(35)『祖庭事苑』巻第五は竺道生（三五五—四三四）がこの語に関係していたことを示唆している。(36) もちろん、現存する僧肇や道生の著作の中に問題の句を検出することはできないが、ここで想起されるのが、吉蔵の『中観論疏』を注釈した我が国の安澄（七六三—八一四）が『中論疏記』において、次のように述べているという事実である。(37)

言故**山中旧語云**等者、述義云、鬱鬱之花非無般若、故云、成瓶之不瓶。青青之竹無非涅槃、故云、成青之不青也。(38)

安澄が注する『中観論疏』の原文は、巻第六末に

山中旧語云、成瓶之不瓶、成青之不青。即指瓶為不瓶故、不瓶成瓶也。（大正蔵四二・九七下）

とあるものであるが、この文自体、見方によっては「相即」を説いたものと見られなくもない。

それはともかく、ここに見られる「述義」とは、今日に伝わらない元興寺智光（—七五二—）の『中論疏述義』を指すが、(39) ここで注意されるのは安澄が智光の説として問題の句を「山中」に絡めて言及しているということである。三論の系譜において、「山中」といえば、それは止観寺僧詮をおいては考えられないから、智光（安澄）が「青青翠竹……」の句を止観寺僧詮と関連づけて見ていたことは疑いのないところといえよう。もっとも、僧詮の著作が現存しない今日、果たしてこの句が僧詮と直接関係していたのかどうかを確かめる術がないことは残念であるが、禅宗の文献ではなくて三論内の典籍において、この句が僧詮に関連づけられていたという事実は極めて重要であろう。

「触事而真」といい、「天地与我同根」と述べて、極めて現実肯定的な主張をなした僧肇や「一闡提成仏説」を唱えたとされる道生が、後世「無情有仏性説」と関連づけられたことは、ある意味では当然のことと思われる。では、僧

詮はいったいいかなる理由によって結びつけられたのであろうか。

僧詮は摂山三論学派（摂嶺相承）の第二祖であり、事実上この学派の確立者と見なされる重要な人物であったにもかかわらず、その伝記自体に混乱が見られるなど、その生涯については不明な点が多い。しかし、本章でも瞥見したように、僧詮は三論学派における『華厳経』講説の歴史に深く関わっていた人物であり、吉蔵教学の根幹ともいうべき「約教二諦説」の原型を説いたと目される人でもあった。ここに前の理由を求めることは筆者の思い込みに過ぎないものであろうか。

吉蔵はその教学を形成するにあたって、さまざまな学説や経論を縦横無尽に駆使するところに特色があるため、具体的にある特定の人物や経論だけがその教学の形成に決定的な影響を与えたと言い切ることは極めて困難なことである。しかし、上述してきたところによって、僧肇や僧詮といった三論の祖師とともに『華厳経』の教説もまた吉蔵の教学の根幹に関わっていたことは一瞥できたものと思われるのである。

注

（1）鎌田茂雄『中国華厳思想史の研究』第二部第二章「華厳思想史におよぼした僧肇の影響」第二節「華厳と三論との交流」（東京大学出版会、一九六五年、三二五―三三一頁）を参照。

（2）吉蔵は『浄名玄論』巻第三「第四明本迹不思議」の項において、「本迹殊なりと雖も不思議一なり」について、詳しく論じ、次のようにいっている。「問。云何名本迹雖殊不思議一。答。有人言。明本迹二身相即。故云一。如云吾今此身即是法身。有人言。本迹雖殊。明不二二義。不思議一。明二不二義。今謂未解読他文章。故有異説。原肇公論本迹意者。正欲解不思議。此経既名不思議。約何物法。辨不思議。是故不思議中有本有迹。故開本迹二門。雖有本有迹。而同是不思議。故明不思議一耳。何労云云作諸異釈。若言明本迹不思議一。便作前二解者。肇公又云。始自浄国。終訖法供養。其文雖殊。不思議一也。可復有餘釈耶。而一師云。本迹雖殊。故開於二身。不思議一。明本迹是因縁義。非本無以垂迹。非迹無以顕本。故本是迹本。迹為本迹。本迹則不迹。迹本則不本。不本不迹。名為正法。故称為一。蓋寄此文。明二不二義耳。聴者不聴其旨。妄咎大師」（大正蔵三八・八七二下）。ここで吉蔵は本迹の関係を一師（法朗）の

説として、因縁の義によって解釈し、二不二の相即関係を説くものと理解していたことがわかる。僧肇も吉蔵も本迹不思議一を異なった二つのものの同一性（同質性）と見るのではなくて、相即関係に見出していたことが理解される。それゆえ吉蔵の相即思想形成の基盤に僧肇の『注維摩詰経』の影響を認めようとされた鎌田博士の説は適切なものであったといえよう。

(3) 前注（1）所掲の鎌田書、三二六頁参照。

(4) 吉蔵は「諸大乗経典顕道無異」を標榜し、諸経典に価値的な優劣を認めないことを基本とする。ただ、吉蔵の教判とも目されるいわゆる「三種法輪説」においては、『華厳経』を根本法輪と規定し、また『浄名玄論』巻第二「論標題意門」では、なにゆえ『大方広仏華厳経』だけが経名に「仏」の字を冠せられるのかといえば、『華厳経』の説く「教・理」が「円・満」だからであると述べるなど（問。衆経皆是仏説。何故華厳独標仏耶。答。欲顕華厳教円理満。故偏題仏也。〈以下略〉、大正蔵三八・八六四上）、『華厳経』を別格視する姿勢も見受けられる。

(5) 木村清孝「吉蔵の「無礙」の思想と『華厳経』」（『印度学仏教学研究』第二五巻第二号、一九七七年三月）、同「吉蔵と『華厳経』」（『初期中国華厳思想の研究』第一篇第六章第五節、春秋社、一九七七年）、末光愛正「牛頭宗に及ぼせる三論宗の影響――相即・無礙思想――」（『宗学研究』第二三号、一九八一年三月）、粟谷良道「吉蔵二諦説における華厳経の依用」（『駒澤大学大学院仏教学研究会年報』第一八号、一九八五年二月）、陳永裕（本覚）「相即論の思想史的展開」（平井俊榮博士古稀記念論集『三論教学と仏教諸思想』春秋社、二〇〇〇年）等を参照。

(6) 『続高僧伝』巻第七「法朗伝」（大正蔵五〇・四七七中―四七八上）および本文に引く『華厳遊意』（大正蔵三五・一上）の記述を参照。なお、法蔵は『十二門論宗致義記』巻上において、「三論玄旨。派流於九壌。龍樹宗伝。実什公之力也。雖復訳在関河。然盛伝於江表。則興皇朗之功也」（大正蔵四二・二一八下―二一九上）といっている。『華厳五教章』と『華厳経探玄記』に見られる法蔵以前の十家の教判を比較された吉津宜英博士は、『探玄記』になって『五教章』には見られなかった吉蔵の教判と目される「三種法輪説」が紹介されていることに着目され、前の『十二門論宗致義記』の一文を論拠に、「このあたりから（『十二門論宗致義記』撰述のころから＝奥野補）、法蔵は空有の融会のために江南の三論の研究も進め、そして吉蔵の存在の大きさにも気付いたことであろう。その結果として『探玄記』の十家に吉蔵が加えられることになったのであろう」と述べられる（吉津『華厳一乗思想の研究』第四章第三節、大東出版社、一九九一年、二五七頁）。

(7) 不明。法朗門下の霊睿（五六四―六四六）の伝記中に、霊睿がまみえたといわれる智勝法師という名が見えるが（『続高僧伝』巻第十五、大正蔵五〇・五三九下）、この人物がここにいう勝法師に該当するかどうかは断定できない。

(8) 彭城寺に住した有名な僧に、当時白瓊と称された宝瓊（五〇四―五八四）がいる（『続高僧伝』巻第七「宝瓊伝」、大正蔵五〇・四七八下—四七九下）。また、建初寺には烏瓊と称され（『続高僧伝』巻第九「慧哲伝」、大正蔵五〇・四九三下）、「建初寺宝瓊法師当時之対偶也」（「宝瓊伝」、四七九中）といわれた同名の僧がいた。吉蔵も建初・彭城を対にして用いているので、「当時之対偶也」とする『続高僧伝』の記述と合致するようにも思われるが、これだけでは断定できない。なお、法朗も宝瓊も同じく南澗寺の仙師について『成実論』を学んでいるという共通点が認められる。また、『中観論疏』巻第八本には「次建初師云。不善還同於善。不善習因辺為煩悩。報因辺為業」（大正蔵四二・一一六下—一一七上）とあり、これを安澄は『中論疏記』巻第七末において、「述義」（＝智光『中論疏述義』）を引いて「言次建初師云等者。述義解云。建初者寺名也。此寺有二法師。同名慧迴。但顔色殊。一白一黒。黒者名烏迴法師。白者名白迴法師。今此一師挙是烏迴法師義也。未詳出処」（大正蔵六五・一八一上）と注釈している。

（9）『梁高僧伝』巻第八「法度伝」（大正蔵五〇・三八〇下）

（10）『続高僧伝』巻第七「慧勇伝」（大正蔵五〇・四七八中）

（11）『続高僧伝』巻第十二「慧覚伝」（大正蔵五〇・五一六中）

（12）吉蔵が『大品経義疏』巻第一において、「止観師六年在山中。不講余経。唯講大品。臨無常年。諸学士請講涅槃。師云。諸人解般若。那復欲講涅槃耶。但読三論与般若自足。不須復講余経」（卍続蔵三八・九七左上）といっているのは、僧詮はその晩年において講説を『大品経』に限り、三論の研究に集中したということを強調しているのであって、決してその当初から余経を講じなかったというのではないであろう。

（13）『二諦義』巻上に「責云。汝二諦。為是道理。為是方便。彼明二諦是道理也」（大正蔵四五・八八下）とある。

（14）独立の伝記はないが、智顗の伝記（『続高僧伝』巻第十七、大正蔵五〇・五六四下、五六七上）や法朗の最初の弟子とされる真観の伝記（『続高僧伝』巻第三十、同前・七〇二上）に関説される。それによれば、梁陳二代の大徳といわれた大忍法師は、智顗の講説を聞いて歎じたという。また、智顗伝によれば、止観寺僧詮の門下である長干寺智弁も講を捨てて智顗に従ったという。当時はいわゆる宗派や学派といった制約を超えて自由な人的交流のあったことが推知される。

（15）吉蔵と同門とされる慧均（均正）の『四論玄義』巻第一には「摂嶺西（栖）霞寺無所得三論大意（乗カ）大師詮法師云。二諦者蓋是表理之極説。文言言之妙教。体非有無。有無不於体。理非一二。一二不違於理。今依大師説。所言真俗二諦者。即是有無。有無共顕一道。仏随縁説有無二教。貫於衆教」（卍続蔵七四・一八左下—一九右上）とある。これによって、本文に引く『二諦義』中の「山中師」とは僧詮を指すことは明らかである。

（16）平井俊栄『中国般若思想史研究——吉蔵と三論学派——』第二篇第二章第二節、二「三論初章義」（春秋社、一九七六年、四二五頁以下）を参照、および前注（5）所掲の粟谷論文参照。

(17) 吉蔵教学が法朗の影響を大きく受けていたのではないかということの一斑については、本篇第四章「吉蔵における四悉檀義」(三四八頁以下) を参照していただきたい。
(18) 鎌田茂雄・上山春平『無限の世界観〈華厳〉』(仏教の思想6、角川書店、一九六九年) 七五頁。
(19) 『維摩詰所説経』巻上「弟子品」に「不断煩悩而入涅槃」(大正蔵一四・五三九下) とあるを参照。なお、僧肇はこの一文を「涅槃無名論」の中で広く人口に膾炙した「天地与我同根」に絡め、次のように引用している。「浄名曰。不離煩悩而得涅槃。天女曰。不出魔界而入仏界。然則玄道在於妙悟。妙悟在於即真。即真即有無斉観。斉観即彼已莫二。所以天地与我同根。万物与我一体。同我則非復有無」(大正蔵四五・一五九中)。議論の道筋が本文に示した鎌田博士の解説と驚くほど類似したものであることが理解されるであろう。
(20) 関連した記述が『維摩経義疏』巻第一 (大正蔵三八・九一一中) にある。
(21) 『浄名玄論』巻第七に「令泯斯両見。観身実相。観仏亦然。故心仏及衆生。是三無差別。道遠乎哉。触事而真。聖遠乎哉。体之即神。是故不応生二見也」(大正蔵三八・九〇三中) とまったく同趣旨の文がある。ここでは、のちに本文において言及する僧肇の「不真空論」結尾の有名な一文が引用されている。
(22) 『涅槃論』(大正蔵二六・二七七下—二七八上)
(23) 『中論』巻第四「観涅槃品」(大正蔵三〇・三六上)
(24) 大正蔵一四・五五四下—五五五上。なお、この『維摩経』の一文は、のちに『絶観論』や『宝蔵論』など、禅関係の典籍において好んで引用されることが鎌田博士によって指摘されている (鎌田茂雄『中国仏教思想史研究』第一部第一章「道性思想の形成過程」、春秋社、一九六八年) 六〇—六一頁参照。
(25) 大正蔵三八・九八六中。なお、『維摩経略疏』巻第五 (卍続蔵二九・一七六左下) も参照。
(26) 文中の『仁王経』の引用は巻上「二諦品」(大正蔵八・八二九中)、『法華経』は巻五「如来寿量品」(大正蔵九・四二下)、天親釈は『法華論』巻下 (大正蔵二六・九中)
(27) 前注 (18) 所掲の鎌田・上山書、第一部第一章、2「『即事而真』思想の成熟」参照。例えば、吉蔵が『浄名玄論』巻第六において、「今明従初以来一切得失。即皆是道。即是正観。如肇公云。道遠乎哉。触事而真。聖遠乎哉。体之即神」(大正蔵三八・八九七中) と述べているのもそうした好例であろう。なお、吉蔵の著書中における「触事而真」の引用箇所については、拙稿「吉蔵における僧肇説の引用について (二)」(『駒澤大学大学院仏教学研究会年報』第一九号、一九八六年二月) 参照。なお、この論文には多くの見落としがあるほか、典拠の指示誤り、集計ミス等、多くの誤りがある。したがって、いまとなっては全面的な改訂を要するもので、粗雑な報告をなしたことに深く恥じ入るとともに、謹んでここにお断りしておきたい。

(28) 前注(24)所掲の鎌田書、五八―五九頁。
(29) 大正蔵四五・四〇下。
(30) 後魏瞿曇般若流支訳『唯識論』冒頭(大正蔵三一・六三下)参照。なお、吉蔵の著作中に引かれる『唯識論』の引用については、宇井伯寿『印度哲学研究』第六巻(岩波書店、一九六五年)一〇九―一一四頁を参照。
(31) 例えば、道元(一二〇〇―一二五三)は『正法眼蔵』「三界唯心」冒頭において「釈迦大師道。三界唯一心。心外無別法。心仏及衆生。是三無差別」といっている。
(32) 例えば、『楞伽師資記』には「無量寿経云。諸仏法身入一切衆生心想。是心是仏。是心作仏。当知仏即是心。心外更無別仏也」(『禅の語録』二、筑摩書房、二二五頁)とあり、『伝心法要』には「師謂休曰。諸仏与一切衆生。唯是一心。更無別法」(『禅の語録』八、筑摩書房、六頁)とある。ところで、この語が吉蔵以前どこまで遡れるのか筆者には不明であるが、曇鸞(四七六―五六二)の『無量寿経論註』(『浄土論註』)巻上には「是心是仏者。心外無仏也」(大正蔵四〇・八三二上)とある。曇鸞はもともと「四論」の学匠であり、吉蔵は『二諦義』巻中において「関中曇鸞法師」(大正蔵四五・九九下)と曇鸞の名を挙げ、その学説を引用しているから吉蔵が曇鸞の影響を受けていることはありえないことではない。なお、智顗は『法華玄義』巻一上において「釈論云。三界無別法。唯是一心」(大正蔵三三・六八五下)といい、『天台小止観』では「十地経云。三界無別有。唯是一心作」(大正蔵四六・四六五中)といっている。智顗の指示する典拠は、それぞれ『大智度論』巻第二十九(大正蔵二五・二七六中)、『十地経論』巻第八(大正蔵二六・一六九上)。
(33) 松本史朗『禅思想の批判的研究』第二章第一節二「『解義』の基本的思想」(大蔵出版、一九九四年、九六―一〇五頁)参照。
(34) 例えば、『神会語録』には「牛頭山袁禅師問。仏性遍一切処否。答曰。仏性遍一切有情。不遍一切無情。問曰。先輩大徳皆言道。青青翠竹尽是法身。鬱鬱黄花無非般若」(鈴木・公田校訂本、三二頁)とあり、『景徳伝燈録』巻第六「大珠海慧章」には「遂喚青青翠竹総是法身。鬱鬱黄華無非般若」(大正蔵五一・二四七下)とある。
(35) 柳田聖山編『祖堂集』(中文出版社、二九一頁下段)
(36) 卍続蔵一一三・七五右上。
(37) この事実は、かつて松本史朗博士を介して伊藤隆寿博士にご教示いただいたものである。この場を借りてご教示下された松本、伊藤両博士に厚く御礼申し上げます。
(38) 安澄の『中論疏記』は現在、大正蔵六五巻に所収されるが、本文に示す文は現行の大正蔵経には欠落するもので、東大寺図書館に所蔵される古写本によるものである。なお、本章で問題とした東大寺古写本の当該箇所は、次において翻刻されている。平井俊榮・伊藤隆寿「安澄撰『中観論疏記』校註――東大寺古写本巻六末――」(『南都仏教』第三八号、一九七七年五月、七四頁)参照。

(39) 『中論疏記』に引く「述義」が、智光の『中論疏述義』であることの論証は、伊藤隆寿「智光の撰述書について」(『駒澤大学仏教学部論集』第七号、一九七六年十月)参照。

第六章　吉蔵教学と草木成仏説

一　問題の所在

本章で論じようとする「吉蔵と草木成仏説」に関しては、早くに宮本正尊博士[1]がこれに論及されたのをはじめ、以後も坂本幸男博士[2]、鎌田茂雄博士[3]、中嶋隆藏博士[4]等によって研究が進められ、すでに一定の研究成果を見るに至っている。したがって、ここに改めてこれを論ずることは屋上屋を架することになるのではないかと秘かに恐れるものであるが、以下、筆者の問題意識にしたがって少しく論述を進めることとしたい。

吉蔵の「草木成仏説」が論じられる場合、諸学者が一致して掲げる資料は、周知のように『大乗玄論』巻第三「仏性義」の次の記述である[5]。中略をはさみながらも以下にその要文を掲げてみよう。

今次明仏性之有無。（中略）

問。衆生無仏性、草木有仏性、昔来未曾聞。為有経文、為当自作。若衆生無仏性、衆生不成仏、若草木有仏性、草木乃成仏。此是大事。不可軽言令人驚怪也。

答。少聞多怪。昔来有事。是故経言、有諸比丘、聞説大乗、皆悉驚怪、従坐起去。是其事也。今更略挙愚見以訓来問。（中略）以此証知、不但草木無仏性、衆生亦無仏性也。又、華厳明、善財童子見弥勒楼観即得無量法門。豈非是観物、見性即得無量三昧。又大集経云、諸仏菩薩観一切諸法無非是菩提。此明迷仏性故為生死、万法悟即是菩提。故肇法師云、道遠乎哉、即物而真、聖遠乎哉、悟即是神也。若一切諸法無非是菩提、何容不得無非是仏性。

又涅槃云、一切諸法中悉有安楽性。亦是経文。唯識論云、唯識無境界。明山河草木皆是心想、心外無別法。此明理内一切諸法依正不二。以依正不二故、衆生有仏性則草木有仏性。以此義故、不但衆生有仏性、草木亦有仏性也。若悟諸法平等、不見依正二相故、理実無有成不成相。無不成故仮言成仏。以此義故、若衆生成仏時、一切草木亦得成仏。故経云、一切諸法皆如也。至於弥勒亦如也。若弥勒得菩提、一切衆生皆亦応得。此明以衆生弥勒一如無二故、若弥勒得菩提、一切衆生皆亦応得。衆生既爾。草木亦然。故知、理通故欲作無往不得。是故得名大乗無礙。此是通門明義也。若論別門者、則不得然。何以故、明衆生有心迷故得有覚悟之理。草木無心故不迷、寧得有覚悟之義。喩如夢覚、不夢則不覚。以是義故云衆生有仏性故成仏、草木無仏性故不成仏也。成与不成、皆是仏語。有何驚怪也。上来至此、明理外無仏性、理内有仏性也。(大正蔵四五・四〇中—下)

これまで吉蔵と「草木成仏説」を論じた諸学者の関心は、この『大乗玄論』の一連の記述の読解と分析に注がれてきた。(6) これは『大乗玄論』の著者性をめぐる問題を除けば、(7) 後に述べるように研究上の手法としては極めて自然なことであり、当然のことであったといえるのである。

さて、従来の数多い研究成果の中、筆者には鎌田茂雄博士が次のように述べられたことほど重要なことはないように思われる。それゆえ、長文にわたる引用となるが、以下にまずもって鎌田博士の所説を紹介しておこう。(8)

吉蔵はしんちょうな配慮にもとづき、草木成仏を論ずるにあたって、通門と別門との二つの門をもうけ、草木成仏を認める立場と、然らざる立場とを明らかにしようとした。まず通門から見れば、草木をも含んだ一切の諸仏には、仏性がなければならないと主張する。その経証として、『華厳経』「入法界品」の所説たる「善財童子弥勒の楼観を得て、即ち無量の法門を得」や、『大集経』の「諸仏菩薩は一切諸法は是れ菩提に非ざることなしと観ず」や、『涅槃経』の「一切諸法の中に悉く安楽の性あり」などをあげている。これらの経証の思想に共通のものは、一切諸法も菩提たりうることを主張していることである。客観的存在物のなかにも、菩提たり得る可能性が内在しており、万法も悟れば菩提たり得ることを明らかにしている。さらに僧肇の有名な「道遠からむや、物に即して真、聖遠からんや、悟れば即ち是れ神なり」を引証し、「即物而真」の思想こそが、草木成仏の根底たることを明らかにする。僧肇の「即物而真」は、隋代においては天台智顗の「即事而真」となり、現実に即して真理を見る立場に展開する。ここに僧肇の言葉が引用されていることは、吉蔵の草木成仏説の形成の思想史的伝統を見るうえに重要な意味をもつと思う。僧肇の『涅槃無名論』妙存第七には有名な「天地と我と同根、万物と我と一体」という万物一体観がのべられているが、自然と人間との一体観にうらづけられて、人間以外のものにも、人間と同じように、仏性が存在しなければならない、という考え方を生んだのであろう。中国人の豊かな深い自然観にうらうちされた草木成仏説は、自然や世界を深めたところに仏性の内在していることを見ようとする。さらに吉蔵は『唯識論』の「唯識のみにして境界なし」を引証して、草木成仏を基礎づけた。唯識無境界の理をもってすれば、境は心の所変であるから、当然境にも仏性が内在することになるという。この『唯識論』の学説「心外無別法」をよりどころとして、吉蔵は山川草木は皆「心想」であって、心の外に別の諸法は存在せず、理内の一切諸法は「依正不二」なることを明らかにする。依正不二なる故に、衆生に仏性ありとすれば、同時に草木にも又、仏性が存在することとなる。依正不二の立場から見れば、衆生に仏性あるのみならず、草木にも仏性あり、衆生成仏するときは、一切草木もまた成仏することができると説いている。このように衆生も草木も成仏できるということは「大乗無礙」ということであり、ここに無礙円融の立場がみとめられる。(傍線＝奥野)

すなわち、ここで鎌田博士は、吉蔵において「草木有仏性」、そして「通門」においてとはいえ「草木成仏」が成立するのは、依報(環境世界)も正報(有情の身心)も不二であるという「依正不二」の立場があるからであり、さらにこの「依正不二」が成立する根拠には『唯識論』の「唯識無境界」や「心外無別法」に代表される「唯心説」があったことを強調されておられるのである。さらに博士は、それに加えて見逃してはならないのが、僧肇の「触事而真」

や「天地与我同根、万物与我一体」の思想であったと指摘されていることがわかる。筆者の知る限り、吉蔵と「草木成仏説」をめぐる問題においてことのほか僧肇説の影響を強調されたのは、やはり鎌田博士が最初であったように思う。

ところで、近時、如来蔵思想にあらたに「仏性内在論」「仏性顕在論」「仏性修現論」という三つの類型を措定し、研究を進めておられる松本史朗博士は、[12]前の鎌田博士の所説を踏まえつつ、『大乗玄論』に見られる吉蔵の「草木成仏思想」とは、「全肯定」の論理を説く、松本博士の命名によるところの「仏性顕在論」という極端な如来蔵思想の典型であり、「仏性顕在論」は牛頭宗を経て南陽慧忠（？―七七六）、そしてさらには我が国の天台本覚法門から初期の道元（一二〇〇―一二五三）の思想に至るまで脈々と連なっていることを主張された。[13]その上で松本博士は、「仏性顕在論」の創唱者を吉蔵に比定されているのである。[14]

松本博士の主張は極めてスケールの大きなものであり、その個々に対する当否の検証はこれから諸方面において徐々になされていくものと思われるが、本章では松本博士による新しい問題提起を受けて、改めて「吉蔵教学と草木成仏説」について検討してみたいと思うのである。

筆者はすでに前章において、鎌田博士が指摘された「心外無別法」に代表される「唯心説」について、本章とは別の関心から少しく論究を加えておいた。したがって、本章は前章の論述と相互に連関するものといえるものである。

さて、論述にあたっては、吉蔵と「草木成仏説」を論ずる際の基本資料ともいうべき『大乗玄論』については、先に述べたようにすでに論及し尽くされている感があるので、今回はひとまず考察の外におくこととし、『大乗玄論』以外の吉蔵の著作に目を配ってこれを論じてみたいと思う。

二　『勝鬘宝窟』に関説される「草木成仏説」

管見の限り、吉蔵の著書中においては、前記『大乗玄論』以外にまとまって「草木成仏説」を論じた箇所はないように思われる。関連する記述としては、『勝鬘宝窟』に以下に見るような記述を認めることができるだけである。したがって、『大乗玄論』以外の資料を用いて吉蔵の「草木成仏説」を正面から論じることは、資料的には不可能なことなのである。吉蔵の「草木成仏説」を論ずるにあたって、諸学者が『大乗玄論』のみを資料として用いていたのは、おそらくこうした事情を反映してのことだったのであろうと推量される。(15)

では、われわれにはもうこの問題を考察する手だては残されていないのであろうか。筆者には、一つだけその方法が残されているように思われる。それは『大乗玄論』の記述を一つの基準として、そこに展開された理論や引証された経論および学説を手がかりに、それらが他の吉蔵著書中においてどのように展開されているかを分析することによって、「草木成仏説」が主張されるに至った理論的背景を探るという方法である。本章では、そうした手法を用いて論述を試みてみたい。

さて、それに先立って、まず最初に前に述べた『勝鬘宝窟』の記述を確認しておこう。『勝鬘宝窟』の記述とは、同書巻下本に、

又為断見衆生、謂衆生之性同於草木、尽在一期、無復後世。為破此故、是故今明如来蔵。必当作仏、不同草木、尽在一期。故涅槃云、仏性者、非如牆壁瓦石也。（大正蔵三七・六七上）

とあるものがそれである。これは経の「如来蔵章」を釈して、なにゆえ「如来蔵」が説かれるのかを説明した段の一文なのであるが、(16)述べられている意味は比較的明瞭であると思われる。すなわち、断見の衆生は衆生の性も草木と同じように一期で尽きてしまい、後世がないと執著しているが、こうした考えを破するために説かれるのが「如来蔵」であるというのである。その上で吉蔵は、「如来蔵」があれば必ず作仏し得るのであり、衆生の性は草木のように一期で尽きてしまうものではないとして、その経証として『涅槃経』を引証している。(17)

ところで、我が国の三論宗の学僧、珍海（一〇九二―一一五二）は、『三論玄疏文義要』巻第六において、いま問題と

した『勝鬘宝窟』の記述にも留意しつつ、現在に伝わらない吉蔵の『大般涅槃経疏』[18]の一文を引いて、次のようにいっている。

涅槃疏十八云、衆生不断不滅者、明衆生有仏性故不断不滅。草木無仏性尽在一期故断滅。此是開論衆生有仏性、草木無仏性故作此説也〔文〕。此釈随自意語之文、経文如下也。窟下云、是故今明有如来蔵必当作仏。不同草木尽在一期。故涅槃云、仏性者非如牆壁瓦石也〔文〕。（大正蔵七〇・二九九上、カッコ内は割注）

つまり、これらの記述から吉蔵には明らかに「草木無仏性」の立場もあったことが理解されるのである。[19] 珍海はさらにこれに続けて問答を設け、この問題を考察しているが、その主張は衆生は「如来蔵」があるがゆえに「因縁相続」「相続連持」して、いつかは成仏することが可能であるが、草木にはそれがないので成仏することはないという点に尽きていよう。[20] これは詰まるところ、前に見た『勝鬘宝窟』の主張の域を出るものではなく、極めて常識的な見方といえるものであるといえよう。このような立場は、『大乗玄論』でいえば「別門」のそれに相当するものであろう。[21]

三 「草木成仏説」の背景にあるもの

ところで、一般に「草木成仏説」、「無情仏性説」が論じられる場合、天台の「一色一香無非中道」という有名な言葉と絡めて論じられることが多いのであるが、[22] 筆者はかつて吉蔵の『二諦義』巻中にもこの「一色一香無非中道」に極めてよく似た「一色一香皆為顕道」（大正蔵四五・九四下）という言葉があることを指摘し、吉蔵との影響関係を考察したことがある。[23] そして、これが二諦思想との関係で述べられていたところから、「草木成仏説」の理論的根拠の背景には、すでに指摘されている「依正不二」という点から推しても、必然的に「二諦相即」を説いた吉蔵教学の根幹ともいうべき「約教の二諦説」が関係しているのではないかと指摘したのである。[24] この点は本章でも後に改めて触れることになるが、いまはとりあえず次のことを再度確認しておきたいと思う。

すなわち、「一色一香無非中道」という言葉は、『摩訶止観』をはじめ天台の著書中に散見するものであるが、[25] このうちもっとも有名なのは『摩訶止観』の冒頭において、円頓止観を定義した次の箇所である。

円頓者初縁実相、造境即中無不真実。繋縁法界、一念法界、一色一香無非中道。己界及仏界、衆生界亦然。陰入皆如無苦可捨、無明塵労即是菩提、無集可断、辺邪皆中正無道可修、生死即涅槃無滅可証。無苦無集故無世間、無道無滅故無出世間。純一実相、実相外更無別法。法性寂然名止、寂而常照名観。雖言初後無二無別。是名円頓止観。（大正蔵四六・一下―二上）

ここで注意しておきたいことは、ここにも前章で考察したいわゆる「唯心偈」の一句である「心仏衆生是三無別」（大正蔵九・四六五下）を踏まえたと思われる「己界及仏界、衆生界亦然」という表現が見られ、さらに「心外無別法」を思わせる「実相更無別法」という表現が見られるということである。[26] さらに「無明塵労即菩提」「生死即涅槃」と相即が強調されていることも見逃せない点である。[27] つまり、論述の運びとしては「依正不二」（不二相即）をいい、「心外無別法」の「唯心説」を説いていた前の『大乗玄論』の記述とある種の共通性を見てとれるということである。

『摩訶止観』を注釈した荊渓湛然（七一一―七八二）は、『止観輔行伝弘決』巻一之二においてこの箇所に注して、

一色一香無非中道者、中道即法界、法界即止観、止観不二境智冥一。所縁所念雖属於境。且語能縁以明寂照。自山家教門所明中道唯有二義、一離断常、属前二教。二者仏性、属後二教。於仏性中教分権実故有即離。今従即義故云色香無非中道。此色香等世人咸謂以為無情。然亦共許色香中道。無情仏性惑耳驚心。今且以十義評之使於理不惑。餘則例知。（同前・一五一下）

といい、「無情仏性」が成立するための理論的根拠を十義に開いて詳述しているのであるが、[28] 鎌田博士はこれを解説して、「この十義を要約すれば、依正不二、万法唯心に帰着する」と述べ、さらに語を継いで、

彼の主張は、「真理」の立場においては、有情と無情との差別対立がなくなり、仏性も遍満するというにある。色心平等観の当然の帰結である。「依正不二」と「万法唯心」に根拠をおいて、有情と非情の同一性を主張する点、三論宗の吉蔵の思想と同一である。（傍線＝奥野）

といっている。[29] つまり、鎌田博士は「依正不二」と「万法唯心」ということが天台においても吉蔵同様、「草木成仏説」を論ずる際の有力な理論的根拠であったことを強調されているのである。三論、天台それぞれにおける「草木成仏説」の形成過程の比較研究は、今後に待たなければならない大きな課題であるが、いずれにしても双方において「依正不二」（不二相即）と「唯心説」が「草木成仏説」と密接に関係していたことだけは疑いない事実であることをここに明記しておきたい。

四　「草木成仏説」と「唯心説」

さて、本章ではこれまで「心外無別法」という言葉について十分な説明をすることなく用いてきたが、前章でも述べたように、[30] この言葉は例えば道元が『正法眼蔵』「三界唯心」冒頭において、「釈迦大師道、三界唯一心、心外無別法、心仏及衆生、是三無差別」と述べるなど、『華厳経』「夜摩天宮菩薩説偈品」のいわゆる「唯心偈」と関係の深い言葉として知られている。

ところで、この言葉について時代は下るが、『楞伽師資記』（七〇八年頃の成立）の著者浄覚（六八〇―七五〇？）は、同書において、

無量寿経云、諸仏法身入一切衆生心想、是心是仏、是心作仏。当知仏即是心、心外更無別仏也。[31]

と述べて、この語を『無量寿経』との関連において言及している。しかし、実際には康僧鎧訳の『無量寿経』には浄覚が引くような文は見当たらず、その典拠は『観無量寿経』に、

仏告阿難及韋提希。見此事已、次当想仏。所以者何。諸仏如来是法界身。遍入一切衆生心想中。是故汝等心想仏時、是心即是三十二相八十随形好。是心作仏是心是仏。諸仏正遍知海従心想生。（大正蔵一二・三四三上）

とあるものがこれに相当する。[32] さらに曇鸞（四七六―五六二）の『無量寿経論註』（『浄土論註』）巻上には、「是心是仏者、心外無仏也」（大正蔵四〇・八三二上）とあり、また同書巻下には、浄土というものはすべて法蔵菩薩の願心によってしつらえられたものであり、願心以外のものは何一つないことを強調した上で、器世間と衆生世間が不一不異なることを述べた、

何等二種。一者器世間清浄、二者衆生世間清浄。器世間清浄者如向説十七種荘厳仏土功徳成就、是名器世間清浄。衆生世間清浄者如向説八種荘厳仏功徳成就四種荘厳菩薩功徳成就。是名衆生世間清浄。如是一法句摂二種清浄義。応知夫衆生為別報之体。国土為共報之用。体用不一。所以応知。然諸法心成無餘境界。衆生及器復不得異不得一。不一則義分、不異同清浄。（大正蔵四〇・八四一下）

という記述があって注目される。[33] すなわち、引用文中の「諸法心成無餘境界」は『大乗玄論』の中で引用されていた『唯識論』の「唯識無境界」という言葉を想起させるし、器世間と衆生世間が不一不異なることを強調した「衆生及器復不得異不得一」という表現は、含意されている内容において明らかに「依正不二」の立場と通底するものがあることは明らかであるといえよう。[34]

また、『無量寿経論註』巻下において、曇鸞は、

道者無礙道也。経言、十方無礙人、一道出生死。一道者一無礙道也。無礙者謂知生死即涅槃。如是等入不二法門無礙相也。（同前・八四三下）

といい、ここでは『華厳経』「明難品」（大正蔵九・四二九中）の一文を引いて「一道」「無礙」「生死即涅槃」「入不二」ということを強調しているが、大西龍峯氏はこうした『無量寿経論註』の思想が確実に吉蔵に受け継がれていること

を指摘している。[35]

このように見てくると、「心外無別法」に代表される「唯心説」は、浄土関係の典籍においても強調されていたことがわかる。そこで、吉蔵の『観無量寿経疏』に眼を転じてみると、同書には次のような記述を見出すことができるのである。

すなわち、同書において、吉蔵は「観」には「観実相法身」、「観修成法身」、「観化身」の三種があるとした上で、「観実相」「観修成法身」を説明して、次のようにいっている。[36]

観実相者体無二相。是不二正観、謂平等境智義。故此経云、是法界身入一切衆生心想中。大品経云、般若波羅蜜為大事故起。法華経云、為大事因縁故出現於世也。所言大事者般若仏性不二正観説。故浄名経云、観身実相、観仏亦然。観修成法身者観修成仏。研修妙行行満剋成妙覚報仏。故此経云、是心作仏。(大正蔵三七・二三四上)

また、同書の後文では、[37]

爾時無礙心即是仏。故華厳経云、心仏及衆生是三無異相。中論云、生死及涅槃無毫氂差別。浄名云、観身実相、観仏亦然。今亦爾。只心即是仏。只仏即是心。此心若成法身則成。法身既成応身即成。故心是三十二相是即是仏也。(同前・二四四上)

とも述べている。すなわち、ここでも強調されているのは「心」であり、[38]「不二」なのである。

さて、『大乗玄論』において「草木成仏説」を論ずる理論的根拠が「依正不二」や「心外無別法」に代表される「唯心説」にあったことは、これまでしばしば述べてきた通りであるが、吉蔵はさらに数多くの経論や学説を引証していた。そこで、いまこれらの中から、「不二」と「唯心説」、それに鎌田博士が強調されていた僧肇説、さらに『維摩経』巻上「菩薩品」(大正蔵一四・五四二中)の引用に着目して、これらの学説や経が他の吉蔵著書中では、どのように展開されているのかを示したものが、以下に示す資料である。[39] このうち「唯心説」については「心外無別法」とも関連の深い『華厳経』のいわゆる「唯心偈」の一句でこれを代表させた。また、筆者が着目した『大乗玄論』中の学説や経は本章冒頭で示した『大乗玄論』原文中に傍線を付して示しておいたので参照されたい。

①『浄名玄論』巻第一

問。息何二見、強名不二。

答。欲明一切衆生本来是仏。顕斯不二、泯於二見、故明不二。所以経云、心仏及衆生、是三無差別。観身実相、観仏亦然。涅槃論云、衆生即是仏。故名為密。正観論云、生死涅槃本無二際。蓋是方等之良津、還源之要術。大士興于世者、在斯一門。(大正蔵三八・八五九上)

②『浄名玄論』巻第七

次辨超聖。此皆是為凡夫二乗故、開此二也。時衆聞上所明、皆生異執。故命浄名、令泯斯両見。観身実相、観仏亦然。故心仏及衆生、是三無差別。道遠乎哉、触事而真。聖遠乎哉、体之即神。是故不応生二見也。三者初之二会、正辨法身。後集則明仏性。何以知之。観身実相、観仏亦然。法身既即是身中実相。故知実相仏性也。(同前・九〇三中)

③『勝鬘宝窟』巻下本

言甚深者、此蔵中出如来法身。微妙難知。又如来蔵為煩悩所隠。非二乗所知、故言甚深也。又三義故甚深。一生死即如来蔵故甚深。如華厳云、心仏及衆生、是三無差別。法華論云、衆生界則涅槃界、不離衆生界有如来蔵性故。二衆生身即法身故甚深。如中論、如来身絶四句、衆生身亦絶四句。維摩云、観身実相、観仏亦然。是故衆生身即法身故甚深。(大正蔵三七・六七下)

④『勝鬘宝窟』巻下末

是如来蔵者、明生死即是如来蔵也。就理而言。若体性者、知生死即是涅槃。仁王経云、菩薩未成仏時、以菩提為煩悩。菩薩成仏時、以煩悩為菩提。故肇法師云、道遠乎哉、触事而真。聖遠乎哉、体之即神。華厳云、心仏及衆生、是三無差別。中論云、生死之実際、及以涅槃際、如是二際者、無毫釐差別。法華経云、如来如実知見三界之相。天親釈云、衆生界即涅槃界。不離衆生界有如来蔵性也。（同前・八二中）

⑤『法華論疏』巻下

三者法身平等、多宝如来已入涅槃、復示現身自身他身法身平等無差別故。（中略）即類釈迦等十方仏、雖在世間常是涅槃、亦是世間涅槃平等。又多宝仏常在世間而称入涅槃。釈迦等十方仏、雖在世間亦是涅槃也。故知多宝与釈迦、自他不異也。亦自他法身平等也。維摩有三種如。謂一切法亦如也。一切衆生亦如也。衆賢聖亦如也。一切法亦如也。是第三平等。一切衆生亦如也。此是第二平等。衆賢聖亦如也。是第一平等。欲示世間涅槃平等。如中論涅槃品云、世間与涅槃無有小分別。涅槃与世間亦無小分別。生死之実際及与涅槃際。如是二際者無豪（毫）釐差別。智度論云、唯大乗法中説生死涅槃平等。小乗法中無有此理。与法華論意同。（大正蔵四〇・八一七下）

⑥『浄名玄論』巻第一

不二者、此則横論。雖有凡聖、同皆一如、名為不二。故云弥勒亦如也、衆生亦如也。以無二故、衆生是仏。（大正蔵三八・八六〇上—中）

⑦『維摩経義疏』巻第四

凡聖一如故不二。如無変異。名為不異也。此釈並也。若弥勒得阿耨多羅三藐三菩提者一切衆生皆応得。所以者何一切衆生即菩提相。此第二就菩提。以設並也。若弥勒得滅度者一切衆生亦当滅度。所以者何諸仏知一切衆生畢竟寂滅則涅槃相不復更滅。此第三就涅槃。設並也。（以下略）（同前・九五〇中）

かかる資料の提示が、筆者の恣意的な資料操作にもとづくものであるという批判があるとすれば、その批判はあえて甘受しなければならないが、提示した資料には一定の共通性が見てとれることは特に説明を要しないほど明らかなことであると思われる。すなわち、「不二」「相即」「一如」「心」の強調である。これら一連の記述と問題の『大乗玄論』のそれを比較してみると「草木成仏説」の理論的素地は、やはり『大乗玄論』以前に十分用意されていたと見ることができるであろう。

五　おわりに

では、最後に鎌田博士が強調されていた吉蔵の「草木成仏説」における僧肇説の影響について述べて本章の締め括りとしたい。

鎌田博士が指摘された僧肇の「触事而真」「天地与我同根、万物与我一体」という言葉は、いま改めて説明することもないほど有名なものであるが、必要上、以下に原文を示せば、次の通りである。

まず「触事而真」とは、『肇論』「不真空論」結尾に見られる言葉で、

故経云、甚奇世尊。不動真際為諸法立処。非離真而立処、立処即真也。然則道遠乎哉、触事而真。聖遠乎哉、体之即神。（大正蔵四五・一五三上）

と説かれるものである。

吉蔵はその著書中、『肇論』をはじめとした僧肇の言葉を数多く引用するが、この言葉はその中でももっとも多く引用されるものである。[40] その依用の状の一端については、前に資料として提示しておいたので、ここでは省略に従いたいが、ただ一つだけ確認しておきたいことは、「不真空論」のこの部分に吉蔵の「約教二諦説」の淵源があるという、平井俊榮博士のご指摘である。[41] 平井博士はさらにこの「不真空論」冒頭に引かれる『放光般若経』の「不動真際為諸法立処」（大正蔵八・一四〇下）の一文は、吉蔵によって「不動真際建立諸法」と改変され、さらにこれが同じく改変成

語化された「不壊仮名而説実相」[42]という句と対をなして用いられて、後にこれらは三論教義の眼目となったばかりか、禅においてもその主要な概念になったことを指摘されている。[43]かかる平井博士のご指摘は、僧肇―吉蔵―禅宗という思想的流れを考える上で極めて示唆に富んだ指摘であったといえよう。[44]そして、それは本章の課題でもある「草木成仏説」にもそのまま当てはまる指摘であったと思われるのである。

次に「天地与我同根、万物与我一体」という言葉は、周知のようにこれは僧肇の「涅槃無名論」妙存第七に、

浄名曰、不離煩悩而得涅槃。天女曰、不出魔界而入仏界。然則玄道在於妙悟。妙悟在於即真。即真即有無斉観、斉観即彼已莫二。所以天地与我同根、万物与我一体。同我則非復有無。（大正蔵四五・一五九中）

とあるものがそれである。この言葉はいうまでもなく『荘子』に由来するものであるが、[45]ここで注意しておきたいことは、この言葉が述べられるにあたって、僧肇はまず「浄名曰、不離煩悩而得涅槃。天女曰、不出魔界而入仏界」といって『維摩経』に言及していることである。「不離煩悩而得涅槃」「不出魔界而入仏界」といった表現自体、すぐさま「煩悩即菩提」「生死即涅槃」といった言葉を想起させるが、それはともかく、引用されている『維摩経』はそれぞれ巻上「弟子品」の「不断煩悩而入涅槃是宴坐」（大正蔵一四・五三九下）と同じく巻上「菩薩品」（同前・五四三中）の一文を取意して引用したものである。[46]「弟子品」の一文について、僧肇は『注維摩詰経』巻第二において、

肇曰、七使九結悩乱群生。故名為煩悩。煩悩真性即是涅槃。慧力強者観煩悩即是入涅槃。不待断而後入也。（大正蔵三八・三四五中）

と注釈し、これを受けた吉蔵は『維摩経義疏』巻第三において、

不断煩悩而入涅槃、是為宴坐。此第六明生死涅槃不二。了煩悩其性即是涅槃。不（待）断而後入也。若能如此坐者仏所印可。（同前・九三七上）

といっているから、僧肇、吉蔵の両者がこの一文に「生死即涅槃」「煩悩即菩提」ということを読みとっていたことは

明らかな事実であろう。

また、僧肇の『注維摩詰経』巻第三には同じく「弟子品」の「若須菩提、不見仏不聞法」（大正蔵一四・五四〇中）を釈して、

肇曰、猶誨以平等也。夫若能斉是非一好醜者、雖復上同如来、不以為尊、下等六師、不以為卑。何則天地一指万物一観、邪正雖殊其性不二。（以下略）（大正蔵三八・三五〇下）

といっているが、文中の「天地一指万物一観」[47]は「天地与我同根、万物与我一体」に通ずるし、「邪正雖殊其性不二」[48]が「相即不二」を説いたものであることも明らかなことであろう。さらに、『維摩経』の「仏道品」には一切の煩悩が皆なこれ仏種であるとする有名な、

何等為如来種。文殊師利言、有身為種。無明有愛為種。貪恚癡為種。（中略）六十二見及一切煩悩皆是仏種。（大正蔵一四・五四九上—中）

という一文があるが、これを僧肇は、

肇曰、有身身見。夫心無定所随物而変。在邪而邪、在正而正。邪正雖殊、其種不異也。何則変邪而正、改悪而善。豈別有異邪之正、異悪之善超。然無因忽爾自得乎。然則正由邪起善因悪生。故曰、衆結煩悩為如来種也。（『注維摩詰経』巻第七、大正蔵三八・三九一下）

と注釈している。ここにも「因縁相即」の義を読みとることは可能であると思われる。

このように見てくると、僧肇の「触事而真」「天地与我同根、万物与我一体」が、「相即」「不二」の概念に応用されたことは明らかな事実であると思われる。もちろん、「草木成仏説」の根底には『荘子』に代表される中国思想があったことは否定できない事実であるが[49]、上来論じてきたところにより、「草木成仏説」を支えてきたのは教学的にいえば「相即」「不二」の論理であったことが再度確認し得たと思うのである。

したがって、筆者よりすれば、因縁有無の「約教の二諦説」を強調した吉蔵に「草木成仏説」が見られることは、いわば論理的必然であったといえるのであり、吉蔵にそうした示唆を与えたのは僧肇であったのである。僧肇は中国仏教の源流の祖と仰がれることは周知の通りであるが、「草木成仏」という中国、日本仏教の教学上の大きなテーマとなった思想的淵源もまた僧肇にあったといえるのである。僧肇や吉蔵の仏教理解が正統的な「仏教」理解であるか否かの議論は別として、彼らの思想が中国、日本の仏教思想に大きな影響を与えたことだけは間違いないであろう。

注

（1） 宮本正尊「草木国土悉皆成仏」の仏性論的意義とその作者」（『印度学仏教学研究』第九巻第二号、一九六一年三月、後に宮本正尊博士仏教学論集『仏教学の根本問題』春秋社、一九八五年に再録）

（2） 坂本幸男「非情に於ける仏性の有無について――特に湛然・澄観を中心として――」（『印度学仏教学研究』第七巻第一号、一九五九年三月）、「草木成仏の日本的展開」（『中野教授古稀記念論文集』高野山大学、一九六〇年）

（3） 鎌田茂雄「三論宗・牛頭禅・道教を結ぶ思想的系譜――草木成仏を手がかりとして――」（『駒澤大学仏教学部研究紀要』第二六号、一九六八年三月）、『中国華厳思想史の研究』第二部第四章「五、万物一体観と非情仏性説――仏性思想の中国的変容――」（東京大学出版会、一九六五年、四五五―四六五頁）、『中国仏教思想史研究』第一部第一章「道性思想の形成過程」（春秋社、一九六八年、三一―五〇頁）を参照。

（4） 中嶋隆藏「吉蔵の草木成仏思想」（金谷治編『中国における人間性の探求』創文社、一九八三年）。この他の関連する研究成果としては、藤井教公「如来蔵系の仏教」（シリーズ東アジアの仏教『仏教の東漸――東アジアの仏教思想Ⅰ』春秋社、一九九七年）の中に吉蔵と「草木成仏説」に関する有益な記述が見られる。また末木文美士『平安初期仏教思想の研究』第一部論述篇第五章「草木成仏論」（春秋社、一九九五年）では、『大乗玄論』巻第三「仏性義」の文脈が詳しく分析されている。

（5） この『大乗玄論』中に引証されている経論の典拠は、次の通りである。

① 『大方広仏華厳経』巻第六十「入法界品」（大正蔵九・七八二中、取意）
② 『大方等大集経』巻第九「海慧菩薩品」（大正蔵一三・五四下―五五上）
③ 『肇論』「不真空論」（大正蔵四五・一五三上）

④『大般涅槃経』巻第三「長寿品」(大正蔵一二・六二〇上)

⑤『唯識論』(大正蔵三一・六三下)

⑥『維摩詰所説経』巻上「菩薩品」(大正蔵一四・五四二中)

(6) 管見の限り、問題としている『大乗玄論』の箇所以外、吉蔵著書中にはまとまって「草木成仏説」を論じた箇所はないように思う。なお、これについては、後に述べる本章における本文の記述も参照されたい。

(7) 『大乗玄論』の著者性をめぐっては古来疑義が提せられており、そのうち「八不義」については慧均の『四論玄義』「八不義」と明確な対応関係があることが報告された。伊藤隆寿「『大乗玄論』八不義について」(『駒澤大学仏教学部論集』第三号、一九七二年十二月)を参照。

(8) 以下の引用は、前注(3)所掲の鎌田「三論宗・牛頭禅・道教を結ぶ思想的系譜——草木成仏を手がかりとして——」八一—八二頁による。なお、鎌田博士の前掲『中国華厳思想史の研究』四四二頁、『中国仏教思想史研究』四三—四六頁の記述もあわせて参照されたい。

(9) 本文中に引用した『大乗玄論』に明らかなように、吉蔵は草木成仏を論ずるにあたって「通門」「別門」に分け、「別門」においてはその成仏を認めていない。

(10) 依正について、『法華玄論』巻第一には「又総論教門。凡有二種。一者正果。謂如来身。二者依果。即国土等。若現諸仏依正二果。謂神通輪。若説諸仏依正二果。謂説法輪」(大正蔵三四・三六五中)とある。

(11) 後魏瞿曇般若流支訳『唯識論』冒頭(大正蔵三一・六三下)にある一句。なお、本文中の引用文に傍線を付しておいたように、鎌田博士は「心外無別法」を『唯識論』の句と理解されているようであるが、現行の『唯識論』にはこの句は見られない。なお、吉蔵が依用する『唯識論』をめぐる問題については、宇井伯寿『印度哲学研究』第六巻(岩波書店、一九六五年、一〇九頁以下)の記述を参照されたい。

(12) 松本史朗「深信因果について」(鏡島元隆・鈴木格禅編『十二巻本『正法眼蔵』の諸問題』(大蔵出版、一九九一年、後に松本『禅思想の批判的研究』大蔵出版、一九九四年に再録)を参照。なお、近時、松本博士は「仏性修現論」の呼称を「仏性修顕論」と改めて、さらに深い考察を示されている。松本史朗『道元思想論』(大蔵出版、二〇〇〇年)を参照。

(13) 松本史朗「『金剛経解義』について」(前注(12)所掲の松本『禅思想の批判的研究』一〇一頁)、および前注(3)所掲の鎌田茂雄『中国華厳思想史の研究』四四二頁を参照。なお、松本博士は、前注(12)所掲『道元思想論』において、「中国禅宗史に「仏性顕在論」を説く禅師たちの系譜が確かに存在し、道元はこれを継承している」(松本書、まえがき)ことを論証すべく、「中国禅宗史における仏性顕在論の系譜」なる一章を設け、これを詳細に論じている。今後の中国禅宗史研究においては、松本説に賛成であれ反対であれ、松本説を無視することはできないであろう。

(14) 松本史朗「『金剛経解義』について」(前掲の松本『禅思想の批判的研究』一〇一頁—一〇二頁)を参照。但し、松本博士が吉蔵とともに僧肇をも「仏性顕在論」の祖と考えられていることは、後に発表された松本『道元思想論』二六二頁および六〇六頁注(10)の記述を参照されたい。

(15) もっとも『大乗玄論』は綱要書的性格を有する著作なので、ある特定のテーマについて著者の見解を手っ取り早くうかがうには最適の著作であったということも事実であろう。

(16) この『勝鬘宝窟』の前後における関連する記述は、吉蔵の如来蔵思想理解を見る上で、極めて重要な箇所となっている。筆者も本書第一篇第四章「吉蔵と仏性思想」において、この前後の文脈を考察しているので参照していただきたい。

(17) 『大般涅槃経』巻第三十三「迦葉菩薩品」に「非仏性者所謂一切牆壁瓦石無情之物。離如是等無情之物。是名仏性」(大正蔵一二・八二八中)とあるを参照。

(18) 現在に伝わらない吉蔵の『大般涅槃経疏』の逸文を整理、収集した論文に、平井俊榮「吉蔵著『大般涅槃経疏』逸文の研究(上)(下)」(『南都仏教』第二七号、一九七一年十二月、同二九号、一九七二年十二月)がある。本稿で問題とする逸文の当該箇所は、同論(下)八〇頁を参照。

(19) 鎌田博士もこの『勝鬘宝窟』の一文に注意され、「『涅槃経』の経証は厳として思考を束縛する。しかし当時、大きな勢いで中国仏教学界に入ってきた唯識説と、どのように会通するかも一つの課題であったにちがいない。吉蔵は唯識無境界の道理によって通門においては草木仏性を認めたけれども、別門においては、江南における『涅槃経』研究の伝統をふまえて、外界の物に仏性の存在を認めなかったのである」(前注(3)所掲の鎌田論文「三論宗・牛頭禅・道教を結ぶ思想的系譜——草木成仏を手がかりとして——」一八二頁)と述べられる。

(20) 『三論玄疏文義要』巻第六に「**今見此等文**。若拠通門。衆生草木。有則倶有。無則倶無。若約別門。衆生有仏性而成仏。草木無仏性不成仏也。所以草木不成仏者、以無迷故亦無覚也。又唯一期故。知無仏性也。此意則十二因縁相続。終於此因縁悟無生理得成仏。草木無此因縁相続故。無終悟此無生也。**問**。若爾草木無中道仏性耶。**答**。有之。**難**。若爾応自悟此中道理。応成仏耶。**答**。草木自無心。故無覚悟也。又唯一世故。無成仏。草木与仏無冥会。故無成仏理也。**問**。唯在一期故云無仏性意何。**答**。衆生成仏者。是転凡成聖也。衆生本造業受報。相続運持故。得後時転成仏義。草木不爾。唯在一期故不成仏。又衆生以如来蔵持故。不断不滅。草木不爾。故無仏性。雖如来蔵遍含内外情非情物。然親在衆生心中。其無心草木由心転起。是疎遠故無相続義也。**尋云**。若爾許頓悟者。一期至究竟果。草木一期何妨成仏耶。**答**。草木若成仏者。非情転情。何名一期耶(云云)。且止之」(大正蔵七〇・二九九上—中)とあるを参照。

(21) 吉蔵は「別門」においては、草木には心がなく、したがって迷うこともないので草木の成仏はないとする。

(22) 前注（1）所掲の宮本論文を参照。

(23) 拙稿「吉蔵と草木成仏説」（『印度学仏教学研究』第四七巻第一号、一九九八年十二月）参照。なお、天台の「一色一香無非中道」と吉蔵の「一色一香皆為顕道」を結びつけて考えようとする筆者の見解については、松本史朗博士により批判的見解が示された。詳しくは、前注（12）所掲の松本『道元思想論』第六章「中国禅宗史における仏性顕在論の系譜」（六〇九頁、注（27））を参照。

(24) 前注（23）所掲の拙稿を参照。

(25) 例えば、『法華玄義』巻第一下には「一切諸法莫不皆妙。一色一香無非中道。衆生情隔於妙耳」（大正蔵三三・六九〇中）とあり、『維摩経玄疏』巻第一に「故経云。始従得道到泥洹夜。若説一色一香無非中道」（大正蔵三八・五二一中）とある他、特に『摩訶止観』中に散見される。

(26) 「唯心偈」については、本書第二篇第五章「吉蔵教学と『華厳経』をめぐって」（三六八頁以下）参照。

(27) 時代は下るが、源信（九四二―一〇一七）の『往生要集』も「理を縁とする願とは、一切の諸法は、本より来た寂静なり。有にあらず無にあらず、常にあらず断にあらず、生ぜず滅せず、垢れず浄からず。一色・一香も中道にあらずといふことなし。生死即涅槃、煩悩即菩提なり。一々の塵労門を翻せば、即ちこれ八万四千の諸波羅蜜なり。無明変じて明となる、氷の融けて水となるが如し。更に遠き物にあらず、余の処より来るにもあらず」（日本思想大系六『源信』、岩波書店、九二頁）と述べ、「一色一香無非中道」、「生死即涅槃」「煩悩即菩提」を強調している点において同致のものがある。

(28) 前注（4）所掲の末木書を参照。また、湛然の仏性説については、池田魯参「荊溪湛然の仏性説――『金剛錍』の一班を窺う――」（塩入良道先生追悼論文集『天台思想と東アジア文化の研究』山喜房仏書林、一九九一年）を参照。

(29) 鎌田『中国華厳思想史の研究』四四二頁参照。ところで、博士は前注（3）所掲論文「三論宗・牛頭禅・道教を結ぶ思想的系譜――草木成仏を手がかりとして――」では、「吉蔵の草木成仏の理論的根拠は「三界無別法」の唯識説であり、その実践的側面は観心によること、以上によって明らかであるが、まさにこの観心が、三論禅・牛頭禅の伝統のなかに脈々と生きたのではなかろうか。草木成仏で普通もっとも有名なのは、天台宗の第六祖湛然の学説であり、天台系の草木成仏説の理論的根拠は、依正不二、色心等分の中道説であり、明らかに三論系統の理論的根拠とは異なるものをもっている。江南仏教に系譜される草木成仏説は三論系統のものではなかろうか」（八三頁、傍線＝奥野）と述べられるが、これは本文に引用した博士の所説とは矛盾するように見える。矛盾すると見る筆者の理解に誤りがなければ、筆者には本文に紹介した博士の説こそ正解であると思われる。

(30) 本篇第五章「吉蔵教学と『華厳経』をめぐって」（三六五頁以下）参照。

(31) 引用は『禅の語録』二（筑摩書房、二二五頁）による。
(32) 前注（31）所掲書でも『観無量寿経』からの引用であることを指摘している。
(33) なお、この点については、高崎直道「「無情説法」考」『印度学仏教学研究』第四七巻第一号（一九九八年十二月）参照。
(34) 前注（33）所掲論文の中で、高崎博士は次のように述べる。「ここで、「諸法心成無餘境界」と見えるのは、通常の読み方をすれば、「諸法ハ心ヨリ成ル餘ノ境界無シ」であろう。すなわちこれは唯識無境を表現したものと思われる。唯識の理によって、衆生と器世間の不一不異を、体用の関係として説明したものである」（同論、四頁）。
(35) 大西龍峯「浄名玄論釈証（4）」（『曹洞宗研究員研究生研究紀要』第一八号、一九八六年十一月）を参照。
(36) 引証されている典拠は、次の通りである。
①『観無量寿経』（大正蔵一二・三四三上）
②『摩訶般若波羅蜜経』巻第十四「問相品」（大正蔵八・三二七上）
③『妙法蓮華経』巻第一「方便品」（大正蔵九・七上）
④『維摩詰所説経』巻下「見阿閦仏品」（大正蔵一四・五五四下—五五五上）
(37) 引証されている典拠は、次の通りである。
①『大方広仏華厳経』巻第十「夜摩天宮菩薩説偈品」（大正蔵九・四六五下）
②『中論』巻第四「観涅槃品」（大正蔵三〇・三六上）
③『維摩詰所説経』巻下「見阿閦仏品」（大正蔵一四・五五四下—五五五上）
(38) 吉蔵の『観無量寿経疏』に唯心的傾向が見られることについては、池田和貴「『観経』註釈者の思想的相違について——浄土観と凡夫観を中心として——」（『駒澤短期大学仏教論集』第三号、一九九七年十月）を参照。
(39) 提示した資料に明らかなように、引証されている経論が相互に共通していることが知られるであろう。すでに前注（36）（37）等に示した重複するものを除いてこれを示せば次の通りである。
資料①『涅槃論』（大正蔵二六・二七七下—二七八上）
資料③『妙法蓮華経憂波提舎』巻下（大正蔵二六・九中）
資料④『仁王般若波羅蜜経』巻上「二諦品」（大正蔵八・八二九中）、『妙法蓮華経』巻五「如来寿量品」（大正蔵九・四二下）
資料⑤『大智度論』巻第十五（大正蔵二五・一六九下）
資料⑦『維摩詰所説経』巻上「菩薩品」（大正蔵一四・五四二中）

(40) 吉蔵の著書中における僧肇説の引用については、拙稿「吉蔵における僧肇説の引用について」(『印度学仏教学研究』第三四巻第二号、一九八六年三月)、および「吉蔵における僧肇説の引用について(二)」(『駒澤大学大学院仏教学研究会年報』第一九号、一九八六年二月)を参照。特に後者においては、「触事而真」の引用箇所の概括的提示を行なっているので参照されたい。なお、この論文に多くの誤りがあることは、本篇第五章「吉蔵教学と『華厳経』をめぐって」注(27)の記述(三七六―三七七頁)を参照していただきたい。

(41) 平井俊榮『中国般若思想史研究――吉蔵と三論学派――』第二篇第二章第三節「約教二諦の根本構造」(春秋社、一九七六年、四六七頁)を参照。

(42) 『摩訶般若波羅蜜経』巻第八に「不壊仮名而説諸法相」(大正蔵八・二七七中)とあるを参照。

(43) 前注(41)所掲の平井書、四六五頁を参照。

(44) 『曹溪大師別伝』の中の「薛簡於言下大悟云。大師。今日始知。仏性本自有之。昔日将為大遠。今日始知。至道不遙。行之即是。今日始知。涅槃不遠。触目菩提」(『慧能研究』大修館書店、四六―四七頁)という表現は、「触事而真」が説かれる問題の「不真空論」結尾の記述と酷似していることが、平井博士によって指摘されているほか(平井前掲書、六九八頁参照)、禅の代表的な語録の一つである『臨済録』にも、「爾且随処作主。立処皆真」(大正蔵四七・四九八上)という表現が見られる。これなども僧肇が禅宗に与えた影響と見ることができるであろう(柳田聖山、仏典講座第三十巻『臨済録』大蔵出版、九七頁参照)。

(45) 『荘子』「斉物論篇」に「天地与我並生。而万物与我為一」とあるを参照。

(46) 『維摩詰所説経』巻上「菩薩品」にある「於是諸女問維摩詰。我等云何止於魔宮。(中略)汝等雖住魔宮。以是無尽燈。令無数天子天女発阿耨多羅三藐三菩提心者。為報仏恩。亦大饒益一切衆生」(大正蔵一四・五四三中)の取意。

(47) 『荘子』「斉物論篇」に「故曰。莫若以明。以指喩指之非指。不若以非指喩指之非指也。以馬喩馬之非馬。不若以非馬喩馬之非馬也。天地一指也。万物一馬也」とあるを参照。なお、僧肇には『注維摩詰経』巻第五に「夫有由心生。心因有起。是非之域妄想所存。故有無殊論紛然交競者也。若能空虚其懐冥心真境。妙存環中有無一観者。雖復智周万物未始為有。幽鑑無照。未始為無。故能斉天地為一旨而不乖其実。鏡群有以玄通而物我俱一。物我俱一故智無照功。不乖其実故物物自同」(大正蔵三八・三七二下)といった表現もある。

(48) 『注維摩詰経』に見られるこの語の思想的意味に関しては、袴谷憲昭「「善悪不二、邪正一如」の思想的背景に関する覚え書」(『駒澤短期大学研究紀要』第三〇号、二〇〇二年三月)を参照。

(49) 福永光司博士は、中国における「草木成仏説」の根底には、『荘子』「知北游篇」の「所謂道悪乎在。荘子曰。無所不在」の思想があったことを指摘されておられる。福永光司「一切衆生と草木土石」(『仏教史学研究』第二三巻第二号、一九八一年三月。後に福永『中国の哲学・宗教・芸術』人文書院、一九八八年に再録)を参照。

〔追記〕本章脱稿後、白土わか氏に「草木成仏説について――その形成と展開――」（『仏教学セミナー』第六八号、一九九八年十月）という論文があることを知った。この論文の中で白土氏は「一　経典と草木成仏説」、「二　中国に於ける草木成仏説の概観」、「三　日本仏教に於ける草木成仏説」という項目を立てて、詳細に草木成仏説の形成とその展開を論じておられる。同論文中には、吉蔵の草木成仏説についての関説も見られるので参照されたい。なお、筆者は一九九八年九月五日に行なわれた第四十九回日本印度学仏教学会学術大会において、本章と同じタイトル「吉蔵と草木成仏説」と題して発表したが、その際、白土氏より懇切なご教示と質問をいただいた。そのことについては、本章の土台となっている拙稿「吉蔵と草木成仏説」（『駒澤短期大学研究紀要』第二七号、一九九九年三月）の注（10）に記したことがあるので参照いただきたい。ともかくも、白土氏には改めて感謝申し上げる次第である。

（二〇〇二年九月二十日記）

初出一覧

第一篇　吉蔵およびそれ以降の『法華論』依用と仏性思想

第一章　『法華論』について

本書のために書き下ろす。

第二章　吉蔵教学と『法華論』

「吉蔵教学と『法華論』」（平井俊榮監修『三論教学の研究』春秋社、一九九〇年十月）
「吉蔵の『法華論』依用について――七処に仏性有りの文をめぐって――」（『仏教学』第二一号、一九八七年三月）
「吉蔵の「仏知見」解釈について」（『駒澤大学大学院仏教学研究会年報』第二一号、一九八八年二月）
にもとづいて加筆補訂する。

第三章　吉蔵の声聞成仏思想

「吉蔵の『法華論』依用をめぐって――特に四種声聞授記を中心に――」（『駒澤大学仏教学部論集』第一八号、一九八七年三月）
「吉蔵の声聞成仏について」（『印度学仏教学研究』第三六巻第一号、一九八七年十二月）
「三論宗における声聞成仏について――珍海の見たる吉蔵の声聞成仏観――」（『印度学仏教学研究』第三八巻第二号、一九九〇年三月）
「吉蔵の授記思想――末光愛正氏の批判に応えて――」（『駒澤短期大学仏教論集』第一号、一九九五年十月）
「吉蔵における「四種声聞義」再考」（『駒澤短期大学仏教論集』第六号、二〇〇〇年十月）
にもとづいて加筆補訂する。

第四章　吉蔵と仏性思想

本書のために書き下ろす。

第五章　天台教学と『法華論』

「天台教学と『法華論』――吉蔵との比較において――」（天台大師千四百年遠忌記念出版『天台大師研究』天台学会、一九九七年三月）

「最澄の授記思想――『大乗十法経』を中心として――」（『曹洞宗研究員紀要』第二六号、一九九五年九月）

「円珍の『法華論』解釈をめぐって」（『印度学仏教学研究』第四一巻第一号、一九九二年十二月）

「一乗要決における『法華論』解釈について――特に声聞授記を中心として――」（『駒澤大学高等学校研究紀要』第一六号、一九九三年二月）

にもとづいて加筆補訂する。

付録一　『涅槃経』をめぐる最近の研究について――一闡提論を中心として――

「『涅槃経』をめぐる最近の研究について――一闡提論を中心として――」（『駒澤短期大学仏教論集』第五号、一九九九年十月）

にもとづいて加筆補訂する。

付録二　最澄撰とされる『三平等義』について

「最澄撰とされる『三平等義』について」（『宗教学論集』第一九輯、一九九六年七月）

にもとづいて加筆補訂する。

第二篇　吉蔵の思想形成についての考察

第一章　吉蔵における「決定業転」をめぐって

「吉蔵における「決定業転」をめぐって」（『駒澤短期大学仏教論集』第三号、一九九七年十月）

にもとづいて加筆補訂する。

第二章　吉蔵における「有所得」と「無所得」――有所得は無所得の初門――

「吉蔵における「有所得」と「無所得」」（平井俊榮博士古稀記念論集『三論教学と仏教諸思想』春秋社、二〇〇〇年十月）

にもとづいて加筆補訂する。

第三章　吉蔵のいう「無諍」について
「吉蔵のいう「無諍」について」（『日本仏教学会年報』第六一号、一九九六年五月）
にもとづいて加筆補訂する。

第四章　吉蔵における四悉檀義
「吉蔵における四悉檀義」（『仏教学』第四一号、一九九九年十二月）
にもとづいて加筆補訂する。

第五章　吉蔵教学と『華厳経』をめぐって
「吉蔵教学と『華厳経』をめぐって」（鎌田茂雄博士古稀記念論文集『華厳学論集』、大蔵出版、一九九七年十一月）
にもとづいて加筆補訂する。

第六章　吉蔵教学と草木成仏説
「吉蔵と草木成仏説」（『印度学仏教学研究』第四七巻第一号、一九九八年十二月）
「吉蔵と草木成仏説」（『駒澤短期大学研究紀要』第二七号、一九九九年三月）
にもとづいて加筆補訂する。

あとがき

本書は既発表論文に加筆・補訂を施し、それに若干の書き下ろしを加えて一書としてまとめたものである。個々の論文発表の時点では、このように一書としてまとめようとする構想はまったくなかったので、まとめ終わって通読してみると、加筆・補訂を施したとはいえ、なお表記の不統一をはじめ重複した記述等も目につく始末である。本書は上記のようにすでに内容以前の面でも多くの不備のあるものであるが、とにもかくにも本書をまとめることができたのは、実に多くの方々のおかげである。それらの方々への謝辞を記して「あとがき」とさせていただきたい。

私は一九八二年三月、伊藤隆寿先生を指導教授に、僧肇の般若思想に関する卒業論文をまとめて駒澤大学仏教学部を卒業した。伊藤先生のお勧めもあって、そのまま大学院に進学し、指導教授と仰いだのが平井俊榮先生である。平井先生の大学院の授業は予想以上に厳しいもので、学部時代あまり勉強していなかった私にとってはついて行くのがやっとであった。二十年近く経ったいまでも厳しい授業と過酷な予習を命ぜられたことを忘れることができない。

私が修士課程二年のとき、平井先生は仏教学部長に就任され、以後十年間大学の行政を担われることになったが、そのような激務の要職にあっても、先生は授業を休講にするということがほとんどなく、時には激しい疲労の色を漂わせながらも、熱心に研究指導を続けて下さったのである。平井先生からは研究面で学んだものが多いことはもちろんのこと、人間として大切なものをも学んだような気がしている。伊藤先生には、大学院進学後も変わらぬご指導をいただいた。このように平井、伊藤両先生には、学生時代から今日に至るまで公私にわたり、物心両面において筆舌に尽くしがたいお世話をいただいており、心より御礼申し上げたい。

また、私は学生時代より、平井先生のご高配もあって、池田練太郎、伊藤秀憲、袴谷憲昭、吉津宜英の諸先生より親しくめんどうを見ていただいており、心より感謝申し上げたい。吉津先生には、一時期、伊藤隆寿先生と研究室を同じくされていたということもあって、とりわけ多くのご教示に与っている。伊藤先生より学部演習受講の承認印をいただくために研究室を訪れ、両先生に初めて研究室でお会いしたときのことがいまも鮮明に思い起こされる。また、袴谷先生には、特に駒澤短期大学仏教科奉職以来、たえず暖かな激励と適切な助言をいただいている。このほか、岡部和雄先生、池田魯参先生よりいただいた学恩も忘れがたく、心より御礼申し上げたい。

ところで、駒澤大学では大学院博士課程の三年になると、駒澤大学仏教学会での発表の機会が与えられ、事実上その発表が博士課程三年間の総決算と位置づけられる、院生にとっては試練の場となる。私も一九八六年六月二十三日、発表の機会が与えられ、そのときの発表が本書第一篇第二章の骨子となっている。

その発表の席上、松本史朗先生より『法華論』の思想的立場に関するご質問があったが、当初私はそのご質問が私の発表とどのように関係するのかその正確な意味を理解することができなかった。しかし、後に先生が私の発表のちょうど一週間ほど前の一九八六年六月十四日、「如来蔵思想は仏教にあらず」と題して行われたご発表の内容を詳細に知るに及び、次第にその質問の意味が理解されるようになってきたのである。それ以後の私の問題意識については、本書中に記した通りである。

以後、矢継ぎ早に発表される松本先生の論説に驚嘆するとともに、吉蔵の研究に着手したばかりの私にとっては、正直いって当惑することも多く、研究から逃避したい衝動にもかられたが、いまではその時期、駒澤大学にあって勉強できたことを素直によかったと思っている。松本先生には、お会いするたびに励ましをいただいており、心より御礼申し上げるものである。また、事の成り行き上、大先輩である末光愛正氏の論説に異を唱えることになったが、末光氏には学説上のこととご海容賜り、ご寛恕を乞う次第である。先輩である末光氏を尊敬する気持ちはいまも変わりがない。

さて、私は昨年四月より一年間、駒澤大学の公費在外研究員（国内長期研修）として、淺田正博先生を指導教授に龍谷大学に内地留学する機会に恵まれた。本書はこれを機会にまとめられたものである。正直に告白すれば、当初は家族とともに京都で一年間英気を養ってくるつもりでいたが、前記袴谷先生をはじめ短期大学仏教科の石井公成、木村誠司、角田泰隆の諸先生、それに晴山俊英氏（仏教学部専任講師）は是非この機会にこれまでの研究をまとめてくるようにと、ほとんど毎週のように電話や電子メール、または書簡で激励して下さった。快適な研究環境を提供して下さった淺田先生のご高配とご指導、そして善意の強迫をしてくれた前記諸先生の激励がなければ、本書をまとめることもなかったであろう。諸先生には重ねて御礼申し上げたい。特に木村先生には、大学院時代からの先輩として、常日頃から細やかな気配りとご指導をいただいている。木村先生にお示しいただいた友情には幾重にも御礼申し上げるものである。

また、今日のように出版状況の厳しい中、私のようなものに出版を勧めて下さった大蔵出版編集部の井上敏光氏には心からの御礼を申し上げたい。井上氏は昨年八月、酷暑の中をわざわざ京都までお訪ね下さり、早くに本書を刊行するよう熱心に勧めて下さった。本書がなるはまったくもって、井上氏のおかげである。私とほとんど同い年である井上氏は、私には編集者というよりはむしろ古くからの学友といった感じで、井上氏とのさまざまな会話からはいつも教えられることが多い。このようなご縁をいただいたことを本当に有り難く思うものである。また、本書の索引も、井上氏のご助力によってなったものであることを記して御礼申し上げたい。最終的な校正の段階では、淺田先生のゼミで知り合うことのできた龍谷大学大学院博士課程の米森俊輔氏より適切な助言とご指摘をいただくことができた。記して御礼申し上げる。

最後に私事にわたって恐縮であるが、私は京都から戻って間もなくの、本年五月十三日、本師である父を失った（長泉寺四十一世重興天関泰弘大和尚、世寿八十一歳）。父は次第に混濁していく意識の中にあっても、放蕩を続ける息子のことをしきりに気にかけていたという。そんなこととはつゆ知らず、遊び惚けていたことが後悔されるばかりであるが、いまとなってはもうどうすることもできない。父にはただただ赦しを乞うばかりである。ともかく、私がこれまで曲がりなりにも研究を続けてこられたのは、長年にわたって学費を続けてくれた両親のおかげであり、亡き父といまも郷里にある母には心からの感謝の誠を捧げたい。また、私のわがままを暖かく見守り、東京での遊学に理解を示してくれている兄成賢・まゆみ夫妻、ならびに長泉寺関係各位にもこの場を借りて一言、感謝の意を表させていただきたい。

二〇〇二年秋彼岸中日

奥野光賢

4.　研究者

3. 人　名

2. 典　籍

索　　引

1.術語　2.典籍　3.人名　4.研究者

1. 術　語

著者略歴

奥野光賢（おくの　みつよし）

1958年　宮城県角田市に生まれる。
1982年　駒澤大学仏教学部仏教学科卒業。
1987年　駒澤大学大学院博士課程（仏教学）満期退学。
現　在　駒澤大学仏教学部教授，博士（仏教学）。
著　書　『法華遊意一字索引』（私家版，1992年）
『中国仏教研究入門』（共著，大蔵出版，2006年）
論　文　「『法華玄論』の撰述時期について」
「吉蔵撰『維摩経遊意』について－その割注をめぐって－」
「『涅槃経』に見える「三種病人」の解釈をめぐって」
「般若・中観思想の受容と変容」（共著）等。

仏性思想の展開――吉蔵を中心とした『法華論』受容史――

2002年10月30日　初版第1刷発行
2008年5月10日　初版第2刷発行

著　者　奥野光賢
発行者　青山賢治
発行所　大蔵出版株式会社
〒113-0033　東京都文京区本郷3-24-6-404
TEL. 03(5805)1203　FAX. 03(5805)1204
http://www.daizoshuppan.jp/
印刷所　富士リプロ株式会社
製本所　富士リプロ株式会社
装　幀　㈱ニューロン

 ISBN978-4-8043-0552-3　C3015